D1748523

Inhalt

8		**Vorwort**
9	**1**	**Was ist Globalisierung?**
10	1.1	Verflechtung mit der Welt im Alltag
14	1.2	Begriffsbildung und der Diskurs über Globalisierung
15	1.2.1	Definitionen von Globalisierung
17	1.2.2	Globalisierung: ein neues Zeitalter?
19	1.2.3	Was muss man sich unter dem Globalisierungsdiskurs vorstellen?
21	1.2.4	Verwendungen des Begriffs „Globalisierung"
24	**1.3**	**Dimensionen der Globalisierung**
25	1.3.1	Die kapitalistische Weltökonomie
34	1.3.2	Die internationale Arbeitsteilung
36	1.3.3	Das Nationalstaatensystem
38	1.3.4	Die militärische Weltordnung
42	1.3.5	Der kulturelle Austausch
44	**1.4**	**Kategorien der Globalisierung**
49	**1.5**	**Glokalisierung**
49	1.5.1	Die Verbindung von Lokalem und Globalem
50	1.5.2	Ein passender, aber unpopulärer Begriff
50	1.5.3	Mikromarketing
51	1.5.4	Fehlinterpretationen des Globalen und Lokalen
53	**1.6**	**Das Potenzial der Geographie**
53	1.6.1	Raum-Zeit-Kompression
54	1.6.2	Die Rolle der (neuen) Kulturgeographie
55	1.6.3	Die Berücksichtigung des Kontexts

57	**2**	**Wie funktioniert Globalisierung?**
58	2.1	Technologischer Fortschritt
58	2.1.1	Frühe Mechanisierung
60	2.1.2	Dampfkraft
60	2.1.3	Elektro- und Schwerindustrie
61	2.1.4	Fordistische Massenproduktion
63	2.1.5	Information und Kommunikation
65	**2.2**	**Kommunikation und Transport: die Motoren der Entgrenzung**
65	2.2.1	Entwicklung der Verkehrsmittel
67	2.2.2	Entwicklung der Kommunikationstechnologie
72	**2.3**	**Standardisierung: Schmiermittel der Globalisierung**
72	2.3.1	Container: das Packmaß der Globalisierung
75	2.3.2	McDonalds: Standardisierung vom Hamburger bis zum Konsumenten
79	2.3.3	Nicht-Orte: standardisierte Räume
81	**.3**	**Wie hat sich die Globalisierung entwickelt?**
82	**3.1**	**Vorglobale Epoche bis zur europäischen Kolonisierung**
82	3.1.1	Entdeckungsreisen
83	3.1.2	Vorkoloniale Großreiche
84	3.1.3	Keimzellen des Welthandels
85	3.1.4	Merkmale des Aufbruchs
88	**3.2**	**Erste Globalisierung**
88	3.2.1	Kolonisierung
91	3.2.2	Aufklärung
91	3.2.3	Herausbildung des Nationalstaats
92	3.2.4	Industrialisierung, Demokratie und wissenschaftlicher Fortschritt
96	3.2.5	Imperialismus und Internationalisierung
98	3.2.6	Erster Weltkrieg und die Zwischenkriegszeit
100	3.2.7	Zweiter Weltkrieg
102	**3.3**	**Zweite Globalisierung**
102	3.3.1	Der Ost-West-Konflikt
104	3.3.2	Kapitalismus und Neoliberalismus
105	3.3.3	Internationale Organisationen
107	3.3.4	Die Umwelt- und Friedensbewegung
109	**3.4**	**Dritte Globalisierung**
109	3.4.1	Erosionen und weitere Beschleunigung
112	3.4.2	Verunsicherungen

Inhaltsverzeichnis

115	**4**	**Das Feld der Ökonomie**
116	**4.1**	**Die Welt unter dem Primat der Marktwirtschaft**
117	4.1.1	Globalisierung oder Internationalisierung?
118	4.1.2	Regionale Konzentration und Triadisierung
120	4.1.3	Der Kapitalismus als Grundlage der globalen Ökonomie
123	4.1.4	Der totale Markt
125	4.1.5	Ungebremster Geldfluss
127	**4.2**	**Globale Krisen als Folge einer globalisierten Ökonomie**
127	4.2.1	Die asiatische Währungskrise 1997/98
131	4.2.2	Die Bankenkrise 2007/2008 und internationale Wirtschaftskrise von 2009
134	**4.3**	**Privilegierung und Entrechtung**
134	4.3.1	Entwurzelter Reichtum
135	4.3.2	Lokalisierte Armut
136	4.3.3	Schulden als Entwicklungshemmnis
137	4.3.4	Verunsicherte Arbeiterschaft
140	4.3.5	Staatliche Maßnahmen gegen die Arbeitslosigkeit in Industrieländern
143	4.3.6	Beschäftigungssituation in Ländern des Südens
148	**4.4**	**Beschäftigung und Gleichstellung der Geschlechter**
149	4.4.1	Der Dienstleistungssektor, eine Chance für Frauen?
151	4.4.2	Abdrängung in den informellen Sektor
151	4.4.3	Frauen: billige Arbeitskräfte ohne gewerkschaftliche Organisation
153	4.4.4	Missverhältnis zwischen Qualifikation und Lohn
154	4.4.5	Heim- und Telearbeit: ein zweischneidiges Schwert
155	**4.5**	**Beschäftigungsmodelle der Zukunft**
155	4.5.1	Solidarische Selbsthilfe nach U. Mäder (1999)
158	4.5.2	Die zehn Gebote einer neuen Weltgesellschaft nach B. Cassen (1998)
160	4.5.3	Gesellschaft der Lebensunternehmer nach C. Lutz (1997)
162	4.5.4	Die Life Maintenance Organisation (LMO), ein utopisches Modell von P.M. (1997)
165	**4.6**	**Wandel von Produktionssystemen**
165	4.6.1	Schlanke Produktion statt Massenfertigung
171	4.6.2	Die Textilindustrie als Beispiel für den Produktionswandel
176	4.6.3	Verkauf von Lebensstilen
178	4.6.4	Wandel im Nahrungsmittelsektor
183	4.6.5	Fairer Handel

187	5	**Globalisierung und der Nationalstaat**
187	5.1	Das Nationalstaatensystem, eine internationale Vereinheitlichung
190	5.1.1	Die Nation und das Territorium
192	5.1.2	Grenzen des Nationalstaats
194	5.2	**Der Nationalstaat und das Primat der Ökonomie**
196	5.3	**Schutzstrategien gegen die Denationalisierung**
199	5.3.1	Der Staat, militärische Macht und Sicherheit
201	5.3.2	Demokratisierung und Zivilgesellschaft: das Beispiel Russland
204	5.4	**Der Transnationalstaat**
206	5.4.1	Der liberal-demokratische Internationalismus
206	5.4.2	Der radikale Kommunitarismus
207	5.4.3	Die kosmopolitische Demokratie
210	5.4.4	Die Europäische Union: Pionierin des Transnationalstaats?

215	6	**Kulturelle Globalisierung**
216	6.1	**Statisches Kulturverständnis**
218	6.2	**Ein fließendes Kulturverständnis**
221	6.3	**Universalismus versus Relativismus**
221	6.3.1	Universalismus
222	6.3.2	Relativismus
223	6.3.3	Kreolisierung

225	7	**Wie kann man Globalisierung fassen?**
225	7.1	**Globalisierung als Problemfeld**
228	7.2	**Die Welt als System**
228	7.2.1	Die Weltsystemtheorie
233	7.2.2	Das Konzept der Weltgesellschaft
235	7.2.3	Differenzierung funktionaler Systeme
240	7.3	**Globalisierung als Konsequenz der Moderne**
240	7.3.1	Veränderung von Zeit und Raum
242	7.3.2	Modernisierung und Globalisierung im Plural
244	7.3.3	Globalisierung aus anderer Perspektive
247	7.4	**Homogenisierung versus Fragmentierung**
247	7.4.1	Fraktionierung, Fraktalisierung und Fragmentierung
250	7.4.2	Jihad versus McWorld
252	7.4.3	Fragmentierung durch Fundamentalismus
258	7.5	**Landschaften globaler Kulturökonomie**
262	7.6	**Globalität und Globalismus**
262	7.6.1	Globalität als Ziel?
264	7.6.2	Globalismus als Programm

Inhaltsverzeichnis

267	**8**	**Vor welche Herausforderungen stellt uns die Globalisierung?**
267	8.1	Risikogesellschaft
268	8.1.1	Entwicklung zur Risikogesellschaft
269	8.1.2	Neue Risiken sind globale Risiken
271	8.1.3	Versicherbarkeit von Risiken
272	8.1.4	Reflexiver Umgang mit Risiken
275	**8.2**	**Verstädterung**
275	8.2.1	Städte – Orte des Marktgeschehens
277	8.2.2	Das System der „Global Cities"
280	8.2.3	Megastädte
284	**8.3**	**Veränderungen von Familie und Beziehungen**
284	8.3.1	Die traditionelle Familie
285	8.3.2	Veränderungen durch die Globalisierung
287		**Literaturverzeichnis**
304		**Register**
310		**Fussnoten**
316		**Abbildungsverzeichnis**

Vorwort

Wie kaum ein anderes Fach eignet sich die Geographie zur Beschreibung und Analyse der Globalisierung. Durch die Breite und Differenzierung bietet das Fach viele Anknüpfungspunkte an die verschiedenen Prozesse, welche die Globalisierung ausmachen. Mit diesem Buch sollen einige dieser Anknüpfungspunkte aufgezeigt werden. Es hat jedoch nicht den Anspruch, die Globalisierung vollumfänglich zu erfassen, zu komplex und heterogen ist dieses Phänomen, das unsere Epoche prägt. Vielmehr werden Schlaglichter auf die wichtigsten Phänomene, Prozesse und Konzepte geworfen.

Das Buch gliedert sich in acht Kapitel und beginnt mit einer Begriffserklärung und der Erläuterung der wichtigsten Prozesse. Die wesentlichen Funktionsmechanismen der Globalisierung werden im zweiten Kapitel beschrieben und im dritten folgt ein Abriss ihrer Geschichte. Die wichtigsten Felder, in denen sich die Globalisierung heute abspielt – Wirtschaft, Nationalstaaten und Kultur –, stehen im Zentrum der folgenden drei Kapitel. In Kapitel 7 werden Möglichkeiten zur theoretischen Erfassung und Analyse der Globalisierung erläutert und im letzten Kapitel schließlich werden die wichtigsten Herausforderungen, vor die sie uns stellt, skizziert. Es werden unter anderem Zukunftsvisionen präsentiert, die zum Teil utopisch sind und in der dargestellten Art wohl kaum je umgesetzt werden. Sie sollen als Diskussionsgrundlage dienen und zum Nachdenken animieren.

Einige der Inhalte wurden in verschiedenen Vorlesungen, Seminaren und Vorträgen an der Universität Zürich und anderen Orten einem breiteren Publikum präsentiert und in einem Band (BACKHAUS, N. 1999) festgehalten. Kritik, vor allem aus den Reihen der Studierenden half bei der Aufbereitung und Aktualisierung der Inhalte für dieses Buch. Vieles wurde jedoch neu recherchiert und konzipiert und es wurde versucht, möglichst an aktuelle Entwicklungen anzuknüpfen. Dass diese sich mitunter sehr schnell verändern, zeigt das Beispiel der Finanzkrise, die 2007/08 ihren Anfang nahm, und deren Konsequenzen sich während des Schreibprozesses laufend veränderten.

Die sprachliche Gleichbehandlung der Geschlechter wird in wissenschaftlichen Publikationen unterschiedlich gehandhabt (vgl. BACKHAUS, N. & R. TUOR 2008, 49–51). In vorliegendem Band werden die Gepflogenheiten des Verlags übernommen, bei der die Lesbarkeit der Texte im Vordergrund steht.

An dieser Stelle soll einigen Personen für ihre Unterstützung gedankt werden, ohne die dieses Buch nicht zustande gekommen wäre. Den Herausgebern und Veronika Frei danke ich für die sorgfältige Durchsicht des Manuskripts, dem Verlag, insbesondere Herrn Markus Berger, für die Geduld und für die Aufnahme des Bandes in die Reihe. Für das Lektorat, die effiziente Umsetzung und das Layout danke ich Susann Dorenberg, Thomas Eck, Katrin Götz und Yvonne Behnke! Für inhaltliche Anregungen und Diskussionen sei Andrea Scheller, Ulrike Müller-Böker, Urs Müller, Susan Thieme, Sara Landolt, Urs Geiser und den Geographie Studierenden der Universität Zürich herzlich gedankt. Besonderer Dank gilt Patricia Meyer für Kritik und die Durchsicht von weiten Teilen des Rohmanuskripts.

Zürich, August 2009 Norman Backhaus

Abb. 1/1 *Fußballbegeisterung weltweit – Kinder einer Junior High School in Bhutan*

1 Was ist Globalisierung?

An Globalisierung denkt man vielleicht, wenn man Schweizer Uhren, deutsche Autos und französischen Beaujolais in Shanghai kaufen kann; oder wenn einem balinesischer, peruanischer oder tibetischer Schmuck auf einem Wochenmarkt in Zürich, Berlin oder Narbonne angeboten wird. Vielleicht denkt man auch beim Urlaub in Südostasien an Globalisierung, wenn einem an jeder zweiten Ecke der Geruch von Frittiertem aus einem „Kentucky Fried Chicken" oder einem „McDonald's" in die Nase steigt. Erinnert wird man an Globalisierung, wenn man in den Medien nach einer Firmenfusion von Massenentlassungen hört. Oft werden diese damit gerechtfertigt, dass der internationale Wettbewerb einschneidende Rationalisierungsmaßnahmen verlange. Den zunehmenden direkten oder über Medien vermittelten Kontakt mit fremden Menschen und Gebräuchen stellt man ebenso in einen Zusammenhang mit Globalisierung wie Diskussionen um den Klimawandel, die Zerstörung der Ozonschicht oder die Überfischung der Meere.

Globalisierung hat viele Gesichter und wird mit unterschiedlichen Assoziationen verbunden, weswegen sie nicht leicht zu erfassen ist. In diesem Kapitel sollen die verschiedenen Facetten der Globalisierung dargestellt und der Versuch unternommen werden, ihre Dimensionen zu beschreiben und zu definieren.

So zahlreich wie die Bedeutungen, die mit dem Begriff „Globalisierung" verbunden werden, so viele Publikationen gibt es über diesen Prozess (vgl. ALTVATER, E. & B. MAHNKOPF 2007). Warum nun eine weitere hinzufügen, wenn wir es gegenwärtig ohnehin mit einer Übersättigung an Information – auch dies ist eine Konsequenz der Globalisierung – zu tun haben? So wie die Globalisierung als Bündelung von verschiedenen Prozessen verstanden werden kann, sollen verschiedene Konzepte und Prozesse des Phänomens neu zusammengefasst und in übersichtlicher und zugänglicher Form dargestellt werden. Mit diesem Ordnungsversuch wird beabsichtigt, etwas mehr Transparenz in den diffusen und oft einseitigen Diskurs über Globalisierung zu bringen. Insbesondere die theoretische Abhandlung des Begriffes kommt in vielen Publikationen zu kurz. Deswegen soll auch der Zugang zu einer Palette unterschiedlicher theoretischer Konzepte von Globalisierung ermöglicht werden.

1.1 Verflechtung mit der Welt im Alltag

Globalisierung ist etwas Alltägliches und bestimmt menschliches Handeln auf der ganzen Welt auf vielfältige Weise. Zudem ist der Begriff heute im Alltag fast allgegenwärtig. Noch vor zwanzig Jahren war dies nicht so, obwohl die Prozesse, welche die Globalisierung formen, bereits seit Längerem wirken. Am häufigsten wird der Begriff wohl mit dem wirtschaftlichen Zusammenwachsen der Welt verbunden[1]. Oft ist er negativ konnotiert; zum Beispiel dann, wenn von Produktionsverlagerungen ins kostengünstigere Ausland oder vom Klimawandel (englisch: Global Change) die Rede ist. Auch ohne dass man direkt von Entlassungen oder Klimaveränderungen betroffen ist, haben diese Prozesse einen Einfluss auf den Alltag. Die häufige Erwähnung in den Medien kann zu Verunsicherungen bezüglich des eigenen Arbeitsplatzes führen. Es kann auch sein, dass Produkte aufgrund von Synergien oder Auslagerungen günstiger werden und so das Haushaltsbudget weniger belasten. U. BECK (1997) spricht in diesem Zusammenhang von einem Globalisierungsschock, der vor allem Deutschland heimsuchte. Dem sozialen Wohlfahrtsstaat entzieht sich die Kontrolle über die wirtschaftliche Entwicklung mehr und mehr. Aufgrund der Wiedervereinigung, aber auch wegen der globalen Abkühlung der Konjunktur und erneut durch die Auswirkungen der Finanzkrise wurde und wird der soziale Wohlfahrtsstaat gleichzeitig mit Arbeitslosigkeit und Armut belastet. Darüber hinaus verunsichert der Bedeutungsverlust des Nationalstaats im wiedervereinigten Deutschland mehr, als dies in Großbritannien oder den USA der Fall ist. Viele Auswirkungen bleiben jedoch unbemerkt. Zum Beispiel werden Flugtickets oft nicht mehr von der Fluggesellschaft, bei der man den Flug bucht, selbst ausgestellt sondern von einer auf das „Ticketing" spezialisierten Firma in Indien. Auch wer einen Kundendienst anruft, um Beratung für ein nicht funktionierendes Produkt zu erhalten, wähnt seinen Gesprächspartner wahrscheinlich im Firmensitz oder in einer nahe gelegenen Filiale. Man ist sich jedoch nicht bewusst, dass dieser in Tschechien oder Litauen sitzt und Unterstützung für ganz unterschiedliche Produkte gibt, die er vom vorgefertigten Manual von seinem Bildschirm abliest.

Wirksam sind Globalisierungsprozesse auch beim direkten Konsum von Gütern aller Art. Beim Kauf von Bananen, Mangos oder anderen so genannten „Südfrüchten" ist dies offensichtlicher (vgl. BACKHAUS, N. & M. HOFFMANN 2001). Beim Erwerb eines Autos ist dies beispielsweise weniger sichtbar. Obwohl es aus Einzelteilen aus der ganzen Welt gefertigt wird und oft nur noch den letzten Schliff im Land des Firmenhauptsitzes erhält, wird es als Auto mit Produktionsstandort in diesem einen Land wahrgenommen. Als solches wird es dann auch vermarktet und gekauft.

Neben der Tatsache, dass Produkte selbst oder ihre Komponenten aus den verschiedensten Weltregionen kommen, hat sich auch die Vielfalt an Produkten stark vergrößert. Wo es früher die Wahl zwischen zwei konkurrierenden Waschmitteln zu treffen galt, sind es heute Dutzende von Produkten, aus denen man auswählen kann.

Die Vergrößerung der Wahlmöglichkeiten bezieht sich jedoch nicht nur auf Güter und Dienstleistungen, sondern auch auf Lebensstile, die man für sich wählen kann (vgl. WERLEN, B. & R. LIPPUNER 2007). Für diese Entwicklung prägte PETER GROSS in den 1990er-Jahren den Begriff „Multioptionsgesellschaft", in der sich Identität nicht mehr durch Herkunft, sondern durch Stil-Entscheidungen definiert (MENTZER, A. 2003 295). Die größere Vielfalt an Optionen und die damit verbundenen Wahlfreiheiten bieten sich allerdings nur denjenigen, die sich diese leisten können. Fehlen die dazu nötigen Ressourcen, so bleibt nur mehr die „Wahl" des günstigsten Angebots.

Neben der Güterproduktion ist der Tourismus ein wichtiger Faktor der Globalisierung (und der Weltwirtschaft) und hat die unterschiedlichsten Konsequenzen. Er bringt Menschen mit verschiedenen kulturellen (und sozialen) Hintergründen zusammen, er schafft Arbeitsplätze, er verändert traditionelle Lebensformen und hat einen Einfluss auf die Umwelt. Die Reisetätigkeit ist mit nicht immer unproblematischem Energieverbrauch verbunden. Dieser wirkt sich einerseits auf die Ölpreise und anderseits auf das globale Klima aus, da ein großer Teil des globalen CO_2-Ausstoßes auf den Freizeitverkehr zurückgeht. Der Tourismus sowie die Migration haben zur Folge, dass ein Teil der Gastronomiekultur der besuchten Länder importiert wird. Dies führt zu einer Multikulturalisierung der Küchen der Heimat-, aber auch der Gastländer der Touristen und Migranten.

Der Tourismus führt des Weiteren zu Vereinheitlichungen, die zunächst der Effizienz dienen, daneben aber weiter reichende Auswirkungen haben. Dazu gehört zum Beispiel die einheitliche Gestaltung von Flughäfen, Bahnhöfen, Autobahnraststätten, Hotels oder Vergnügungsparks, die es Fremden erleichtert, sich ohne Hilfe zurechtzufinden. Die dadurch entstehenden Räume werden auch Nicht-Orte (vgl. AUGÉ, M. 1995, 1999; BACKHAUS, N. 2005) genannt, da sie oft kaum noch Bezüge zum lokalen Kontext aufweisen. Es sind jedoch nicht nur Touristen und Geschäftsleute, die Grenzen überschreiten. Auch Migrations- und Flüchtlingsströme nehmen zu und sind eine Konsequenz von Globalisierungsprozessen (z. B. verbesserte Transport- und Kommunikationsmöglichkeiten, große Einkommensunterschiede, Konflikte). Die Grenzüberschreitungen und die daraus entstehenden transnationalen sozialen Räume (vgl. Thieme, S. 2006) beschäftigen zunehmend nationalstaatliche Rechtssprechungen, bestimmen politische Debatten und fordern zur Auseinandersetzung mit dem Fremden auf. Transnationale soziale Räume sind keine real existierenden Landschaften. Sie entstehen durch die Auseinandersetzung von Migranten mit ihrem Gastland und durch die Verbindungen zu ihrem Heimatland. Der transnationale soziale Raum vieler tamilischer Einwanderer in der Schweiz vereint beispielsweise die Teilnahme an der hinduistischen Religionsgemeinschaft mit Gepflogenheiten der schweizerischen Arbeitswelt. Er schließt die Kommunikation mit Verwandten in Sri Lanka ebenso ein wie die Anpassung von Festen an den europäischen Kalender.

Chicken Tikka Masala

Ein interessantes Beispiel für die mitunter verschlungenen Wege der Anpassung der Gastronomiekultur ist das Chicken Tikka Masala (vgl. Abb. E 1.1/1). Dieses Gericht mit dem für europäische Ohren unverkennbar indischen Klang hat sich in den 1990er-Jahren in Großbritannien in Restaurants mit südasiatischer Küche etabliert. Es ist heute gar eines der beliebtesten Gerichte in England. Als britische Reisende dies nun auch im Urlaub in Indien bestellten, ernteten sie jedoch zunächst nur Kopfschütteln, da dort ein solches Gericht unbekannt war.

Die stete Nachfrage danach veranlasste jedoch einige Wirte in indischen Tourismusregionen, dieses Gericht auf ihre Speisekarte zu setzen. Das „exotische" Gericht war in Großbritannien von findigen Köchen erfunden worden, da es aus ihrer Sicht den Vorstellungen britischer Gäste von einem indischen Gericht gut entgegenkam.

(Binder, K. 2004)

Abb. E 1.1/1 Tikka Masala

> **Familienrecht und Migration**
> Die Diskussion um das Familienrecht für Einwanderer ist zu einer komplexen Angelegenheit geworden. Da Eingewanderte in ihren Heimatregionen häufig nach anderem Recht oder gemäß anderen Gepflogenheiten heiraten, kann z. B. die Trennung oder Scheidung in europäischen Staaten problematisch werden. Wurde beispielsweise eine Ehe nur nach traditionellem Recht und ohne beglaubigte Papiere geschlossen, wird es für europäische Gerichte schwirig, diese Ehe, die nach europäischem Recht gar nicht besteht, zu trennen und Alimentezahlungen festzulegen. Schwirig wird dies auch, wenn es um Witwenrenten geht. Europäische Behörden und Versicherungen können sich auf den Standpunkt stellen, dass eine Witwe keinen Anspruch auf Hinterbliebenenrente hat, wenn sie keinen formellen Beweis vorzeigen kann, dass sie mit dem Verstorbenen verheiratet war.

Spätestens seit den Anschlägen des 11. Septembers 2001 – das Datum wird global mit diesen Ereignissen verbunden – wird Globalisierung auch mit dem (konfliktvollen) Aufeinanderprallen verschiedener Kulturen, Religionen und Ideologien verbunden. Die These vom „Kampf der Kulturen" (HUNTINGTON, S. 1996; 2004) bekam durch diese Ereignisse Aufschwung und wird von den Medien explizit oder implizit in Gang gehalten, aber auch von denjenigen fundamentalistischen Kreisen, wie zum Beispiel Al Kaida, die zu glauben scheinen den Kampf gegen die westliche Kultur führen zu müssen (SCHULTZ, S. 2008).

Nicht alle Menschen sind auf die gleiche Weise von Prozessen der Globalisierung betroffen. Die einen können sie positiv nutzen, andere sind eher mit ihren negativen Auswirkungen konfrontiert. Fest steht aber, dass es praktisch niemanden gibt, der sich ihr entziehen kann und dessen Alltag nicht von ihr betroffen ist. Auch die in solchen Fällen oft erwähnten, in Abgeschiedenheit lebenden, indigene Völker sind eingebunden, sei dies durch die Bedrohung ihres Lebensraumes durch den internationalen Holzhandel oder durch das Interesse von Ethnologen und Organisationen, die sich für ihren Schutz einsetzen. Das heißt, dass, auch wenn der Alltag fast aller Menschen von der Globalisierung beeinflusst ist, dies auf ganz unterschiedliche Weise geschehen kann. Man muss sich dabei immer fragen, um wessen Alltag es sich handelt und in welchem Kontext der Globalisierung dieser betrachtet wird.

Zusammenfassung

Fazit
- Globalisierung ist etwas Alltägliches und bestimmt menschliches Handeln. Auswirkungen der Globalisierung können einen direkt betreffen (z. B. ein durch Auslagerung verursachter Arbeitsplatzverlust) oder unbemerkt bleiben (z. B. wenn Dienstleistungs- oder Beratungsfirmen vom Ausland aus für inländische Firmen operieren und dies für die Konsumenten unbemerkt bleibt).

- Globalisierungsprozesse wirken sich auf den direkten Konsum aus. Ist dies im Fall des Verzehrs von tropischen Früchten in nördlichen Industrieländern noch offensichtlich, wissen die Konsumenten bei einem Auto nicht mehr, in welchen Ländern welche Verarbeitungsschritte vorgenommen wurden und wo die Bestandteile des Wagens hergestellt wurden.
- Die Globalisierung führt zu immensen Wahlmöglichkeiten, sowohl im Bereich des Konsums (Güter und Dienstleistungen) als auch in der Gestaltung des eigenen Lebensstils. Man spricht von einer Multioptionsgesellschaft.
- Weltweiter Tourismus und internationale Migration sind eine Folge der Globalisierung und haben weit reichende Konsequenzen.

Zum Einlesen

Beck, U. (1997): Was ist Globalisierung? – Suhrkamp, Frankfurt am Main.
Die ersten Kapitel des Buches führen der Leserschaft die Bedeutung der Globalisierung für den Alltag, die Nation und die Wirtschaft vor Augen.

Steger, M. B. (2003): Globalization – A very short introduction. – Oxford University Press, Oxford.
Steger gibt in diesem Buch für die Jackentasche eine übersichtliche und knapp formulierte Einführung zum Thema.

Lechner, F. J. & J. Boli (Hrsg.) (2004): The globalization reader. – Blackwell, Oxford.
In diesem Sammelband sind verschiedene Originalbeiträge zu unterschiedlichen Themen der Globalisierung zusammengetragen. Spezifische, kontroverse und manchmal ungewohnte Aspekte werden der Leserschaft hier nahegebracht.

1.2 Begriffsbildung und der Diskurs über Globalisierung

Globalisierung ist heute in aller Munde und als Begriff unverzichtbar geworden, um ökonomische und kulturelle Prozesse zu beschreiben (Mattelart, A. 2000, zitiert in Schirato, T. & I. Webb 2003, 1). Es wird wohl von niemandem bestritten, dass die damit verbundenen Entwicklungen für das Leben praktisch aller Menschen – in welcher Form auch immer – zu einem bestimmenden Faktor geworden sind. Oft wird die Globalisierung als „Schreckgespenst" wahrgenommen, das für Arbeitslosigkeit, Umweltschäden, Klimaveränderung oder kulturelle Amerikanisierung verantwortlich gemacht wird und dem man ohnmächtig ausgeliefert ist. Dabei wird verkannt, dass die Globalisierung kein automatisch ablaufender Prozess oder gar ein selbstständig handelndes Subjekt ist. Vielmehr ist sie ein Aggregat aus einer Vielzahl von beabsichtigten und unbeabsichtigten Folgen individueller Handlungen unzähliger Beteiligter. Prozesse der Globalisierung können in der Tat bedrohliche Züge annehmen und zu Verunsicherungen führen. Doch birgt die damit verbundene Umgestaltung der Gesellschaft in räumlicher und zeitlicher Hinsicht sowie die Verbindung von global wirksamen Prozessen mit lokalen Gegebenheiten auch Chancen. Globalisierung ist keine Einbahnstrasse, die in eine (vor-)bestimmte Richtung führt, sondern ein Prozess, der von

Akteuren mit den ihnen zur Verfügung stehenden Mitteln gestaltet werden kann, in den sie aktiv eingreifen können, mit dem sie sich aber auch auseinandersetzen müssen.

1.2.1 Definitionen von Globalisierung

Der Bezug von „Globalisierung" zum Globus ist symbolischer Natur und nicht wörtlich zu verstehen. Denn es geht weder darum, etwas zur Kugel zu formen, noch, dass sich etwas tatsächlich flächendeckend und gleichmäßig über die gesamte Weltkugel ausdehnt. Vielmehr geht es um die Anerkennung der Begrenztheit der Welt und dass durch Prozesse der Globalisierung nationale oder regionale Grenzen überschritten werden. Die Erdkugel stellt dabei die äußere Grenze dar. Globalisierung hat weder ein (vor-)bestimmtes Ziel, noch können alle ihre Auswirkungen vollständig erfasst werden (ALBROW, M. 1998, 147). Man weiß also nicht, ob das Ende der damit beschriebenen Entwicklung erreicht wurde oder ob es überhaupt erreicht werden kann. Deswegen muss die Globalisierung immer in Relation mit Vergangenem beurteilt werden.

Keiner der vielfältigen Prozesse, die mit Globalisierung in Zusammenhang gebracht werden, erfasst paradigmatisch ihr Wesen. Eine relativ umfassende Definition formuliert die Gruppe von Lissabon, die sich als Zusammenschluss hochrangiger Wissenschaftler und Berater mit den Prozessen der Globalisierung und den damit verbundenen Grenzen des Wettbewerbs auseinandergesetzt hat (GRUPPE VON LISSABON 1997, 48):

- „Globalisierung bezieht sich auf die Vielfältigkeit der Verbindungen und Querverbindungen zwischen Staaten und Gesellschaften, aus denen das heutige Weltsystem besteht. Sie beschreibt den Prozess, durch den Ereignisse, Entscheidungen und Aktivitäten in einem Teil der Welt bedeutende Folgen für Individuen und Gemeinschaften in weit entfernt liegenden Teilen der Welt haben. Globalisierung besteht aus zwei verschiedenen Phänomenen: Reichweite (oder Ausbreitung) und Intensität (oder Vertiefung). Auf der einen Seite definiert der Begriff eine Reihe von Prozessen, die den größten Teil des Planeten umfassen oder die weltweit wirksam sind; das Konzept hat daher eine räumliche Komponente. Auf der anderen Seite bedeutet er auch eine Intensivierung der Interaktionen, Querverbindungen und Interdependenzen zwischen Staaten und Gesellschaften, die die Weltgemeinschaft bilden. Daher geht die Ausbreitung mit einer Vertiefung einher. Weit davon entfernt, nur ein abstraktes Konzept zu sein, benennt Globalisierung eine der bekannteren Charakteristiken modernen Lebens. Selbstverständlich bedeutet Globalisierung nicht, dass die Welt politisch geeinter, ökonomisch integrierter oder kulturell homogener wird. Globalisierung ist ein in sich hochgradig widersprüchlicher Prozess, sowohl was seine Reichweite als auch die Vielfältigkeit seiner Konsequenzen angeht."

Bei Globalisierung geht es also hauptsächlich um die Ausbreitung und Intensivierung weltweiter sozialer Beziehungen, in die immer mehr Menschen auf unserem

Planeten eingebunden werden. ANTHONY GIDDENS (1996, 85) betont in seiner kürzeren und allgemeiner gehaltenen Definition vor allem die verstärkten, globalen sozialen Beziehungen und die Konsequenzen unserer Handlungen, welche nun weit entfernt von ihrem Ursprungsort spürbar werden:

- „Definieren lässt sich der Begriff der Globalisierung demnach im Sinne einer Intensivierung weltweiter sozialer Beziehungen, durch die entfernte Orte in solcher Weise miteinander verbunden werden, dass Ereignisse am einen Ort durch Vorgänge geprägt werden, die sich an einem viele Kilometer entfernten Ort abspielen, und umgekehrt."

BENNO WERLEN betont zusätzlich die nun globale Verfügbarkeit von früher nur lokal vorhandenen Wissensbeständen, die unser Alltagsleben umgestalten (WERLEN, B. 1997, 234):

- „‚Globalisierung' als umfassendes Phänomen bezeichnet das Potenzial und die Faktizität eines bisher nie erreichten räumlichen und zeitlichen Ausgreifens sozialer Beziehungen, deren Bedingungen und Folgen. Handeln über Distanz und die globale Verfügbarkeit

Exkurs: Die Moderne

Die Moderne ist ein Epochenbegriff, der auf die Aufklärung zurückgeht. Nicht mehr Gott, sondern der Mensch und sein Handeln scheinen in den Mittelpunkt gerückt zu werden. Rechtfertigungen werden dementsprechend im modernen Denken nicht mehr religiös begründet, sondern müssen vom Menschen ausgehen. Die Moderne beruht auf der Idee der menschlichen Autonomie, deren Bedingung Freiheit und Demokratie sind (OSSENBRÜGGE, J. 2008, 23). Das wichtigste Ziel der Moderne ist die Beseitigung des Mangels – vor allem an Nahrungsmitteln – und der Ungleichheit. Dies wird durch eine rationale Wissenschaft und Demokratisierung zu erreichen versucht. Das Ziel der Moderne ist erreicht, wenn allgemeiner Wohlstand herrscht. Vor allem im 20. Jh. haben sich negative Folgen der Moderne eingestellt, welche ihr Fortschreiten selbst behindern oder gar in Frage stellen. Dazu gehören die Umweltverschmutzung, die Möglichkeiten der Massenvernichtung durch Atomwaffen oder Probleme, die mit einem weiter anhaltenden Bevölkerungswachstum – wie zum Beispiel Nahrungsmittelkrisen – zusammenhängen. Je nach politischer Überzeugung werden diese Folgen der Moderne anders bewertet. So sind für die einen Umweltprobleme durch Forschung und Investitionen in den Griff zu bekommen (SIMON, J. 1995), während für die anderen dieser Zug längst abgefahren zu sein scheint (HOMER-DIXON, T. 2000). Massenvernichtungswaffen können als zwar gefährlich, aber für den Weltfrieden nötig erachtet werden. Und wo die einen das Bevölkerungswachstum als Hauptgrund für Armut identifizieren, wenden die anderen ein, dass dies hauptsächlich ein Verteilungsproblem ist.

ehemals nur lokal bekannter Wissensbestände sind dabei zwei besonders wichtige Aspekte der Globalisierung der aktuellen Lebensverhältnisse. Sie implizieren ‚die Ausdifferenzierung transnationaler Kulturen und die Entstehung eines weltweiten Netzes von Interaktionsformen' (…), womit die tiefgreifende Transformation sowohl der lokalen Umstände als auch der Lebensformen der Subjekte selbst verbunden sind."
Peter Fässler (2007, 36) formuliert zwar keine eigentliche Definition von Globalisierung, doch weist er auf natürliche (z. B. Distanzen, Flüße oder Gebirge) und kulturell-institutionelle Interaktionsbarrieren (z. B. Sprache, Ängste, Mythen, Staatsgrenzen oder Handelshemmnisse) hin, welche durch unterschiedliche Prozesse der Globalisierung erodiert werden. Alle Definitionen weisen auf die Komplexität und die Prozesshaftigkeit des Phänomens Globalisierung hin. Gleichzeitig wird auch klar, dass es keine einfache, scharfe Abgrenzung gibt und kein Ziel, auf welches die Globalisierung zusteuert. Dies setzt Globalisierung in einen Gegensatz zur Moderne. Diese kann als Projekt begriffen werden und tritt in ihr Endstadium, wenn das Projekt sein Ziel erreicht hat (vgl. Exkurs: Die Moderne)[2]. Globalisierung ist jedoch kein Projekt, sondern ein Sammelbegriff für die Beschreibung einer Summe von historischen Veränderungen eines bestimmten Zeitraumes. Damit wird auch die Ambivalenz des Phänomens deutlich, da ihm keine Gesetzmäßigkeit unterliegt (Albrow, M. 1997, 152–153).

1.2.2 Globalisierung: ein neues Zeitalter?

Über den Gehalt des Begriffes Globalisierung und über seine Verwendung besteht keine Einigkeit. Zu kurz ist dafür die Zeit, in der er in Gebrauch ist. Er gibt aber – wie immer er auch definiert wird – der gegenwärtigen Zeitspanne einen Namen (Osterhammel, J. & N. Petersson 2006, 7). Im Gegensatz zu anderen Bezeichnungen für Epochen oder Zeitabschnitte – wie Industrialisierung, Demokratisierung oder Moderne – deutet der Begriff auf Prozesse, die zwischen Räumen, Nationen und Kulturen eine Verbindung schaffen. Mit anderen Worten ausgedrückt, ist damit eine Entgrenzung verbunden, die den Kern der Globalisierung ausmacht. Daraus resultieren – und hier ist man sich weitgehend einig – Bedeutungsverschiebungen des Nationalstaats und kulturelle Veränderungen (oft als Bedeutungsverlust wahrgenommen), die vielfach als Vereinheitlichung wahrgenommen werden. Im Begriff enthalten ist auch der Bezug zum Räumlichen (Albrow, M. 2007, 140), im Gegensatz zur Moderne, die sich auf das Zeitliche, also auf eine Epoche, bezieht.

Das Zeitalter der Globalisierung, wenn man diesen Ausdruck verwenden möchte, wird jedoch nicht von allen in gleichem Maße begrüßt. Wo die einen eine neue Ära von Wachstum, Freiheit und Wohlstand – den „Duft der weiten Welt" – erkennen, sehen die anderen Nachteile wie steigende Armut, ökologische Krisen und eine Vielzahl von Ein- und Ausschlussprozessen (Altvater, E. & B. Mahnkopf 2007, 25–26). Mit dem Auftreten eines neuen Zeitalters verbunden ist die Frage, inwiefern es sich um etwas Neues handelt (z. B. Giddens, A. 2001; Al-

BROW, M. 2007) oder um einen kontinuierlichen Prozess (z. B. NEDERVEEN PIETERSE, J. 1998). MARTIN ALBROWS Konzept der Globalität bezeichnet einen Orientierungsrahmen, der sich auf das Globale bezieht und damit neu ist. So beziehen sich Fragen zur Umwelt, zu Märkten, zur Kommunikation, aber auch zu Bedrohungen durch Massenvernichtungswaffen auf das globale System. Und immer mehr Menschen wissen um diese globalen Bezüge und richten ihr Denken und Handeln danach aus (OSTERHAMMEL, J. & N. PETERSSON 2006, 13; ALBROW 2007, 57f.). Damit verbunden sind auch Netzwerke, die erst durch die Verschmelzung von Kommunikations- und Computertechnologie möglich wurden. Sie bilden eine Netzwerkgesellschaft (CASTELLS, M. 2001), die sich überregional formiert und neue Zugehörigkeitsprinzipien schafft. A. GIDDENS (2001) und U. BECK (2002) gehen davon aus, dass sich durch die Globalisierung eine globale kosmopolitische Gesellschaft herausbildet, deren erste Generation gegenwärtig lebt. Andere sehen Globalisierung als Ergebnis lange andauernder Transformationsprozesse, die zwar nicht kontinuierlich verliefen, aber auch nicht etwas gänzlich Neues entstehen ließen (HELD, D. 1999, zitiert in OSTERHAMMEL, J. & N. PETERSSON 2006, 14; ALTVATER, E. & B. MAHNKOPF 2007, 28). Und wieder andere lehnen den Begriff grundsätzlich ab, da er eine Einheitlichkeit suggeriere, die

„Globalisierung existiert nicht"
„Globalisierung ist weltweiter Kapitalismus"
„Globalisierung verstärkt den Wettbewerb"
„Globalisierung führt zu mehr Wohlstand"
„Globalisierung verstärkt wirtschaftliche Verflechtungen"
„Globalisierung führt zu Auslagerungen und Entlassungen"
„Globalisierung ist ein neues Zeitalter"
„Globalisierung ist eine Konsequenz der Moderne"
„Globalisierung bedeutet globale Demokratisierung"
„Globalisierung führt zu kultureller Vereinheitlichung"
„Globalisierung verstärkt kulturelle Konflikte"
„Globalisierung führt zu Umweltproblemen"
„Globalisierung öffnet die Schere zwischen Arm und Reich"

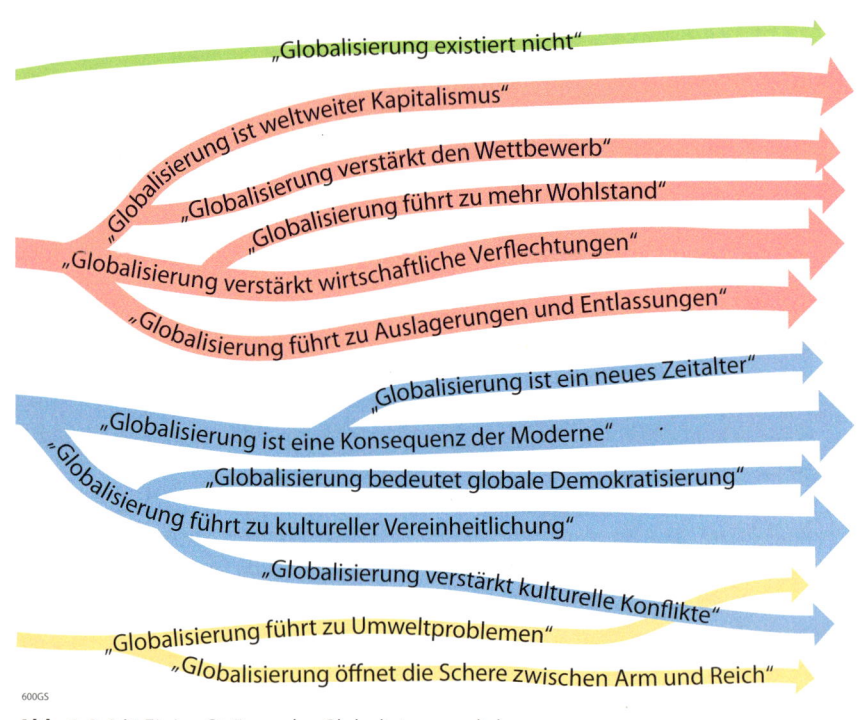

Abb. 1.2.3/1 *Einige Stränge des Globalisierungsdiskurses*

1.2 Begriffsbildung und der Diskurs über Globalisierung

es so nicht gebe (HIRST, P. & G. T. THOMPSON 1999, zitiert in OSTERHAMMEL, J. & N. PETERSSON 2006, 15).

1.2.3 Was muss man sich unter dem Globalisierungsdiskurs vorstellen?

Wenn Globalisierung nicht über Materialität verfügt, wenn sie als Prozess existiert und wie kaum ein zweiter Begriff in den letzten beiden Dekaden an Bedeutung gewonnen hat, dann fragt man sich, ob Globalisierung mehr ist als nur ein Wort mit unterschiedlichen Bedeutungen und Assoziationen.

Ein Diskurs entsteht dann, wenn Aussagen gemacht werden und sich diese Aussagen aufeinander beziehen (BRIELER, U. 1998,

---

Globalisierter Klimawandel

Der Diskurs über den Klimawandel entstand Ende des 20. Jh. und wurde von Klimaforschern geprägt. Die Aussage, dass sich das globale Klima aufgrund menschlicher Aktivitäten erwärmt, stieß zunächst in Politik und Öffentlichkeit auf Skepsis. Es entstand ein Gegendiskurs, in welchem die vorhergesagte Erwärmung negiert wurde. Zu Beginn des 21. Jh. wurde allerdings der ursprüngliche Strang dominant, und heute hat der Gegendiskurs an Erklärungskraft eingebüßt. Solche Veränderungen werden oftmals durch sogenannte diskursive Ereignisse hervorgerufen. So bewirkte die Berichterstattung über schmelzende Gletscher und über den europäischen „Jahrhundertsommer 2003", dass sich mehr und mehr Menschen der Meinung anschlossen, dass der Klimawandel anthropogen ist. Die Aufnahme dieses Umschwungs in den Medien und in Alltagsgesprächen führte zur steigenden Bedeutung der Diskussion und dazu, dass der eine Strang nun klar dominiert. Unter anderem hatte dies zur Folge, dass Al Gore's Dokumentarfilm „An inconvenient truth – a global warning" (GUGGENHEIM, D. 2006; vgl. Abb. E 1.2.3/2) ein „Oscar" verliehen wurde. Dies wiederum kann als weiteres diskursives Ereignis gewertet werden. Die Diskussion zum Klimawandel kann als Teil des größeren Umweltdiskurses gesehen werden, aber auch als Teil des gegenwärtigen Globalisierungsdiskurses.

Abb. E 1.2.3/2 Poster zu Al Gore's Dokumentarfilm

zitiert in BUBLITZ, H. 2003, 5). So entstehen Themen oder eben Diskurse, die sich an einem oder mehreren Begriffen – zum Beispiel „Umwelt", „Klimawandel", „Doping", „Gleichberechtigung der Geschlechter" – festmachen lassen. Der Begriff wurde vom französischen Philosophen Michel Foucault aufgenommen und definiert. Indem Diskurse als etwas Zusammenhängendes und in der gesellschaftlichen Praxis Wichtiges anerkannt werden, können sie auch unabhängig von einzelnen subjektiven Aussagen von Individuen analysiert werden (zur Diskursanalyse siehe z. B. PHILLIPS, N. & C. HARDY 2002).

Diskurse sind einem ständigen Wandel unterzogen, das heißt, dass sich ihr Gehalt, wie auch ihre Bedeutsamkeit verändern können. Mächtige Diskurse haben größeren Einfluss als unbedeutende. Auch sind Diskurse keine homogenen Gebilde; es können darin verschiedene „Stränge" vorkommen, in denen gegensätzliche Meinungen zum Ausdruck kommen (vgl. Abb. 1.2.3/1).

Mit dem Globalisierungsdiskurs verhält es sich ähnlich wie mit dem über das Klima. Er besteht aus verschiedenen Strängen und Teildiskursen, von denen einige prominent in den Medien erscheinen – wie die damit verbundenen ökonomischen Konsequenzen (vgl. BACKHAUS, N. 1999; HOFFMANN, M. 1999). Andere – wie zum Beispiel Teile wissenschaftlicher Debatten – sind weniger sichtbar. Der Diskurs verändert sich laufend durch die Bezugnahme auf ihn.

An der Diskussion, die sich nach den Anschlägen des 11. September 2001 entwickelt hat, lässt sich gut aufzeigen, wie sich Diskurse und ihre Stränge verändern können. Die terroristischen Angriffe auf das World Trade Center in New York und das Pentagon in Washington stellen – neben den tatsächlichen Geschehnissen – diskursive Ereignisse dar, welche die Globalisierung entscheidend geprägt haben. Das Beispiel zeigt auch, welche Macht von Diskursen ausgehen kann. Denn viele Folgeereignisse wären gar nicht oder nicht so geschehen, wenn es keinen oder einen anderen Diskurs darüber gegeben hätte. Die erste Reaktion des amerikanischen Präsidenten George W. Bush war im Vergleich zu späteren Äußerungen vergleichsweise verhalten. Er sagte, die Leute, welche die Attacke geplant und durchgeführt hätten, würden zur Verantwortung gezogen. Dies löste in den amerikanischen Medien Entrüstung aus und härtere Worte wurden gefordert, die dann auch prompt kamen. Bald war – der Logik der Bush-Administration zufolge – Osama bin Laden als Hauptschuldiger identifiziert – „tot oder lebendig" fassen und sie aus ihren Verstecken „ausräuchern" (englisch: „Smoke them out") (ASSOCIATED PRESS 2001). Zudem wurden stärkere Kontrollen im Luftverkehr angekündigt und den Streitkräften die Erlaubnis erteilt, Flugzeuge, welche die Sicherheit gefährden, abzuschießen. Letzteres führte – neben dem „Grounding" an den Tagen nach der Attacke, als alle Flugzeuge in den USA am Boden blieben – zum Konkurs einiger Airlines und zu Entlassungen von mehr als 100 000 Angestellten. Denn viele Amerikaner überlegten es sich zweimal, ob sie in eine Maschine steigen wollten, die potenziell vom eigenen Militär abgeschossen werden könnte. Die Aufforderung des US-amerikanischen Präsidenten an alle befreundeten Staaten (auch islamische), Amerika im „Kreuzzug" gegen den Terrorismus zu unterstützen, wurde in der islamischen Welt nicht akzeptiert und führte zu heftigen Protesten. Der unglückliche Begriff wurde sehr schnell wieder fallengelassen, hinterließ aber seine Spuren. Die Deklaration der Anschläge als „Krieg" – unter anderem wurde der Vergleich zu Pearl Harbour gezogen – hatte zur Folge, dass der NATO-Bündnisfall (zum ersten Mal überhaupt) eintrat. Die Verwendung der Begriffe „Schurkenstaaten" (englisch: „Rogue States") und „Achse des Bösen" für Afghanistan, Irak, Iran und Nordkorea führte nicht nur in den betroffenen Staaten zu Empörung. Das Talibanregime in Afghanistan reagierte mit Kritik am Westen und ausdrücklicher Gutheißung der Anschläge, was (neben der Gewährung von Unterschlupf für Terrorverdächtige) zum NATO-Angriff auf Afghanistan führte (vgl. SCHIRATO, T. & J. WEBB 2003).

Die zum Teil von Medien gemachte Verkürzung von „fundamentalistischen, antiwestlichen und gewaltbereiten Islamisten" auf nur „Islamisten" oder gar „Muslime" hat sich im Denken einer breiteren (nicht nur amerikanischen) Öffentlichkeit festgesetzt und führte in der Folge auch zu diskriminierenden Handlungen an Muslimen. Der Diskurs über den 11. September (die Jahreszahl 2001 muss dabei gar nicht genannt werden) ist zu einem festen und mächtigen Bestandteil von politischen und sozialen Diskussionen und Gesprächen geworden. Er hat, wie beschrieben, Realitäten geschaffen, die zwar auf die Attacken zurückgeführt werden können, die aber in ihrer Ausprägung sehr davon abhängen, wie der Diskurs geführt wird, welche Aussagen gemacht werden und wie sie sich aufeinander beziehen.

1.2.4 Verwendungen des Begriffs „Globalisierung"

So wie der Begriff Globalisierung unterschiedlich konnotiert ist, so verschieden kann er auch eingesetzt werden. B. WERLEN (1997, 232) unterscheidet dazu drei verschiedene Gebrauchsweisen, die es auseinanderzuhalten gilt:

- Mit dem Begriff lassen sich im Zusammenhang mit einschneidenden Veränderungen des Alltagslebens und den damit verbundenen Verunsicherungen Ängste schüren, aber auch Hoffnungen wecken. Diese können politisch genutzt oder missbraucht werden. Bei einer demagogischen Verwendung des Schlagwortes wird versucht, bestimmte politische Maximen durchzusetzen. Zum Beispiel werden von „Globalisten" die Vorteile von Freihandel und Neoliberalismus hervorgehoben. Damit wollen sie weitere Deregulierungen erreichen, von denen sie sich Vorteile versprechen. Der Neoliberalismus ist ein wirtschaftspolitisches Konzept, bei dem alle ökonomischen Prozesse über den Markt gesteuert werden, das heißt über einen freien und funktionsfähigen Wettbewerb (BROCKHAUS, Stand: 13.08.2009; vgl. WILLKE, G. 2003). Von „Globalisierungsgegnern" wird Globalisierung als Bedrohung dargestellt, gegen die es anzukämpfen gilt. Der Begriff wird damit verdinglicht und ihm wird eine Eigendynamik zugesprochen, der Gesellschaften und Personen machtlos ausgeliefert seien. Anders ausgedrückt wird Globalisierung damit zum erklärenden Element für heutige Zustände und Entwicklungen gemacht und nicht zum zu analysierenden Gegenstand.

Der Verkaufspreis von Kaffee

Die Tatsache, dass auf Sumatra Kaffee für den Weltmarkt angebaut wird, ist bereits eine Konsequenz von Prozessen, die mit Globalisierung in Verbindung gebracht werden können: nämlich der Kontakt zu arabischen Händlern, die den Kaffee von der jemenitischen Hafenstadt Mocha auf den indonesischen Archipel brachten. Die niederländischen Kolonialherren führten in der Bergregion Zentralsumatras den plantagenartigen Kaffeeanbau ein, um Kaffee exportieren zu können (COLOMBIJN, F. 1998). Obwohl das Unterfangen zunächst von wenig Erfolg gekrönt war (die Niederländer gingen in Sumatra fälschlicherweise von ähnlichen Strukturen aus wie sie auf Java, der Nachbarinsel, vorzufinden waren), hat sich der Kaffeeanbau im Hochland von Sumatra etabliert. In der Kolonialzeit wurde der Preis für Kaffeebohnen, den die Bauern erhielten, von den Kolonialbeamten aufgrund der Qualität der Bohnen bestimmt und mündlich mitgeteilt. Er war für alle Bauern gleich und wurde nur in großen Abständen angepasst. Als nach der indonesischen Unabhängigkeit diese Preisfestsetzungen wegfielen, übernahmen lokale und regionale Kaffeehändler die Position der Kolonialbeamten. Sie handelten den Preis mit den Bauern gemäß Angebot und Nachfrage aus, wobei das Wissen darum einseitig verteilt war. Die Bauern hatten nicht die Mittel, sich regelmäßig über die Situation auf dem Weltmarkt zu informieren. Um die notwendigen Informationen zu erhalten, brauchten sie nicht erst auf das Internet zu warten, Kurzwellenradiosender taten diesen Dienst auch. Die BBC sendete täglich ein Bulletin über die Weltmarktpreise der wichtigsten Rohstoffe über den Äther. Der Zugang zu dieser Information war jedoch für die Bauern nicht einfach. Das lag aber nicht daran, dass man sich kein Kurzwellenradio leisten konnte, denn es gab praktisch in jedem Dorf jemanden, der eines besaß. Es waren vielmehr die fehlenden Englischkenntnisse, die ihnen zu schaffen machten. Sie lösten das Problem, indem sie sich die Ausdrücke aneigneten, die sie für die Identifikation des Kaffeepreises benötigten (persönliche Information von MICHELE GALIZIA, Ethnologe, Universität Bern, 1996). So konnten sie den Aufkäufern mit besseren Informationen gegenübertreten.

Das Beispiel zeigt einerseits, wie Alltagshandlungen immer stärker in globale Bezüge eingebettet werden und anderseits, dass der Zugang zu Informationen, die teilweise nur schwer zugänglich sind, es ermöglicht, sich (besser) mit den bestehenden Rahmenbedingungen auseinanderzusetzen.

- Der Begriff kann als methodologische Voraussetzung für die Erforschung globalisierter Lebensverhältnisse verwendet werden. Dabei konzentriert man sich auf die Analyse der Mechanismen und Prozesse, welche die Globalisierung ausmachen und wirft auch einen für diese Prozesse geschärften Blick in die Vergangenheit. Der Begriff „Globalisierung" ist aber nicht umfassend operationalisierbar, dies ist – wenn überhaupt – nur für einzelne Prozesse beziehungsweise Aspekte möglich.
- Und schließlich kann Globalisierung als empirische Abklärung der sozialen und kulturellen Konsequenzen verstanden werden, die sich aus globalisierten Lebensverhältnissen für lokal eingebettete Subjekte ergeben. Anders gesagt wird dabei Globalisierung als integraler Bestandteil kultureller Lebenswelten verstanden, den es bei Forschungen zu berücksichtigen gilt.

Globalisierung ist primär eine Umstrukturierung von Zeit und Distanz im sozialen Leben. In traditionellen Gesellschaften, von denen es – im engeren Sinne – keine mehr gibt, dominierten „Face-to-Face-Kontakte", also direkte Begegnungen von Menschen. Die Konsequenzen einer Handlung sind dabei in der Regel zeitlich und räumlich in der Nähe ihres Ausgangspunktes lokalisierbar. Der Radius, den die Konsequenzen von Handlungen in traditionellen Gesellschaften hatten, war also räumlich und zeitlich begrenzt auf das Hier und Jetzt. In globalisierten (oder modernen) Gesellschaften ist dies nicht mehr so. Prozesse der Globalisierung laufen nicht gleichförmig und gleichmäßig ab, vielmehr sind sie asymmetrisch und abhängig von den beteiligten Akteuren sowie von deren Ressourcen. Wenn sich der amerikanische Präsident für Armutsbekämpfung und Umweltschutz einsetzt, hat dies ganz andere Konsequenzen, als wenn dies der sprichwörtliche „Ottonormalverbraucher" tut. Damit soll jedoch weder gesagt sein, dass die Mächtigen der Welt diese Prozesse voll kontrollieren könnten, noch dass gewöhnliche Bürger machtlos wären. Dies beweist zum Beispiel die Frauenbewegung, die sich für eine Gleichberechtigung der Geschlechter einsetzt. Ihre Erfolge sind nicht auf den Einsatz einiger mächtiger Frauen zurückzuführen, sondern auf viele individuelle Handlungen, welche in die gleiche Richtung zielten.

Zusammenfassung

Fazit
- Eine einfache Definition des Begriffes „Globalisierung" existiert nicht, und jede Person kann unter diesem Begriff etwas anderes verstehen. Mit Sicherheit ist die Globalisierung aber weder ein automatisch ablaufender Prozess, noch ein selbstständig handelndes Subjekt. Vielmehr wird sie durch eine Vielzahl von beabsichtigten und unbeabsichtigten Handlungen geformt, hat Auswirkungen auf die meisten Menschen, beinhaltet eine räumliche Dimension und gibt der gegenwärtigen Epoche einen Namen. Weitere Aspekte sind (je nach Definition): die räumliche Ausbreitung und vertiefte Intensität sozialer Beziehungen, die globale Verfügbarkeit von vormals lokalem Wissen und die räumlich weit entfernten Handlungsfolgen.

- Diskurse sind Meinungsstränge zu einem bestimmten, meist gesellschaftsrelevanten Thema. Die einzelnen Meinungen beziehen sich aufeinander, können aber auch kontrovers sein und unterliegen stetigem Wandel. Da Diskurse Meinungen bilden, üben sie gesellschaftliche Macht aus.
- Der Globalisierungsdiskurs ist ein mächtiger Diskurs mit diversen Strängen und wird sowohl von den Befürwortern wie auch den Kritikern der Globalisierung mitgeprägt.
- Drei Gebrauchsweisen des Begriffs „Globalisierung" sollten auseinandergehalten werden: Die demagogische Verwendung instrumentalisiert den Begriff für politische Zwecke. Die methodologische Verwendung versucht, die Mechanismen und Prozesse der Globalisierung zu entschlüsseln. Die empirische Verwendung will sozio- kulturelle Konsequenzen der Globalisierung im lokalen Kontext verstehen.

Zum Einlesen

DÜRRSCHMIDT, J. (2002): Globalisierung. – Transcript, Bielefeld.
Der Begriff Globalisierung wird kritisch hinterfragt; es werden neben Theoriebezügen die Kerndebatten aufgeführt.

OSTERHAMMEL, J. & N. P. PETERSSON (2006): Geschichte der Globalisierung – Dimensionen, Prozesse, Epochen. C. H. Beck, München
Die Begrifflichkeit der Globalisierung wird aus historischer Perspektive erklärt.

SCHIRATO, T. & J. WEBB (2003): Understanding globalization. Sage, London, Thousand Oaks, New Delhi.
Die Autoren gehen vom Begriff der „Globalisierung" aus und beleuchten diesen von verschiedenen Seiten.

1.3 Dimensionen der Globalisierung

Jeder Versuch, Prozesse der Globalisierung zu gliedern, kommt bereits einer starken Vereinfachung und einer – vielleicht unzulässigen – Komplexitätsreduktion gleich. Doch ist die Reduktion von Komplexität etwas, das zum menschlichen Alltag gehört und gerade in Zeiten, in denen man vom Informationsüberfluss spricht, wird dies umso nötiger und wichtiger. Darum sei im Folgenden der Versuch gewagt, die „Globalisierung in Dimensionen" – wie es GIDDENS, A. (1996, 92) ausdrückt – oder Kategorien (GRUPPE VON LISSABON 1997, 49) zu fassen, um deren Komplexität etwas zu reduzieren und sie fassbarer zu machen. Im Alltagsdiskurs über Globalisierung sind die wirtschaftlichen Aspekte wohl die dominantesten (HOFFMANN, M. 1999) und vielleicht auch für die Einzelperson die unmittelbar spürbarsten. Deswegen ist es wichtig, auch auf weitere Aspekte in

Abb. 1.3/1 Dimensionen der Globalisierung

1.3 Dimensionen der Globalisierung

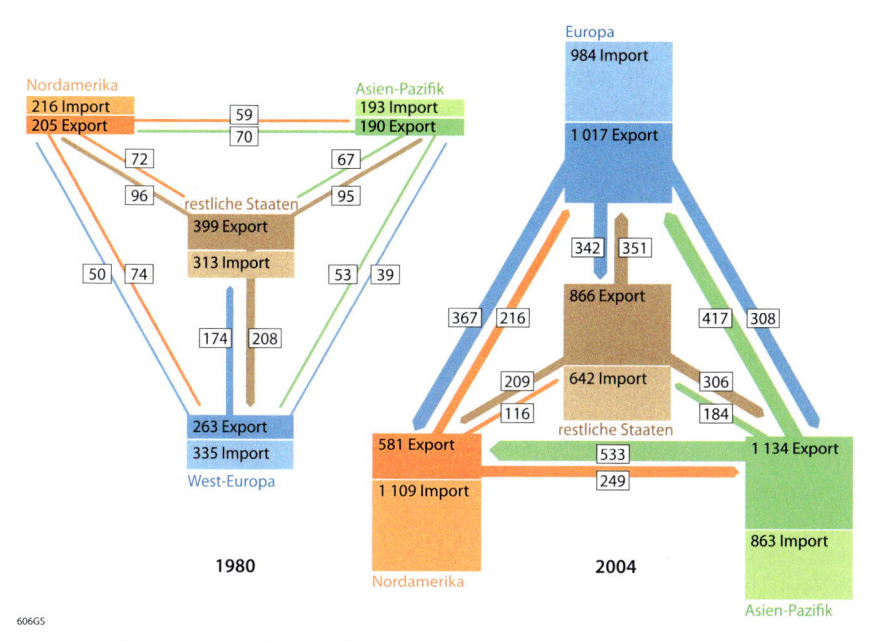

Abb. 1.3.1/1 *Der Welthandel verteilt sich nicht gleichmäßig über den Globus*

diesem Diskurs hinzuweisen. A. GIDDENS (1996; 1999) unterscheidet neben der kapitalistischen Weltwirtschaft drei weitere Dimensionen: das System der Nationalstaaten, die militärische Weltordnung sowie die internationale Arbeitsteilung. Im Folgenden werden diese vier Dimensionen (GIDDENS, A. 1996, 92) kurz umrissen und es wird ihnen eine fünfte Dimension, der kulturelle Austausch[3], beigefügt (vgl. Abb. 1.3/1).

1.3.1 Die kapitalistische Weltökonomie

Die kapitalistische Weltökonomie ist ein sehr starker Motor der Globalisierung, dessen kosmopolitische Wirkung bereits von Karl Marx erwähnt wurde (BECK, U. 1997, 48–49). Die immer stärker werdende Integration vieler Menschen und Gesellschaften in das Weltmarktsystem ist der Prozess, der unmittelbar wohl auch die einschneidendsten Konsequenzen nach sich zieht. Der Börsencrash von 1929 in New York und die damit verbundene, von den USA ausgehende Krise weitete sich binnen kürzester Zeit auf die ganze Welt aus. Auch die Rezession zu Beginn der 1990er-Jahre, die darauf folgende Asienkrise 1997/98 sowie die jüngste Finanzmarktkrise (2008/09) sind Phänomene, die – mit der Ausnahme weniger Branchen und Länder – global wirksam waren oder noch sind. Das leistungsorientierte Denken und das Bestreben, Leistung in Geldeinheiten ausdrücken zu wollen, nimmt bei der Betrachtung globalisierender Prozesse viel Raum ein. Derart viel, dass oftmals die Weltmarktintegration mit Globalisierung gleichgesetzt wird.

Die kapitalistische Weltökonomie erfuhr einen ersten Aufschwung in der Renaissance. Damals wurde es möglich, Wechsel als Zahlungsmittel zu nutzen. Diese konnten an einem anderen Ort eingelöst werden als dort, wo sie ausgestellt wurden. Sie standen in keinem Zusammenhang mehr mit der ausgetauschten Ware. Richtig in Schwung kam die kapitalistische Weltökonomie vor allem im 19. Jh., als die neoklassische Wirtschaftstheorie umgesetzt wurde. Das System von Angebot und Nachfrage bestimmte weitgehend Produktions- und Austauschbeziehungen und stellte den Wettbewerb in den Vordergrund. Auch wenn heute die meisten Staaten in den Weltmarkt integriert sind, so verteilt sich der Welthandel ungleich über den Erdball. In Nordamerika, Europa und Ostasien wird der Großteil des globalen Bruttosozialprodukts erwirtschaftet (vgl. Abb. 1.3.1/1).

Die Firma als globaler Akteur Nr. 1
Transnationale Unternehmungen (TNU[4]) profitieren sehr stark von der Möglichkeit, Kapital und Güter schnell und kostengünstig und damit gewinnbringend weltweit zu transportieren. Dies äußert sich zum Beispiel auch in steigenden Direktinvestitionen im Ausland. Sie gelten als treibende Kraft hinter der wirtschaftlichen Liberalisierung. Ihre Macht ist mit ihrer Größe stark angewachsen, und aufgrund ihrer steigenden Flexibilität können sie auch Nationalstaaten unter Druck setzen: „Mehr als jede andere Organisation wird das transnationale Unternehmen als wichtigster Gestalter der gegenwärtigen globalen Ökonomie betrachtet" (DICKEN, P. 1998, 177; Übersetzung des Verfassers).

In ihrer Struktur haben sich die TNU ebenfalls verändert, von einer von Paternalismus bestimmten Führung hin zu einer Struktur, bei der institutionelle Anleger Firmen besitzen und kontrollieren. Ein transnationales Unternehmen ist eine Firma, welche Möglichkeiten der Kontrolle und Koordination von Operationen in mehr als einem Land hat, auch wenn sie nicht selbst im Besitz aller Arbeitsabläufe ist (DICKEN, P. 1998, 177). Dabei muss berücksichtigt werden, dass nicht alle TNU identisch sind. Obwohl sie auf globaler Ebene operieren, sind sie nicht „ortslos". Vielmehr spiegeln sie viele der Charakteristiken ihrer Ursprungskulturen wider. Dies offenbart sich beispielsweise bei Fusionen von Firmen, bei denen immer wieder das Problem der Synchronisierung der verschiedenen Unternehmenskulturen angesprochen wird.
Ein für ein transnationales Unternehmen entscheidender Faktor ist die Standardisierung von Produktions- und Servicekomponenten, die auf vielfältigste Weise miteinander kombinierbar sind. Für Firmen war und ist das „Going Global" weit einfacher als für Regierungen, Parlamente, Gewerkschaften oder Universitäten, die als Institutionen alle nicht flexibel genug sind, um sich schnell verändernden Rahmenbedingungen anzupassen. Ein weiterer Grund für die Dominanz der TNU liegt darin, dass mit dem wirtschaftlichen Wachstum immer mehr und immer günstigere Güter produziert wurden. Diese Güterproduktion und -konsumtion hat dann wieder die globale Kultur wesentlich beeinflusst. Großfirmen stellen Güter her oder Dienstleistungen bereit und werden so auch zu

einem bestimmenden kulturellen Faktor (PETRELLA, R. 1996). Lebensstile definieren sich – zumindest bei Menschen und Gemeinschaften, welche die Mittel zur Wahl haben – immer stärker über den Konsum von Gütern und Dienstleistungen (man denke zum Beispiel an die Bedeutung des iPod als modisches Accessoire). Diese werden sehr oft von international tätigen Unternehmen produziert und vermarktet. Die Kultur ist somit weit stärker in Produktions- und Konsumtionszusammenhänge eingebettet, als dies früher der Fall war. Neben Standardisierungen, die es für TNU einfacher machen, global tätig zu werden, muss die Frage gestellt werden, warum es für Firmen lukrativ ist, sich auf globaler Ebene auszudehnen. Die Weltwirtschaft ist nach den Gesetzen kapitalistischer Bewegungen strukturiert, die auf dem Profitstreben beruhen. Somit müssen internationale Firmen im Lichte der Internationalisierung und der Akkumulation des Kapitals betrachtet werden. Die Bewegungsgesetze des Kapitalismus leiten sich vor allem vom Drang ab, Profite zu mehren und Kapital zu akkumulieren durch die Generierung und Aneignung von Mehrwert aus dem Produktionsprozess (vgl. DUNN, M. 2008).

Auch auf der mikroökonomischen Ebene der einzelnen Firma selbst gibt es Gründe, warum sie über die Grenze hinweg expandiert. Eine einheimische Firma hat gegenüber einer ausländischen den Vorteil, den lokalen Markt, Geschäftsgepflogenheiten und die Gesetzgebung besser zu kennen. Eine Firma, die in einen fremden Markt eindringen und dort produzieren will, muss also spezifische Vorteile aufweisen, um gegenüber den Firmen mit „Heimvorteil" konkurrenzfähig zu sein. Dies können Firmengröße und damit zusammenhängend Skalenvorteile, eine überragende Marktposition, Marketingkenntnisse (z. B. Markennamen, Werbestrategien), technologischer Vorsprung oder Zugang zu günstigeren Finanzierungsquellen sein (DICKEN, P. 1998, 182). Gleichzeitig werden diese Vorteile nur genutzt, wenn dies für die expandierende Firma einen Vorteil (meist ist dies ein größerer Absatzmarkt) gegenüber der Produktion auf dem eigenen Markt bringt.

Die Gründe für die Dominanz der Firmen als wichtigste „Global Player" sind darin zu finden, dass die Firma erstens die einzige Organisation ist, die sich so schnell transformiert hat, um die Vorteile der Grenzüberschreitung wahrnehmen zu können. Zweitens legt die (westliche) Gesellschaft eine hohe Priorität auf Technologie und die Herstellung von so genannten Werkzeugen aller Art. Firmen produzieren solche „Werkzeuge", wie zum Beispiel Computer oder Pauschalreisen. Auch letztere können als Werkzeug interpretiert werden, mit dem der Reisewillige die Organisation ihres Urlaubs erleichtert wird. Und drittens werden Firmen als Schlüsselfaktor für den Erhalt der Wohlstandes, die Arbeitsplatzsicherung und damit für die individuelle und kollektive Wohlfahrt angesehen.

Die Macht der transnationalen Konzerne ist zum Teil so groß, dass sie maßgeblich darüber mitentscheiden, welche Weltregionen mit Investitionen und Aufschwung gesegnet werden und welche peripherisiert werden. Im Besitz der TNU befindet sich heute etwa ein Drittel des weltweiten produktiven Anlagekapitals. Der Weltumsatz der TNU ist größer als der Welthandel, dies unter anderem aufgrund des intranationalen Handels (ALTVATER, E. & B. MAHNKOPF 1996, 249). Die Firmen sind auf eine langjährige Perspektive und auf Wachstum ausgerichtet, weswegen sie Allianzen eingehen und Netzwerke knüpfen. Die Folge davon sind Firmenzusammenschlüsse mit zum Teil oligopolistischen[5] Tendenzen. So machten 1980 13 Firmen 80 Prozent des weltweiten Umsatzes mit Reifen (PETRELLA, R. 1996). 2006 kontrollierten die größten drei – Goodyear, Bridgestone und Michelin – über 50 Prozent, die größten sieben Unternehmen zwei Drittel der globalen Reifenproduktion (MICHELIN 2008).

Veränderung der Struktur transnationaler Unternehmen
Innerhalb der einzelnen Staaten haben transnationale Konzerne in wirtschaftlichen Belangen großes Gewicht. Es ist jedoch nicht einfach, ihre Interessen zu ermitteln, da sich die Führungsstruktur transnationaler Konzerne im Laufe der Zeit stark verändert hat und unüberschaubarer geworden ist.

In den Zeiten des Industriekapitalismus kontrollierten Besitzerfamilien wie die Rockefellers, Vanderbilts und Krupps große Konzerne und deren Geschicke und Entwicklungen. Sie konnten ihre Interessen auf allen Ebenen des Betriebes durchsetzen und hatten den Überblick über die Geschäfte. A. GIDDENS (2006, 656) spricht dabei von Familienkapitalismus. Dieser ist paternalistisch aufgebaut. Die Patrons bestimmen, „wo es langgeht". Sie identifizieren sich aber auch mit der Firma, ihrer Arbeiterschaft und ihrem Produktionsstandort. Dies äußert sich in der Gründung von Stiftungen, der Finanzierung öffentlicher Gebäude, Einrichtungen oder im Mäzenatentum. Diese Form der Firmenstruktur findet sich heute nur selten in großen Konzernen, aber häufig noch in kleinen und mittleren Unternehmen.

Das Aufkommen von Aktiengesellschaften leitete eine Trennung von Besitz und Management eines Unternehmens ein. Betriebsführende sind nun Angestellte der Aktionäre – Manager –, weswegen bei dieser Form der Betriebsführung von Managerkapitalismus gesprochen wird (GIDDENS, A. 2006, 657). Die Trennung von Besitz und Management führt auch zu einer Anonymisierung. Aktionäre sind letztlich vor allem an einer möglichst hohen Dividende, Manager an einem möglichst hohen Gehalt interessiert. Als Folge davon werden Geschäfte immer stärker nach dem Prinzip der Gewinnmaximierung getätigt, während soziale oder ökologische Probleme höchstens relevant werden, wenn sie sich negativ in den Bilanzen niederschlagen. Geschäftsführende Manager (CEOs für Chief Executive Officers) müssen Quartal für Quartal Rechenschaft über die Entwicklung ihrer Firma abgeben. Je nachdem, wie der Bericht von Anlegern bewertet wird, steigt oder sinkt der Wert der Aktie und damit das Vermögen der Aktionäre.

Die bislang letzte Form der Führung transnationaler Konzerne ist gekennzeichnet durch eine immer größer werdende Verflechtung einzelner Konzerne. Viele Firmen und Organisationen besitzen Aktienpakete anderer Unternehmen. Dies ist mit eine Folge größerer Investitionstätigkeit seitens der Bevölkerung beispielsweise in Bauunternehmungen, Versicherungen und Pensionskassen, welche ihrerseits in Industrie- oder Dienstleistungsunternehmen investieren. Dadurch entsteht ein Netz gegenseitiger Abhängigkeiten, das sich auch auf die Betriebsführung überträgt. Es wird nun vom institutionellen Kapitalismus gesprochen (GIDDENS, A. 2006, 658). In den Verwaltungsräten sitzen zunehmend Personen, die von Produktion und von zu tätigenden Geschäften oft nur eine geringe Ahnung haben. Ihre Stärke ist vor allem die Vernetzung mit anderen Firmen und Institutionen. Darum müssen sie oft auf die Interessen anderer Firmen, denen sie angehören, Rücksicht nehmen. Dies und der bleibende Druck zur Gewinnmaximierung führen zu einer weiteren Externalisierung der Kosten zulasten derjenigen, die am wenigsten Verhandlungsmacht haben. Dies sind vor allem Unterprivilegierte – in Ländern des Südens wie auch in Industrieländern.

Ein weiteres Phänomen des institutionellen Kapitalismus ist die Abwechslung von Zusammenschlüssen und Fragmentierungen von Großkonzernen. Dies mag zunächst wie ein Widerspruch klingen, ist aber eine Medaille von zwei Seiten her betrachtet. Einerseits binden Großkonzerne immer mehr Kleinbetriebe (meist als Zuliefererfirmen oder in Holdings) an sich. Dies wird von den Kleinbetrieben oft selbst angestrebt, um über die Großkonzerne Zugang zum Weltmarkt zu erlangen. Anderseits werden Abteilungen oder Zweige von Großfirmen als eigenständige Betriebe ausgewiesen, um über mehr Flexibilität zu verfügen. Eine Folge davon ist eine Entsolidarisierung, weg von einheitlich geregelten, von Gewerkschaften oder dem Staat überwachten Lohnarbeitsverhältnissen, hin zu einer Vielzahl flexibler Arbeitsverhältnisse. Diese weisen hochdifferenzierte Löhne, Arbeitszeiten, Inhalte, Schutzbestimmungen und Garantien auf. Sie sind immer weniger vergleichbar und stellen damit auch keine ge-

Die Hyperbourgoisie

Aus den hochmobilen und hochbezahlten Rängen der Firmenmanager hat sich eine neue Klasse herausgebildet. Sie wird auch Hyperbourgeoisie (DUCLOS, D. 1998) genannt. Ihre Mitglieder zeichnen sich durch einen eigenen Lebensstil aus, der weniger vom Raum als durch die Zeit geprägt ist. Ihre Tätigkeit erfordert es, mobil zu sein und an verschiedenen Orten arbeiten und wohnen zu können. Häufige Standortwechsel und das Bedürfnis nach Sicherheit kennzeichnen die Hyperbourgeoisie, manche bevorzugen so genannte „Gated Communities" als Wohnort. In diesen durch Sicherheitsfirmen und Mauern geschützten Siedlungen finden sie alles, was sie zum Leben benötigen. Diese Siedlungen sind ähnlich konzipiert und austauschbar. Dadurch können Angehörige der Hyperbourgeoisie ihren Lebensstil ohne größere Anpassungsleistungen nach einem Umzug beinahe nahtlos weiterpflegen. Die Verbindung zur Lokalität, an der sie sich befinden, ist sehr lose und damit sinkt auch die Bereitschaft, sich für den Wohnort und seine Einwohner zu engagieren.

meinsamen Lebenszusammenhänge mehr dar (STREHLE, R. 1994, 25). Der flexible Portfolioarbeiter stellt den Gegenentwurf zum festangestellten, gewerkschaftlich organisierten Arbeiter dar. Mit einem Portfolio von Kenntnissen und Fertigkeiten kann er sich flexibel in unterschiedliche Firmen integrieren und diese auch schnell wechseln. Genauso flexibel wird er von Firmen nach Bedarf eingestellt und ausgewechselt (GIDDENS, A. 2006, 774).

Das multilaterale Abkommen über Investitionen (MAI)

Mit der im Folgenden beschriebenen, beabsichtigten Einführung eines multilateralen Abkommens über Investitionen (MAI) hätten Firmen eine weitere Veränderung und enorme Stärkung gegenüber Staaten erfahren. Sie hätten damit faktisch den Status eines eigenständigen völkerrechtlichen Subjektes erlangt, wie es sonst nur Staaten besitzen (WELZK, S. 1999, 45). Das von der OECD (Organisation for Economic Cooperation and Development) 1995 lancierte Projekt ist zwar 1998 gescheitert, doch nur sehr knapp. Dass es der Öffentlichkeit kaum bekannt wurde und erst kurz vor seiner Ratifizierung abgelehnt wurde[6], zeigt die sehr große Macht, welche TNU bereits haben. Der damalige Generaldirektor der WTO (**W**orld **T**rade **O**rganization) RENATO RUGGIERO meinte 1996: „Wir schreiben die Verfassung einer einzigen globalen Wirtschaft"[7], die Bundestagsabgeordnete Sigrid Skarpelis-Sperk kommentierte das Vorhaben folgendermaßen: „Die Parlamente wurden offensichtlich bewusst nicht informiert, obwohl das MAI ohne Zweifel das weitreichendste, komplexeste und ehrgeizigste Wirtschaftsabkommen der internationalen Wirtschaftsgeschichte werden sollte" (WELZK, S. 1999, 40).

Die Verhandlungen über das MAI oder ein modifiziertes Folgemodell wurden nicht wieder aufgenommen (Negotiating Group on the Multilateral Agreement on Investment (MAI) 1998). Skeptiker vermuten jedoch einen Dornröschenschlaf des Abkommens und warnen vor einer Wiederauferstehung (THE PUBLIC CITIZEN, GLOBAL TRADE WATCH 2003).

Das multilaterale Abkommen über Investitionen (MAI) kann daher als vorläufiger Kulminationspunkt der versuchten Einflussnahme der TNU auf staatliche Belange gelten. Beabsichtigt wurde nichts anderes als die Errichtung einer globalen ökonomischen Verfassung. Aus der Sicht der TNU ist das MAI eine nachvollziehbare Forderung, da sie ihre zahlreichen Tochterfirmen vor Enteignung und staatlicher Willkür schützen will. Das MAI soll aber nicht nur bereits getätigte Investitionen schützen, sondern ausländischen Investoren den unbeschränkten Zugang zu allen Vertragsstaaten garantieren (WELZK, S. 1999, 40–41).

Die wesentlichen Punkte des MAI sind (1998; WELZK, S. 1999):

- Barrieren für den Fluss von Investitionen sollen abgebaut werden. Dadurch büßt der Nationalstaat an Kontrollmöglichkeiten ein und kann nicht mehr regulativ eingreifen. Eine Folge davon wäre, dass Kapitalflucht nicht mehr bekämpft werden könnte.
- Ausländische Firmen müssen genauso behandelt werden wie inländische. Ihnen ist freier Zugang zu gewähren, was die Einreise und Arbeitsgenehmigung für Führungs- und Fachkräfte

einschließt. Sie bekommen dadurch sozusagen einen Diplomatenstatus. Dies soll auch für den gesamten Non-Profit-Bereich einschließlich kirchlicher und anderer sozialer Dienste gelten. Subventionen jeglicher Art sollen abgeschafft werden. So könnten die günstigeren Autobahngebühren, mit denen der italienische Staat im strukturschwachen Süden die Regionalwirtschaft ankurbeln will, von konkurrierenden Firmen eingeklagt werden. Ebenso könnten subventionierte Schulkantinen von Fast-Food-Anbietern als diskriminierend angesehen werden, und Preisnachlässe auf Bahnfahrkarten für bestimmte Bevölkerungsgruppen sollten laut MAI fallen.
- Firmen haben die Möglichkeit, Staaten direkt anzuklagen, wenn sie gegen das MAI verstoßen. Ein Schiedsgericht urteilt über Verstöße und ahndet sie. Die NAFTA (North American Free Trade Agreement) funktioniert in dieser Beziehung teilweise bereits wie das MAI. So verklagte die US-Firma Ethyl-Corporation den kanadischen Staat über 250 Millionen US-$, weil Kanada sich weigerte, ein von Ethyl produziertes, in Kanada verbotenes (aber in den USA erlaubtes) Gift in Kanada produzieren zu lassen. Die Firma bezeichnete dies als Verstoß gegen die Gleichbehandlung. Kanada und Ethyl einigten sich in einem Vergleich, bei dem der Staat der Firma 10 Millionen US-$ bezahlte.
- Es gilt für alle der „Most favoured Nation-Status". Das bedeutet, dass eine Regierung bei der Vergabe eines öffentlichen Auftrages eine Firma aus dem Ausland nicht diskriminieren darf. Der Staat darf dies auch dann nicht, wenn im Herkunftsland der Firma die Menschenrechte nicht eingehalten werden.
- Eine einmal getätigte Privatisierung eines staatlichen Betriebes darf nicht mehr rückgängig gemacht werden. Die de facto-Verstaatlichung des amerikanischen Hypothekarfinanzierers Fannie Mae[8] (und seiner Schwesterfirma Freddie Mac), die erfolgte, um einen Zusammenbruch des Hypothekarmarktes zu verhindern, wäre nicht mehr möglich.
- Ein Land muss sich für die Dauer von 20 Jahren dem Vertragswerk verpflichten und darf erst nach fünf Jahren die Mitgliedschaft kündigen, muss aber dann noch 15 Jahre lang den Verpflichtungen nachkommen. Im Vergleich dazu kann sich eine Nation binnen 18 Monaten vom NAFTA-Vertrag lösen.
- Vor Vertragsabschluss können die einzelnen Länder Ausnahmelisten vom Diskriminierungsverbot anmelden. Nach der Unterzeichnung kann keine einzige Ausnahme mehr nachgemeldet werden („Stand-still-Klausel"). Periodisch werden Verhandlungen geführt mit dem Ziel, Ausnahmebereiche aufzugeben („Rollback-Klausel"). Verdacht erregt hierbei, dass die USA, die ein wesentlicher Motor des Vertragswerks waren, eine 309 Seiten starke Ausnahmeliste eingereicht haben (zum Vergleich: Deutschland reichte neun Seiten ein).

Soziale und ökologische Mindeststandards findet man zwar im Vertragswerk (MAI 1998, 47), doch sind die Formulierungen sehr vage.

Die ganze Operation gelangte durch eine Indiskretion an die Öffentlichkeit und wurde daraufhin heftig debattiert (STAUB-BERNASCONI, S. 2009). Für Drittweltstaaten wäre das MAI äußerst problematisch. „Das MAI ist ungerecht und kann für die ärmsten Länder schweren Schaden bringen. Wenn das Abkommen unterzeichnet ist, wird es schnell zu einer Art Qualitätssiegel für Investoren werden. Obwohl es von den reichen Ländern verhandelt und abgeschlossen wird, ist es wahrscheinlich, dass ein Beitritt zum Abkommen schnell eine Voraussetzung für Investitionen wird..." (WELTKIRCHENRAT 1998, zitiert in WELZK, S. 1999, 48). Anders formuliert, würde das Selbstbestimmungsrecht der Völker in das Völkerbestimmungsrecht der Investoren übergehen (DE BRIE, C. 1998, 7).

Das MAI konnte sich bislang nicht durchsetzen. Als Hauptgrund dafür wird immer wieder die vehemente Gegenkampagne genannt (DE BRIE, C. 1998), die weltweit über das Internet und mit relativ geringen Mitteln geführt wurde. In diesem Kontext wird vom einen Prozess der Globalisierung – die Vernetzung der MAI-Gegnerschaft über das Internet – gesprochen, der über den anderen – die versuchte Etablierung des MAI – triumphiert. Globalisierung boykottiert sich sozusagen selbst. Damit macht das Beispiel der MAI-Verhinderung deutlich, wie vielschichtig und gegenläufig das Phänomen Globalisierung ist.

Ist das MAI nun also definitiv Geschichte? Die Expertengespräche gehen auf informeller Ebene weiter, und dies lässt darauf schließen, dass in nicht allzu ferner Zukunft das Abkommen in neuem Gewand – will heißen unter neuem Namen – wieder die Bühne der Weltpolitik betreten wird. Dies wird bereits durch Verlautbarungen von MAI-freundlichen Vertreterinnen und Vertreter der TNU nach seinem Scheitern deutlich: „Die Entstehung von Aktivistengruppen droht die öffentliche Ordnung, die rechtmäßigen Institutionen und den demokratischen Prozess zu untergraben. [...] Es müssten Regeln aufgestellt werden, um die Legitimität dieser aktivistischen regierungsunabhängigen Organisationen zu klären, die vorgeben, die Interessen größerer Teile der Zivilgesellschaft zu vertreten"[9] (DE BRIE, C. 1998, 7). Gegen die „Wiederauferstehung" des MAI oder eines ähnlichen Vertragswerks sprechen Diskussionen, die durch die jüngste Finanzkrise ausgelöst wurden. Neoliberale Forderungen scheinen nun bei weiten Teilen der Bevölkerung in Misskredit geraten zu sein.

Global Compact und Corporate Social Responsibility (CSR)

Das MAI wurde unter anderem auch abgelehnt, weil es für TNU kaum Verpflichtungen hinsichtlich ökologischer und sozialer Standards enthielt. Verschiedene Initiativen versuchen, diese Elemente in die Wirtschaftsweise der TNU zu integrieren. Sie basieren jedoch meist auf Freiwilligkeit.

Der Global Compact wurde 2000 ins Leben gerufen (UNITED NATIONS 2008) und zählte 2008 über 4 700 Firmen in 130 Ländern zu seinen Mitgliedern (UNITED NATIONS 2008, Stand 13.11.2008). Das Ziel ist es, Firmen dazu zu bewegen, die im Folgenden genannten zehn Prinzipien zu befolgen und weiterzuverbreiten (UNITED NATIONS 2008; Stand 13.11.2008):

1. Unternehmen sollen die internationale Erklärung der Menschenrechte respektieren und unterstützen.
2. Sie sollen sicherstellen, dass sie durch ihre Tätigkeiten nicht in Menschenrechtsverletzungen involviert sind.

3. Sie sollen das Versammlungsrecht und das Recht der kollektiven Verhandlung (z. B. mit Gewerkschaften) anerkennen.
4. Sie müssen für die Beseitigung aller Formen von Zwangsarbeit sorgen.
5. Sie müssen Kinderarbeit unterbinden.
6. Sie müssen Diskriminierungen in Bezug auf Anstellung und Beschäftigung eliminieren.
7. Unternehmen sind aufgefordert, einen achtsamen Umgang mit der Umwelt zu pflegen.
8. Sie sollen Initiativen zum respektvollen Umgang mit der Umwelt ergreifen.
9. Sie sollen die Entwicklung und Verbreitung umweltfreundlicher Technologien stärken.
10. Unternehmen sollen Korruption in allen ihren Formen einschließlich Bestechung und Erpressung bekämpfen.

Die Formulierungen sind recht vage und können schlecht überprüft und sanktioniert werden. Außerdem mangelt es freiwilligen Initiativen oft an der nötigen Verbindlichkeit, um ihnen Achtung zu verschaffen. Dennoch sind sie wichtig, da sie einen Einfluss auf das Image von TNU haben.

In eine ähnliche Richtung geht das Konzept der **C**orporate **S**ocial **R**esponsibility (CSR). Auch hier verpflichten sich Unternehmen selbst dazu, ihre Tätigkeiten nach ökologischen und ethischen Grundsätzen auszurichten (SCHAMP, E. 2008a). Aufgrund steigender Nachfrage von ökologisch und fair produzierten Produkten lohnt es sich für Firmen, hier zu investieren. Damit wird

Die Grenzen der CSR

Die Produktion von Lederwaren geht oft einher mit Umweltbelastungen und prekären Arbeitsverhältnissen, vor allem in Ländern des Südens. Indien ist einer der größten Produzenten von Lederwaren, die in arbeitsintensiven Produktionsschritten hergestellt werden. Die nordindische Stadt Kanpur ist eine Hochburg der Lederproduktion. Sie kämpft jedoch mit Umweltproblemen bezüglich der Einleitung ungeklärter Abwässer in den Ganges. Initiativen von europäischen Importfirmen, die sich der CSR verpflichtet haben, konnten hier positive Veränderungen bewirken. So wird nun beispielsweise in der Herstellung von Schuhen aus Büffelleder auf die Durchsetzung ökologischer Standards geachtet. Unter anderem werden Abwässer aus dem Gerbprozess in Kläranlagen geleitet, bevor sie in den Fluss gelangen. Allerdings werden diese Standards nur in den Firmen durchgesetzt, deren Produkte in einem dafür sensiblen Markt abgesetzt werden. In Unternehmen, die nicht für den europäischen oder amerikanischen Markt produzieren, finden diese Veränderungen nicht statt. Vielmehr erfolgt eine Verlagerung der „schmutzigen Produktion" innerhalb Kanpurs (BRAUN, B. & C. DIETSCHE 2008). Das Beispiel zeigt, dass CSR zwar zu Verbesserungen in einzelnen Produktionsteilen und Betrieben führt. Doch wenn staatliche Gesetzesregelungen nicht eingehalten werden, verbessert sich die Situation nur punktuell.

nicht nur Imagepflege betrieben. Denn eine fair behandelte Arbeiter- und Produzentenschaft arbeitet besser und effizienter. Dennoch ist CSR nicht unproblematisch. Zwar wird dadurch das Bewusstsein für Fairness gefördert, doch werden Probleme zum Teil nur einseitig angesprochen und angegangen. Zum Beispiel wird die beim Fair-Trade geforderte Versammlungsfreiheit der Angestellten häufig ignoriert und andere positive Merkmale werden in den Vordergrund gestellt. Schwierig ist auch die Beurteilung von Firmen, die zwar ökologische und faire Produkte in ihrem Angebot haben, daneben aber noch „unfair" produzierte und ökologisch bedenkliche führen. Für Fair-Trade-Organisationen stellt sich damit die Frage, ob eine Selbstverpflichtung von Unternehmen genügt, oder ob staatliche Kontrollen eingeführt werden sollten (Wuppertal Institut für Klima, Umwelt, Energie 2008).

1.3.2 Die internationale Arbeitsteilung

Eng verbunden mit der kapitalistischen Weltökonomie ist die immer stärker werdende internationale Arbeitsteilung. Sie fußt auf verbesserten Kommunikations- und Transportmöglichkeiten, aber auch auf Handelsabkommen wie dem GATT (General Agreement on Tariffs and Trade) und Organisationen wie der WTO, die den Rahmen für diese Arbeitsteilung gewährleisten. Gemäß kapitalistischer Vorstellung fließt das Kapital dorthin, wo es sich am besten rentiert. Dies drückt sich beispielsweise in Produktionsauslagerungen in Billiglohnländer aus. Die internationale Arbeitsteilung kann als Folge des kapitalistischen Marktsystems gedeutet werden. Sie geht davon aus, dass verschiedene Gesellschaften unterschiedliche komparative Vorteile aufweisen, die bei der Produktion von Gütern genutzt werden können. So können – einfach ausgedrückt – Rohstoffe in einem Land günstiger produziert oder extrahiert werden, während in einem anderen die Produktion von Fertigwaren zu geringeren Kosten erfolgen kann. Durch Arbeitsteilung können Produkte billiger hergestellt werden, als wenn sämtliche Arbeitsschritte am gleichen Ort erfolgen würden. Die Arbeitsteilung zwischen Industrie- und so genannten Entwicklungsländern begann mit Rohstoffausfuhren aus den Kolonien in die europäischen „Mutterländer", wo die Rohstoffe zu Fertigprodukten weiterverarbeitet wurden. Die komparativen Kostenvorteile wurden dabei (vor allem für die Kolonialmächte) schnell wirksam. Die Kosten der Rohstoffproduktion beziehungsweise -extraktion in den Kolonien konnten sehr gering gehalten werden[10]. Ein großes Angebot an Arbeitskräften und Repression machten dies möglich. Da dieses System für die sich industrialisierenden Länder gut funktionierte, wurde es beibehalten und ausgebaut.

Die Industrieländer konzentrierten sich auf die Produktion hochwertiger Güter und Dienstleistungen. Dadurch wurde es für die Kolonien und nach der Dekolonisierung für die neuen Staaten schwierig, aus der Rolle der Lieferanten von Rohstoffen und günstigen Arbeitskräften auszubrechen. Die Verbesserung der Transportmöglichkeiten am Ende des 19. Jh. verbilligte Rohstoffimporte in Industrieländer sowie Fertigwarenexporte aus Letzteren weiter. Durch die verbreitete Standardisierung von Produktionsschritten ist es für transnatio-

Komparative Kostenvorteile

David Ricardo stellte 1917 in seinem Buch „On the Principles of Political Economy and Taxation" (Ricardo, D. 1917) das Prinzip der komparativen Kostenvorteile vor. Es stellt das Herzstück traditioneller Erklärungsversuche geographischer Unterschiede in Produktion und Handel dar.

Während D. Ricardo erklärt, dass es geographische Unterschiede bezüglich Handel und Produktion gibt, versuchten E. Heckscher und B. Ohlin (Ohlin, B. 1933) darzustellen, warum dies so ist. Unterschiedliche Ausstattung verschiedener Lokalitäten mit Faktoren wie Arbeit und Kapital führt dazu, dass beispielsweise Ökonomien mit vielen Arbeitskräften und wenig Kapital arbeitsintensive Produkte herstellen und in Länder exportieren, in denen das Umgekehrte der Fall ist. Dabei geht das Theorem von einer Immobilität der Faktoren, inexistenten Transportkosten, überall verfügbarer Technologie und nicht existenten Skalenvorteilen aus, was der Realität nicht entspricht (Dicken, P. 1998, 73).

nale Unternehmen einfacher geworden, geeignete (billigere) Produktionsstandorte zu erschließen und alte, teurer gewordene zu schließen. Dies führte aber auch dazu, dass sich in Entwicklungsländern eine industrielle Produktion entwickeln konnte. Meist

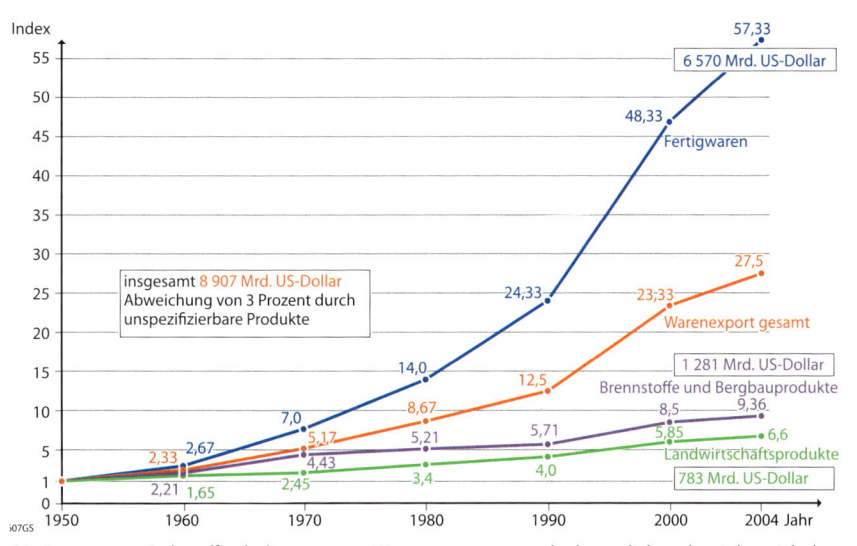

Die Exporte von Rohstoffen haben zwar an Wert zugenommen, doch verglichen damit hat sich der Wert von Fertigwaren weit stärker erhöht.

Abb. 1.3.2/1 *Exporte von Rohstoffen und Fertigwaren (Index 1950 = 1) in konstanten Preisen, weltweit 1950 bis 2004*

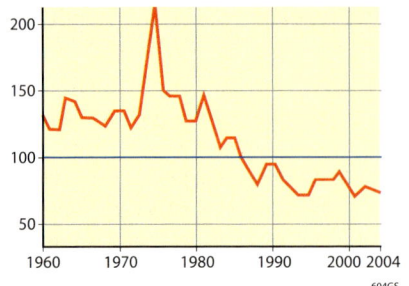

Abb. 1.3.2/2 *Sinkende Rohstoffpreise sind vor allem für Rohstoffexporteure problematisch, wie der Index der Rohstoffpreise (1985 = 100) zeigt.*

handelt es sich dabei um Massenprodukte, die einfach und mit dem Einsatz von vielen und günstigen Arbeitskräften hergestellt werden können.

Vor allem die Staaten Afrikas sind stark abhängig von Rohstoffexporten (vgl. Abb. 1.3.2/1). Diese Abhängigkeit wird dann problematisch, wenn die Rohstoffpreise sinken (vgl. Abb. 1.3.2/2), und es nur wenige Produkte sind, die exportiert werden.

1.3.3 Das Nationalstaatensystem

Das Nationalstaatensystem stellt nach wie vor einen wichtigen Rahmen für die Arbeitsteilung dar, auch wenn sich seine Bedeutung verändert. Der Nationalstaat kann nicht mehr als „Container", als Behälter der Gesellschaft verstanden werden, in dem Gesellschaftsordnung Staatsordnung bedeutet und durch welche Gemeinschaften erst zu einzelnen, abgrenzbaren Nationen werden.

Funktionen des Nationalstaats

Die größten transnationalen Unternehmen verfügen heute über Mittel, welche die Finanzkraft von Staaten überschreiten können. Zum Beispiel war 2005 der Umsatz von General Motors größer als das Bruttoinlandprodukt (BIP) Finnlands. Jener von WalMart oder British Petroleum war größer als das BIP der Türkei oder von Afrika südlich der Sahara ohne Südafrika (LE MONDE DIPLOMATIQUE 2007, 65). Doch können sie bezüglich der Souveränität über ein Territorium und der Mittel zur Gewaltanwendung – dem sogenannten Gewaltmonopol – nicht mit Nationalstaaten konkurrieren. Abgesehen von der Antarktis, für die Sonderregelungen gelten, ist heute jedes Territorium, inklusive Küstengewässer, unter der (nicht immer unwidersprochenen) Kontrolle eines Nationalstaates. Die generelle Sicherheit, welche die staatliche Souveränität über ein Territorium und den sich darin befindenden Menschen garantieren kann, ist ein entscheidender Faktor, ob ein Standort für Wirtschaftsunternehmen attraktiv ist oder nicht. Zudem sind die meisten Staaten in der Durchführung oder zumindest in der Kontrolle von Bildungsaufgaben engagiert und bestimmen dadurch mit, welches „Humankapital" zur Verfügung steht. Auch viele Infrastrukturprojekte, wie zum Beispiel der Straßenbau oder die Wasserversorgung, werden von Staaten durchgeführt oder kontrolliert. Schließlich stellen die auf staatlicher und immer mehr auf zwischenstaatlicher Ebene ausgehandelten gesetzlichen Regelungen entscheidende Rahmenbedingungen für wirtschaftliche und kulturelle Aktivitäten dar. Vergleiche zwischen der Situation verschiedener Gesellschaften werden fast immer über den Staat gemacht. In der Statistik sind Ländervergleiche an der Tagesordnung. Denn es sind die einzelnen Nationalstaaten, welche in der Regel die Daten erheben, welche in die Statistiken einfließen. Ohne diese hätte man weit weniger Informationen über die Situation der Menschen in verschiedenen Gebieten. Die Bedeutung der Nationalstaaten wird allerdings ganz unterschiedlich bewertet. Während einige argumentieren, dass der Nationalstaat seine Bedeutung weitgehend eingebüßt hat (z. B. Kenichi Ohmae 2004), betonen andere seine Wichtigkeit, fordern aber seine Umgestaltung (z. B. Albrow, M. 1998; Habermas, J. 1998a).

Nationalstaaten als Gestalter der Globalisierung

Nationalstaaten verlieren je nach Interpretation mehr oder weniger Einfluss durch die Globalisierung. Doch die Staatengemeinschaft ist auch ein Garant dafür, dass viele ihrer Prozesse überhaupt in der Form ablaufen können wie dies heute geschieht. Gleichwohl geraten die Staaten unter Druck, da sie in vielen – vor allem wirtschaftlichen, aber auch ökologischen – Bereichen nicht mehr souverän auf ihrem Territorium sind. Staaten sind durch Prozesse der Globalisierung herausgefordert. Sie sind jedoch nicht bedeutungslos geworden, auch wenn transnationalen Unternehmen an Macht und Gestaltungskraft gewonnen haben (vgl. Kap. 1.3.1). Neben der Basisinfrastruktur, der Bildung und Sicherheit verfügen Nationalstaaten auch über formalisierte Informations- und Kommunikationskanäle. Durch diese kommunizieren Nationalstaaten miteinander, handeln Verträge aus und lösen Konflikte. Die so aufgebauten diplomatischen Beziehungen ermöglichen einen Diskurs auf Augenhöhe, auch wenn die Machtverteilung unterschiedlich ist. Sie schließen zum Teil komplizierte Protokolle ein, die den Zweck haben, das Gegenüber auf gleicher Stufe zu behandeln. Dies ist vor allem in Konfliktsituationen wichtig, in denen Herabwürdigungen – und seien sie noch so unbeabsichtigt – vermieden werden müssen. Zwischen den Nationalstaaten hat sich mit der Diplomatie ein stark homogenisiertes Feld der Interaktion herausgebildet. Auch wenn Unternehmen sehr leicht staatliche Grenzen überwinden können, sind sie auf die Verhandlungsmacht von Nationalstaaten angewiesen.

Die Finanzkrise, die 2007 ihren Anfang nahm, zeigt deutlich, dass Nationalstaaten keineswegs obsolet geworden sind. Die enormen Summen, die Staaten zur Rettung von Finanzinstituten aufwenden, belegen dies deutlich. Manager, die zuvor für möglichst schlanke Staaten und eine deregulierte Wirtschaft plädierten, riefen in der Krise nach staatlicher Unterstützung. Es wurde dadurch auch bewusst gemacht, dass Staaten prinzipiell dem Gemeinwohl verpflichtet sind, während dies bei Firmen nicht der Fall sein muss. An der Finanzkrise zeigt sich jedoch auch, dass das nationalstaatliche Denken primär auf die eigene Volkswirtschaft konzentriert ist. Jeder Staat griff zunächst seinen „eigenen" schlingernden Finanzinstituten unter die Arme und garantierte den Sparern einen höheren Einlegerschutz. Dies – und hier wird die gegenseitige Abhängigkeit nationaler Märkte sichtbar – hatte wiederum zur Folge, dass die meisten betroffenen Staaten nachziehen mussten, um den auf ihrem Gebiet ansässigen Firmen keinen Nachteil zu bescheren, wenn sie diese nicht unterstützten[11]. Ob die Krise das Ende des wirtschaftlichen Neoliberalismus bedeutet, wie es Ulrich Beck (2008) behauptet, bleibt abzuwarten.

1.3.4 Die militärische Weltordnung

Die militärische Weltordnung stellt die vierte Dimension der Globalisierung dar. Im Kalten Krieg bot die Dichotomie zwischen der westlichen NATO (North Atlantic Treaty Organisation) und dem Warschauer Pakt des Ostblocks sozusagen einen Kristallisationspunkt für die politische Ausrichtung von Drittstaaten. Einige Staaten bezogen klar Stellung für die eine oder die andere Seite, andere versuchten, die beiden Machtblöcke gegeneinander auszuspielen[12] beziehungsweise von ihrer erklärten Neutralität zu profitieren. Es fanden aber auch so genannte Stellvertreterkriege statt, bei denen unterschiedliche ideologische Lager – vor allem in Ländern des Südens – von den Großmächten unterstützt wurden, die selbst jedoch nicht eingriffen. Ein wichtiges Kriterium für Handel, Kommunikation und Tourismus ist die politische Stabilität, die mitunter durch militärische Eingriffe oder Präsenz gewährleistet wird.

Indonesien beispielsweise war seit 1966 strikt antikommunistisch und genoss während des Kalten Krieges die Unterstützung der USA, die sich vor allem vom so genannten Dominoeffekt in Südostasien fürchteten. Es sollte verhindert werden, dass die Staaten Südostasiens, von China und der Sowjetunion beeinflusst, nacheinander kommunistisch würden wie fallende Dominosteine. Dies war Teil der so genannten Containment-Strategie. Dabei wollten die Westmächte die Ausbreitung des Kommunismus verhindern und die Macht des Ostblocks und Chinas eindämmen (englisch: „to contain"). Durch die amerikanische Unterstützung sowie durch Repression gegen innen konnte sich Indonesien als politisch stabiles Land präsentieren. Davon profitierten der Tourismus und ausländische Investoren. Diese Stabilität wurde dann durch den Sturz des Suharto-Regimes 1998 und die nachfolgenden Unruhen sowie durch die Anschläge in Bali 2002 und 2005 erschüttert und muss langsam wieder aufgebaut werden (WIESER, B. 2009).

Militärische Konflikte sind Gift für Wirtschaftsaktivitäten der betroffenen Regionen, wenn von Rüstungsfirmen und anderen Kriegsprofiteuren abgesehen wird. Der Zusammenbruch des Ostblocks und, damit verbunden, das Ende des Kalten Krieges veränderten auch das militärische Machtgefüge, welches sich nach dem Zweiten Weltkrieg etabliert hatte, radikal (vgl. Abb. 1.3.4/1).

Allerdings hat das Ende des Kalten Krieges nicht den Weltfrieden gebracht, sondern eher eine Verunsicherung, die sich in vielen regionalen Konflikten – wie zum Beispiel in Ex-Jugoslawien – manifestierte. Überspitzt kann man sagen, dass der Nord-Süd-Konflikt im Begriff ist, an die Stelle des früheren Ost-West-Konflikts zu treten (KÖCHLER, H. 1998, 50). Ein Indiz dafür ist die westliche Sichtweise, welche in Entwicklungsländern nicht mehr nur Bedürftige sieht (denen geholfen werden muss), sondern auch die globale Stabilität bedrohende Tendenzen in Teilen der Bevölkerung. Dies ist angesichts des enormen Zerstörungspotenzials, das heute praktisch jede Armee entfesseln kann, und der wachsenden Zahl von Atommächten (oder solchen, die es werden wollen oder könnten) von besonderer Tragweite. Bereits wird – in Anspielung auf die westlichen Bemühungen, die Ausbreitung

1.3 Dimensionen der Globalisierung

Die militärischen Machtblöcke während des Kalten Krieges

- Warschauer Pakt-Staaten
- mit kommunistischen Staaten militärisch verbündete Länder
- NATO-Staaten
- mit NATO-Staaten militärisch verbündete Länder

Die militärische Struktur zu Beginn des 21. Jahrhunderts

- Sicherheitsorganisation der GUS-Staaten
- NATO-Kandidatenstaaten
- NATO-Staaten
- mit NATO-Staaten militärisch verbündete Länder
- von den USA als feindlich eingestufte Staaten

Atommächte

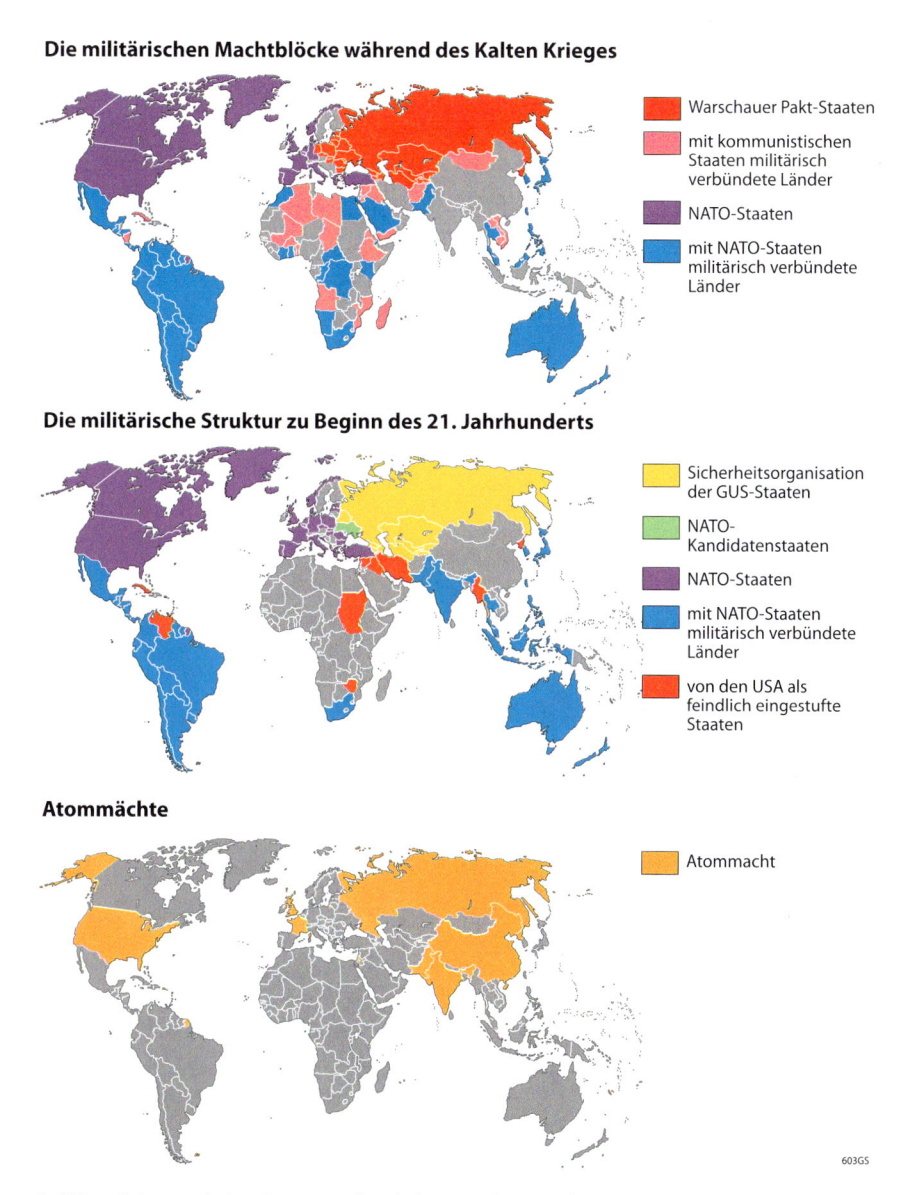

- Atommacht

Es fällt auf, dass nach dem Zusammenbruch des Warschauer Pakts viele afrikanische Staaten nicht mehr in Bündnisse eingebunden sind, während in Asien zum Teil das Gegenteil der Fall ist.

Abb. 1.3.4/1 *Veränderung der militärischen Allianzen seit dem Kalten Krieg*

> **Die Bedeutung der Rüstungsindustrie**
>
> Nach dem Zusammenbruch des Ostblocks sanken die Rüstungsausgaben, global betrachtet, stark. 1998 wurde ein Tiefstwert erreicht, dem ein Anstieg um über 30 Prozent auf 1 339 Milliarden US-$ im Jahre 2007 folgte. Die Hälfte der globalen Militärausgaben werden von den USA getätigt. Die Attentate des 11. September 2001 hatten nicht nur in den USA eine Erhöhung der Budgets für Rüstung und Sicherheit zur Folge, sondern auch in Europa. Die Entwicklung von Waffen- und Sicherheitssystemen ist zu einer kostspieligen Angelegenheit geworden, die Spitzenleistungen in Forschung und Technik erfordert. Investitionen in Hightech-Firmen, zu denen auch Rüstungskonzerne gehören, versprechen zudem hohe Renditen. Nach dem Platzen der „Dot-Com-Blase" (bei der Internetfirmen an der Börse massiv überbewertet wurden) und dem 11. September, aber spätestens seit dem Einmarsch von NATO-Truppen in Afghanistan 2002 und 2003 im Irak, wandten sich viele Investoren – darunter auch Pensionskassen – der Rüstungsindustrie zu. Angesichts der Kriegseinsätze verspricht diese gute und stabile Wachstumsraten für die nächsten Jahre. Der „Spade Defense Index" (an der New Yorker Börse als DXS geführt), der die bedeutendsten Rüstungskonzerne der Welt repräsentiert, steigt seither stetig (SPADE INDEX 2008). Da auch Rentenfonds in Rüstungskonzerne investieren, sind auch Arbeitnehmer durch ihre Beiträge an die Rentenversicherung in dieses Geschäft involviert.
>
> (LE MONDE DIPLOMATIQUE 2007, 91)

kommunistischer Regimes einzudämmen – von einem zweiten „Containment" gesprochen, das (befürchteten) Migrationsbewegungen verarmter Menschen aus dem Süden einen Riegel vorschieben soll. Dies lässt sich wohl besser rechtfertigen und durchsetzen, wenn Entwicklungsländer und damit ihre Bürger von Politikern in Industrieländern als sicherheitsbedrohend und nicht als hilfebedürftig angesehen werden. Allerdings führen solche Ansichten kaum zu einer ausgeglicheneren Verteilung von Wohlstand, sondern eher zur weiteren Vergrößerung von Disparitäten. Nach dem Wegfall der Spaltung zwischen Ost und West schickten sich die USA an, zur einzigen Supermacht der Erde zu werden. Dabei halten sie an der aus dem Zweiten Weltkrieg stammenden und dort erprobten – heute umstrittenen (vgl. GREEN, R. Stand: 23.04.2009) – Doktrin fest, zwei bewaffnete Konflikte von der Dimension des Golfkrieges gleichzeitig führen zu können. Legitimiert wird der (unausgesprochene) Hegemonialanspruch mit der größeren Unordnung nach dem Kalten Krieg und der daraus resultierenden Unsicherheit, die auch durch die explosionsartige Entwicklung der Informationstechnologien, die Entstehung einer Infosphäre, vergrößert wird. So befassen sich denn auch viele Armeestäbe damit, wie sich ein Krieg in der

Der „Zero-Death-Krieg"

Militärexperten konzentrieren sich vor allem auf das, was vor einer konventionellen, kriegerischen Auseinandersetzung getan werden könnte, um diese zu verhindern. Es geht darum, Gegner technisch zu neutralisieren, sie sozusagen taub und blind zu machen, wenn sie keine oder falsche Informationen erhalten. Kriege sollen so gewonnen werden, bevor die erste Rakete abgefeuert wird (eine Taktik, die in der Kosovo-Krise gänzlich fehlschlug). Man möchte also Gegnern zuvorkommen und sie zur Aufgabe zwingen, bevor es zum eigentlichen Krieg kommt. Dadurch erhält auch der Begriff Sieg eine neue Bedeutung.

Mittels „Information Warfare" sollen die elektronischen Schaltkreise der Gegner angegriffen werden, um sie zu stören und zu zerstören. Dies macht freilich nur dann Sinn, wenn Gegner über derartige elektronische Schaltkreise verfügen. Auch wenn dabei wohl ihr „elektronisches Potenzial" unterschätzt wird, dürfte die „Information Warfare" zum Beispiel bei den Taliban Afghanistans wenig fruchten.

Zum Informationskrieg gehört auch die programmierte Manipulation von Medien, vor allem des Fernsehens. Durch „Morphing" (Bildüberblendung) sollen in Echtzeit feindliche Fernsehprogramme verändert werden, um gezielt Desinformation oder Geneninformation zu betreiben. In die Lücke zwischen polizeilichem Schlagstock und Panzerfaust sollen Techniken treten, welche Menschen immobilisieren, ohne sie zu töten (wie z. B. der schon in vielen Polizeieinheiten verwendete „Taser", der mittels Elektroschock sein Opfer vorübergehend außer Gefecht setzt). Vor die bewaffnete Auseinandersetzung tritt so der Polizeieinsatz. Ist ein solcher nicht möglich, so soll auch der echte Krieg ein Distanzkrieg bleiben, der blitzartig und chirurgisch erfolgt, um die empfindlichen Punkte des Gegners zu zerstören. Hauptsächlichstes Ziel ist dabei, die eigenen Truppen vor Verlusten zu schützen, für sie einen „Zero-Death-Krieg" zu führen. Denn gerade die amerikanische Bevölkerung reagiert sehr empfindlich, wenn ihre „Boys" (und immer häufiger auch „Girls") auf Schlachtfeldern sterben, die in Ländern liegen, von denen kaum jemand weiß, dass sie existieren, geschweige denn, wo sie liegen. Der Begriff „chirurgisch" dient einem ähnlichen Zweck. Dadurch soll klargestellt werden, dass man beabsichtigt, nur das unbedingt Erforderliche zu tun, und man bemüht ist, auch gegnerische Menschenleben zu schonen. Diese Art von Eingriff ohne den Einsatz von Bodentruppen hat sich jedoch beim NATO-Schlag gegen Jugoslawien in der Kosovo-Krise wie auch im Irak-Krieg als unzureichend erwiesen. Es dürfen also berechtigte Zweifel an der „sauberen" Taktik des „Zero-Death-Krieges" angebracht werden.

(NAJMAN, M. 1998, 10)

Infosphäre führen ließe. Die Gefahr eines elektronischen Pearl Harbour wird vom Weissen Haus und dem Pentagon durchaus ernst genommen. Militär, Politik und Medien sind damit an der Produktion geographischer Imaginationen beteiligt. Diese sind ein wesentlicher Bestandteil der Geopolitik, in welcher die militärische Weltordnung eine entscheidende Rolle spielt. Die Konstruktion von Territorien und Grenzen, von Eigenem und Fremdem und damit verbunden von Sicherheit und Unsicherheit sind weitere Elemente der Geopolitik. Die Analyse solcher Konstruktionen und der damit verbundenen Diskurse steht im Zentrum der aktuellen Politischen Geographie (REUBER, P. & G. WOLKERSDORFER zitiert in GEBHARDT, H. et al. 2007, 757).

1.3.5 Der kulturelle Austausch

Durch die Globalisierung hat der kulturelle Austausch, repräsentiert durch die globale Verbreitung vormals lokaler Werte, Normen und Symbole, stark zugenommen. Durch diesen Austausch werden Menschen mit anderen Wertsystemen und anderen Lebensstilen konfrontiert. Dies kann als Bereicherung gewertet werden, zum Beispiel wenn sich die kulinarische Vielfalt der Restaurants in der Umgebung vergrößert oder man Filmproduktionen aus ganz unterschiedlichen Regionen zu sehen bekommt. Doch wird auch vom Kulturverlust gesprochen, zum Beispiel durch die Amerikanisierung des Lebensstils (z. B. die Verwendung englischer Ausdrücke, Fastfood-Kultur, Kleidungsstil, Hollywoodfilme) oder durch die Konfrontation mit der Lebensweise von Migranten.

Der kulturelle Austausch kann auf unterschiedliche Weise erfolgen. Neben der Verbreitung von kulturellen Werten durch Filme, Musik, Mode oder Nahrungsmittel erfolgt er auch durch den Tourismus, über Geschäftsreisen und durch Migration. Alle Formen haben sich durch die Globalisierung zumindest in ihrer Häufigkeit verstärkt.

Mit dem Tourismus bewegen sich seit den 1960er-Jahren Millionen über den Erdball, wo es früher nur einer kleinen Elite vergönnt war, zum Vergnügen zu reisen (VORLAUFER, K. 2008). Ob die heutigen Reisen bezüglich der Intensität des kulturellen Austauschs mit Goethes Italienreise verglichen werden können, ist zwar zu bezweifeln (BACKHAUS, N. 2005). Doch hat die Masse eher oberflächlicher Begegnungen in vielen Destinationen große kulturelle Veränderungen zur Folge. Die These, dass Weitgereiste einen größeren (kulturellen) Horizont haben, kann nicht generell bestätigt (aber auch nicht verworfen) werden. Oft führen Begegnungen mit dem Fremden auf Reisen zur Zementierung von Klischees. Dennoch schärfen sowohl das touristische Angebot als auch die steigende Nachfrage nach touristischen Erlebnissen das Bewusstsein für kulturelle Unterschiede und (seltener) für Gemeinsamkeiten. Dies trifft für beide Seiten, die Reisenden wie die Einheimischen, zu.

Geschäftsreisen haben eine längere Tradition als der Urlaubstourismus. Auch sie haben durch verbesserte Transportmöglichkeiten stark zugenommen. Man könnte vermuten, dass sich viele dieser Reisen aufgrund verbesserter Kommunikationsmöglichkeiten erübrigen und der Geschäftsreiseverkehr abnimmt. Doch das Gegenteil ist der Fall. Trotz Videokonferenzen über das Internet wird die direkte Begegnung von

Geschäftspartnern als wichtig erachtet. So wichtig, dass dafür bedeutend höhere Kosten – zum Beispiel für Flüge – in Kauf genommen werden. Man möchte sein Gegenüber nicht nur auf dem Bildschirm sehen, sondern ihm unmittelbar gegenüberstehen können. Außerdem ist es für eine geschäftliche Beziehung wichtig, was neben Konferenzen, zwischen Sitzungen und nach Abschlüssen geschieht, wenn man informelle Gespräche führen kann. Obwohl sich die Verhaltensmuster im internationalen Geschäftstourismus sehr aneinander angeglichen haben (z. B. Dresscode, Vertragsinhalte, Sitzungsgestaltung), treffen dabei auch unterschiedliche Kulturen aufeinander. Da es beim Abschluss von Geschäften nicht förderlich ist, diese in Unsicherheit zu tätigen, möchten Geschäftspartner aus verschiedenen kulturellen Kontexten wissen, welche Bedeutung bestimmte Aussagen und Handlungen haben. Kulturkompetenz wird somit zu einem wichtigen Vorteil.

Zusammenfassung

Fazit
Um den Globalisierungsdiskurs zu strukturieren und besser analysieren zu können, werden folgende Dimensionen der Globalisierung unterschieden:
- Die kapitalistische Weltökonomie ist der „Motor" der Globalisierung. Die verstärkte Integration unterschiedlichster Menschen und Gesellschaften in dasselbe Weltmarktsystem ist wohl auch der Prozess, der am stärksten im Alltag wahrgenommen wird.
- Die internationale Arbeitsteilung ist Bestandteil der Weltökonomie und entstand durch die verbesserten und billigeren Transport- und Kommunikationssysteme sowie durch internationale Handelsabkommen.
- Das Nationalstaatensystem verändert seine Bedeutung im Prozess der Globalisierung. Der Nationalstaat als territorial abgrenzbarer „Behälter" mit homogener Bevölkerung und einer Nationalwirtschaft verliert an Bedeutung. Um auf dem international konkurrierenden Arbeitsmarkt Unternehmen anziehen zu können, muss der Nationalstaat aber die Souveränität über ein Gebiet sicherstellen können (mittels Gewaltmonopol), Infrastruktur bereitstellen und unterhalten sowie „Humankapital" zur Verfügung stellen (über die Bildungspolitik).
- Die militärische Weltordnung hat sich von der im Kalten Krieg vorherrschenden Ost-West-Dichotomie gelöst. Viele regionale Konflikte und eine tendenziell stärker werdende Nord-Süd-Diskrepanz sind an ihre Stelle getreten, wobei heute auch kleine Länder und terroristische Gruppierungen über ein hohes Zerstörungspotenzial verfügen.
- Der kulturelle Austausch, repräsentiert durch die globale Verbreitung vormals lokaler Werte, Normen und Symbole, wurde im Prozess der Globalisierung intensiviert. Kulturelle Identität wird in Zeiten der Globalisierung individuell angeeignet und ist einem lebenslänglichen Wandel unterworfen (ungleich der früher lokal verankerten kulturellen Sozialisierung). Unterschiedliche Kulturen sind nicht mehr klar voneinander zu trennen und in sich statisch, sondern fliessen ineinander über und bilden Kombinationen.

Zum Einlesen

BECK, U. (HRSG.) (1998): Politik der Globalisierung, Suhrkamp, Frankfurt am Main.
Verschiedene Autoren kommen in diesem Sammelband zu Wort und greifen Aspekte der Globalisierung auf, die mit den Dimensionen in diesem Kapitel verknüpft werden können.

GIDDENS, A. (1996): Konsequenzen der Moderne. Suhrkamp, Frankfurt am Main.
In diesem Buch verknüpft A. GIDDENS die Globalisierung mit der Moderne und führt vier der fünf genannten Dimensionen ein.

GRÜBER COLON, V. & K. (2001): Die Gruppe von Lissabon – Grenzen des Wettbewerbs – die Globalisierung der Wirtschaft und die Zukunft der Menschheit. – Luchterhand, München.
Die Kategorien der Globalisierung werden anschaulich hergeleitet und mit Beispielen untermauert.

1.4 Kategorien der Globalisierung

Die im Folgenden vorgestellten Kategorien der Globalisierung stellen eine andere Form der Konzeptionalisierung des Phänomens dar, die jedoch nicht im Widerspruch zu den oben skizzierten Dimensionen steht. Es soll damit gezeigt werden, dass auch andere Formen der Strukturierung der Globalisierung möglich sind.

Die 1992 von RICARDO PETRELLA begründete GRUPPE VON LISSABON setzt sich aus Wissenschaftlern verschiedener Disziplinen sowie politischen und ökonomischen Praktikern westlicher Gesellschaften zusammen. Sie beschäftigt sich kritisch mit den Konsequenzen der Globalisierung (GRUPPE VON LISSABON 1997). Im Folgenden soll auf die Kategorien der Globalisierung, welche die Gruppe aufgestellt hat, eingegangen werden. Teilweise sind sie kompatibel mit den zuvor behandelten Dimensionen der Globalisierung und ergänzen diese.

Finanzen und Kapitalbesitz

Die Globalisierung von Finanzen und Kapitalbesitz ist einer der prominentesten und am weitesten fortgeschrittenen Prozesse der Globalisierung. Fast täglich hört man von Fusionen, Übernahmen und Konzentrationen von Firmen. Die Kapitalmobilität wird immer größer: Devisenwerte werden innerhalb Millisekunden um den Erdball geschickt, dorthin, wo sie am gewinnbringendsten eingesetzt werden können. Auch beim Aktienbesitz kann von globalisierten Verhältnissen gesprochen werden. Ein ähnliches Bild zeigt die Zahl der transnationalen Unternehmen. Waren es in den 1960er-Jahren rund 7 000 und Mitte der 1990er-Jahre gegen 40 000 (CHOMSKY, N. & H. DIETERICH 1995, 44), so betrug ihre Anzahl 2006 schon über 77 000 (UNITED NATIONS 2006a, 271). Die 50 größten Finanzunternehmen beschäftigten 2006 über 3,5 Millionen Angestellte und verfügten über ein Kapital von 33 600 Milliarden US-$ (UNITED NATIONS 2006a, 319). Das ist mehr als 1994 die größten 500 Unternehmen auf sich vereinigten (CHOMSKY, N. & H. DIETERICH 1995, 44) und etwa zweieinhalb mal soviel wie das Bruttonationaleinkommen der USA 2005 (WORLDBANK 2007). Die 50 größten Nicht-Finanzunternehmen beschäftigten knapp 10 Millionen Angestellte und verfügten über ein Kapital von annähernd 7 000 Milliarden US-$ (UNITED NATIONS 2006a, 312). Der Vergleich zeigt deutlich, dass das Finanzgeschäft mit weniger Angestellten auskommt, um ein Vielfaches an Werten zu kontrollieren.

Märkte
Durch die Globalisierung der Märkte und Marktstrategien werden Geschäftsabläufe international integriert und angeglichen. Dies soll Reibungsverluste verhindern sowie die Möglichkeit für standortunabhängige Produktionen fördern. Ein Nebeneffekt der damit verbundenen Effizienz- und Produktionssteigerungen ist allerdings auch das Überflüssigwerden von Arbeitsplätzen. Komponenten eines Produkts – seien es nun Industrieprodukte oder Dienstleistungen – können weltweit eingekauft werden. Dies ermöglicht weitere Kostensenkungen und erhöht somit die Wettbewerbsfähigkeit einer Firma (GRUPPE VON LISSABON 1997, 49).

Technologie und Wissen
Die Globalisierung von Technologie, Wissen und Forschung ist ein wesentlicher Motor der Globalisierung. Durch verbesserte Telekommunikation lässt sich zum Beispiel viel schneller feststellen, wo sich ein Absatzmarkt eröffnet, wo Komponenten günstiger erhältlich sind, welche Preise gerade für ein Produkt auf dem Weltmarkt erzielt werden können. Außerdem wird technologischer Fortschritt heute vor allem für die bessere zeitliche Abstimmung von Produktionsabläufen – also wiederum zur Erhöhung der Wettbewerbsfähigkeit – eingesetzt. Wissen selbst ist nun auch mehr als „nur" Humankapital, es ist zu einer Ware selbst geworden, was man etwa am rasanten Anstieg der Einnahmen aus geistigem Eigentum ablesen kann. 1970 waren dies etwa 2 Milliarden US-$, 2003 90 Milliarden (LE MONDE DIPLOMATIQUE 2007, 129). Dies schürt allerdings auch viele Ängste bei Arbeitnehmern, die fürchten müssen, von heute auf morgen ihren Arbeitsplatz aufgrund einer Standortverlagerung zu verlieren. Sie sind weniger flexibel als Kapital und nicht bereit oder in der Lage, ihren Wohnort und ihr soziales Umfeld zu verlassen, um dem neuen Produktionsstandort ihrer Firma zu folgen. Anders gesagt, Kapital ist weit stärker von lokalen Kontexten entankert als es Menschen und ihr sozio-kulturelles Umfeld sind.

Regulierungs- und Steuerungsmöglichkeiten
Durch die vermehrte Internationalisierung von Produktion und Handel verlieren Nationalökonomien an Bedeutung und Einflussmöglichkeiten. Der Nationalstaat kann immer weniger gut in das wirtschaftliche Geschehen regulierend eingreifen. Versuche, neue Regelungssysteme auf internationaler Ebene zu schaffen, stecken noch in den Kinderschuhen, da Sanktionsmöglichkeiten – vor allem gegen mächtige Staaten wie die ständigen Mitglieder des Sicherheitsrates der Vereinten Nationen – äußerst schwierig durchzusetzen sind. Auf einer sub-globalen Ebene werden solche Regelungen in Zusammenschlüssen wie der NAFTA oder der Europäischen Union in zuweilen langwierigen Prozessen erarbeitet.

Abb. 1.4/1 *Friedenseinsatz der UNO-Truppen im Kongo*

Politische Einigung der Welt

Einsätze der UNO, wie sie seit ihrer Gründung 1948 in zahlreichen Konfliktregionen durchgeführt wurden (2007 waren es 46 abgeschlossene und 15 laufende Operationen, bei denen die Truppen insgesamt 2 379 Tote zu beklagen hatten; UNITED NATIONS 2007; vgl. Abb. 1.4/1), können als Schritt in Richtung eines politischen Zusammenwachsens der Welt verstanden werden. Allerdings geht der Konsens kaum über Katastropheneinsätze hinaus. Auch der Zusammenschluss von Ländern in der EU kann als politisches Zusammenwachsen verstanden werden. Dieser Zusammenschluss ist aber gleichzeitig auch ein Abschottungsversuch gegen außen. Was gegen innen zusammenwächst, wird nach außen hin abgegrenzt.

Lebensformen

Lebensformen werden einander auf mehreren Ebenen angeglichen. Einmal durch Medien, die immer mehr Menschen

---

Vereinheitlichung durch Computerprogramme

Mit Computerprogrammen werden auch kulturelle Informationen verbreitet. Als Beispiel dient das global wohl am meisten genutzte Textverarbeitungsprogramm Microsoft Word. Dem Aufbau des Programms, der Gliederung der Funktionen und ihrer Anwendung liegt neben rein funktionalen Kriterien auch eine bestimmte Ästhetik zugrunde. Diese basiert auf Vorstellungen darüber, wie Anwendern der Zugang und der Umgang mit dem Programm erleichtert werden soll. Das hat zur Folge, dass sich weltweit Millionen von Menschen mit diesen Vorstellungen auseinandersetzen müssen. Die einen eignen sich die im Programm integrierte amerikanische Art, Dinge zu tun, an und übernehmen dies in ihre Routinen. Andere stören sich daran und ärgern sich jedes Mal, wenn sie das Programm benutzen und setzen auf Konkurrenzprodukte wie zum Beispiel Open Office, das sich – um akzeptiert zu werden – in Aufbau und Erscheinung an Microsoft Word orientiert.

1.4 Kategorien der Globalisierung

erreichen und so zur Annäherung der Lebensstile beitragen oder zumindest Informationen über andere Lebensstile (zumeist westliche) auf breiter Ebene verfügbar machen. Durch die Einbindung in globale Produktionsprozesse findet ebenfalls eine Angleichung statt. Mit der Anpassung und Verlagerung von Arbeitsprozessen erfolgt auch ein Transfer von kulturellen Eigenheiten. Die philippinische Näherin von Jeans, die für den europäischen Markt bestimmt sind, erfährt, was dort Mode ist. Der deutsche Automechaniker setzt sich mit japanischer Ästhetik und Ingenieurskunst auseinander, wenn er ein japanisches Auto repariert. Und der Berliner Hotelier gewinnt einen Einblick in die indische Kultur, wenn er vermehrt Reisegruppen aus dem Subkontinent beherbergt. Der Austausch von Kulturgütern (vor allem betrifft dies Musik, Filme und Literatur) wird vermehrt durch die Regeln der Welthandelsorganisation (WTO) reglementiert (auch wenn sich z. B. einige Länder nicht an das Urheberrecht halten). Auch hier findet somit eine Angleichung des Austausches, beziehungsweise der Kommunikationsformen statt. Dies geschieht auf allen Ebenen jedoch auf asymmetrische Weise. Es resultiert also keine gleichmäßige Durchmischung der Lebensformen.

Wahrnehmung und Bewusstsein

Vor allem durch die Medien wird man gewahr, in „einer einzigen Welt" zu leben. Die von Apollo 8 am 29. Dezember 1968 gemachte Aufnahme der über dem Mondhorizont aufgehenden Erde ist eine Ikone dieser Wahrnehmung (vgl. Abb. 1.4/2). Auf unmittelbare Weise zeigt sie die Begrenztheit, Schönheit und auch Verletzbarkeit unseres Planeten. Obwohl das Bild eine der meistverwendeten Fotografien überhaupt ist, haben bisher nur 25 Astronauten die Erde je so gesehen. Ob die Möglichkeit, die Erde als kleine, fragile Kugel im Weltraum zu sehen, zu einer ähnlicheren Wahrnehmung der Dinge führt, ist jedoch fraglich. Vielmehr können sich durch die verstärkte Konfrontation mit Anderen und Anderem auch Abwehrreaktionen einstellen, zu denen es früher weniger gekommen ist. Individuen sind vor allem durch ihren Konsum von global hergestellten und vermarkteten Produkten in die Prozesse der Globalisierung involviert. Bei den meisten alltäglichen Kaufentscheidungen steht der globale Bezug zur Warenproduktion nicht im Vordergrund. Doch haben Skandale um umweltschädigende und unsoziale Produktionsbedingungen die Aufmerksamkeit vieler Käuferinnen und Käufer erregt und das Bewusstsein für die Verantwortung, die sie bei ihrem Kaufentscheid tragen, geschärft. Wo

Abb. 1.4/2 *„Earthrise"*

Einzelpersonen wenig mit einem Kaufentscheid bewirken können, können die aggregierten Entscheidungen jedoch sehr große Wirkung zeigen. Der Konsum von Gütern ist auch mit kulturellen Aspekten und dem Lebensstil einer Person verbunden. Labels, Brands oder Marken haben so einen grossen Einfluss gewinnen können. Dies machen sich nicht zuletzt auch Nichtregierungsorganisationen (NGO für Non-Governmental Organisation) zu Nutze, indem sie auf Produkte aufmerksam machen, die mit einem Label versehen sind, das ihre ökologische oder soziale Verträglichkeit bezeugt. Die NGOs spielen eine wichtige Rolle dafür, wie Prozesse der Globalisierung wahrgenommen und bewertet werden. Als Teil der Zivilgesellschaft sind sie zu einer wichtigen politischen Kraft geworden.

Die GRUPPE VON LISSABON nennt ihre Kategorien der Globalisierung zwar etwas anders als die zuvor beschriebenen Dimensionen, doch stehen sie nicht im Widerspruch zueinander. Allerdings beschreibt die GRUPPE VON LISSABON eher das Phänomen und seine Auswirkungen, während mit den Dimensionen versucht wird, sie auf der analytischen Ebene zu fassen und stärker mit vergangenen Entwicklungen in einen Zusammenhang zu stellen.

Zusammenfassung

Fazit

Eine etwas andere Konzeptualisierung der Globalisierung, die jedoch in vielen Bereichen mit den zuvor behandelten Dimensionen kompatibel ist, schlägt die GRUPPE VON LISSABON (1997) vor:

- Das Kapital wechselt immer schneller und öfter den Besitzer. Die hohe Kapitalmobilität ist einer der am weitesten fortgeschrittenen Prozesse der Globalisierung. Die transnationalen Finanzunternehmen kontrollieren mit relativ wenig Personal hohe Kapitalbeträge, die viel höher sind als die der so genannten Realwirtschaft.
- Märkte und Marktstrategien werden im Zuge der Globalisierung standardisiert, um einen reibungslosen Ablauf der Wirtschaft zu garantieren. Ein Nebeneffekt ist der Abbau von Arbeitsplätzen.
- Schnelle Verfügbarkeit von Technologie und Wissen (durch verbesserte Kommunikationssysteme) ist ein wesentlicher Bestandteil der Globalisierung und macht die hohe Kapitalmobilität erst möglich. So lassen sich Produktionsabläufe effizienter und schneller gestalten.
- Nationalstaatliche Regulierungs- und Steuerungsmöglichkeiten des Wirtschaftssystems werden immer schwieriger. Trotzdem sind internationale Regelwerke noch nicht etabliert, vor allem da Sanktionsmöglichkeiten gegen mächtige Staaten schwierig durchsetzbar sind.
- Eine politische Einigung der Welt ist trotz Globalisierung nicht absehbar. Subglobale Zusammenschlüsse wie die Europäische Union sind zwar ein Schritt zu einer politischen Einigung mehrerer Nationalstaaten, wirken aber gegen außen abschottend.
- Lebensformen gleichen sich durch die Ausbreitung und den Konsum von Kulturgütern an. Besonders die Medien, spielen bei diesem Prozess eine wichtige Rolle.

1.5 Die Glokalisierung

Obwohl die Globalisierung nicht zu Harmonisierungsprozessen führt, sind sich immer mehr Menschen bewusst, in einer gemeinsamen und einzigartigen Welt zu leben. Diese Wahrnehmung wird besonders durch die Medien und die aktuellen Diskurse vermittelt.

Zum Einlesen
GRÜBER COLON, V. & K. (2001): Die Gruppe von Lissabon – Grenzen des Wettbewerbs – die Globalisierung der Wirtschaft und die Zukunft der Menschheit. – Luchterhand, München.
Die Kategorien der Globalisierung werden anschaulich hergeleitet und mit Beispielen untermauert.

1.5 Die Glokalisierung

Globalisierung wird irreführenderweise oft als nur etwas Großes, Allumfassendes und als ein nur auf der Makroebene analysierbares Phänomen verstanden. Diese Ansicht ist ein Teil des „Mythos Globalisierung" (FERGUSON, J. 1992, zitiert in ROBERTSON, R. 1995, 25), welcher das Phänomen als Triumph homogenisierender Kräfte sieht. Diesem Mythos muss gemäß R. ROBERTSON (1995, 25) auf der konzeptionellen Ebene etwas entgegengesetzt werden, das die Mikroebene besser einbezieht. Denn Globalisierung bedeutet auch das Zusammenziehen und Aufeinandertreffen lokaler Kulturen, die inhaltlich neu bestimmt werden müssen (BECK, U. 1997, 86).

Abb. 1.5.1/1 Die thailändische Kühlbox kann von weitem unmissverständlich als Coca-Cola-Box identifiziert werden

1.5.1 Die Verbindung von Lokalem und Globalem

Globalisierung wird vor allem fassbar im Kleinen, Konkreten, im Ort, im eigenen Leben, in kulturellen Symbolen (vgl. Abb. 1.5.1/1). R. ROBERTSON (1995, 41; Übersetzung des Verfassers) empfand den Begriff Globalisierung in Bezug auf den von ihm beobachteten Zusammenhang zwischen global und lokal als einseitig. Darum verwendet er stattdessen Glokalisierung: „[Wir] können folgern, dass die Form der Globalisierung heute auf reflexive Weise umgeformt wird, sodass Globalisierungsprozesse zum konstituierenden Element der gegenwärtigen Glokalisierung werden." U. BECK (1997, 91) sieht dies ähnlich: „Erst und nur als glokale Kulturforschung wird die Soziologie der Globalisierung empirisch möglich und nötig." Das Gleiche kann man für die Geographie geltend machen, da sie sich mit der Wahrnehmung, Bedeutung und Konstruktion von räumlichen Phänomenen auseinandersetzt. Diese sind einerseits lokal verankert und anderseits oft durch globale Prozesse beeinflusst (vgl. Kap. 1.6).

Das Globale wurde und wird oft als antagonistisch zum Lokalen verstanden; als Struktur, die lokales Handeln beeinflusst. Dass es aber umgekehrt auch lokale Handlungen sind, welche Prozesse der Globalisierung formen und strukturieren, wird häufig vergessen. In Diskussionen um Globalisierung wird postuliert, dass sie ein Prozess sei, der das Lokale überflüssig oder unwichtig mache. Diese Interpretation vernachlässigt jedoch, dass das Lokale – bzw. das, was wir als lokal betrachten – zu einem großen Teil auf einer Meso- oder Makroebene konstruiert wird. Es steht also nicht für sich allein da und existiert nicht unabhängig von anderen. Viel von dem, was als lokal verstanden wird, ist zu einem großen Teil von außen oder von oben bestimmt. Das Globale ist wie das Lokale Teil der Globalisierung (Ahrens, D. 2001).

1.5.2 Ein passender, aber unpopulärer Begriff

Mit dem Begriff Glokalisierung soll nun die Verbindung von Lokalem mit Prozessen der Globalisierung besser und unmissverständlicher erfasst werden. Das Wort wird seit Anfang der 1980er Jahre vor allem im Geschäftsleben verwendet und hat – als Konzept – seinen Ursprung in Japan. Dort gibt es ein Sprichwort, das übersetzt soviel bedeutet wie „in der Fremde das eigene Land bearbeiten". Damit ist gemeint, mit den eigenen, vertrauten Mitteln und Methoden Land an einem fremden Ort zu bebauen. In der Ökonomie wird der Ausdruck verwendet, wenn ein Produkt mit globaler Verbreitung in seiner Vermarktung an lokale oder spezifische Märkte angepasst wird (Robertson, R. 1995, 28). So werden japanische Autos, die für – und jetzt teilweise auch in – Europa produziert werden, für den europäischen Markt anders

ausgestattet und anders vermarktet als in Japan. Coca Cola und andere transnationale Konzerne fahren eine Doppelstrategie. Einerseits wird auf der ganzen Welt das gleiche Produkt verkauft und die gleiche Werbung platziert. Gleichzeitig wird auch spezifisch lokale Werbung mit leicht unterschiedlichem Inhalt für das gleiche Produkt betrieben. Oftmals beschränkt sich dies auf die Anstellung von lokalen Models und die Verwendung einer lokalen Kulisse.

Obwohl der Begriff „Glokalisierung" das Wesen der Globalisierung eigentlich besser erfasst, hat er sich im Alltagsdiskurs nicht durchsetzen können.

1.5.3 Mikromarketing

Das Mikromarketing ist jedoch nicht nur eine Anpassung an kulturelle, regionale, ethnische, geschlechtsspezifische und andere Besonderheiten. Denn dadurch – oder eben durch ökonomische Glokalisierung – werden differenzierte Konsumentengruppen regelrecht geschaffen. Im Tourismus tritt dies deutlich zutage. Einerseits wird die besondere Destination verkauft, zum Beispiel Bali mit farbenfrohen Ritualen, Hongkong mit chinesischen Dschunken, die USA als Marlboro-Country.

Auf der anderen Seite wird in Italien für andere Destinationen geworben als in Deutschland und dies auch mit unterschiedlichen Strategien. Der Sachverhalt lässt sich mit „diversity sells" ausdrücken. Gleichzeitig wird mit der Vielfalt auch das Gleichförmige verkauft. Denn mit der angepriesenen Vielfalt der touristischen Destinationen geht eine Vereinheitlichung der Infrastruktur einher. Die Ausstattung von Hotels ist weltweit beinahe identisch. Wie bei einem Flughafen oder einer Autobahnraststätte betritt man mit der Hotellobby einen Nicht-Ort (AUGÉ, M. 1995). Um den lokalen Bezug wieder herzustellen, der letztlich ein Hauptanziehungspunkt für Reisende ist, wird Lokalkolorit in Form von Kunstgegenständen in den Zimmern, von Uniformen der Bediensteten oder lokaler Speisen zugefügt. Global Gleichförmiges wird also mit Lokalem verkauft und umgekehrt. Das Lokale ist also ein Aspekt der Globalisierung und nicht das Gegenteil davon.

1.5.4 Fehlinterpretationen des Globalen und Lokalen

Folgende Fehlinterpretationen tragen dazu bei, dass Globalisierung als Prozess angesehen wird, der das Lokale überrollt oder gar auslöscht (ROBERTSON, R. 1995, 30):

- Die unbestreitbar immer stärker werdende kommunikative und interaktive Verbindung von verschiedenen Kulturen wird oft mit einer Homogenisierung dieser Kulturen gleichgesetzt. Dies ist aber nur bedingt korrekt, denn beinahe jeder Prozess, der als homogenisierend angesehen wird, beinhaltet eine diversifizierende Komponente und umgekehrt. Ein Beispiel, das oft als trennend und diversifizierend angesehen wird, ist das Konzept und die Bildung von Nationalstaaten. Die Angehörigen sollten sich auf eine bestimmte, dem Staat eigene Identität berufen (können). Diese Identität kann von konkreten Dingen oder Ereignissen abgeleitet sein, kann aber auch diffus bleiben. Die Zugehörigkeit zum Nationalstaat und der Nationalstaat selbst werden also als etwas Besonderes, etwas Partikuläres oder eben Lokales verstanden. Diese Besonderheit, also die Konstruktion einer „einzigartigen Identität", ist aber ein globales Phänomen. Vielen Kolonien wurde es erst über das Konzept der spezifischen Identität möglich, eine Form der Unabhängigkeit zu erlangen. Der Nationalstaat war im Grunde die einzige Form, sich überhaupt auf legitime (also global anerkannte) Weise vom „Mutterland" zu lösen. Deswegen wurden koloniale Grenzen weitgehend beibehalten, auch wenn diese nicht den ursprünglichen kulturell geprägten Grenzen entsprachen. Wo also das Nationale als Prototyp des Partikulären, des Besonderen verstanden werden kann, muss der Nationalstaat bzw. die nationale Gesellschaft als eine kulturelle Idee verstanden werden, die global und universal ist.
- Die Konstruktion von Kultur und Ethnie kann als homogenisierend verstanden werden. Der Bezug und die Verständigung auf eine gemeinsame Kultur oder Ethnie wirkt verbindend. Zuvor bereits bestehende Gemeinsamkeiten werden verstärkt, ebenso wie Unterschiede zu anderen Kulturen oder Ethnien. Die Umsetzung des Konzepts wirkt nach innen homogenisierend, nach außen abgrenzend. Denn bestimmt abgrenzen kann sich nur, wer sich seiner eigenen Kultur oder Ethnie bewusst ist und die Anderen beziehungsweise das Andere daran misst und nicht als zugehörig betrachtet.

Oft manifestiert sich gerade an den homogenisierenden Elementen der Globalisierung die Differenz innerhalb einer

Ethnie oder Kultur. Die Eröffnung einer McDonald's-Filiale in Beijing oder Hongkong wird von der Bevölkerung als Symbol des Westens und westlicher Lebensweise wahrgenommen. Man konsumiert mit dem Hamburger westliche Kultur, tut dies aber vor einem chinesischen Hintergrund. Es stellt sich dann die Frage der Zugangsmöglichkeiten zu dieser Einrichtung, die zugleich mit dem Zugang zur westlichen Kultur gleichgesetzt wird. Wer sich keinen Hamburger leisten kann, kann sich – überspitzt formuliert – keine westliche Kultur leisten.

Ein Beispiel für eine selbstbewusstere Abgrenzung von homogenisierenden – als Verwestlichung empfundenen – Prozessen kann das Diktum „Asia can say no" von Mohammed Mahatir, dem ehemaligen malaysischen Premierminister, gewertet werden. Er verwehrt sich darin gegen europäische und amerikanische Vorwürfe an Malaysia, seine Regenwälder über die Gebühr zu roden und die Menschenrechte nicht einzuhalten beziehungsweise anders (nicht-westlich) auszulegen.

M. Albrow (1998, 149) kritisiert den Begriff Glokalisierung von R. Robertson, da er einseitig die lokale Übernahme eines globalen Produkts oder einer globalen Praxis beschreibt und dabei das Umgekehrte vernachlässigt: die weltweite Dominanz bestimmter lokaler Orte wie Hollywood oder Silicon Valley. M. Albrow nennt dies den Mekka-Effekt einer Lokalität, die damit zu einem geflügelten (W)Ort wird (z. B. „Florenz, das Mekka für Kunstliebhaber" oder „…durch Steuersenkungen versucht der Kanton Nidwalden zum Silicon Valley der Schweiz zu werden"). R. Robertson erwähnt diesen Effekt zwar nicht explizit, doch kann er auch zur Glokalisierung gezählt werden und steht nicht im Widerspruch dazu.

Zusammenfassung

Fazit
- Fälschlicherweise wird Globalisierung oft als etwas Großes, Allumfassendes verstanden, das nur auf der Makroebene analysierbar ist.
- Dem muss aber entgegengesetzt werden, dass Globalisierung empirisch und konzeptionell eher im Kleinen, im Konkreten und an einem bestimmen Ort fassbar wird. Diese Verschmelzung von Globalem mit Lokalem wird mit dem Begriff Glokalisierung zum Ausdruck gebracht.
- Umgekehrt gibt es auch lokale Orte, die zu globalen Symbolen geworden sind wie zum Beispiel Hollywood oder Silicon Valley.
- In der Ökonomie wird der Begriff Glokalisierung verwendet, wenn ein globales Produkt lokal unterschiedlich vermarktet wird.

Zum Einlesen
Barber, B. (2001): Coca Cola und Heiliger Krieg (Jihad vs. McWorld). – Scherz, Frankfurt am Main.
In seinem vielbeachteten Buch geht B. Barber sowohl auf die globale als auch auf die lokale Seite der Globalisierung ein und nimmt damit implizit auch Bezug auf die Glokalisierung.

Robertson, R. (1992): Globalization – Social theory and global culture. – Sage, London, Thousand Oaks, New Delhi.
R. Robertson hat den Begriff für die Sozialwissenschaften geprägt und eine ausführliche Theorie der Globalisierung verfasst. Der Text ist jedoch nicht ganz einfach zu lesen.

1.6 Das Potenzial der Geographie

Dank Fortschritten in der Telekommunikation können größte Distanzen in Sekundenbruchteilen überwunden werden, wodurch sie gleichsam verschwinden (vgl. Abb. 1.6.1/1). Die moderne Geographie, die sich von der traditionellen Beschreibung räumlicher Gegebenheiten verabschiedet hat, eignet sich in besonderem Masse dafür, die Prozesse und Konsequenzen der Globalisierung zu analysieren. Einerseits untersucht sie die sich verändernden Mensch-Umwelt-Beziehungen und anderseits befindet sie sich an der Schnittstelle von Disziplinen (z. B. Politikwissenschaft, Ökonomie, Soziologie, Klimaforschung), die sich ebenfalls mit Globalisierung auseinandersetzen.

1.6.1 Raum-Zeit-Kompression

DAVID HARVEY (1996, zitiert in DÜRRSCHMIDT, J. 2002, 58) spricht von einer Raum-Zeit-Kompression, die eine Konsequenz kapitalistischer Entwicklung und technologischen Fortschritts im Bereich Kommunikation und Transport ist (vgl. OSSENBRÜGGE, J. 2008, 23). A. GIDDENS dagegen betont eher das Zusammenlaufen der Raum-Zeit-Dimensionen und spricht von „Space-Time Convergence" (GIDDENS, A. 1993, 105) und von Time-Space Distanciation" (GIDDENS, A. 1996). Mit Letzterem sind die unbeabsichtigten Folgen individueller Handlungen gemeint, die in Zeiten der Globalisierung an weit entfernten Orten Auswirkungen haben können. Die Kommunikations- und Informationstechnologie stellt zwar die Möglichkeiten für eine Raum-Zeit-Kompression – und damit für einen Abbau von Grenzen – zur Verfügung. Ihre Nutzung hängt aber auch von zwischenstaatlichen Abkommen ab, die den Transport von Personen und Daten regeln.

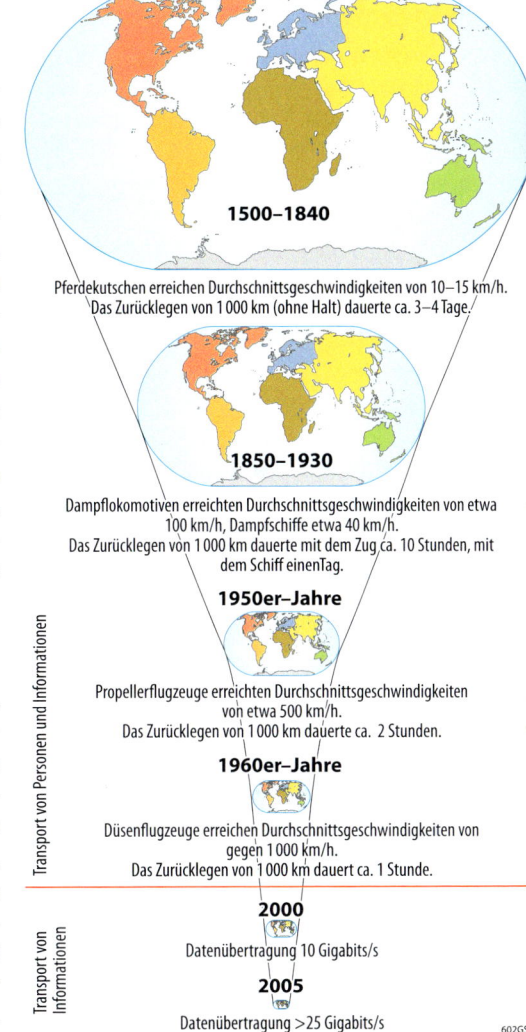

1500–1840
Pferdekutschen erreichen Durchschnittsgeschwindigkeiten von 10–15 km/h. Das Zurücklegen von 1000 km (ohne Halt) dauerte ca. 3–4 Tage.

1850–1930
Dampflokomotiven erreichen Durchschnittsgeschwindigkeiten von etwa 100 km/h, Dampfschiffe etwa 40 km/h. Das Zurücklegen von 1000 km dauerte mit dem Zug ca. 10 Stunden, mit dem Schiff einen Tag.

1950er–Jahre
Propellerflugzeuge erreichen Durchschnittsgeschwindigkeiten von etwa 500 km/h. Das Zurücklegen von 1000 km dauerte ca. 2 Stunden.

1960er–Jahre
Düsenflugzeuge erreichen Durchschnittsgeschwindigkeiten von gegen 1000 km/h. Das Zurücklegen von 1000 km dauert ca. 1 Stunde.

2000
Datenübertragung 10 Gigabits/s

2005
Datenübertragung >25 Gigabits/s

Abb. 1.6.1/1 Zeit-Raum-Kompression

Der Dromologe („Geschwindigkeitsforscher") PAUL VIRILIO (1997) spricht deswegen bereits vom Ende der Geographie, da der Raum zum Verschwinden gebracht wird. Dies ist jedoch eine Fehlinterpretation, die auf einem Verständnis der Geographie als Raumbeschreibung beziehungsweise als Wissenschaft, die die Erde beschreibt, aufbaut. Zudem ist es nicht der Raum, der schrumpft, sondern die Zeit, um Distanzen zu überwinden. Durch die Globalisierung werden global-lokale Beziehungen umstrukturiert, die elementar sind für Gesellschaften und damit Rahmenbedingungen bilden für individuelle Handlungen. Die Globalisierung kann somit als Perspektivenwechsel verstanden werden, bei dem der Blick von der zeitlichen Abfolge der Ereignisse auf global-lokale Beziehungen gelenkt wird. Die Geographie beschäftigt sich seit langem mit solchen Beziehungen. Auf verschiedenen Maßstabsebenen untersucht und beschreibt sie Bedingungen für gesellschaftliche Prozesse.

Zur Beschreibung, Erfassung und schließlich vielleicht auch Lösung der aus diesen Zusammenhängen resultierenden Probleme bietet die Geographie eine breite Palette empirischer Methoden und Ansätze an (vgl. MEIER KRUKER, V. & J. RAUH 2005; REUBER, P. & C. PFAFFENBACH 2005). Allerdings darf die Geographie – will sie den Bedingungen der Globalisierung gerecht werden – nicht vom Territorium als Behälter von Gesellschaft, Kultur und Politik ausgehen, sondern muss weitere der Regionalisierung berücksichtigen.(vgl. WERLEN, B. 1995; 1997). So sind individuelle oder biographisch begründete Regionalisierungen durch die Akteure ebenso möglich.

1.6.2 Die Rolle der (neuen) Kulturgeographie

Aus wissenschaftlicher Sicht macht es heute keinen Sinn mehr, Kultur räumlich zu verorten, wie dies beispielsweise im Konzept der Kulturerdteile vorgeschlagen wurde (vgl. GEBHARDT, H. et al. 2006, 900). Denn bestimmte kulturelle Eigenschaften oder Eigenheiten sind nicht nur bei Menschen zu finden, die an einem spezifischen Ort leben. „Im Zuge der Globalisierung verlieren Kulturen und kulturelle Differenzen ihren räumlichen Bezug. Dazu kommt es zu einer Krise jener Form von wissenschaftlicher Darstellung, die sich auf „Face-to-Face"-Situationen der Kommunikation, lokal integrierte (Dorf-)Gemeinschaften und regionale Kulturen stützt" (WERLEN, B. 1997, 26).

Globalisierung führt jedoch nicht zum Verschwinden kultureller Unterschiede, vielmehr führt sie zu häufigeren Begegnungen mit Fremden und Fremdem im Alltag. Damit kommt es zu einer vermehrten Auseinandersetzung mit kulturellen Eigenschaften, die nicht zum eigenen Repertoire gehören. Die Beschäftigung mit Kultur wird dadurch im Alltag wichtiger als dies früher der Fall war. Die Aneignung neuer kultureller Werte führt zu einer Pluralität und Hybridität von Lebensformen, die es zu analysieren gilt. Kultur wird dabei als Konstruktion verstanden, die – je nach wissenschaftlicher Betrachtungsweise – aus der Begegnung von verschiedenen Diskursen, Systemen oder Strukturen im Alltag entsteht. Dementsprechend können Räume als Verflechtungen globaler Ökonomien, als Projektionsflächen für Macht, als

Geographien der Moral oder Netzwerke von Menschen und Objekten analysiert werden. Eine diesen Bedingungen angepasste Kulturgeographie kann vieles thematisieren „was wir im Zuge der Globalisierung beobachten können: die Zerfaserung fixer Arbeits- und Kapitalbeziehungen, die Semiotisierung und Visualisierung des Wissens, die Kommerzialisierung von Lebensbereichen, einschließlich der Freizeit, die Verwischung und Transversalität lebensweltlicher Identitäten, die Teilung der Welt in Sehende und Übersehene und die interkulturelle (Nicht-)Kommunikation" (SAHR, W.-D. 2005, zitiert in GEBHARDT, H. et al. 2007, 15).

1.6.3 Die Berücksichtigung des Kontexts

Zukünftig wird es wichtig, den Kontext von (kulturellen) Alltagshandlungen zu analysieren, als nur den Ort, an denen sie stattfinden (ausführlicher zur Kontextualität siehe M. PRONK 2005). Raum kann als ein Aspekt von bestimmten Handlungskontexten verstanden werden, jedoch nicht als einziger. Das Gleiche gilt für die Zeit. Außerdem ist es wichtig, anzuerkennen, dass Kontexte nicht immer gleich sind, auch wenn Handlungen am gleichen Ort und zur gleichen Zeit erfolgen. So befinden sich zum Beispiel zwei Personen, die im selben Café sitzen und das gleiche Getränk konsumieren, rein äußerlich im gleichen Kontext. Doch die eine Person kommuniziert über einen drahtlosen Internetzugang mit ihren Geschäftspartnern. Die andere unterhält sich mit dem Kellner über Fußball. Obwohl sich beide am gleichen Ort befinden und Kaffee trinken, sind sie in verschiedenen „Settings" oder eben Kontexten. Für beide Kontexte ist ein spezifisches Vokabular und Verhalten angebracht, und es gelten andere Regeln der Kommunikation.

Die Geographie eignet sich dafür, Kontexte, in denen Prozesse und Handlungen stattfinden, zu untersuchen. Sie konzentriert sich auf Mensch-Umwelt-Beziehungen und verliert deswegen weder physische noch soziokulturelle Aspekte solcher Kontexte aus den Augen.

Zusammenfassung

Fazit
- Die moderne Geographie eignet sich besonders gut, um Prozesse und Konsequenzen der Globalisierung zu analysieren. Einerseits untersucht sie die veränderten Mensch-Umwelt-Beziehungen, anderseits befindet sie sich an der Schnittstelle von Disziplinen, die sich ebenfalls mit der Globalisierung auseinandersetzen (z. B. Ökonomie, Soziologie, Klimaforschung, Politikwissenschaften).
- Die Geographie als Wissenschaft, die sich mit dem Raum auseinandersetzt, muss sich von traditionellen Definitionen des Raumes trennen, in denen Kultur und Raum als kongruent gesehen werden. Raum-Zeit-Dimensionen schrumpfen im Zeitalter der Globalisierung und fordern so einen Perspektivenwechsel in der Sozial- und Kulturgeographie.

Die Kulturgeographie muss sich mit einer Kultur auseinandersetzen, die nicht mehr räumlich verankert und in einer

homogenen Gesellschaft weitervererbt wird, sondern individuell angeeignet wird und sich im Laufe des Lebens verändern kann. Diese Pluralität und Hybridität der Kulturen gilt es zu analysieren.
- Weiter darf die raum-zeitliche Kongruenz nicht mehr als einziger Aspekt von Handlungskontexten gelten. In einer globalisierten Welt können sich Menschen, die sich zur selben Zeit am selben Ort aufhalten, in ganz unterschiedlichen Handlungskontexten und solche, die räumlich weit voneinander entfernt sind, können sich in den gleichen Handlungskontexten befinden.

Zum Einlesen
GEBHARDT, H. & H. BATHELT (Hrsg.) (2003): Kulturgeographie – Aktuelle Ansätze und Entwicklungen. – Spektrum, Heidelberg.
Die Kulturgeographie wird im Kontext der Globalisierung erörtert und in mehreren Beiträgen neu entworfen.

Abb. 2/1 *Der Austausch von Informationen als eines der Werkzeuge der Globalisierung*

2 Wie funktioniert Globalisierung?

Globalisierung geschieht nicht einfach, sie ist Ergebnis von verschiedenen Handlungen von Akteuren, die diese individuell, im Rahmen von Organisationen oder politischen Gremien gestalten. Dabei greifen sie auf Ressourcen zurück. Dazu gehören neben natürlichen Ressourcen auch Wissensbestände. Zu diesen Ressourcen gehören Technologien im Allgemeinen und speziell solche, die den Transport von Gütern und Informationen erlauben. Wie fast alle Ressourcen sind diese nicht von allen Menschen in gleichem Maße zugänglich und nutzbar. Wer keinen Zugang zu einem Internetanschluss hat, kann keine Mails verschicken und wer sich kein Flugticket leisten kann, kann keine schnellen Überseereisen unternehmen. Ohne die sich immer weiter entwickelnden Kommunikations- und Transporttechnologien und Innovationen generell wäre Globalisierung in ihrer gegenwärtigen Form nicht möglich. Die Entwicklung von Technologien geschieht nicht selbstständig, sie ist vielmehr ein sozial und institutionell eingebetteter Prozess, der von Interessen und Entscheidungen geprägt ist, zu denen zum Beispiel auch die Nachfrage nach Gütern und Dienstleistungen durch Konsumenten gehört.

2.1 Technologischer Fortschritt

Technologische Innovation kann als Weiterentwicklung bestehender Technologien erfolgen, wie zum Beispiel die Entwicklung schnellerer Computer oder sparsamerer Motoren, oder aber eine radikale Neuerung sein, wie die Erfindung des Halbleiters oder die Möglichkeit, Gene zu manipulieren. Beide Formen – die evolutionäre Weiterentwicklung und die revolutionäre Neuentwicklung – basieren auf techno-ökonomischen Paradigmen, die durch diese Entwicklungen wiederum verändert werden (Dicken, P. 2007, 74). Diese Paradigmenwechsel finden langsam statt und sind mit ökonomischen Wachstumsschüben verbunden. Nikolai Kondratjew stellte die Verknüpfungen von technologischem Paradigmenwechsel und ökonomischem Auf- und Abschwung in den 1920er-Jahren als Wellenform dar. Jede dieser so genannten langen Wellen, die etwa 50 Jahre umfassen, kann in vier Phasen unterteilt werden: Aufschwung, Rezession, Depression und Erholung. Es werden heute vier abgeschlossene Wellen und eine angefangene fünfte Welle identifiziert (Knox P. & S. Marston 2001, 334; Johnston et al. 1994, 306). Jede Welle wird mit bestimmten technologischen Innovationen verbunden, die zunächst zu einem Aufschwung führen, nach einer Sättigungsphase aber ihre Kraft verlieren und einen Abschwung zur Folge haben (vgl. Abb. 2.1/1).

2.1.1 Frühe Mechanisierung

Der erste Kondratjew-Zyklus (K-Zyklus) begann Ende des 18. Jh. mit der Nutzung der Wasserkraft und der Mechanisierung der Produktion in Großbritannien, Frankreich und Belgien. Dadurch konnten Prozesse, vor allem in der Textilindustrie, beschleunigt und Skaleneffekte

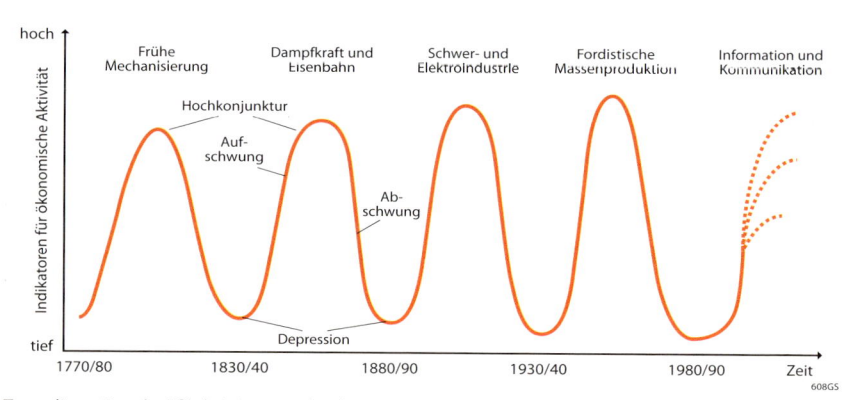

Trotz dieser Regelmäßigkeit kann nicht davon ausgegangen werden, dass die Zyklen sich automatisch so fortschreiben

Abb. 2.1/1 *Die Kondratjew-Zyklen haben eine Wellenlänge von ungefähr fünfzig Jahren, in denen sie sich von einer Hochkonjunktur über eine Depression zur nächsten Hochkonjunktur bewegen.*

(bei denen durch größere Stückzahlen günstiger produziert werden kann) ausgenutzt werden. Kleinbetriebe wuchsen und es kam zu ersten Fabrikgründungen. Was früher in Heimarbeit getätigt wurde, konnte nun konzentriert und effizienter in den Fabrikgebäuden erledigt werden (vgl. Abb. 2.1.1/1). Im Infrastrukturbereich wurde vor allem in Wasserkanäle – als Zuleitungen zur Energiegewinnung und als Transportwege – sowie in den Straßenbau investiert. In den 1830er- und 1840er-Jahren endete dieser Zyklus in einer Depression, da der Zugang zur Wasserkraft limitiert und die Industrie stark standortgebunden war, was angesichts eines wenig leistungsfähigen Transportsystems weiteres Wachstum unmöglich machte.

Abb. 2.1.1/1 *Frühe Textilfabrik*

„Spinning Jenny"

Die Erfindung der „Spinning Jenny" 1764 durch James Hargreaves (1721–1778), ein Baumwollweber aus Lancashire, revolutionierte die Textilverarbeitung. Gemäß der Legende kam Hargreaves durch ein Missgeschick seiner Tochter Jenny, die ein Spinnrad umstieß, das am Boden noch einige Umdrehungen machte, auf die Idee, den Spinnprozess zu automatisieren. Mit der ersten, handgetriebenen Maschine (vgl. Abb. E 2.1.1./1) konnten acht Spindeln betätigt werden.

Obwohl viele Spinner, welche in Heimarbeit Garn sponnen, um ihre Arbeitsplätze fürchteten und im Sturm auf Hargreaves Fabrik viele Jennies zerstörten, konnte die Erfindung erstmals die Nachfrage nach Garn in vollem Umfang befriedigen. Denn die bereits 1733 durch Schnellschützen verbesserte Webtechnik konnte mehr Garn verarbeiten (und Stoffe verkaufen) als gesponnen wurde. Die „Spinning Jenny" schloss diese Lücke und kurbelte die Textilproduktion weiter an. Spätere Erfindungen verbesserten sie und machten den Antrieb mit Wasserkraft möglich.

(DEUTSCHES MUSEUM, 2007)

Abb. E 2.1.1/1 Die „Spinning Jenny" revolutionierte das Textilgewerbe.

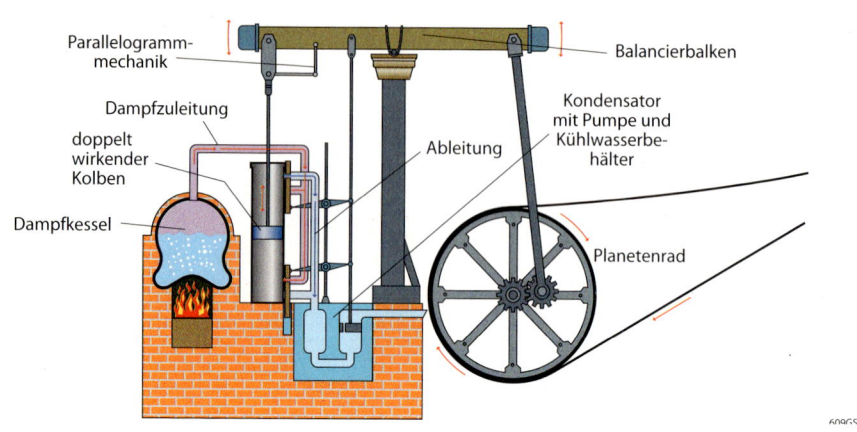

Abb. 2.1.2/1 *Funktionsprinzip der Dampfmaschine*

2.1.2 Dampfkraft

Die Dampfmaschine wurde zwar bereits 1712 von Thomas Newcomen erfunden und in Bergwerken zum Abpumpen von Wasser eingesetzt. Sie hatte jedoch einen sehr schlechten Wirkungsgrad, den James Watt 1769 mit einer leistungsstärkeren Maschine erheblich verbesserte. 1782 kam Watt mit einer universell einsetzbaren Maschine auf den Markt. Es gelang ihm, die gerade Bewegung des Kolbens und der Kolbenstange in die runde des Schwungrads umzusetzen (vgl. Abb. 2.1.2/1). Um die Leistung seiner Maschinen vergleichen zu können, führte er die Maßeinheit der Pferdestärke (PS) ein (Brockhaus 2005, Online, Stand. 9.11.2007). Da die Dampfmaschine nicht standortgebunden ist, konnte sich die Industrialisierung stark verbreiten. Mit der Erfindung der Eisenbahn verkürzten sich Transportgeschwindigkeiten, der Personen- und Warenverkehr beschleunigte sich und führte zur Blüte dieses Zyklus, an dem nun auch Deutschland und die USA beteiligt waren. Die Fabriken wuchsen und die Firmen, die nicht mehr nur von Einzelunternehmern geführt wurden, beschäftigten nun Tausende statt Hunderte von Arbeitern. Neue Formen des Firmenbesitzes, welche zum Beispiel die Haftung beschränkten und Aktiengesellschaften institutionalisierten, ermöglichten neue Investitionen.

Die Dampfmaschine lieferte zwar weit mehr Energie als zuvor, doch beschränkte sich ihr Einsatz auf die Textilindustrie, einfache Metallverarbeitungen, den Transport und den Bergbau. Außerdem stieß die Übertragung der Dampfkraft mittels Gurten und Wellen an ihre Grenzen. So endete dieser zweite Zyklus um 1880 in einer Depression.

2.1.3 Elektro- und Schwerindustrie

Die Produktion von Stahl und Aluminium in großen Mengen sowie die Nutzung elektrischer Energie schoben diesen dritten Kondratjew-Zyklus an. Die Verwendung von Stahl ermöglichte den Bau großer, stabiler Dampfschiffe, haltbarer Maschinen und leistungsfähiger Waffen

2.1 Technologischer Fortschritt

(vgl. Abb. 2.1.3/1). Die Elektrifizierung von Produktionsstandorten und Wohnquartieren flexibilisierte den Einsatz von Maschinen weiter. Daneben entwickelte sich die chemische Industrie, die auf Strom angewiesen war. Zu den bereits etablierten Industrienationen gesellten sich die Niederlande und die Schweiz. Große Firmenkonglomerate, Monopole und Oligopole entstanden und parallel dazu Finanzinstitutionen, welche die Mittel für den Aufschwung bereitstellten. Der Höhepunkt dieses Zyklus wurde vor dem 1. Weltkrieg erreicht. Die Krise, die dem Börsencrash von 1929 folgte und die 1930er-Jahre bestimmte, hatte globale Auswirkungen und stellte den Abschwung dieses Zyklus dar.

2.1.4 Fordistische Massenproduktion

Die beiden Weltkriege können als gravierende Zäsur im Wirtschaftsleben verstanden werden. Dennoch bedeutete dies keineswegs Stillstand. Zum einen war die Kriegswirtschaft wichtig, und zum anderen mussten die Bedürfnisse wachsender Bevölkerungen in den Industriestaaten gedeckt werden. Der Massenkonsum, den man heute kennt, ist eine Folge des vierten Zyklus. Vor dem Zweiten Weltkrieg kaufte man zum Beispiel kaum Kleider von der Stange, auch wenn man über wenig Geld verfügte. Vielmehr wurde auf Maß gefertigt und lange getragen. Frederick Winslow Taylor und vor allem Henry Ford – darum der Ausdruck „Fordismus" – wird der Verdienst zugeschrieben, der Massenfertigung

Abb. 2.1.3/1 Fabrikationshalle von Kanonen bei Krupp

zum Durchbruch verholfen zu haben (vgl. Kap. 4.6). F. W. Taylor zerlegte bereits im 19. Jh. die Fertigung eines Gutes in einzelne Schritte und maß, wie lange ein Arbeiter dafür benötigte. Er stellte fest, dass ein (ungelernter) Arbeiter sehr schnell einen einzelnen Arbeitsschritt erlernen und ihn in Kürze in höherer Geschwindigkeit durchführen konnte, als wenn er den gesamten Fertigungsprozess eines Gutes von A–Z durchgeführt hätte. Eine hohe Arbeitsteilung erlaubte es also – bei guter Abstimmung der einzelnen Arbeitsschritte –, in der gleichen Zeit mehr Produkte herzustellen als bei geringer Arbeitsteilung. Henry Ford nahm dies 1904 auf und nutzte das Fließband, um einzelne Arbeitsschritte zu verbinden. Dies inspirierte Charlie Chaplin 1936 unter anderem zu seinem Film „Modern Times", in dem er einen Arbeiter mimt, der im Räderwerk der Industrieproduktion gefangen ist (vgl. Abb. 2.1.4/1).

Doch der wohl wichtigere Beitrag H. Fords zum ökonomischen Aufschwung war sein Bestreben, seine Produkte massentauglich zu machen. Er wollte, dass sich auch seine Arbeiterschaft ein Ford-Automobil leisten konnte. Dies erreichte er durch konsequente Arbeitsteilung und hohe Stückzahlen (Skaleneffekte). Der Ford Model T („Tin Lizzie", oder deutsch „Blechliesel"; vgl. Abb. 2.1.4/2) war denn auch das meistverkaufte Auto der Welt, bis er 1972 vom VW-Käfer abgelöst wurde.

Neben der Automobilproduktion ist die Fertigung von Lastwagen, Flugzeugen und synthetischen Materialien kennzeichnend für diesen Zyklus, der nach dem 2. Weltkrieg seinen Aufschwung nahm und zu Beginn der 1970er-Jahre kulminierte. In dieser Zeit wurden in den Industrieländern Straßen ausgebaut und viele Flughäfen errichtet. Großfirmen begannen mehr und mehr, trans-

***Abb. 2.1.4/1** Charlie Chaplin im Räderwerk der Industrieproduktion*

national zu operieren und aufgrund des Konkurrenzdrucks Arbeiten vermehrt an Zuliefererfirmen auszulagern. Dieser Zyklus schloss nun auch Japan, Nordeuropa, Kanada und Australien ein. Mit der Ölpreiskrise 1972/73 wurde sein Abschwung eingeleitet.

2.1.5 Information und Kommunikation

Der letzte Zyklus – von dem man bis vor 2008, als die Auswirkungen der Finanzkrise deutlich wurden, annahm, dass er sich noch in der Aufschwungsphase befindet – basiert auf der Informationstechnologie. Genauer gesagt, beruht er auf der Konvergenz von Kommunikationstechnologien und Computertechnologien, was vor allem auf die Digitalisierung zurückzuführen ist. Es sind denn auch Computer- und Telekommunikationsfirmen, welche die Träger dieses Zyklus sind. Die für die Vernetzung dieser Technologien benötigte Infrastruktur besteht vor allem aus leistungsfähigen Glasfaserkabeln und Satelliten. In diese wird massiv investiert.

Die Massenproduktion von Konsumprodukten stößt an ihre Grenzen, da Lagerkosten wachsen und da die zunehmend individualisierte Gesellschaft vermehrt nach dem Besonderen fragt. Durch die computerbasierte Steuerung von Produktionsschritten wird die „Just-in-Time" und „schlanke Produktion" (vgl. Kap. 4.6.1) möglich, sodass nicht mehr auf Vorrat, sondern auf Bestellung produziert werden kann. Mit der Produktion eines Gutes wird dabei erst begonnen, wenn ein Auftrag vorliegt. Die Auslieferung erfolgt direkt nach der Fertigstellung, eine Lagerung bis

Abb. 2.1.4/2 Ford Model T von 1908

zum Verkauf erübrigt sich damit. In der Firmenlandschaft entstehen Netzwerke, die durch Informationstechnologien effiziente Kommunikationsstrukturen aufbauen können, und die zum Teil auch nur temporär für ein bestimmtes Projekt Bestand haben. An diesem Zyklus maßgeblich beteiligt sind nun auch Taiwan und Südkorea.

Die langen Wellen von Kondratjew zeigen auf, wie sich in der Vergangenheit Aufschwung und Depression aufgrund von technologischem Wandel entwickelten. Sie sind aber kein Naturgesetz, das es erlauben würde, zukünftige Entwicklungen vorauszusagen, weswegen Prognosen für Beginn und Ende weiterer Zyklen mit Vorsicht zu genießen sind.

Zusammenfassung

Fazit
- Globalisierung ist das Ergebnis von Handlungen, die unter unterschiedlichen institutionellen Rahmenbedingungen von Akteuren mit unterschiedlichem Zugang zu Ressourcen getätigt werden.

- Eine solche Ressource ist die Technologie. Für den Globalisierungsprozess besonders wichtig ist die technologische Entwicklung, die den Transport von Gütern und Informationen vereinfacht und beschleunigt hat.
- Technologische Innovation kann als Weiterentwicklung bestehender Technologien erfolgen (Evolution) oder eine radikale Neuerung (Revolution) sein. Beide Formen basieren aber auf technoökonomischen Paradigmen, die durch sie wiederum verändert werden.
- Diese Verknüpfung zwischen technologischem Paradigmawechsel und ökonomischem Auf- und Abschwung stellte in den 1920er-Jahren Nikolai Kondratjew als Wellenform dar. Jede Welle (auch Kondratjew- oder K-Zyklus genannt). Folgende, etwa 50 Jahre dauernde Kondratjew-Zyklen werden unterschieden:

1. Frühe Mechanisierung: Mit der Nutzung der Wasserkraft und der Mechanisierung der Produktion Ende des 18. Jh. kam es in Großbritannien, Frankreich und Belgien zu ersten Fabrikgründungen in der Textilbranche.
2. Der Dampfmaschinenzyklus: Mit dem Einsatz der universell einsetzbaren Dampfmaschine von James Watt (1782) hat sich die Industrialisierung stark verbreitet. Fabriken und Firmen wuchsen, und die Erfindung der Eisenbahn verkürzte die Transportzeit von Personen und Waren.
3. Elektro- und Schwerindustrie: Die Produktion von Stahl und Aluminium ermöglichte den Bau großer, stabiler Dampfschiffe, haltbarer Maschinen und leistungsfähiger Waffen. Die kommerzielle Nutzung der elektrischen Energie verlängerte die Arbeitszeiten und flexibilisierte die Produktion. Große Firmenkonglomerate entstanden parallel zu Finanzinstitutionen, welche Kapital für den Aufschwung bereitstellten.
4. Fordistische Massenproduktion: Die Aufteilung des Arbeitsprozesses in einzelne Arbeitsschritte und eine Standardisierung der Produktion ist kennzeichnend für diese Phase. Durch Skaleneffekte konnten so günstige, massentaugliche Konsumprodukte hergestellt werden, die sich alle Gesellschaftsschichten leisten konnten (z. B. ein Auto).
5. Information und Kommunikation: Der fünfte Kondratjew-Zyklus beschreibt die gegenwärtige wirtschaftliche Situation. Die Konvergenz von Kommunikations- und Computertechnologien ist die technologische Basis dieses Zyklus und Voraussetzung für ein global funktionierendes Weltmarktsystem. Computerbasierte Steuerung von Produktionsschritten machen „Just-in-Time" und „schlanke Produktion" möglich und kommen so dem vermehrten Konsumentenwunsch nach Spezialanfertigungen entgegen.

Zum Einlesen
Dicken, P. (2007): Global Shift – Mapping the changing contours of the world economy (5th edition). – Sage, London, Thousand Oaks, New Delhi.
In diesem umfangreichen Buch zur wirtschaftlichen Globalisierung geht P. Dicken auf verschiedenste Aspekte der Entwicklung der Globalisierung ein.

2.2 Kommunikation und Transport: die Motoren der Entgrenzung

2.2.1 Entwicklung der Verkehrsmittel

Die Abbildung Zeit-Raum-Kompression (vgl. Abb. 1.6.1/1) zeigt deutlich, wie die Welt „geschrumpft" ist durch die Überwindung von großen Distanzen mit modernen Verkehrsmitteln. Die Entwicklung der Transportmittel während der letzten zweihundert Jahre erlaubt es Menschen mit den nötigen Ressourcen, Ziele innerhalb von Stunden zu erreichen, für die man früher Tage oder Wochen benötigte. Bis ins 19. Jh. stagnierte die Entwicklung von Fahrzeugen. Beschleunigung wurde vor allem durch besseren Straßenbau und -unterhalt sowie durch bessere Logistik (z. B. beim Pferdewechsel) erreicht. Doch über eine Durchschnittsgeschwindigkeit von 15 km/h kamen Kutschen kaum hinaus. Dies war auch die Geschwindigkeit, die man im Mittelalter zu Wasser erreichte. Vor allem im Schiffbau wurde in Innovationen zur Erhöhung der Geschwindigkeit investiert, da auf diesem Wege die meisten Waren transportiert wurden. Schiffsrümpfe wurden stromlinienförmig gebaut und Segel und Takelage aus leichterem und strapazierfähigerem Material hergestellt. Die Tee-Klipper, die Mitte des 19. Jh. die frischen Teeernten aus dem indischen Assam und Darjeeling möglichst schnell nach London transportierten, brachten es auf knapp 20 Knoten oder 36 km/h. Der schnellste Tee-Klipper des 19. Jh., die Cutty Sark (vgl. Abb. 2.2.1/1)

Abb. 2.2.1/1 Die Cutty Sark, der schnellste Tee-Klipper, mit dem frisch verarbeiteter Tee von China nach England transportiert wurde.

benötigte 99 Tage von Bengalen nach London. Heute kann die Strecke in weniger als 10 Stunden mit dem Flugzeug zurückgelegt werden. Die Dampfkraft, die Mitte des 19. Jh. in Schiffen und Eisenbahnen eingesetzt werden konnte, hatte neben einer höheren Geschwindigkeit auch eine höhere Verlässlichkeit der termingerechten Warenlieferungen zur Folge, da die Abhängigkeit von Winden weit geringer war. Segelschiffe blieben jedoch noch längere Zeit im Gebrauch, da die Dampfschifffahrt teurer war und sich auf Personentransporte und dringliche Waren konzentrierte. Das schnellste Dampfschiff erreichte Mitte des 20. Jh. 38 Knoten oder knapp 70 km/h. Dampflokomotiven brachten es bereits Ende des 19. Jh. auf über 150 km/h und ermöglichten auf dem Schienennetz Transportgeschwindigkeiten, die heute im Regionalverkehr üblich sind (BACKHAUS, N. 2007, 238; FÄSSLER, P. 2007, 181).

Die Dampfmaschine eignete sich nur für größere Fahrzeuge wie Züge und Schiffe, da ihre Leistungsfähigkeit von einem großen Kessel abhing, und relativ viel Platz für Brennmaterial – vor allem Kohle – benötigt wurde. Beim Individualverkehr konnten höhere Geschwindigkeiten erst durch den Verbrennungsmotor erreicht werden, da Otto- und Dieselmotoren kleiner gebaut werden konnten. Erdölderivate – wie Benzin, Diesel oder Kerosin – weisen zum einen eine höhere Energiedichte als Kohle auf, und zum anderen können sie aufgrund ihrer Viskosität besser dosiert werden. Bis zum Ende des 20. Jh. verdrängte der Verbrennungsmotor den Dampfantrieb fast vollständig. Dieser kommt nur noch in peripheren Regionen oder aus nostalgischen Gründen zum Einsatz. Motorflugzeuge, die wie das Automobil den Verbrennungsmotor nutzen, werden seit dem Beginn des 20. Jh. im Personenverkehr und in der Kriegsführung eingesetzt (vgl. Abb. 2.2.1/2). Ihre Massentauglichkeit erhielten sie aber erst mit der Einführung großer Düsenjets Ende der 1950er-Jahre, mit denen Geschäftsreisen erschwinglicher und der Massenferntourismus eingeleitet wurde. Erst seit dieser Zeit ist es möglich, für eine oder zwei Wochen relativ günstig

Abb. 2.2.1/2 Nachbildung des amerikanischen Doppeldeckers Sopwith F1-Camel 2, der ab 1916 zum Einsatz kam

Abb. 2.2.1/3 Die Concorde, das schnellste Passagierflugzeug

in einem fernen Land Urlaub zu machen. Mit dem Flugverkehr wurden auch kurze Geschäftsreisen und die Arbeitsmigration über weite Distanzen möglich (BACKHAUS, N. 2007, 238; FÄSSLER, P. 2007, 181). Obwohl Düsenantriebe während der letzten Jahre laufend verbessert wurden und bis zu 30 000 km/h – zum Beispiel mit dem Space Shuttle – erreicht werden, hat sich die Geschwindigkeit von Großraumflugzeugen nicht wesentlich erhöht. Dies liegt daran, dass Überschallflugzeuge, welche an der Grenze von 1 230 km/h die Schallmauer durchbrechen, zu diesem Zweck stabiler gebaut sein müssen und überproportional viel Treibstoff verbrauchen. Das einzige kommerzielle Überschallflugzeug, die Concorde (vgl. Abb. 2.2.1/3), war wenig profitabel und wurde 2003 nach einem tragischen Unfall im Jahr 2000 und aus wirtschaftlichen Gründen aus dem Verkehr gezogen.

2.2.2 Entwicklung der Kommunikationstechnologie

Kommunikation ist essenziell für sehr viele Bereiche des Lebens. Ohne Kommunikation würden Gesellschaften nicht existieren und Kommunikation ist letztlich das, was Menschen verbindet und was von anderen Personen wahrgenommen wird. Durch Kommunikation wird Information weitergegeben, und diese ist nicht erst mit der Wissensgesellschaft zu einer Ressource geworden. Der Transport von Information ist ein ebenso wichtiger Impuls der Globalisierung wie der Transport von Gütern und Menschen. Mit der Entwicklung von Schriftsystemen wurde es möglich, Information unabhängig vom Besitzer weiterzugeben. Doch konnte diese – wenn man einmal von Brieftauben und Rauchzeichen absieht – nicht schneller als eine Person reisen. Erst der Einsatz des elektrischen Telegrafen in den 1830er-Jahren und die Verlegung von Tiefseekabeln Mitte der 1860er-Jahre ermöglichten die Entwicklung eines global vernetzten Kommunikationssystems und damit die internationale Arbeitsteilung. Die Entwicklung und der kommerzielle Einsatz des Telefons setzte etwas später in den 1870er-Jahren ein und entwickelte sich parallel zur Telegraphie. In der Folge wurden die Netze verdichtet und die Qualität der Apparate verbessert. Seit den 1960er-Jahren ist Satellitenkommunikation möglich und seit Mitte der 1990er-Jahre hat sich die drahtlose Telefonie stark verbreitet, womit die individuelle Erreichbarkeit maßgeblich erhöht wurde. 1989 wurde es erstmals möglich, optische Informationen von Computer zu Computer zu versenden beziehungsweise zugänglich zu machen. Damit war das „World Wide Web" (www oder Internet) geboren, das als Kommunikationsmittel auch aufgrund seiner guten Zugänglichkeit eine überragende Bedeutung erlangt hat (BUNDESZENTRALE FÜR POLITISCHE BILDUNG 2006; Stand: 31.10.2008).

Zwar kann Information seit der Einführung der Telefonie zeitgleich ausgetauscht werden, doch beschränkt sich dies auf flüchtige mündliche Aussagen, die jedoch aus juristischer Sicht nur beschränkte Verbindlichkeit haben. Diese ist aber wichtig für die Abwicklung von Geschäften. Sichere Übertragungsprotokolle, die über das Internet verschickt werden, gewähren diese Verbindlichkeit, sodass Kapitaltransfers überhaupt erst getätigt werden können. So übersteigt der Kapitalverkehr den Wert des Warenverkehrs um ein Vielfaches (Dicken, P. 2007, 380; Schamp, E. 2008c, 75). Der viel benutzte Ausspruch „Zeit ist Geld" trifft umso mehr zu.

Kommunikation ist immer auf Infrastruktur angewiesen, selbst wenn sie über den Äther geht. So sind zum Beispiel bei Verbindungen des Mobiltelefons oder der drahtlosen Kommunikation zwischen Rechnern Antennen, Übertragungsstationen zu einem Satelliten und Kabel notwendig. Der erste Kommunikationssatellit „Early Bird" konnte 1960 240 Telefonate gleichzeitig verarbeiten, Intelsat VIII – einer von über 100 geostationären Satelliten – hat eine Kapazität von 112 500 Telefonaten (Baylin, F. 1996, zitiert in Dicken, P. 2007, 83). Da Satelliten zwar sehr schnell übertragen, die zu überwindenden Distanzen aber auch sehr groß sind, wird das Satellitennetzwerk mit terrestrischen und submarinen Leitungen aus Glasfasern kombiniert.

Das Internet hat sich binnen einer Dekade von einem eher obskuren Computernetzwerk, das von Wissenschaftlern und dem Militär verwendet wurde, zu einem Netzwerk von Hunderten Millionen verbundener Computer entwickelt. Den Durchbruch zur Massentauglichkeit erfuhr es mit der Lancierung des ersten frei erhältlichen Browsers Netscape, mit dem der Zugang zum Internet und zu gigantisch anwachsendem Informationsgehalt leicht gemacht wurde. Das Internet ist für den privaten wie für den geschäftlichen Austausch sehr vieler Menschen wichtig geworden und veränderte ihren Alltag massiv. Wer will und Zugang zum

Beschleunigte Berichterstattung

Die Möglichkeiten der schnellen Datenübertragung haben auch die journalistische Berichterstattung stark verändert. Über Satellitentelefonie kann beispielsweise live aus einem abgelegenen Krisengebiet berichtet werden. Dasselbe gilt für die audiovisuelle Übertragung von Daten. So konnten amerikanische Bombenangriffe auf Bagdad teilweise unmittelbar am Bildschirm daheim mitverfolgt werden. Auch gab es Übertragungen aus amerikanischen Panzern im Irakkrieg. Die Zuschauer konnten das Vorrücken der Panzer direkt mitverfolgen. Die vom Militär kontrollierte Regie verzichtete jedoch darauf, Kampfhandlungen live zu übertragen. Die Dramaturgie der gezeigten Filmsequenzen – vorrückende Panzer wurden von vorne und mit hinter ihnen aufsteigenden Staubwolken aufgenommen – suggeriert, dass nicht nur die Zuschauer in den USA adressiert sind, sondern auch feindliche Verbände, die damit eingeschüchtert werden sollen (Patalong, F. 2003; Stand: 29.03.2009). Auch Pressekonferenzen von großen Konzernen können durch die zur Verfügung stehenden hohen Übertragungsgeschwindigkeiten unmittelbare Folgen für den Börsenkurs haben, der je nach gutem oder schlechtem Geschäftsgang steigt oder sinkt.

Wellenreiter, Skeptiker, Spieler

Informations- und Kommunikationstechnologien wurden hauptsächlich entwickelt, um die Effizienz von Arbeitsabläufen zu erhöhen. Als Folge davon sollte Zeit sowohl im geschäftlichen als auch im privaten Bereich besser genutzt werden können. Ob dies der Fall ist, hängt nicht nur von den Zugangsmöglichkeiten zu diesen Technologien ab, sondern auch von deren Verwendung. K. HÖRNIG et al. (2002) skizzieren drei Typen von Kommunikationstechnologienutzern, die auf unterschiedliche Weise mit dem knappen Gut Zeit umgehen. Der technikfaszinierte Wellenreiter strebt, herausgefordert durch die Möglichkeiten neuer Technologien, zu immer neuerer und verbesserter Technik im Umgang mit Zeit und Kommunikation. Gelingt dies nicht, wird versucht, Kontrolllücken mit immer ausgefeilteren Techniken zu schließen. Damit wird der technikfaszinierte Wellenreiter auch zum Wegbereiter von weiteren Innovationen. Dem kommunikationsbesorgten Skeptiker erscheinen technische Geräte als störende Elemente für die sinnvolle Zeitverbringung und intakte Sozialverhältnisse. Für ihn stellen Kommunikationstechniken Symbole für Alltagshetze und Geschwindigkeitswahn dar, dem es sich zu entziehen gilt. Der zeitjonglierende Spieler versucht, sich von engen Zeitbindungen zu lösen und Zeiten situationsspezifisch selbst zu gestalten. Moderne Kommunikationsmittel nutzt er als Möglichkeiten, um Freiräume zu gewinnen. Kommunikationstechnologien führen also nicht per se zu vermehrter Effizienz und Zeitersparnis, sondern deren Gebrauch, der individuell sehr unterschiedlich sein kann.

„World Wide Web" hat, kann Informationen über sich global verfügbar machen, sich mit einer erfundenen oder empfundenen Identität in virtuellen Räumen bewegen und sich mit Bekannten und Unbekannten unterhalten, von denen er nicht weiß, wo sie sich aufhalten.

Doch es ist nicht erst das Internet, über das Informationen globale Verbreitung finden. Die elektronischen Massenmedien (Radio und Fernsehen) vermittelten im 20. Jh. Informationen darüber, wie Menschen in anderen Erdteilen leben. Dies war vorher denjenigen vorbehalten, die entweder selbst reisen konnten oder Zugang zu Berichten und Büchern über andere Weltgegenden hatten. Um Radio hören oder fernsehen zu können, muss man nicht lesen können, weswegen diese Medien für breite Schichten interessant wurden. Und da deren Reichweite sehr groß ist, sind Radio und TV auch für die Werbung attraktiv.

Die Erreichbarkeit und Verfügbarkeit von Kommunikationspartnern wurde durch die Einführung der mobilen Telefonie stark gesteigert. Das erste Patent für Radiotelefonie datiert zwar auf 1973 zurück, doch waren Mobiltelefone bis Mitte der 1990er-Jahre unhandlich und teuer. Erst danach hat eine Massenverbreitung stattgefunden. Man schätzt, dass es 2005

2 Wie funktioniert Globalisierung?

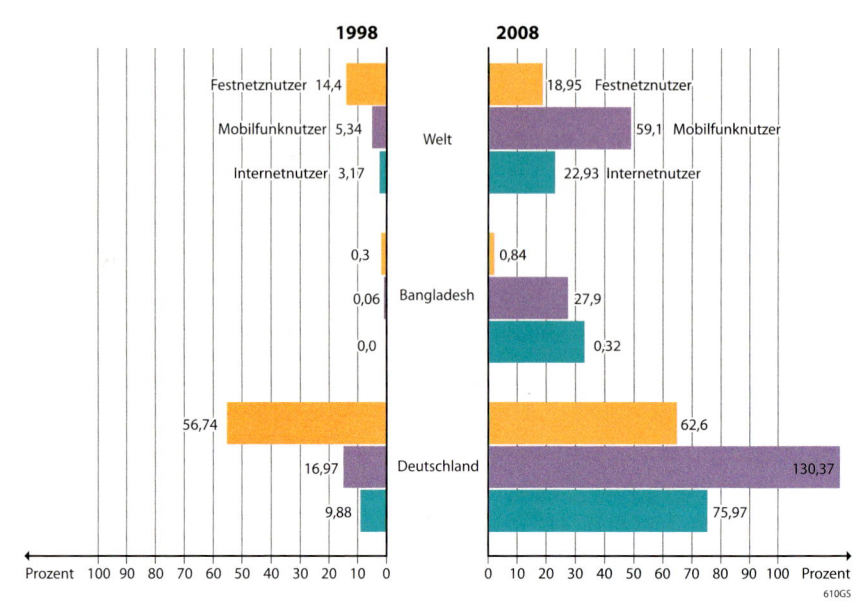

1998 / **2008**

Welt:
- Festnetznutzer: 14,4 / 18,95
- Mobilfunknutzer: 5,34 / 59,1
- Internetnutzer: 3,17 / 22,93

Bangladesh:
- 0,3 / 0,84
- 0,06 / 27,9
- 0,0 / 0,32

Deutschland:
- 56,74 / 62,6
- 16,97 / 130,37
- 9,88 / 75,97

Der ungleiche Zugang zu Kommunikationstechnologien wird deutlich sichtbar

Abb. 2.2.2/1 Festnetzverbindungen/Mobilfunknutzer, PCs, Internetnutzer je 100 Einwohner, 1998 und 2008

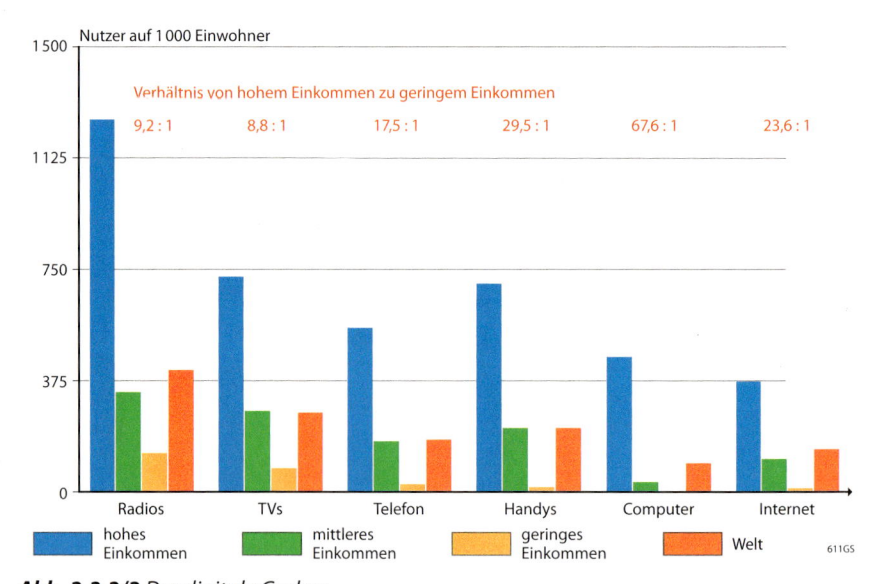

Nutzer auf 1 000 Einwohner

Verhältnis von hohem Einkommen zu geringem Einkommen:
- Radios: 9,2 : 1
- TVs: 8,8 : 1
- Telefon: 17,5 : 1
- Handys: 29,5 : 1
- Computer: 67,6 : 1
- Internet: 23,6 : 1

Legende: hohes Einkommen / mittleres Einkommen / geringes Einkommen / Welt

Abb. 2.2.2/2 Der digitale Graben

schon über 1,5 Milliarden Mobiltelefonnutzer gab (DICKEN, P. 2007, 89). Der parallel zur Miniaturisierung verlaufende Ausbau von Antennen gewährleistet die Erreichbarkeit in den meisten urbanen Gebieten. Die häufig am Handy gestellte Frage „Wo bist Du?" zeigt, dass geographische Ortsbezüge immer noch relevant sind, selbst wenn sich der Inhalt eines Gesprächs um etwas ganz anderes dreht. Bei der standortgebundenen Telefonie wäre dieselbe Frage absurd gewesen.

Die skizzierten Entwicklungen beziehen sich zwar auf den gesamten Globus, doch sind sie weder flächendeckend noch können alle Menschen davon profitieren. Was die Infrastruktur anbelangt, wird vor allem dort investiert, wo Anknüpfungspunkte und eine große Dichte von Nutzern vorhanden sind, also in den urbanen Regionen der industrialisierten Länder. Außerdem profitieren von diesem Angebot nur diejenigen, die über die Mittel verfügen, um die Kosten für die Kommunikationsmöglichkeiten zu tragen, wodurch etwa die Hälfte der Menschheit ausgeschlossen wird. Der digitale Graben („Digital Divide") ist also recht beträchtlich (vgl. Abb. 2.2.2/1 und 2.2.2/2).

Zusammenfassung

Fazit
- Die rasante Entwicklung der Transportmittel während der letzten 200 Jahre erlaubt es heute Menschen, Ziele innerhalb von Stunden zu erreichen, für die sie früher Tage oder Wochen benötigt hätten.
- Bis ins 19. Jh. konzentrierte sich die technologische Innovation auf den Schiffbau, da mit dem Schiffsverkehr die meisten Waren transportiert wurden. Die Dampfkraft, die Mitte des 19. Jh. in Schiffen und Eisenbahnen eingesetzt wurde, brachte einen großen Geschwindigkeitsschub. Im 20. Jh. wurde die Dampfkraft allmählich vom Verbrennungsmotor mit Benzin-, Diesel- oder Kerosin-Antrieb verdrängt. Der große Vorteil dieser neuen Energieträger ist ihre hohe Energiedichte und die Viskosität. Ende der 1950er-Jahre wurden die massentauglichen Düsenjets eingeführt, welche erst die kommerziellen Geschäfts- und Fernreisen ermöglichten.
- Ein schnelles und verlässliches Kommunikationssystem ist neben dem Transportsystem eine wichtige Voraussetzung für die Globalisierung.
- Mit der Erfindung des Schriftsystems war es möglich, Informationen unabhängig vom Besitzer weiterzugeben. Diese konnten aber nie schneller als die Person reisen, welche die Information überbrachte. Erst die Entwicklung des Telegrafen 1830 schloss diese Lücke. Die kommerzielle Nutzung des Telefons setzte etwa 50 Jahre später ein. In der Folge wurden Netze verdichtet und die Qualität der Apparate verbessert. Ab den 1960er-Jahren kamen Satellitenkommunikationssysteme dazu.
- In den 1990er-Jahren verbreiteten sich die drahtlosen Mobiltelefone massiv und erhöhten die individuelle Erreichbarkeit. Zeitgleich wurde das „World Wide Web" (Internet) erfunden, mit welchem es – neben dem vereinfachten

Zugang zu Texten – erstmals möglich wurde, optische Informationen zu verschicken. Das Internet hat dank seiner guten Zugänglichkeit eine überragende Bedeutung erlangt.

Zum Einlesen
Dodge, M. & R. Kitchin (2008): Atlas of cyberspace. – Pearson Education Limited, London.
Der online verfügbare Atlas stellt das Internet und die darin stattfindende Kommunikation auf vielfältige und zum Teil ungewöhnliche Weise dar.

2.3 Standardisierung: Schmiermittel der Globalisierung

Die Verbesserung von Kommunikations- und Transportgeschwindigkeiten sowie deren Verbilligung ist zwar eine wichtige Voraussetzung für die Entwicklung der Globalisierung (vgl. Abb. 2.3/1), oft wird aber vergessen, dass die sich parallel dazu entwickelnde Standardisierung von Gütern und Prozessen ebenso eine äußerst wichtige Rolle spielt. Ohne Standards oder Normen (wie z. B. die Deutsche Industrienorm DIN oder ISO-Normen) kann man viele Dinge nicht oder nur mit sehr viel größerem Aufwand verrichten. Auch wenn es bei Computern verschiedene Betriebssysteme und Programme gibt, die wenig „kompatibel" sind, so überwiegen doch die Standardisierungen. Sie machen es überhaupt erst möglich, Daten und Anwendungen von einer Maschine auf die andere zu übertragen, externe Geräte mit einem Computer zu verbinden oder Seiten im Internet zu öffnen.

2.3.1 Container: das Packmaß der Globalisierung

Standardisierungen erfolgen aber nicht nur im digitalen Bereich, sondern auch in der Güterproduktion – mit Qualitätsstandards oder Einheitsmassen – und im Transport. Hier kommt dem Container eine oft unterschätzte Bedeutung zu. Heute werden schätzungsweise 90 Prozent der global transportierten Güter in Containern befördert (Rodrigue, J.-P., Stand: 25.05.2009). Container erlauben ein sehr viel schnelleres Laden und Löschen von Schiffsladungen, einen schnelleren Weitertransport per Bahn oder Lastwagen und schützen besser vor Diebstahl und Beschädigungen. Damit dies funktioniert, müssen Container ähnlich beschaffen sein. Es gibt sie seit den 1960er-Jahren in zwei Größen (Katims, R. 2006, 13), TEU (Twenty Foot Equivalent Unit) und FEU (Forty Foot Equivalent Unit), die Breite beträgt 8 und die Höhe 8,5 Fuß. Sie sind stapelbar und können zur Stabilisierung miteinander verbunden werden (vgl. Abb. 2.3.1/1). Die größten Containerschiffe fassen 8 000 TEU, 12 000 TEU-Schiffe sind in Planung. Diese Schiffe können nur größere Häfen anlaufen. Erfunden wurde der Container

2.3 Standardisierung: Schmiermittel der Globalisierung

Nutzung elektronischer Daten
Um digitalisierte Texte oder Bilder zugänglich zu machen, sind – im Gegensatz zu Handschriften, gedruckten Büchern, Fotografien und Gemälden – technische Geräte nötig, was für Archivare ein großes Problem darstellt. Denn Archivare denken in größeren Zeiträumen und wollen wichtige Informationen auch späteren Generationen zur Verfügung stellen. Zum einen stellt sich das Problem der Lagerung. Zwar kann digitale Information immer kompakter gespeichert werden, doch sind die Datenträger und die dazu nötigen Abspielgeräte anfällig und schon nach kurzer Zeit nicht mehr verfügbar (technisch veraltet). So werden beispielsweise Magnetbänder kaum mehr verwendet und die (teuren) Abspielgeräte nicht mehr hergestellt oder gewartet. CDs und DVDs sind nicht dafür ausgelegt, Jahrhunderte zu überdauern. Zum anderen ergibt sich ein Problem im Bereich der Software. Texte werden mit verschiedenen Verarbeitungsprogrammen geschrieben, deren Update und Weiterentwicklung von Firmenentscheiden und -entwicklungen abhängen. Bereits einige Jahre nach der Einstellung eines Programmes sind Dateien zum Teil nicht mehr lesbar. Aus diesem Grund wird an einem Standard gearbeitet (**O**pen **Data**base **C**onnectivity = ODBC), der es erlaubt, Texte und andere Informationen unabhängig von Programmen zu lesen und dadurch „haltbarer" zu machen.

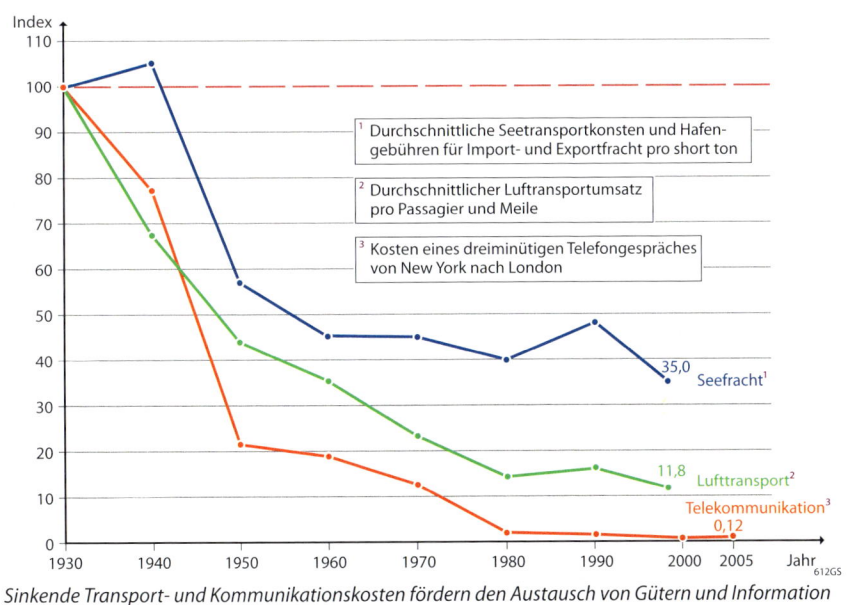

Sinkende Transport- und Kommunikationskosten fördern den Austausch von Gütern und Information

Abb. 2.3/1 *Index der Transport- und Kommunikationskosten*

Piraterie heute

Die moderne Piraterie wird zu einem wachsenden Problem der Handelsschiffahrt. Sie verursacht Kosten, die – neben der Bedrohung der Besatzungen – Einsparungen durch die Nutzung von Containern zunichte machen kann. Immer besser ausgerüstete kriminelle Banden nähern sich in kleinen, wendigen Schnellbooten den großen Schiffen und entern sie mit Waffengewalt. Meist wird die Besatzung nur überwältigt und eingesperrt, manchmal aber auch getötet oder entführt, um Lösegeld zu erpressen. Die Schiffsbesatzungen müssen unbewaffnet bleiben, da keine Hafenbehörde das Einlaufen eines bewaffneten Schiffes erlaubt. Die Malakkastraße zwischen Indonesien und Malaysia ist eine berüchtigte Region für Überfälle. Das Nadelöhr, durch das ein Großteil des Welthandels geht, gibt den Handelsschiffen wenig Spielraum, Piraten auszuweichen. Die Küstenregion ist jedoch mit ihren vielen Inseln geeignet als Piratenversteck. Durch die verbesserte Koordination zwischen den malaysischen und indonesischen Behörden konnte die Zahl der Überfälle eingedämmt werden (SUTER, P. 2008).

Ein neuer Gefahrenherd hat sich am Horn von Afrika im Golf von Aden herausgebildet, wo vor allem somalische Piraten Schiffen auflauern, welche den Suezkanal passieren. Ihnen ist es gelungen, sogar Supertanker unter ihre Kontrolle zu bringen.

Abb. 2.3.1/1 *Containerschiff im Hamburger Hafen beim Löschen der Ladung*

bereits in den 1930er-Jahren von einem amerikanischen Transporteur, der seine Waren schneller und sicherer transportieren wollte. Zum Durchbruch verhalf ihm auch die amerikanische Armee im Koreakrieg (1950–1953), als Container benutzt wurden, um Kriegsmaterial zu transportieren. Die kommerzielle Nutzung begann 1956 in den USA mit der Festlegung der heute gebräuchlichen Standardmaße. Die amerikanische Gewerkschaft der Hafenarbeiter opponierte heftig gegen diese Einführung. Denn durch ihn verloren viele Hafenarbeiter ihre Arbeit. Wo vorher Teams von „Dockers" mit spezialisierten Kenntnissen für das richtige Beladen von Schiffen nötig waren, sind für das Laden von Containern lediglich einige wenige Kranführer und Gabelstaplerfahrer nötig, oder – dank Automatisierung – nicht einmal mehr das. Es haben sich aber nicht nur die Arbeitsbedingungen beim Güterumschlag verändert, sondern auch die Gestaltung der Transportpreise. Während früher der Preis für eine Fracht aufgrund ihres Wertes berechnet wurde, kostet heute der Transport eines Containers voller Weizen gleich viel wie einer, der mit Medikamenten gefüllt ist (NEUHAUS, G. & A. SCUDELETTI 2006). Die Containerschifffahrt ist das Rückgrat des Welthandels und expandiert kontinuierlich (NUHN, H. 2008, 51). Die größten Containerhäfen liegen in Asien (Singapur, Hongkong, Shanghai, Shenzhen) und kämpfen mit Kapazitätsproblemen, weswegen laufend auch neue Häfen gebaut werden. Obwohl Container so schnell wie möglich von großen Schiffen auf kleinere Verteilerschiffe, Lastwagen oder Güterzüge umgeladen und an ihren Bestimmungsort gebracht werden sollen, lagern sie für einige Zeit in den Häfen, in denen riesige Flächen dafür benötigt werden. Um ihren Transport weiter zu beschleunigen, werden Chips entwickelt, welche den Bestimmungs- und Standort über das Internet abrufbar machen.

2.3.2 McDonald's: Standardisierung vom Hamburger bis zum Konsumenten

McDonald's gilt als Vorreiter der Globalisierung, welche zum Teil auch mit McDonaldisierung umschrieben wird. Ein Hauptgrund dafür, dass McDonald's zur Ikone der Globalisierung wurde, liegt nicht nur an der Präsenz der Restaurants mit über 32 000 Filialen auf der ganzen Welt, in denen sich täglich 20 Mio. Menschen verköstigen. Vielmehr ist dafür die konsequente Standardisierung von Produkten, Abläufen und sogar dem Mitarbeiter- und Kundenverhalten verantwortlich. Die Geschichte der Fastfoodkette begann bereits in den 1930er-Jahren, als das „McDonald Brothers' Burger Bar And Drive In" im kalifornischen San Bernardino gegründet wurde. Doch die Geburtsstunde des heute noch gültigen Erfolgsrezeptes geht auf 1948 zurück, als die Gebrüder den „Speedee Service" einführten, das Angebot auf einfache Speisen beschränkten, auf Besteck verzichteten und statt Porzellan Pappteller einsetzten. Die Hamburger, Pommes frites und Milchshakes konnten somit von angelernten Hilfskräften, die sich auf einzelne Arbeitsschritte konzentrierten, zubereitet werden. Wäre es allerdings nach den Brüdern gegangen, wäre es bei der einen Filiale geblieben,

Abb. 2.3.2/1 McDonald's-Filiale in Beijing

die ihnen einen bescheidenen Wohlstand und ein geruhsames und sorgenfreies Leben beschert hätte. Der internationale Erfolg geht auf RAY KROC zurück, der den McDonald Brüdern ihre Firma samt Produktionssystem und Namen abkaufte (GEISEL, S., 2002).
R. KROC setzte auf das Franchise-System (MCDONALDS, Stand: 25.05.2009), bei welchem McDonald's an einen Restaurantbetreiber die Lizenz vergibt, unter seinem Namen Hamburger zu verkaufen. Die Lizenznehmer verpflichten sich im Gegenzug auf die im internen Handbuch festgelegten Grundsätze, deren Missachtung den Entzug der Lizenz zur Folge hat. Die Vorschriften sind sehr rigide und erlauben es beispielsweise einem Lizenznehmer nicht, einer Nebenbeschäftigung nachzugehen. Dafür muss

er im Vergleich mit anderen ähnlichen Arrangements relativ wenig an den Konzern abführen, was ihm das Gefühl gibt, vor allem in die eigene Tasche zu wirtschaften. Das Mutterhaus hat in der Folge begonnen, in Immobilien zu investieren und besitzt in den meisten Fällen das Grundstück oder das Gebäude, in welchem die Filialen eingerichtet werden und verdient damit auch an der – in guten Lagen recht hohen – Miete. Als Basis der Standardisierung müssen die Lizenznehmer über einen „Degree of Hamburgerology" verfügen. Diesen können sie sich im Hauptquartier in Oak Brook (Illinois) erwerben. Von den Lizenznehmern wird äußerste Konformität erwartet. R. KROC, der 1984 im Alter von 82 Jahren verstarb, formulierte dies deutlich: „Wir haben festgestellt, dass

> **Kulturelle Umdeutungsprozesse**
> Obwohl McDonald's Erfolge auf der rigorosen Durchsetzung der Standards basieren, werden neue Filialen nicht in einen kulturlosen Raum gesetzt. Vielmehr treffen sie auf ein bestimmtes kulturelles Umfeld, und ihr Angebot wird aus der Warte dieses Umfeldes betrachtet. In Hongkong werden beispielsweise Hamburger als Snacks betrachtet und zur Kategorie der Brote und Teigtaschen gezählt, wogegen jene in den USA und Europa eher zu den Fleischspeisen zählen. Dies hat zur Konsequenz, dass die Filialen morgens und nachmittags frequentiert werden, aber nicht abends, wenn „richtig", das heißt mit Reis als Beilage gegessen wird. In Hongkong wurde das Angebot vor einem anderen kulturellen Hintergrund umgedeutet. Auch die Vorgabe „to serve with a smile" war nicht unproblematisch, denn in Hongkong geht man davon aus, dass lächelnde Angestellte sich auf Kosten der Gäste oder des Managements amüsieren.
> Auf einer anderen Ebene führten McDonalds-Filialen zu einem Wandel, der das Gastgewerbe Hongkongs grundsätzlich veränderte. In den McDonald's-Filialen wurden die firmeneigenen Sauberkeitsstandards auf den Toiletten konsequent durchgesetzt, so dass die Kundschaft dies auch in anderen Betrieben nachzufragen begann, die dann nachziehen mussten.　　　　(WATSON, J. 2004)

wir Nonkonformisten nicht trauen können. Wir werden aus ihnen ganz schnell Konformisten machen. Die Organisation kann nicht dem Individuum trauen, sondern das Individuum muss der Organisation trauen" (KROC, R., zitiert in GEISEL, S. 2002, 16). Vier Grundprinzipien liegen dem System McDonald's zugrunde – Effizienz, Messbarkeit, Vorhersagbarkeit und Kontrolle –, um die Einheitlichkeit der Produkte zu wahren. Fastfood-Restaurants haben die Effizienz des Kochens und Essens auf die Spitze getrieben. Der Hersteller erhöht seine Effizienz einerseits durch Wegwerfgeschirr (der Abwasch entfällt) und anderseits durch eine hohe Arbeitsteilung mit vordefinierten Arbeitsschritten, die ein schnelles Einarbeiten (leicht ersetzbarer) Mitarbeiter ermöglicht. Der Erfolg des ganzen Unternehmens und letztlich einzelner Produktionsschritte und Arbeiter wird minutiös gemessen.

Die Messbarkeit erstreckt sich auf fast alle Bereiche des Systems. Der Umsatz pro Angestelltem wird ebenso gemessen wie deren Fluktuationsrate, die Schnelligkeit der Bedienung und der Fettgehalt der Burger.

Die Standardisierung bewirkt auch eine Vorhersagbarkeit jeden Schrittes und garantiert so dem Konsumenten, dass ein Big Mac in Shanghai gleich schmeckt wie einer in Detroit.

Um den Standard und die Vorhersagbarkeit aufrecht erhalten zu können, bedarf es der Kontrolle, die sich sowohl auf die Angestellten als auch auf die Kunden erstreckt. Durch die konforme Architektur der Filialen werden sie gut lesbar und

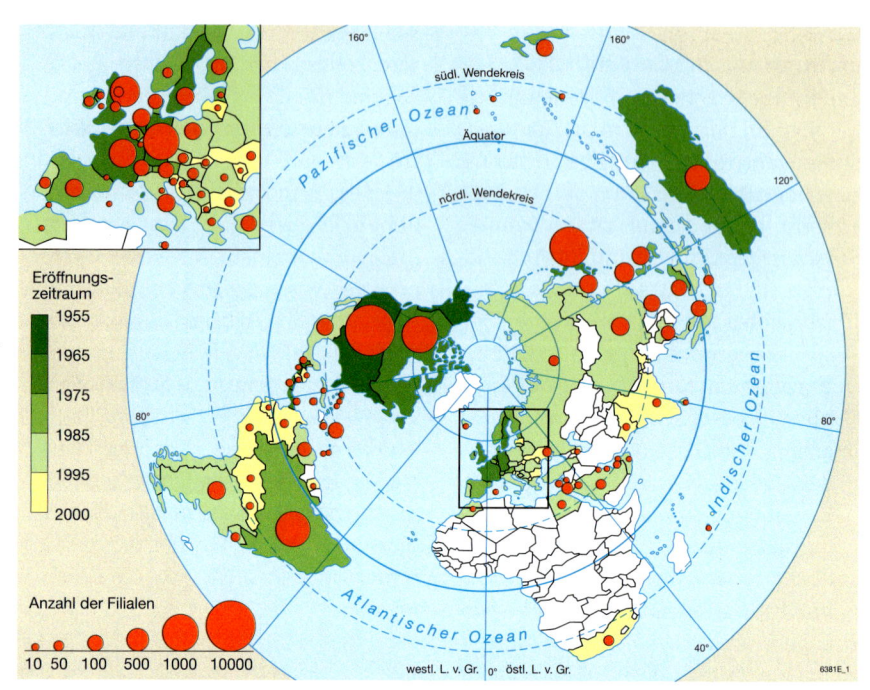

Abb. 2.3.2/2 *Anzahl und Eröffnungszeitraum von McDonald's-Filialen*

die Kunden werden damit steuerbar. Demnach folgt die Kundschaft einem unausgesprochenen Skript und verhält sich, wie es für alle am effizientesten ist (GEISEL, S. 2002, 20).

Das Essen bei McDonald's gilt hinsichtlich der Abläufe, wie auch der hohen Energiedichte der Nahrungsmittel als effizientester Weg, den Körper mit Energie zu versorgen. Letzteres führt jedoch zu Kritik am Konzern, dem man damit eine Mitschuld an der Fettleibigkeit vieler seiner Kunden gibt. Weiter werden dem Konzern auch schlechte Arbeitsbedingungen und umweltbelastende Produktion vorgeworfen (BOVÉ, J. & F. DUFOUR 1999). In einer Vielzahl von Gerichtsurteilen wird über die Berechtigung dieser Anschuldigungen befunden. Die Frage steht aber dennoch im Raum, ob die auf die Spitze getriebene Effizienz nicht dazu verleiten kann, diese auch auf Kosten der Arbeiterschaft, beziehungsweise der Umwelt weiterzutreiben. Es bleibt anzumerken, dass McDonald's sich Kritiken gestellt und das Angebot an veränderte Bedürfnisse und Lebensstile sowie an lokale Gegebenheiten angepasst hat (vgl. HÖPFL, K. 2004).

McDonald's ist nicht der einzige Konzern, der global auf standardisierte Weise Lebensmittel anbietet, doch ist er einer der größten und gilt vor allem als Vorreiter für ein Prinzip, das sich global durchgesetzt hat (vgl. Abb. 2.3.2/2).

2.3.3 Nicht-Orte: standardisierte Räume

Um Effizienz geht es weitgehend auch bei sogenannten Nicht-Orten. Diese Orte sind lokal entkoppelte Räume, die eine sehr hohe Funktionalität aufweisen und so einen reibungslosen Ablauf in ihren Strukturen ermöglichen (AUGÉ, M. 1995; BACKHAUS, N. 2003b; RITZER, R. 1992, zitiert in GEISEL, S. 2002, 18). Sie müssen deshalb relativ einfach aufgebaut und gut lesbar sein. Flughäfen, Autobahnen, Raststätten, Einkaufszentren, aber auch Hotels und Freizeitparks können Nicht-Orte sein. Die Architektur und Beschilderung internationaler Flughäfen ist so ausgerichtet, dass sich Passagiere möglichst rasch und ohne spezifische Sprachkenntnisse zurechtfinden. Symbole führen zum Check-in, zur Passkontrolle, zum Gate oder machen deutlich, wo zollfrei eingekauft, wo gebetet und wo gewartet werden kann (und soll). Ein Flughafen ist also so konzipiert, dass die Passagiere und Zuschauer schnell, sicher, kostengünstig und zufrieden zu ihren jeweiligen Zielen gelangen. Das Gleiche gilt für Autobahnen und Autobahnraststätten, aber auch für Hotels mit so genanntem internationalen Standard, in denen sich die Gäste von selbst zurechtfinden sollen. Ebenso werden Themen- oder Freizeitparks so eingerichtet, dass sich die Besucher vergnügen können, ohne lange von Angestellten instruiert werden zu müssen. Die Sprache von Nicht-Orten erlernt man einfach, indem man sich wiederholt in ihnen aufhält und sich mit ihnen auseinandersetzt. Die größtmögliche Lesbarkeit (die z. B. mit der Verwendung von Piktogrammen erreicht wird, vgl. Abb. 2.3.3/1) bedingt, dass Nicht-Orte global ähnlich funktionieren und dass ihr lokaler Standort unbedeutend ist. In vielen Hotelzimmern ist es schwierig zu sagen, wo man sich befindet, so ähnlich sind sie sich in ihrer Ausstattung geworden.

Neben ihrer Funktion, Nutzern eine Orientierung zu ermöglichen, ist Nicht-

Abb. 2.3.3/1 Nicht-Ort Einkaufszentrum: Piktogramme weisen den Weg auch in Kuala Lumpur

Orten auch ein gewisses Kontrollelement eigen. Denn sie kanalisieren Aktivitäten und schränken damit auch die Gestaltungsfreiheit ein. Nicht-Orte haben Regeln, die es zu befolgen gilt, wer dagegen verstößt, kann weggewiesen werden. Somit haben Nicht-Orte einen Disziplinierungseffekt auf diejenigen, die sie nutzen durch diejenigen, die sie kontrollieren und konzipieren (Foucault, M. zitiert in Mitrašinoviç, M. 2006, 18). Dies ist nicht unproblematisch, da mehr und mehr öffentliche Räume privatisiert und reglementiert werden (Mitchell, D. 1995). Das gilt gleichermaßen für Einkaufszentren und ihre Umgebung, wie für Themenparks (vgl. Backhaus, N. 2005), die an Bedeutung nicht unterschätzt werden dürfen. Die 50 meistbesuchten Parks werden von einer Viertel Million Menschen besucht (O'Brien. T. et al. 2002, zitiert in Mitrašinoviç, M. 2006, 18) und generieren einen Erlös von fast 20 Milliarden US-$ (Benz, M. 2003, zitiert in Mitrašinoviç, M. 2006, 18). Mit der Privatisierung des öffentlichen Raumes geht eine Kommodifizierung desselben einher, bei dem sich eine Person den Raum nur aneignen kann, wenn sie über die nötigen Mittel dazu verfügt.

- Die weltweit verbundenen Computer mit unterschiedlichen Betriebssystemen können nur dank einer Standardisierung Daten und Anwendungen von einem Rechner auf einen anderen übertragen. Seiten im Internet lassen sich nur aufgrund standardisierter Programme öffnen.
- Das hohe Warenumschlagsvolumen im Weltmarktsystem ist erst seit der Einführung der standardisierten Container und deren Verladung auf Frachtschiffe möglich. Schätzungsweise 90 Prozent der global transportierten Güter werden in Containern befördert.
- Bei internationalen Fastfood-Ketten (wie McDonald's) sind sowohl das Erscheinungsbild als auch die Abläufe und Produkte standardisiert. So kann den Kunden eine Vergleichbarkeit des Angebots überall auf der Welt garantiert werden.
- Nicht-Orte sind lokal entkoppelte Orte, die eine sehr hohe Funktionalität aufweisen und so einen reibungslosen Ablauf in ihren Strukturen ermöglichen.

Zum Einlesen

Preuss, O. (2007): Eine Kiste erobert die Welt: Der Siegeszug einer einfachen Erfindung. – Murmann, Hamburg.
  Der Autor zeichnet die Entwicklung des Containers aus deutscher Sicht nach und illustriert Zahlen und Fakten mit eindrücklichen Beispielen.
Geisel, S. (2002): McDonald's Village. – Vontobel-Stiftung, Zürich.
  Die kleine Studie vermittelt detaillierte Einsichten in die Funktionsweise des Fastfoodgiganten.

Zusammenfassung

Fazit

- Die Standardisierung von Prozessen und Gütern ist neben der Verbesserung der Transport- und Kommunikationsgeschwindigkeit ein weiterer Bestandteil der Globalisierung.

Abb. 3/1 Märkte sind seit jeher Treffpunkte für Menschen unterschiedlicher Herkunft, seien es Händler, Konsumenten oder neuerdings Touristen wie hier auf dem Talad Thai

3 Wie hat sich die Globalisierung entwickelt?

Globalisierung ist kein Prozess, den es erst seit ein paar Jahren gibt. Obwohl über die Definition des Begriffes keine Einigkeit (siehe BECK, U. 1997; BACKHAUS, N. 1999) besteht, werden die Wurzeln dieser Entwicklungen im 16. Jh. am Ende der Renaissance und vor allem in der Aufklärung gesehen (vgl. BACKHAUS, N. 2007; DÜRRSCHMIDT, J. 2002; FÄSSLER, P. 2007; ROBERTSON, R. 1992). Mit dem Blick zurück in die Vergangenheit soll nicht gesagt sein, dass Globalisierung per se schon lange Bestand hat. Vielmehr soll die Aufmerksamkeit Prozessen gelten, die sich schon in der Vergangenheit durch Verflechtungen auszeichneten, aber von der Geschichtsschreibung wenig betont wurden (OSTERHAMMEL, J. & N. PETERSSON 2006, 10). Skeptiker fragen immer wieder, wann denn die Globalisierung begonnen habe, und was sich mit ihrem Beginn fundamental verändert habe. Obwohl zum Teil bestimmte Ereignisse als Anfang genannt werden – zum Beispiel die Entdeckung Amerikas durch Kolumbus, die Gründung des hanseatischen Städtebundes, die Erfindung des Chronometers oder die Ausstellung des ersten Wechsels (Zahlungsmittel) –, kann man nicht von einem einzigen Initialereignis sprechen, das den Beginn der Globalisierung markiert hat. Dennoch kann die Entwicklung in verschiedene Phasen gegliedert werden. Je nach Autor werden diese Phasen unterschiedlich abgegrenzt. Einigkeit herrscht hingegen über die wichtigsten Meilensteine, die zur heutigen Entwicklung geführt haben. Weiter ist allen Einteilungen gemein, dass die Phasen immer kürzer werden, je näher sie der Gegenwart kommen. Dies könnte mit dem immer spärlicher werdenden Quellenmaterial erklärt werden, je weiter man in die Vergangenheit zurückgeht. Doch ist es auch ein Indiz für die immer schneller werdenden Entwicklungen, welche die Globalisierung ausmachen. Die folgende Gliederung unterscheidet vier Epochen (vorglobale Epoche, erste, zweite und dritte Globalisierung), die wiederum in Phasen unterteilt sind. Sie ist ein Versuch, die wichtigsten Entwicklungen zu erfassen und übersichtlich zu gliedern und lehnt sich an P. Fässler (2007) und R. Robertson (1992) an. In der vorglobalen Epoche kristallisieren sich erste Anzeichen für weltumspannende Prozesse heraus. Sie sind jedoch noch zu vereinzelt, um als Teil einer Globalisierung verstanden werden zu können. Die erste Globalisierung ist durch Kolonialismus, Aufklärung und Industrialisierung geprägt und findet ihren Abschluss nach dem Zweiten Weltkrieg. Die zweite Globalisierung zeichnet sich durch die Etablierung der Vereinten Nationen und durch die mit ihr verbundenen Organisationen sowie den Kalten Krieg aus. Die dritte Globalisierung schließlich beginnt mit dem Zusammenbruch des Ostblocks und ist durch eine Beschleunigung vieler Prozesse (vor allem der Kommunikation durch das Internet) gekennzeichnet.

3.1 Vorglobale Epoche bis zur europäischen Kolonisierung

Unter diesen Begriff fällt nicht einfach all das, was vor der Globalisierung stattfand. Vielmehr haben in dieser Zeit Ereignisse stattgefunden, welche die erste Phase der Globalisierung gewissermaßen vorbereiteten.

3.1.1 Entdeckungsreisen

In der vor- oder präglobalen Epoche herrschte Ungewissheit über die Kugelgestalt der Erde und ihre Ausmaße. Kolumbus wagte seine Reise nur, weil er den Erdumfang massiv unterschätzte, und er blieb letztlich den empirischen Beweis ihrer Kugelform schuldig (diesen lieferte Magellan erst dreißig Jahre später). Doch die Reise des Kolumbus läutete eine Phase der intensiven und nachhaltigen (aber auch konfliktreichen) Interaktion zwischen Europäern und den Völkern Amerikas ein (vgl. Abb. 3.1.1/1), was die früheren Anlandungen der Wikinger in Neufundland nicht vermochten. Obwohl Waren zwischen Europa, Asien und Afrika schon seit längerem ausgetauscht wurden, herrschte weitgehende Unkenntnis über entfernt gelegene Gebiete und Völker. Kontakte blieben einer dünnen Oberschicht vorbehalten, so zum Beispiel arabischen und abendländischen Gelehrten (Fässler, P. 2007, 52). Daraus kann aber nicht geschlossen wer-

Abb. 3.1.1/1 *Kolumbus betritt die neue Welt*

den, dass die „gewöhnlichen" Leute in dieser Phase gänzlich unbeeinflusst von Fremdem gewesen wären. Es bestanden zum Teil weitreichende wirtschaftliche und kulturelle Austauschbeziehungen, in welche viele Menschen vor allem über den Handel eingebunden waren (OSTERHAMMEL, J. & N. PETERSSON 2006, 17).

3.1.2 Vorkoloniale Großreiche

Großreiche entstanden unter anderem im Zuge der politisch-militärischen Expansion wie zum Beispiel unter Alexander dem Großen. Dieser vereinte bereits im 4. Jh. v. Chr. das östliche Europa mit Indien und Nordafrika in einer einzigen Einflusssphäre, die jedoch nicht lange Bestand hatte. Anders das Römische Reich, das wesentlich stabiler war, weit länger andauerte und eine Vielzahl an verschiedenen Völkern kontrollierte. In Asien expandierte im 13. Jh. das mongolische Reich und ermöglichte unter der Pax Mongolica das sichere Reisen entlang der Seidenstraße, auf der zu dieser Zeit auch Marco Polo nach China gelangte (OSTERHAMMEL, J. & N. PETERSSON 2006, 32). Dort herrschte zu Beginn des 15. Jh. die Ming Dynastie, welche die damals (und für lange Zeit danach) größte Flotte der Welt ausschickte, um Handelsbeziehungen nach Südostasien, Indien und Ostafrika aufzubauen. Doch sollte diese Expansionstätigkeit nach sieben Reisen des legendären Admirals Zheng He 1430 abrupt enden, da der amtierende Kaiser wegen innenpolitischer Probleme und der konstanten Bedrohung durch die Mongolen im Norden solche Reisen unterband und die Flotte auflösen ließ. Auch wenn damit die politisch-militärische Expansion Chinas über die Meere aufhörte, wurde mit den Reisen Zheng Hes der Grundstein zu intensiven Handelsbeziehungen und zur chinesischen Diaspora gelegt (FINLAY, R. 2008; YAMASHITA, M. 2006).

Auch in Afrika bestand mit Mali vom 13. bis ins 15. Jh. ein Großreich, das die europäische und arabische Nachfrage nach Gold, Elfenbein und Sklaven befriedigte. So sollen vier Millionen Menschen unter anderem über dieses Königreich versklavt und nach Europa und Arabien verkauft worden sein (FÄSSLER, P. 2007, 56).

Stark verbunden mit der politisch-militärischen Expansion ist die kulturell-religiöse, die vor allem durch missionierende Religionsgemeinschaften wie dem Christentum und dem Islam vorangetrieben wurde. Um 800, also bereits 200 Jahre nach der Gründung des Islam durch den Propheten Mohammed, dehnte sich der islamische Einfluss von Spanien bis nach Zentralasien aus, ein Gebiet, das mit Ausnahme Spaniens noch heute Teil der Umma (vgl. Exkurs) ist (BRUCKMÜLLER, E. & C. HARTMANN 2001, 67).

3.1.3 Keimzellen des Welthandels

Während militärisch und religiös motivierte Expansionen in der Regel asymmetrischen Charakter haben – Sieger gegen Besiegte, Missionare gegen Bekehrte –, mussten ökonomische Beziehungen gleichwertiger gestaltet werden, um stabile Netzwerke zu schaffen (womit jedoch nicht gesagt sein soll, dass diese immer fair waren).

Bereits im 14. Jh. spannte die Hanse ein Netzwerk über siebzig Städte und kontrollierte den Handel im Raum der Ost- und Nordsee. Ägyptische Baumwolle gelangte zu dieser Zeit über Venedig nach Süddeutschland, wo sie zu Tuch verarbeitet wurde. Die Renaissance ermöglichte die kommerzielle Revolution: Händler konnten Waren an Messen mit Wechselbriefen bezahlen und ersparten sich damit das risikoreiche Mitführen größerer Barbeträge. Dies bedingte aber ein gegenseitiges Vertrauen, dass die Schuld auch beglichen wurde (FÄSSLER, P. 2007).

Die Umma (Ummah)

Die Ausbreitung des Islam und seine breite Akzeptanz ist auch auf das Konzept der Umma zurückzuführen, das Mohammed als Gemeinschaft der Muslime formulierte. Mitglieder der Umma differenzieren sich nicht durch Reichtum oder Herkunft, sondern allein durch den Grad an Gläubigkeit und Frömmigkeit. Jeder und jede kann der Umma beitreten, damit seinem oder ihrem Glauben Ausdruck verleihen und nach seinem oder ihrem Gutdünken zur Gemeinschaft beitragen. Damit schuf Mohammed ein mächtiges abstraktes Prinzip, mit dem die Mitgliedschaft in einer einzigen großen Gemeinschaft definiert, gerechtfertigt und stimuliert wird.

(ENCYCLOPEDIA BRITANNICA: Stand. 24.1.2008)

Ähnliches fand auch in der Seefahrt statt, wo Financiers und Handelsreisende Kommanditgesellschaften[1] für die Dauer einer Unternehmung bildeten (FÄSSLER, P. 2007, 57). Damit wurden Geschäfte räumlich und zeitlich entkoppelt, was zur Flexibilisierung von Geschäftsbeziehungen beitrug.

3.1.4 Merkmale des Aufbruchs

In mehrfacher Hinsicht wird die Zeit zwischen 1450 und 1500 als Geburtsstunde der Neuzeit gesehen, mit der die Entwicklung der Globalisierung stark verbunden ist. Zusammenfassend können folgende Punkte genannt werden, welche fördernd waren für die erste Phase der Globalisierung (OSTERHAMMEL, J. & N. PETERSSON 2006, 36):

- Obwohl ältere Wirtschaftskontakte zu Asien bestanden, ist die Bedeutung der Schiffspassage um das Kap der Guten Hoffnung, die Vasco da Gama 1498 zum ersten Mal gelang, nicht zu unterschätzen. Portugal errichtete entlang der Route eine Kette maritimer, bewaffneter Stützpunkte, was bis dahin keine Parallelen in der Geschichte hatte. Diese Stützpunkte dienten dem Handel mit dem Hinterland, der (Teil-)Verarbeitung von Rohstoffen und dem Transport nach Europa. Sie stießen für die Europäer das Tor zum reichen Asien weit auf. Die Stützpunkte waren wichtig für die Seefahrer. Sie konnten dort in geschützter Umgebung Wasser und Nahrungsmittel aufnehmen und Handel treiben.
- Im 16. Jh. fanden mit der Formierung des Osmanischen Reichs und der spanischen Kolonisierung Zentralamerikas Reichsbildungen statt, welche sich dank der Verbreitung der Artillerietechnik schnell durchsetzen konnten. Sie wurden deswegen auch „Gunpowder Empires" genannt (MCNEILL, zitiert in FÄSSLER, P. 2007, 63). Die Bildung des Osmanischen Reichs führte dazu, dass Portugal eine Route nach Asien und zu den Gewürzinseln suchte, mit der man die Dienste der (gestärkten) osmanischen Zwischenhändler umgehen konnte (FÄSSLER, P. 2007, 66). Durch den Seeweg versuchte Portugal, die Kontrolle über den Handel selbst zu behalten.
- Vor allem die Expansion nach Amerika war von einer markanten Zurückdrängung der einheimischen Bevölkerung und deren politischen Systemen

Die Börse

Die Institution der Börse hat ihre Wiege im flämischen Brügge, wo sich im Haus der Patrizierfamilie Van der Beurse Bankiers, Händler und Produzenten trafen, um Geschäfte abzuschließen (FÄSSLER, P. 2007, 57). Diese waren damit nicht nur eine bilaterale Angelegenheit zwischen Verkäufer und Käufer, sondern stelltten ein Netzwerk von Produzenten, Financiers und Nachfragenden dar, das flexibel auf Marktveränderungen reagieren konnte. So konnte auf einfache Weise Kapital beschafft werden, wenn die Aussichten auf die zukünftige Entwicklung der Geschäfte gut waren. Mit den heute üblichen Börsen-Derivaten wurde damals allerdings noch nicht gehandelt.

> **Das Handelssystem der Fugger und Welser**
> Die beiden Familien gründeten im 15. Jh. Handelshäuser, die bis ins 17. Jh. ein weltumspannendes Handelsnetz aufbauen konnten. Sie handelten mit Gütern, die sie auf dem Land und Seeweg transportierten, stellten Handwerker und Heimarbeiter (vor allem Weber) im Stücklohn an und betätigten sich als Geldverleiher. Da sie über große finanzielle Reserven verfügten, konnten sie Königs- und Fürstenhäusern sowie Päpsten Kredite vergeben, wodurch sie weitreichende Privilegien erhielten, wie zum Beispiel Nutzungsrechte von Bergwerken oder das Monopol auf den Handel mit Kolonien. Im Verlauf der Geschichte wurde ihr Vermögen und Einfluss jedoch durch verschiedene Konkurse von Fürstenhäusern empfindlich dezimiert. Dennoch vermochten sie effizient funktionierende Netzwerke im Handel und Finanzwesen zu schaffen, die für die Zukunft wegweisend wurden.
> (BRUCKMÜLLER, E. & C. HARTMANN 2001, 92)

gekennzeichnet. Die Einheimischen wurden kaum in das System der Kolonisatoren integriert. Die Politik in diesen Gebieten war von Beginn an eine „weiße" Politik.

- Mit der Zunahme von Güterströmen und Reisen stieg auch die Mobilität von Krankheitserregern, die durch Wirte mitgeschleppt wurden. So hatten die Pestwellen, die Europa im 14. Jh. erreichten, ihren Ursprung in Zentralasien. Dies ist ein Indikator für die bereits bestehende Vernetzung der mittelalterlichen Gesellschaft (FÄSSLER, P. 2007). Das Einschleppen der Pocken nach Amerika dezimierte die Urbevölkerung um geschätzte 80 Prozent. Sie besaß dagegen keinen Immunschutz. Die Epidemie dürfte ein Hauptgrund für die schnelle Unterwerfung durch die Kolonisatoren gewesen sein.
- Der Austausch von Nutzpflanzen und -tieren zwischen den Kontinenten bereicherte den Speisezettel vieler Gesellschaften und beschleunigte die Züchtung neuer und ertragreicherer Sorten durch die Integration der neuen Sorten. So gelangten Kartoffel (sie ermöglichte das europäische Bevölkerungswachstum während der Industrialisierung), Mais und Tomate schon früh von Südamerika nach Europa. Der Kakao- und Erdnussanbau wurde in Afrika lanciert. Umgekehrt gelangten Pferd, Rind, Schwein, Ziege und Geflügel nach Amerika. Westlich des Mississippi wurden durch die Spanier Pferde und durch die Franzosen Feuerwaffen eingeführt, welche es den Prärieindianern erst ermöglichten, ihre auf die Bisonwanderungen ausgerichtete Kultur zu entwickeln.
- Der Buchdruck mit beweglichen Lettern schließlich machte die schnelle und effiziente Verbreitung von Informationen möglich, gerade auch über die neu „entdeckten" Gebiete in Übersee und die sich daraus ergebenden Möglichkeiten.

Zusammenfassung

Fazit
- Unter der vorglobalen Epoche versteht man Ereignisse und Phänomene, welche die erste Phase der Globalisierung vorbereiteten.
- Vorkoloniale Großreiche entstanden in Europa (Römisches Reich), Asien (Mongolisches Reich oder die Ming-Dynastie) und Afrika (Großreich Mali) durch politisch-militärische Expansionen. Durch diese Großreiche konnten sich missionierende Religionsgemeinschaften weit verbreiten. Bereits 200 Jahre nach der Gründung des Islam durch den Propheten Mohammed erstreckte sich die islamische Gemeinschaft von Spanien bis nach Zentralasien (Bruckmüller, E. & C. Hartmann 2001, 53).
- Frühe Entdeckungsreisen (vor allem die Entdeckung Amerikas durch Kolumbus) läuteten eine Phase der intensiven, oft konfliktreichen Auseinandersetzung von Europäern mit indigenen Völkern ein. Reisen und direkte Kontakte mit fremden Welten und Völkern waren jedoch nur der Oberschicht und Seefahrern vorbehalten.
- Die deutsche Hanse kontrollierte bereits im 14. Jh. den Handel in der Nord- und Ostsee und verfügte über ein Handelsnetzwerk von über siebzig Städten. Zur selben Zeit wurde ägyptische Baumwolle nach Süddeutschland zur Tuchverarbeitung gebracht. Die eigentliche kommerzielle Revolution fand aber mit der Einführung der Wechselbriefe in der Renaissance statt. Diese ermöglichten den Händlern an Messen Ware zu kaufen, ohne auf große Barbeträge angewiesen zu sein, die davor immer wieder Ziel von Raubüberfällen waren.
- Die Zeit zwischen 1450 und 1500 kann als Geburtsstunde der Neuzeit gesehen werden, die eng mit der Entwicklung der Globalisierung verknüpft ist. Anzeichen für eine schon damals vernetzte Welt sind der Austausch von Nutzpflanzen und -tieren zwischen den Kontinenten oder die globale Verbreitung von Krankheitserregern wie Pocken und Pest. Technische Innovationen wie die massentaugliche Artillerie oder der Buchdruck mit beweglichen Lettern trugen dazu bei, dass neue Gebiete viel schneller erobert wurden und dass Informationen über diese neuen Regionen breiteren Gesellschaftsschichten zugänglich gemacht wurden.

Zum Einlesen
Fässler, P. E. (2007): Globalisierung. – Böhlau UTB, Köln.
Der Autor geht sehr ausführlich auf die Geschichte der Globalisierung ein.

Hobhouse, H. (1992): Fünf Pflanzen verändern die Welt – Chinarinde, Zucker, Tee, Baumwolle, Kartoffel. – dtv, München.
Nutzpflanzen wurden schon sehr früh zu wichtigen Handelsprodukten. An fünf Beispielen schildert der Autor die Bedeutung, die sie bis heute haben.

3.2 Erste Globalisierung

Da die verschiedenen Prozesse, die zur Globalisierung in der heute bekannten Form führten, stark ineinander verflochten sind, haftet der Bestimmung einer neuen Phase immer etwas Willkürliches an. Doch die Kolonisierung von Überseegebieten durch europäische Staaten, die Industrialisierung und die Verbreitung des Gedankenguts der Aufklärung sind bedeutende Schritte, die zum Zusammenwachsen der Welt geführt haben. Deswegen macht es Sinn, die erste Epoche der Globalisierung damit beginnen zu lassen.

3.2.1 Kolonisierung

Die Errichtung von Stützpunkten war ein erster Schritt für die darauf folgende Kolonisierung des Hinterlands. Ein wichtiger Impuls dafür war, dass die Kolonialmächte die Kontrolle über die Rohstoffe, die sie importierten, gewinnen wollten und konnten. Erst die überlegene militärische Stärke der europäischen Staaten machte es möglich, größere Gebiete zu kontrollieren. Portugal und Spanien waren im 15. und 16. Jh. die stärksten Seemächte. Dementsprechend gründeten die beiden iberischen Königreiche die ersten großen Kolonien. Obwohl sehr viele Gebiete noch nicht kolonisiert waren, gerieten Portugal und Spanien in einen Interessenkonflikt bezüglich ihrer überseeischen Gebiete in Lateinamerika und Südostasien. Auf Betreiben von Papst Alexander VI. wurden in Tordesillas (1494; später in Saragossa 1529) Verträge abgeschlossen, um zu verhindern, dass die beiden katholischen Großmächte in einen bewaffneten Konflikt gerieten, bei dem Glaubensbrüder einander bekriegt hätten (vgl. Abb. 3.2.1/1). In ihrem Anspruch zeigen die Verträge das aufkommende Denken in globalen Dimen-

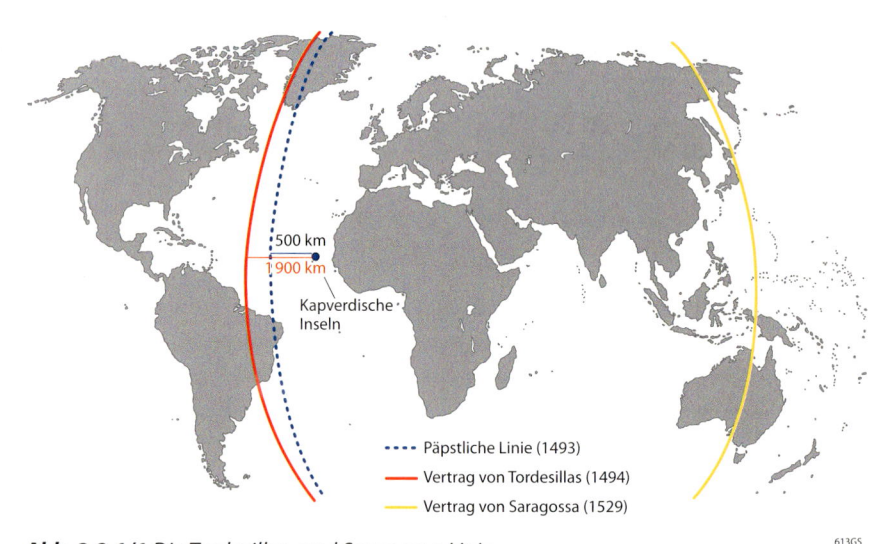

***Abb. 3.2.1/1** Die Tordesillas- und Saragossa-Linie*

3.2 Erste Globalisierung

sionen. Denn es handelte sich nicht um weniger als die Teilung der Welt in eine portugiesische und eine spanische Einflusssphäre. Portugal wollte die Kontrolle über seine afrikanischen Stützpunkte behalten, und Spanien wollte Amerika für sich selbst beanspruchen. Um die exakte Trennlinie der Einflusssphären wurde heftig gestritten. In einem ersten Vorschlag des Papstes verlief sie so, dass nur ein kleines Stück des heutigen Brasiliens zur portugiesischen Einflusssphäre gehörte. Nach zähen Verhandlungen gelang es aber der portugiesischen Delegation, diese Linie nach Westen zu verlegen, sodass die heute stark besiedelten Gebiete Brasiliens zu Portugal gehörten. 1529 wurde die Linie auf die östliche Hemisphäre ausgeweitet, wodurch die Gewürzinseln im heutigen Indonesien unter portugiesischen Einfluss gelangten (vgl. Abb. 3.2.1/1). Der Vertrag wurde ohne Einbezug anderer europäischer Staaten – die sich in der Folge auch nicht daran hielten – und schon gar nicht mit Rücksicht auf die einheimische Bevölkerung der Kolonien abgeschlossen (FÄSSLER, P. 2007, 62).

Die Kolonialmächte entwickelten einen Dreieckshandel (vgl. Abb. 3.2.1/2), von dem vor allem Europa profitierte. Der in Europa sehr begehrte Rohrzucker und der daraus gewonnene Rum aus der Karibik wurden in Europa abgesetzt. Mit dem Erlös wurden billiger Alkohol, Waffen und Metallwaren gekauft und an die afrikanische Westküste gebracht, wo man sie gegen Sklaven tauschte. Diese mussten in den spanischen und portugiesischen, später den englischen, französischen und holländischen Kolonien auf Plantagen arbeiten, in denen wiederum Zuckerrohr, Baumwolle und andere Produkte angebaut wurden. Man schätzt, dass so zwischen 1550 und 1800 über 10 Millionen Personen gegen ihren Willen in die neue Welt gebracht

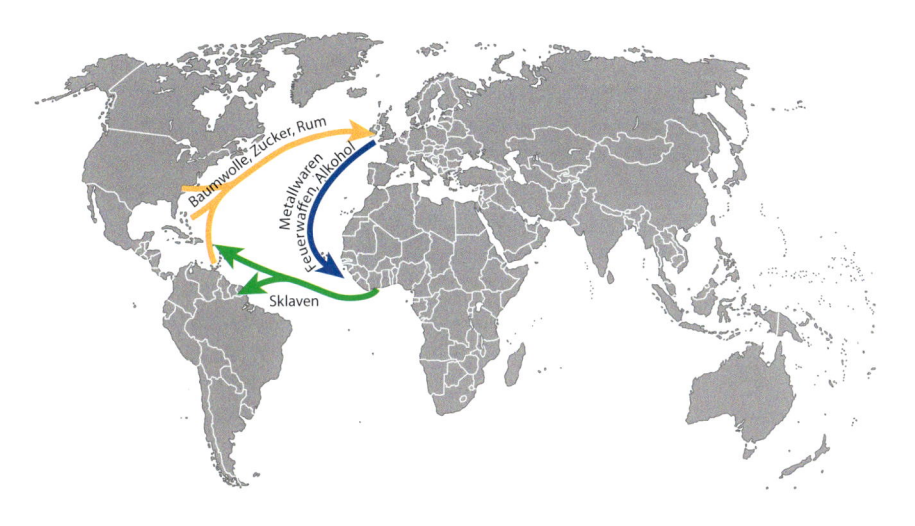

***Abb. 3.2.1/2** Der koloniale Dreieckshandel*

wurden (BRUNOTTE, E. et al. 2002, 275). Dadurch wurden einerseits die Gemeinschaften der Herkunftsländer destabilisiert und anderseits schuf man in den amerikanischen Kolonien problematische sozio-ökonomische Strukturen. Diese so genannten „Pigmentokratien" (FÄSSLER, P. 2007, 70), bei der die Hautfarbe den Status in der Gesellschaft bestimmte, haben bis heute problematische Konsequenzen. Welche Bedeutung dieser Dreieckshandel, der sich vor allem auf Kosten der Versklavten abspielte, für die Industrialisierung und Entwicklung der europäischen Wirtschaft hatte, ist umstritten. E. WILLIAMS (1961, zitiert in FÄSSLER, P. 2007, 65) vertritt die These, dass ohne die Einkünfte aus der auf Sklavenarbeit basierenden Plantagenwirtschaft und den dadurch entstandenen Dreieckshandel der europäischen Industrialisierung ein entscheidener Impuls gefehlt hätte. Andere wie P. BAIROCH (1993, 80) schätzen die Gewinne aus dem frühen Kolonialhandel als weniger bedeutend ein und rücken andere Gründe – zum Beispiel Ertragssteigerungen in der Landwirtschaft, Verbesserungen in der Metallverarbeitung sowie die Erfindung der Dampfmaschine und der „Spinning Jenny" – stärker in den Vordergrund.

Die Kontrolle über die neu eroberten Gebiete beziehungsweise die dort ansässige Bevölkerung war kein leichtes Unterfangen, da diese mit vergleichsweise wenig Personen durchgeführt werden musste. Spanien und Portugal dehnten ihre staatlichen Bürokratien auf die Kolonien aus und schufen mit diesem Kronkapitalismus komplexe und schwerfällige Gebilde. Frankreich, die Niederlande und vor allem England dagegen beauftragten Handelsgesellschaften (englisch: „Chartered Companies"), die als quasi-staatliche Akteure auftraten (FÄSSLER, P. 2007; OSTERHAMMEL, J. 2006). Die britische „East India Company" und die niederländische „Vereenigde Oostindische Compagnie" (V.O.C.) sind Beispiele für solche Akteure (FIELDHOUSE, D. 2001, 103; VILLIERS, J. 1993, 285). Für beide Formen war die Zeit, die zur Überwindung der großen Distanzen aufgebracht werden musste, ein Problem. Ein Schiff, das mit Aufträgen der europäischen Zentrale unterwegs in die Kolonien war, benötigte Wochen, um diese zu übermitteln.

Das hatte zur Folge, dass sich beispielsweise Wirtschaftskrisen nicht von einem Land auf das nächste oder gar global ausdehnten. Die einzelnen Volkswirtschaften waren zwar miteinander verbunden, aber doch so eigenständig, dass sie relativ autonom funktionierten (HALL, W. 1994, 137). Dies traf vor allem für China und Japan zu. Beide Länder versuchten, ihre Ökonomien und ihre Bevölkerung weitgehend von den westlichen Kolonialmächten abzuschotten (OSTERHAMMEL, J. & N. PETERSSON 2006, 43).

3.2.2 Aufklärung

Die Wurzeln der Aufklärung reichen bis in die Renaissance zurück. Mit der Entdeckung Amerikas durch Kolumbus, dem empirischen Beweis Magellans, dass die Erde rund ist und dem heliozentrischen Weltbild wurde die Tür zur (natur-)wissenschaftlichen, rationalen Betrachtung der Welt aufgestoßen (Pepper, D. 1996, 135). Die Aufklärung beabsichtigte eine Loslösung des Denkens vom christlichen Offenbarungsglauben zugunsten religiöser Toleranz. Zentral ist dabei die Vorstellung, dass Vernunft das Wesen der Menschen ausmachte und dass deswegen alle Menschen gleich seien. Als geistige Strömung ging die Aufklärung im 17. Jh. von England aus und erreichte über Frankreich ganz Europa (Brockhaus 2005; Porter, R. 2001).

Die Aufklärung ist stark mit der Moderne verbunden, mit der die Verbreitung des Glaubens an die rationale Vernunft einherging. Das Wort modernus (lateinisch: „neu") beinhaltet eine Zukunftsgerichtetheit, die unter anderem auf jüdische Traditionen zurückgeführt werden kann (Therborn, G. 1995, 126). Das Moderne ist also das, was in der Zukunft zu erreichen und zu gestalten sein wird, und Entwicklung ist das „Vehikel" zu diesem Fortschritt. Dies hebt sich stark von mittelalterlichen Vorstellungen ab, die in der Gegenwart verhaftet waren und diese als Erweiterung oder Wiederholung der Vergangenheit wahrnahmen (Therborn, G. 1995). Mit ihrem Ziel, Rationalität durchzusetzen (und Irrationalität zurückzudrängen), ist die Moderne zu einem expansiven Projekt geworden, das stark europäisch bestimmt ist (Albrow, M. 1998, 60).

3.2.3 Herausbildung des Nationalstaats

Obwohl heute oft vom Bedeutungsverlust oder gar von der Auflösung des Nationalstaats gesprochen wird, spielte die Herausbildung moderner Nationalstaaten eine essenzielle Rolle in der Geschichte der Globalisierung. Formen der Staatlichkeit gibt es schon lange, doch hat sich erst der moderne Nationalstaat flächendeckend als Prinzip durchsetzen können.

Das gegenwärtige Nationalstaatensystem hat seinen Ursprung in der Ordnung, die nach dem Dreißigjährigen Krieg durch den Westfälischen Frieden (1648) geschaffen wurde, weswegen sie auch westfälische Ordnung genannt wird. Im Frieden, der von 1645 bis 1648 zwischen den europäischen Staaten (nur Russland und die Türkei waren nicht vertreten) in Münster und Osnabrück ausgehandelt wurde, sind folgende Punkte festgelegt worden (Encyclopedia Britannica: Stand. 1.2.2008):

- Staatsgrenzen wurden neu definiert (vor allem zugunsten von Schweden und Frankreich), und die Niederlande sowie die Schweizerische Eidgenossenschaft wurden von allen Beteiligten als souveräne Gebiete anerkannt.

- Innerhalb des Heiligen Römischen Reiches Deutscher Nation erhielten die Fürsten- und Herzogtümer die Souveränität über ihre Territorien. Sie durften von nun an untereinander und mit fremden Nationen eigenständig Verträge abschließen.

- Den Lutheranern wurde religiöse Toleranz zugesichert, sie durften ihren Glauben (zumindest privat) frei ausüben, und religiöse Minderheiten bekamen das Recht, unbehelligt auswandern zu dürfen.

Das Vertragswerk erhielt seine Bedeutung dadurch, dass einerseits fast alle Staaten Europas bei der Grenzziehung beteiligt waren und sie – zumindest damals – akzeptierten. Anderseits wurde das Verhältnis zwischen weltlicher und religiöser Macht zugunsten der weltlichen Herrschaft über Territorien geklärt, mit dem Ziel, lang andauernde Konflikte aufgrund religiöser Spannungen zu vermeiden.

Im Laufe der sich entwickelnden Moderne veränderte der Nationalstaat seine Bedeutung, doch seine Definition als Territorialstaat mit Kontrollfunktion über die darin lebenden Personen blieb erhalten. Im Nationalstaat werden Staat, Kultur, Familie und die Gesellschaft in einer fixierten Nation zusammengefasst und kontrolliert (Albrow, M. 1998, 175). So wurde die nationalstaatliche Gesellschaft der Bezugsrahmen, in dem der Mensch aufwuchs, und der seine Identität bestimmte.

Für den Prozess der Globalisierung war die Vereinheitlichung der Definition von Nationalstaaten ein wichtiger Faktor. Bei Verhandlungen trafen gleichberechtigte (wenn auch nicht gleich mächtige) Partner aufeinander. Dadurch wurde der Grundstein zur internationalen Diplomatie gelegt, die einen formalisierten Austausch zwischen den Staaten gewährleistet.

3.2.4 Industrialisierung, Demokratie und wissenschaftlicher Fortschritt

Das mit der Aufklärung aufkommende und sich ausbreitende wissenschaftliche Denken, die Ausrichtung auf Fortschritt und die Expansion europäischer Staaten legten den Grundstein für die zwei im 18. Jh. stattfindenden Revolutionen: Demokratisierung und Industrialisierung. Ihnen voraus gingen entscheidende Verbesserungen der Schifffahrts- und Navigationstechnik. Diese erlaubten es den Europäern, die globale Seeherrschaft zu erringen (ohne dass damals eine Nation der anderen völlig überlegen gewesen wäre) und komplexe Gebilde wie die britische „East India Company" oder die niederländische „Vereenigde Oostindische Compagnie" (V.O.C.) zu bilden. Bereits vor der industriellen Revolution entwickelten sich aufgrund ihrer militärischen Stärke die europäischen Kolonialstaaten ökonomisch schneller als die asiatischen Staaten (vor allem China und Japan) (Fässler, P. 2007, 68; Osterhammel, J. & N. Petersson 2006, 47).

Dem härter werdenden Griff der kolonialen Mutterländer wollten sich die amerikanischen und die karibischen Kolonien entziehen. 1776 erklärten 13 britische Kolonien die Unabhängigkeit, die sie 1783 de facto erlangten. In der Karibik und in Lateinamerika dauerte dies bis ins 19. Jh. Die erste karibische Kolonie, welche – angeführt von ihrem Nationalhelden Toussaint l'Ouverture (vgl. Abb. 3.2.4/1) – im Geiste der französischen Revolution die Unabhängigkeit erlangte, war Haiti (1821 bzw. 1925), die erste Republik der Geschichte von Nachkommen afrikanischer Sklaven (OSTERHAMMEL, J. & N. PETERSSON 2006, 49). Auch wenn dies nicht auf alle folgenden Unabhängigkeitsbestrebungen zutrifft, waren diese ersten Beispiele vom Gleichheitsgedanken inspiriert. Die amerikanische Verfassung war bezüglich der demokratischen Rechte weit fortschrittlicher als die der europäischen Staaten und diente vielen Kolonien als Vorbild.

Die amerikanische Unabhängigkeit von 1776 etablierte ein Demokratiemodell, das sich weltweit durchsetzen sollte – also lange vor den diesbezüglichen amerikanischen Hegemonieansprüchen des 20. Jh. Die kurz darauf stattfindende französische Revolution (1789) hatte einen weniger globalen Anspruch und in Europa eigentlich nur dort Resonanz, wo die napoleonische Ordnung sich etablieren konnte (z. B. in Preußen, aber auch in Teilen der Schweizerischen Eidgenossenschaft).

Die industrielle Revolution fand im Kontext der ersten Globalisierung statt, sie

Abb. 3.2.4/1 *Toussaint l'Ouverture, der haitianische Revolutionsführer*

war demnach kein isoliertes Phänomen. Ihre Wurzeln hat sie in Großbritannien, wo vor allem in der Textilindustrie, die zum großen Teil indische Baumwolle verarbeitete, durch Mechanisierung und Nutzung der Dampfkraft große Skalenef-

---

Orientalismus

Asien, oder genauer der Orient, spielte für die europäische Identifikation eine wichtige Rolle. Oft wurde der Orient als das „Andere", als Gegenpol zu Europa konstruiert. Während er bis ins Mittelalter als das Land des Lichts, der Güte und der Reichtümer beschrieben wurde, änderte sich das Bild nach der Entfaltung der Aufklärung und durch den Kolonialismus. Der bis dahin bewunderte, exotische und reiche Orient wurde allmählich zum Gegenbild des als rational, modern und aufstrebend wahrgenommenen Europas. Die napoleonischen Eroberungen in Ägypten von 1798 leiteten einen Prozess ein, den EDWARD SAID (1994) als Orientalismus bezeichnet, und der gemäß SAID seine Fortführung in einer anti-islamischen Haltung des Westens bis in die heutige Zeit finde. Die Invasion Napoleons belegte die militärische Schwäche des Orients und öffnete den Orient gemäß J. FOURIER (zitiert in SAID, E. 1994, 86) für westliche Werte.

fekte erzielt wurden. Daneben wurden komplexe Werkzeuge und Waffen durch Maschinen hergestellt, und vor allem letztere fanden sehr schnell globale Verbreitung. Die Industrialisierung verbreitete sich nicht homogen, sondern entwickelte sich an günstigen Standorten, vor allem in Städten. Dies führte zur Entstehung eigentlicher Industrialisierungsinseln. In England wurde durch die Agrarrevolution ein großes Angebot an Arbeitskräften frei, die nicht mehr als Kleinbauern überleben konnten und so in der industriellen Produktion eingesetzt wurden.

Das Modell einer bestimmten industriellen Fertigung wurde an anderen Orten nicht einfach übernommen, sondern es entstand ein „komplexer Prozess kreativer Anpassung" (CROUZET, E. 2001, zitiert in OSTERHAMMEL, J. & N. PETERSSON 2006, 51). Mit anderen Worten fand hier bereits ein Glokalisierungsprozess statt, bei dem von außen kommende (oder übernommene) Innovationen an die lokalen Verhältnisse angepasst wurden.

Da die Industrialisierung mit einem massiv erhöhten Energieverbrauch verbunden war, stieg auch der Transportumfang von Kohle (später Öl) massiv an. Die Produktion von Weizen, Reis und Baumwolle nahm ebenso in der Phase der Industrialisierung stark zu (zuvor war Zucker das am meisten beförderte Transportgut gewesen).

Mit der Industrialisierung war vor allem Erfindergeist gefragt, der die technischen Errungenschaften weiter verbessern und den Fortschritt vorantreiben konnte. Wissenschaftliche Erkenntnisse waren zwar auch schon früher anwendungsorientiert, doch wurde durch die Verbreitung technischer Neuerungen Ingenieurwissen auf breiter Basis wichtig. Forschung bekam nicht nur im technisch-naturwissenschaftlichen Bereich größere Bedeutung. Im Zuge der Kolonisierung waren fundierte und systematische Kenntnisse über die neu erschlossenen Gebiete und Bevölkerungen wichtig. Exploration und die Erstellung von Karten begründeten

---

Vom Entdecker zum Geographen

Die frühe geographische Tätigkeit von Entdeckern und ihrer Entourage beschränkte sich nicht nur auf die Beschreibung der Erdoberfläche und deren Kartographie, sondern bezog auch geologische, biologische, ethnologische und anthropologische Phänomene mit ein, weswegen man eher von Kosmographie sprechen muss. Unterstützt wurden die Forschungen oft durch geographische Gesellschaften, die es zum Teil bereits seit dem 16. und 17. Jh. gab, die sich aber vor allem im 19. Jh. stark vermehrten und an politischer Bedeutung gewannen. Die kosmographische Ausrichtung der durch die Gesellschaften unterstützten Forschungen stand im Widerspruch zu den universitären Ansprüchen an eine akademische Disziplin. Deswegen gab es wenig Berührungspunkte zwischen den sich Ende des 19. Jh. etablierenden geographischen Lehrstühlen und den geographischen Gesellschaften. (HOLT-JENSEN, A. 1999)

so auch die Geographie, deren goldenes Zeitalter mit den Entdeckungen im 15. Jh. begann. Ikonen dieser Art von Geographen, oder Kosmographen waren Alexander von Humboldt (vgl. Abb. 3.2.4/2) und Carl Ritter (vgl. Abb. 3.2.4/3), die beide 1859 verstarben und keine eigentlichen Nachfolger hatten (HOLT-JENSEN, A. 1999, 2).

Nicht nur die Entdecker von Ländern und Regionen veränderten das Bild der Welt, sondern auch Wissenschaftler wie Charles Darwin (vgl. Abb. 3.2.4/4), welche die christliche Vorstellung der Schöpfung in Frage stellten, und deren Theorien in der Gegenwart in gewissen Kreisen wieder kontrovers diskutiert werden. Auf seiner berühmt gewordenen Reise auf der „HMS Beagle" nach Südamerika (1831–1836) sammelte C. Darwin zahllose Spezimen von Pflanzen und Tieren. Das leicht unterschiedliche Aussehen von Finken der verschiedenen Galapagosinseln brachte ihn zum ersten Mal auf die Idee, dass sich eine Spezies verändern kann. Erst 1859 publizierte er dann das berühmt gewordene Buch „On the Origin of Species", dessen erste Ausgabe bereits am ersten Tag nach dem Erscheinen vergriffen war. Die in der Evolutionstheorie formulierten Thesen wurden heftig debattiert und von Mitgliedern der Kirche aber auch von wissenschaftlichen Kreisen kritisiert (WHYE, J., Stand: 13.07.2009). Angehörige der evangelikalen und orthodoxen Kirche kritisieren sie z.T. heute noch (SPIEGEL WISSEN, 2009). Die Evolutionstheorie ist ebenso ein wichtiger Meilenstein der Aufklärung und der Moderne, indem sie die Erklärung zur Entwicklung der Menschheit auf eine wissenschaftliche Basis stellt.

Abb. 3.2.4/2 *Alexander von Humboldt*

Abb. 3.2.4/3 *Carl Ritter*

Abb. 3.2.4/4 *Charles Darwin*

3.2.5 Imperialismus und Internationalisierung

Man kann nicht behaupten, dass die erste Phase des Kolonialismus bis zum 19. Jh. nur harmonisch zwischen den europäischen Staaten verlief. Bereits die Ziehung der Saragossa- und Tordesillaslinie diente der Demarkation zwischen zwei Kolonialmächten, um einen offenen Konflikt zu vermeiden. Auch später gab es häufig Konflikte zwischen diesen Nationen, die in den Kolonien ausgetragen wurden. So besetzten die Engländer beispielsweise große Teile des französischen Kanadas und verübten Überfälle auf die prosperierenden spanischen Kolonialstädte Manila und Havanna (OSTERHAMMEL, J. & N. PETERSSON 2006, 47). Doch erst während des Imperialismus ging es darum, die Macht eines Staates auf möglichst große Teile der Erde auszudehnen (MOMMSEN, W. 1998). So mussten Territorien und Ressourcen kontrolliert werden. Der Imperialismus brachte aber auch eine Verbreitung von (wirtschaftlichen) Ideologien mit sich. Zu diesen gehörte der Liberalismus und der Freihandel sowie, etwas später, der Marxismus. Es sind Theorien, die sich über den Nationalstaat hinwegsetzen und einen globalen Anspruch haben. 1846 schaffte Großbritannien unilateral seine wichtigsten Zölle ab und dehnte diese Liberalisierung auf seine Kolonien aus. Andere Staaten zogen nach, so dass 1870 ganz Westeuropa eine Freihandelszone war. Die so genannte Meistbegünstigungsklausel führte zu sinkenden Außenhandelszöllen. Sie besagt, dass Handelsvorteile, die einem Vertragspartner zugesichert werden, auch anderen Vertragspartnern zugebilligt werden müssen (FÄSSLER, P. 2007, 95). Gemäß P. BAIROCH (1993, 170) führte jedoch der Freihandel nicht zu den wirtschaftlichen Wachstumsraten, die man sich daraus erhoffte. Auch fiel die europäische Depression der 1870er-Jahre in diese Phase, und erst als der Protektionismus wieder stärker wurde, zog die wirtschaftliche Konjunktur wieder an. Die USA, die ihren Protektionismus während der Freihandelsperiode noch verstärkten, litten nicht unter dem wirtschaftlichen Einbruch. Dies bedeutet, dass Liberalismus nicht automatisch zu größerem Wachstum führt und dass es jeweils auf den ökonomischen Kontext ankommt, wie sich einzelne Staaten entwickeln.
Nicht kolonisierte Staaten wie China, Japan oder Siam, das heutige Thailand, wurden stark unter Druck gesetzt, jegliche Zollschranken abzubauen. Dies führte zu „ungleichen Verträgen", wel-

> **Die Meiji-Restauration in Japan**
> Die lang andauernde japanische Abschottung gegenüber äußeren Einflüssen wurde 1853/54 durch eine amerikanische Flottenaktion aufgebrochen. Sie führte zur Zulassung eines amerikanischen Konsuls und zur Einführung der Meistbegünstigungsklausel (HALL, W. 1994, 239). Die erstarrte japanische Bürokratie unter dem Shogunat der Tokugawa konnte den ausländischen Kriegsschiffen wenig entgegensetzen. Binnen 15 Jahren brach das jahrhundertealte System zusammen, und 1868 wurde unter Kaiser Meiji eine konsequente Reform umgesetzt. Sie brachte den ersten Verfassungsstaat Asiens hervor, der Militär, Polizei, Verwaltung und die Universitäten nach ausgewählten europäischen Vorbildern gestaltete. Zentrale gesellschaftliche Aspekte wie die Familie blieben weitgehend unangetastet. Japan erwarb sich damit den Ruf als das „Preußen Asiens".
> (HALL, W.J. 1994, 287)

che die europäischen Staaten bevorteilten. Mit diesen Marktöffnungen kamen auch zivilisatorische und missionarische Forderungen auf. Die fremden Nationen sollten nicht nur wirtschaftlich integriert, sondern auch auf einen „zivilisierten" Kurs gebracht und in die „Familie der Völker" aufgenommen werden (OSTERHAMMEL, J. & N. PETERSSON 2006, 55).
In den europäischen Kolonien, die sehr autokratisch geführt wurden, konnten die Ideen des Liberalismus und der Demokratie nur wenig Fuß fassen. Dies geschah nur dort, wo einheimische Eliten – vor allem in „weißen" Siedlungskolonien – die europäischen Gesellschaftsmodelle übernahmen (diese aber meist nicht auf die indigene Bevölkerung ausdehnten, wodurch diese benachteiligt wurde[2]).
Marktöffnung bedeutet immer auch mehr Kontakte zwischen unterschiedlichen Akteuren. Damit diese Interaktionen reibungsloser und kostengünstiger ablaufen konnten, wurden länderübergreifende Ordnungselemente etabliert: erste technische Standards, der internationale Goldstandard, Markenschutz. Ein großes Problem des internationalen Handels war der Umgang mit unterschiedlichen Währungen, da Umrechnungen immer mit Unsicherheiten verbunden sind. Die Staaten des Deutschen Bundes führten deswegen nach der Gründung des Deutschen Kaiserreichs mit der Mark eine Einheitswährung ein, welche acht Landeswährungen ablöste. Der Wert der Mark war an ein definiertes Goldgewicht gebunden, so wie dies seit 1821 auch das britische Pfund war. Damit bekam der Goldstandard eine kritische Größe, und weitere Staaten schlossen sich diesem System der Vergleichbarkeit von Währungen an. Der Goldstandard führte auch zu einer Stabilisierung der Währungen, da Nationalbanken nun die Entwicklung der Währung steuern konnten. Neben der Vereinheitlichung der Währungssysteme kam es in dieser Phase auch zu länderübergreifenden Anpassungen in anderen

Bereichen. 1875 einigten sich 17 Staaten auf die Einführung des metrischen Systems³. 1884 wurde der Nullmeridian und die Weltzeit mit der „Greenwich Mean Time" (GMT) als Basis eingeführt, und 1886 wurde die Berner Union ins Leben gerufen, die das Urheberrecht schützen wollte (FÄSSLER, P. 2007, 94).

In diese Zeit fällt auch die verstärkte Formalisierung der diplomatischen Beziehungen zwischen den Staaten mit der Herausbildung einer eigentlichen Diplomatenschicht. Außerdem wurden internationale Wettbewerbe wie die Olympischen Spiele (seit 1896) und die Verleihung des Nobelpreises (seit 1901) etabliert.

3.2.6 Erster Weltkrieg und die Zwischenkriegszeit

Mit dem Beginn des Ersten Weltkriegs ging das von Historikern so bezeichnete „lange 19. Jh." (1776–1914) zu Ende (BURKART, G. 2001, 297). Es zeichnete sich durch eine wachsende Verflechtung der globalen Handels- und Kommunikationsströme aus, dessen Schrittmacher der technische Fortschritt war. R. ROBERTSON (1992) bezeichnet die Phase von 1870 bis 1925 als die „Take-off-Phase" der Globalisierung. Der als „Grande Guerre" oder „Great War" bezeichnete Erste Weltkrieg brachte eine Zäsur, die den Globalisierungsmotor ins Stottern brachte und einige Historiker dazu bewog, diese Zeit als Epoche der De-Globalisierung zu bezeichnen (BORCHARDT, K. 2001, zitiert in FÄSSLER, P. 2007, 100). Für diese Einschätzung spricht die Tatsache, dass der Welthandel einbrach, Unterseekabel gekappt wurden, der Goldstandard nicht mehr aufrechterhalten werden konnte und nationale Abschottungsbestrebungen unternommen wurden (FÄSSLER, P. 2007, 99). Dagegen spricht, dass zwischen den Verbündeten – sowohl die Allianz mit den USA als auch unter den Mittelmächten – ein reger Austausch bestand, dass Organisationen wie das Internationale Rote Kreuz (IKRK) Ansätze einer Weltzivilgesellschaft zeigten und auch dass große Teile der Weltbevölkerung in den Krieg involviert oder von ihm betroffen waren (OSTERHAMMEL, J. & N. PETERSSON 2006).

Nach dem Krieg gab es verschiedenste Verunsicherungen, die ein direktes Anknüpfen an die Vorkriegszeit unmöglich machten (FÄSSLER, P. 2007, 104):

- Großbritannien konnte aufgrund seiner Kriegsbelastungen seine globale Vormachtstellung nicht mehr behaupten. Die USA hätten diese Position einnehmen können, doch zogen sie es aus innenpolitischen Gründen vor, sich diesbezüglich (zunächst) zurückzuhalten.
- Das multilaterale Währungssystem, das auf dem Goldstandard beruhte, konnte nicht wieder aufgebaut werden. Die kriegführenden Nationen wurden von der Verpflichtung entbunden, das sich im Umlauf befindliche Papiergeld durch Gold zu decken. Nach dem Krieg führten nur wenige Staaten wie Großbritannien diesen Standard wieder ein. Diese Situation führte zu größeren Wechselkursschwankungen und zur Inflation.
- Die Kriegserfahrung führte bei vielen Staaten dazu, dass sie sich vom Freihandel abkehrten und versuchten, sich durch Investitionen in Rüstung und Versorgung abzusichern.

- Mit der Oktoberrevolution und der Machtübernahme durch die Bolschewiken in Russland wurde eine Alternative zum kapitalistischen (und letztlich auch demokratischen) System geschaffen, die von den anderen Staaten als Bedrohung angesehen wurde.
- Die durch den Zusammenbruch des Deutschen Kaiserreichs, Österreich-Ungarns, des Zaren- und des Osmanischen Reichs neu entstandenen Staaten waren nationalistisch ausgerichtet und hatten wenig Interesse an internationaler Kooperation. Eine gewisse Skepsis blieb in der Zwischenkriegszeit auch zwischen den (früheren) Mittelmächten und der Entente bestehen.

Trotz dieser Unsicherheiten wurden beispielsweise Infrastruktureinrichtungen wie Straßen-, Schienen- und Kommunikationsnetze wieder auf- und ausgebaut. Außerdem bildete sich mit dem 1919 von den Siegermächten gegründeten Völkerbund eine global wirksame Institution heraus, die es in dieser Form zuvor nicht gegeben hatte. Der Völkerbund mit Sitz in Genf, der 1920 seine Arbeit aufnahm, hatte vor allem zum Ziel, zukünftige Kriege zu vermeiden.

Neben dem Kommunismus und Sozialismus bildete sich mit dem Faschismus eine zweite totalitäre Regierungsform heraus. Ihre Anhänger lehnten das Völkerrecht ab. Der Faschismus – wie es OSTERHAMMEL, J. & N. PETERSSON (2006, 78) ausdrücken – strebte mit seinem radikalisierten Imperialismus die Vorherrschaft in Europa (Italien, Deutschland und später Spanien) und Ostasien (Japan) an. Am 24. Oktober 1929 endete mit dem Zusammenbruch der New Yorker Börse ein Jahrzehnt, in welchem das globale Produktionsvolumen wieder den Stand von 1913 erreichte. Das Platzen der amerikanischen Spekulationsblase – über deren Ursachen kontrovers diskutiert wird (vgl. KLEIN, M. 2001) – hatte unter anderem zur Folge, dass amerikanische Auslandskredite zurückgefordert wurden, was die europäischen Volkswirtschaften nicht leicht verkraften konnten. Die Folge war eine globale Wirtschaftsdepression, die mehrere Jahre andauerte und viele in die Arbeitslosigkeit trieb (vgl. Abb. 3.2.6/1 und 3.2.6/2). Die lang anhaltende Krise führte zu verstärktem Protektionismus und zu Autarkiebestrebungen; Verträge wurden vermehrt bilateral und nicht mehr multilateral abgeschlossen (FÄSSLER, P. 2007, 109).

Abb. 3.2.6/1 Das Bild „Migrantin auf der Suche nach Arbeit" wurde zur Ikone für die Situation vieler Amerikaner während der Depression in den 1930er-Jahren.

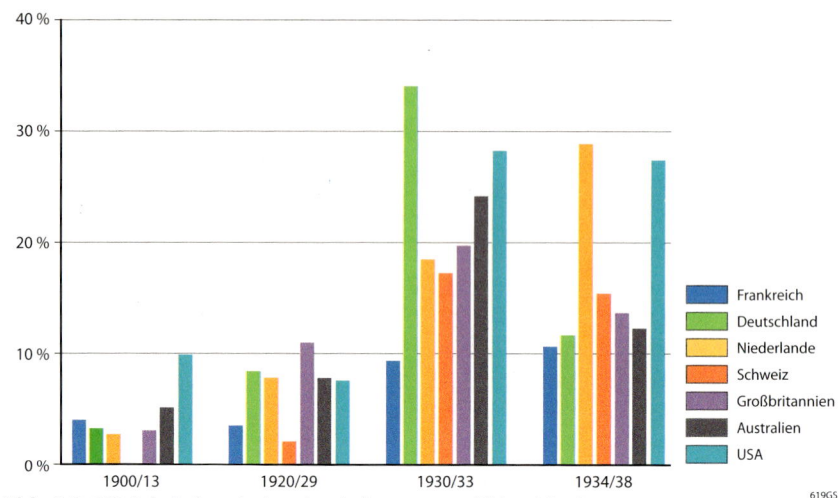

Abb. 3.2.6/2 *Arbeitslose Industriearbeiter ausgewählter Länder*

3.2.7 Zweiter Weltkrieg

Der Zweite Weltkrieg war noch mehr als der Erste Weltkrieg ein globaler Konflikt. Dabei trafen drei verschiedene politische Ordnungsmodelle aufeinander, die um ihre Vormachtstellung kämpften. Den marktwirtschaftlich organisierten Demokratien, die durch die große Depression wirtschaftlich geschwächt waren und ihre Vormachtstellung verloren hatten, standen zwei totalitäre Systeme gegenüber: die planwirtschaftliche sozialistische Diktatur der Sowjetunion und die faschistischen Diktaturen in Italien und Deutschland (Nationalsozialismus). Das Bündnis der Westalliierten und der Sowjetunion konnte die Niederlage NS-Deutschlands herbeiführen. Die Alliierten waren rüstungswirtschaftlich sowie topographisch überlegen. Das Hitlerregime konnte seine größenwahnsinnigen Pläne mangels Ressourcen nicht umsetzen und der starken amerikanischen und britischen Luftwaffe nichts entgegensetzen. Die nach dem Krieg gewonnene Erkenntnis, dass die Isolation einzelner Länder nicht zu dauerhaftem Frieden beiträgt, bestärkte die Siegermächte, globale Ordnungen in den Bereichen Politik und Wirtschaft zu errichten. Gleichzeitig verschärfte sich der Gegensatz zwischen den beiden verbliebenen Ordnungssystemen, die in die Phase des Kalten Krieges traten. Obwohl nach dem Zweiten Weltkrieg noch längst nicht alle kolonisierten Gebiete die Unabhängigkeit erreicht hatten, ging das Zeitalter des Imperialismus und der kolonialen Expansion mit dem Zweiten Weltkrieg zu Ende. Die Großmächte versuchten danach weniger, ihren Machtbereich über den Erwerb neuer Territorien zu stärken, als über Einflussnahme und Bündnisse.

Zusammenfassung

Fazit

- Die weltweiten Kolonisierungen der europäischen Staaten im 15. Jh. markieren den Beginn des Denkens in glo-

3.2 Erste Globalisierung

balen Dimensionen. Ein Wettlauf der europäischen Königshäuser um fremde Territorien und Ressourcen begann. Nach der päpstlichen Vermittlung wurden territoriale Einflusssphären markiert. Der Dreieckshandel zwischen Europa, Afrika und Nordamerika etablierte sich.

- Das Zeitalter der Aufklärung im 17. und 18. Jh. brachte eine rationale und naturwissenschaftliche Betrachtung der Welt (Magellans bewiesene Erkenntnis, dass die Erde eine Kugel ist, Kopernikus' Beweis des heliozentrischen Weltbilds). Die Aufklärung hatte das Ziel, Rationalität durchzusetzen und kontrastierte stark mit anderen Kulturen.
- Das Konzept des Nationalstaates entwickelte sich nach dem 30-jährigen Krieg und ist bis heute die einzige legitime Form der Staatlichkeit. Im Laufe der Moderne veränderte der Nationalstaat zwar seine Bedeutung, aber seine Wichtigkeit als territorial definierter Raum mit Kontrollfunktion über die darin lebenden Personen ist unumstritten.
- Die Industrialisierung und Demokratisierung waren zwei weitere wichtige Meilensteine in der Entwicklung der Nationalstaaten. Vor allem Städte übernahmen Innovationen und passten sie ihren lokalen Kontexten an, sodass schon damals Glokalisierungsprozesse stattfanden.
- Nach der Unabhängigkeit der amerikanischen Kolonien von Großbritannien etablierte sich ein Demokratiemodell, das vielen kolonialisierten Ländern als Vorbild diente. Die Französische Revolution trug weiter zur Verbreitung der demokratischen Grundwerte bei.

Abb. 3.2.7/1 *Hissen der amerikanischen Flagge auf Iwo Jima am 23. Februar 1945*

- Der Imperialismus markiert nicht nur die Kontrolle von Territorien und Ressourcen, sondern steht auch für die Verbreitung und Durchsetzung westlicher Ideologien mit Globalanspruch, wie zum Beispiel Liberalismus und Freihandel.
- Die beiden Weltkriege brachten eine Zäsur in den Globalisierungsprozess und verhinderten den direkten Anschluss an das fortschrittsorientierte 19. Jh. Sie schlossen damit die Phase der ersten Globalisierung ab.

Zum Einlesen

OSTERHAMMEL, J. (2006): Kolonialismus – Geschichte, Formen, Folgen. – C. H. Beck, München.
In diesem kleinen Band gibt OSTERHAMMEL einen Überblick über die Entwicklung der Kolonisierung, ihre Hintergründe und Konsequenzen.

3.3 Zweite Globalisierung

Die zweite Epoche der Globalisierung war einerseits gekennzeichnet durch die Spannungen zwischen Ost und West. Anderseits gab es Bestrebungen, die Globalisierung (die damals noch nicht so genannt wurde) in eine bestimmte Richtung zu lenken. So hat bereits vor dem amerikanischen Kriegseintritt Präsident Franklin Delano Roosevelt von der „einen Welt" gesprochen, in der Meinungs- und Religionsfreiheit sowie Wohlstand und Frieden das Leben der Menschen bestimmen sollten (FÄSSLER, P. 2007, 121). Es ging also darum, mit politischen Mitteln eine Weltordnung zu etablieren, die dies ermöglichen sollte.

Dazu gehörte die Gründung der Vereinten Nationen mit ihren Unterorganisationen, aber auch die Einführung fester Wechselkurse und später die Bildung regionaler Zusammenschlüsse.

3.3.1 Der Ost-West-Konflikt

Dem weiteren Zusammenwachsen der Welt stand der Gegensatz zwischen sozialistisch-planwirtschaftlichen und demokratisch-kapitalistischen Systemen im Wege. Dazwischen wurden materielle und immaterielle Grenzen errichtet, welche den Austausch stark einschränkten. Dieser Konflikt blieb zwischen den Großmächten ein „kalter" Krieg. Doch es wurden viele regionale Konflikte vom Kalten Krieg beeinflusst und brachen als so

Die Teilung Koreas

Die koreanische Halbinsel war während des Zweiten Weltkriegs von Japan besetzt und wurde nach dessen Kapitulation von russischen und amerikanischen Truppen besetzt. Die Trennlinie verlief entlang des 38. nördlichen Breitengrades. Vorgesehen war, dass Korea ein eigenständiger Staat mit einer gewählten Regierung wird. Doch mit der Entfremdung der USA von der UdSSR im Kalten Krieg rückte dieses Ziel in die Ferne. Im Norden brachte Stalin die Kommunisten unter Kim Il-sung an die Macht. Im Süden wurde Syngman Rhee von den Amerikanern unterstützt und zum Präsidenten gewählt. Nordkorea rüstete mithilfe der Sowjetunion massiv auf und fiel am 25. Juni 1950 in den Süden ein. Dies wurde vom Sicherheitsrat der Vereinten Nationen verurteilt, und Truppen wurden unter der Führung des Amerikaners MacArthur entsandt. Als die UNO-Truppen eingriffen, hatte Nordkorea fast die ganze Halbinsel besetzt. Wenige Monate später war es umgekehrt, und es fehlte nicht mehr viel bis zur Niederlage Nordkoreas. Zu diesem Zeitpunkt griff die Volksrepublik China in den Konflikt ein und drängte die UNO-Truppen zurück. Am 27. Juli 1953 wurde der Waffenstillstand unterschrieben. Damit wurde die ursprüngliche Demarkationslinie am 38. Breitengrad weitgehend bestätigt. Bis heute besteht dieser Waffenstillstand, offiziell befinden sich die beiden Parteien demnach noch im Krieg. Während des Konflikts verloren Millionen von Zivilisten ihr Leben.

(BIANCO, L. 1969)

3.3 Zweite Globalisierung

genannte Stellvertreterkriege in reale Konflikte aus. Zu diesen gehören neben dem Korea- (1950–1953) und Vietnamkrieg (1965–1975) auch Unabhängigkeitskriege wie in Angola und Mosambik, aber auch der Nahostkonflikt.

Seine Höhepunkte fand der Kalte Krieg u.a. in der sowjetischen Blockade Berlins 1948 und während der Kubakrise 1962. Berlin konnte nur gehalten werden, weil es von Westdeutschland aus durch Lufttransporte versorgt wurde. Unter amerikanischer Führung landeten die „Rosinenbomber" im Dreiminutentakt in Berlin und versorgten die Stadt fast ein Jahr lang (Abb. 3.3.1/1).

1962 stationierte die Sowjetunion Mittelstreckenraketen auf Kuba. Damit wäre es möglich gewesen, von der Karibikinsel aus amerikanische Städte mit Atomsprengköpfen zu beschießen. Ohne die gleichzeitig bestimmte, aber auf Deeskalation ausgerichtete Politik des amerikanischen Präsidenten John F. Kennedy und das Einlenken des sowjetischen Regierungschefs Nikita Chruschtschow wäre es möglicherweise zu einem Dritten Weltkrieg gekommen (vgl. Abb. 3.3.1/2).

Im Vietnamkrieg mischten sich die Unabhängigkeitsbestrebungen der (französischen) Kolonie in Indochina mit dem Kalten Krieg und eskalierten zu einer über zehn Jahre andauernden Auseinandersetzung zwischen den sozialistischen Kräften unter Ho Chi Minh und den USA. Neu an dieser Auseinandersetzung war eine Kriegsberichterstattung, die stark visuell arbeitete und der Weltöffentlichkeit nicht nur heroische Bilder lieferte wie dies im Zweiten Weltkrieg

Abb. 3.3.1/1 *Das Luftbrückendenkmal in Berlin wird im Volksmund „Hungerharke" genannt.*

Abb. 3.3.1/2 *Zeitgenössische Karikatur zur Kubakrise von 1962*

der Fall war (vgl. Abb. 3.2.7/1), sondern auch solche von Schwerverletzten. Diese wurden von der amerikanischen Antikriegsbewegung aufgenommen und erhöhten den innen- und außenpolitischen Druck auf die amerikanische Regierung, den Krieg zu beenden.

Der sowjetische Einmarsch in Afghanistan Ende 1979 war die letzte größere Aktion, bei der die Sowjetunion ihren Einflussbereich ausdehnen wollte. Die gegnerischen Mudschaheddin wurden vor allem von Pakistan aus von den USA unterstützt. Der sowjetische Rückzug erfolgte 1988/89 kurz vor dem Zusammenbruch der UdSSR.

Wenngleich der Kalte Krieg nie zu einem heißen Krieg zwischen den gegnerischen Parteien eskalierte, so wurden doch viele "kleinere" Kriege vom Ost-West-Konflikt mitbestimmt und aufgrund von Unterstützungen der einen oder anderen Partei verlängert.

3.3.2 Kapitalismus und Neoliberalismus

Obwohl mit dem Kalten Krieg Barrieren zwischen den Systemen errichtet wurden, vernetzte sich die Wirtschaft vor allem in den westlichen Ländern verstärkt. Dies wird zum Beispiel am Wachstum des globalen Warenhandels (vgl. Abb. 3.3.2/1) deutlich. Die Abbildung zeigt, dass sich nach dem Fall der Berliner Mauer der Warenhandel – vor allem in Europa – noch viel stärker entwickelt hat. Auch an der Entwicklung der Direktinvestitionen zeigt sich dieses Bild (vgl. Abb. 3.3.2/2). Die Abbildungen

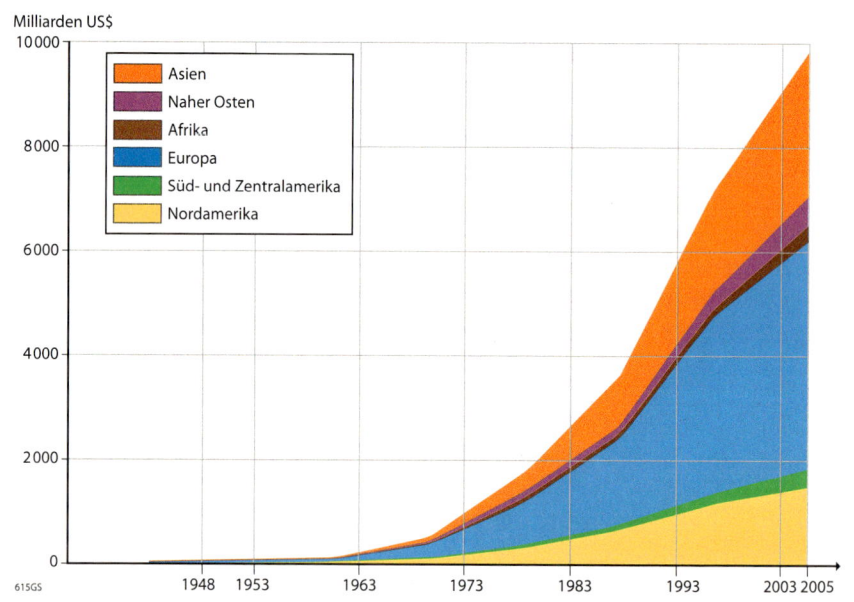

Abb. 3.3.2/1 *Entwicklung des globalen Warenhandels nach Warenwert*

verdeutlichen, dass diese Entwicklungen unterschiedlich vonstattengehen und nicht alle Regionen gleichermaßen davon profitieren. Verbesserte Transport- und Kommunikationssysteme haben stark zu dieser Verflechtung beigetragen. Doch sind sie nicht die einzigen treibenden Kräfte. Während der neoliberalen Ära der 1980er-Jahre in Großbritannien unter Margaret Thatcher und in den USA unter Ronald Reagan stiegen die Direktinvestitionen stark an. Das bedeutet, dass ordnungspolitische Maßnahmen die Entwicklungen ebenfalls begünstigen können. (FÄSSLER, P. 2007, 131).

3.3.3 Internationale Organisationen

Noch vor der offiziellen Gründung der Vereinten Nationen wurden 1944 im amerikanischen Bretton-Woods drei Organisationen ins Leben gerufen, welche vor allem in die globale Finanzordnung steuernd eingreifen (FÄSSLER, P. 2007, 147):

- Der Internationale Währungsfonds (IWF) hatte ursprünglich das Ziel, den Währungsverkehr zu verflüssigen und gleichzeitig zu stabilisieren. Dazu band die US-Notenbank den Dollar an das Gold und verpflichtete sich zur Einlösung der Banknoten in Gold (für 35 US-$ bekam man eine Feinunze – 31 Gramm). Die anderen Währungen wurden zu einem fixierten Wert an den Dollar gekoppelt. Damit hatte der US-Dollar definitiv das britische Pfund als globale Leitwährung abgelöst. 1973 brach das System fester Wechselkurse zusammen, weil die USA – unter anderem wegen der Ausgaben im Vietnamkrieg – keine hinreichende Golddeckung mehr gewährleisten konnten. Die Wechselkurse wurden freigegeben

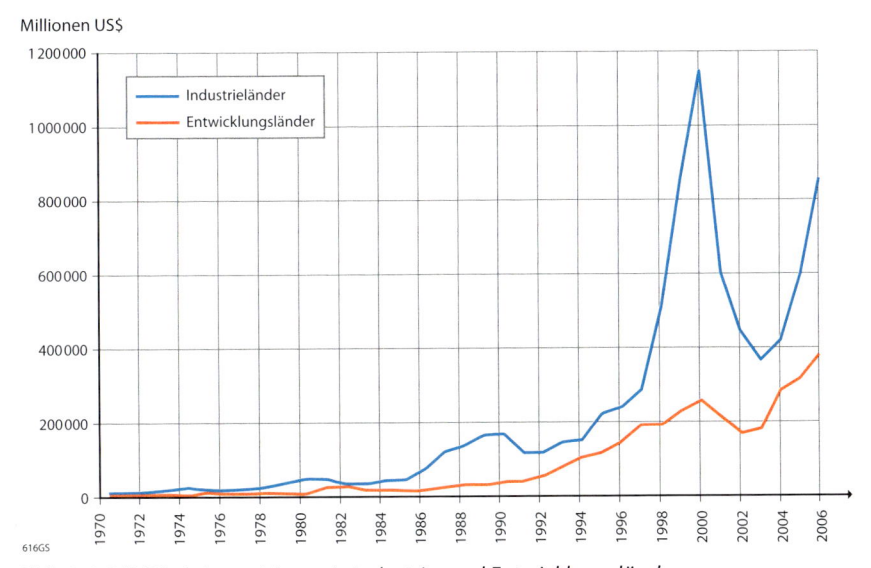

Abb. 3.3.2/2 *Direktinvestitionen in Industrie- und Entwicklungsländern*

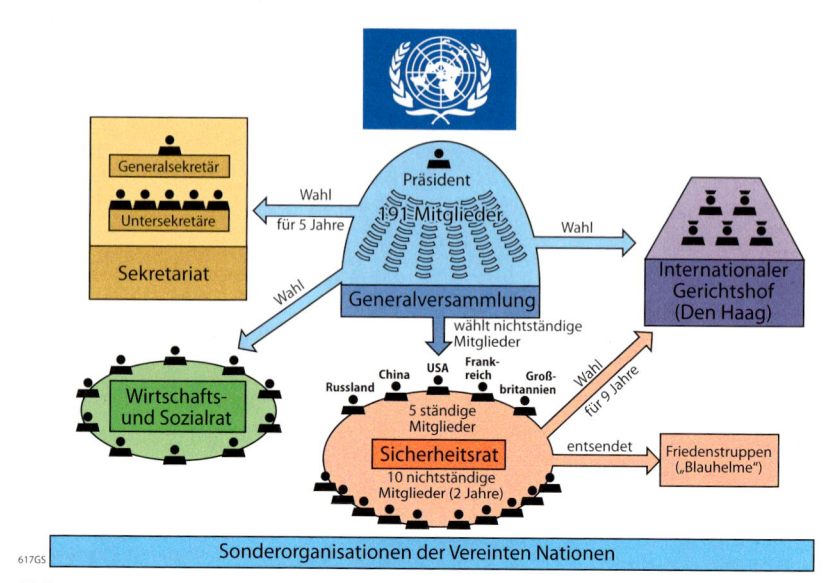

Abb. 3.3.3/1 *Das System der Vereinten Nationen*

und gehorchen seither dem Gesetz von Angebot und Nachfrage[4]. Der IWF spielt aber weiterhin eine wichtige Rolle bei Fragen der Entschuldung von Entwicklungsländern und bei der Überbrückung von Zahlungsschwierigkeiten.

- Die Weltbank (Internationale Bank für Wiederaufbau und Entwicklung) unterstützt Aufbauprojekte in so genannten Entwicklungsländern mit dem Ziel der Armutsbekämpfung. Zunächst waren dies vor allem Großprojekte, die nicht unbedingt erfolgreicher waren. Später versuchte man, diesen Ländern mit so genannten Strukturanpassungsprogrammen unter die Arme zu greifen. Diese waren aber dem neoliberalen Gedankengut verpflichtet und sehr umstritten.
- Das General Agreement on Tariffs and Trade (GATT) wurde als dritte Bretton-Woods-Organisation 1947 gegründet. Damit sollte ein weltweites Freihandelsregime errichtet werden, vor allem durch den Abbau von Handelsschranken. Dies geschah in zum Teil mehrjährigen multilateralen Verhandlungsrunden. Das GATT wurde 1995 von der schlagkräftigeren World Trade Organisation (WTO) abgelöst.

Die Bretton-Woods-Organisationen betreiben eine Politik mit eher neoliberalen Vorzeichen und haben damit einen großen Einfluss vor allem auf wirtschaftliche Aspekte der Globalisierung.

Die weltpolitisch wohl bedeutendste Institution der UNO ist der Sicherheitsrat. Dieser wurde ins Leben gerufen, um Kriege zu verhindern. Er besteht aus 15 Mitgliedsstaaten, wovon die Siegermächte des Zweiten Weltkriegs – China, Frankreich, Russland (in der Nachfolge der UdSSR), Großbritannien und die USA

– einen ständigen Sitz haben. Die anderen wechseln. Der Rat hat die Aufgabe, Dispute zu analysieren, die zu internationalen Konflikten führen könnten, und er kann Maßnahmen zu deren Verhinderung vorschlagen (UNITED NATIONS 2008b). Gegen vorgeschlagene Sanktionen können einzelne Mitglieder ihr Veto einlegen.

Überstaatliche Organisationen wie UNO, Weltbank und die WTO erlangen in der Globalisierung eine zunehmende Bedeutung. Sie versuchen – jede auf ihre Weise – gemeinsamen Interessen der „Weltgesellschaft" Nachdruck zu verleihen. Ihre Schwäche ist, dass sie letztlich von Nationalstaaten abhängig sind. Ohne die Zustimmung der mächtigsten Staaten können sie nur wenig ausrichten. Dennoch bieten sie vor allem für Staaten der so genannten Dritten Welt die Möglichkeit, ihre Interessen gegenüber anderen besser durchzusetzen (vgl. Abb. 3.3.3/1). Den genannten (und bereits zuvor erwähnten) Organisationen, die auf globaler Ebene agieren, stehen regionale Verbände gegenüber: EU (Europäische Union), NAFTA (North American Free Trade Association), ASEAN (Association of Southeast Asian Nations), MERCOSUR (Mercado Común del Sur). Im Detail verfolgen sie unterschiedliche, meist wirtschaftliche Ziele. Doch übergeordnet ist allen das Bedürfnis, Konflikten vorzubeugen beziehungsweise diese schnell lösen zu können.

3.3.4 Die Umwelt- und Friedensbewegung

Neben den Vereinten Nationen, bei denen definitionsgemäß nur Nationalstaaten Mitglied sein können, haben sich in der Phase der zweiten Globalisierung international operierende Nichtregierungsorganisationen (NGOs) etabliert. Beispiele sind der WWF (World Wide Fund for Nature), Amnesty International, die beide 1961 gegründet wurden, oder Greenpeace, das zehn Jahre später ins Leben gerufen wurde.

Die skizzierte rasante wirtschaftliche Entwicklung seit dem Zweiten Weltkrieg hatte auch Folgen für die Umwelt. Unter dem Eindruck globaler Bedrohungen durch einen möglichen Atomkrieg, Armut und Umweltverschmutzung wuchs die Erkenntnis bei vielen Menschen über die Einzigartigkeit der Erde und ihrer schützenswerten Natur. Die von Astronauten gemachten Fotos der Erde visualisierten dies und unterstützten damit das Aufkommen einer Umweltbewegung. Diese verfolgte, zusammen mit der Friedensbewegung, die weitgehend die gleiche Anhängerschaft hinter sich wusste, das Ziel einer Weltordnung, die Sorge für die Umwelt trägt und ein friedliches Zusammenleben gewährleistet. Meilensteine dieser Bewegung waren sowohl die Publikation „Grenzen des Wachstums" des Club of Rome unter DENNIS L. MEADOWS (1972) als auch der Bericht „Global 2000", der von GERALD O. BARNEY (1980) mitverfasst wurde und an den Präsidenten der USA gerichtet war. Beide prangerten den Raubbau an den endlichen natürlichen Ressourcen und die Umweltverschmutzung an.

Die Ölpreiskrise von 1973 brachte die Endlichkeit und Abhängigkeit von Ressourcen (vor allem vom Erdöl) in das Bewusstsein Vieler.

Die NGOs haben durch die Globalisierung eine Stärkung erfahren und stellen eine dritte Kraft neben dem Markt und den Nationalstaaten dar. Aufgrund ihrer thematischen Fokussierung und der meist guten lokalen Basis ist es ihnen möglich, dort sehr schnell zu handeln, wo nationalstaatlichen oder überstaatlichen Organisationen die Hände gebunden sind. Sie werden auch in staatliche oder internationale Konsultationsverfahren eingebunden, da sie neben inhaltlichen Kompetenzen oft auch eine große Zahl an Bürgern vertreten.

Gewisse NGOs werden als Globalisierungsgegner bezeichnet, da sie sich gegen gegenwärtige Entwicklungen stellen und gegen global wirksame Anlässe (z. B. G8-Gipfel oder das World Economic Forum, WEF) demonstrieren. Doch sind sie auch ein Teil der Globalisierung, da sie nicht gegen diese per se sind, sondern gegen deren gegenwärtige Ausgestaltung (Federli, T. 2004). Außerdem sind sie global vernetzt und bedienen sich geschickt globaler Kommunikationstechnologien.

Zusammenfassung

Fazit
- Die zweite Globalisierung war einerseits gekennzeichnet durch große Spannungen zwischen Ost und West und anderseits durch Bestrebungen, Globalisierung mithilfe multilateraler Organisationen in eine bestimmte Richtung zu lenken.
- Der Gegensatz zwischen dem sozialistisch-planwirtschaftlichen und dem demokratisch-marktwirtschaftlichen System, der sich im Kalten Krieg manifestierte, führte zwar zum Abbruch der Beziehungen zwischen den Blöcken und zu diversen Stellvertreterkriegen, verstärkte aber das wirtschaftliche Zusammenwachsen in den westlichen Ländern.
- Die Bretton-Woods-Organisationen (die so genannt werden, weil sie in den 1940er-Jahren im amerikanischen Bretton-Woods gegründet wurden) wollen in die globale Finanzordnung steuernd eingreifen. Dies geschieht mit deutlich neoliberalem Kurs, welcher die ökonomische Dimension der Globalisierung stark beeinflusst hat. Zu diesen Organisationen gehören:
  1. Der Internationale Währungsfonds (IWF), der ursprünglich zum Ziel hatte, den internationalen Währungsverkehr zu stabilisieren und zu verflüssigen. Heute spielt er vor allem eine wichtige Rolle bei Fragen der Entschuldung von so genannten Entwicklungsländern.
  2. Die Weltbank, die Aufbauprojekte in so genannten Entwicklungsländern mit dem Ziel der Armutsbekämpfung durchführt. Zuerst waren dies vor allem Großprojekte, in den 1980er- und 1990er-Jahren wurden dann so genannte Strukturanpassungsprogramme implementiert, welche mit stark neoliberalen Instrumenten versuchten, die armen Länder aus der Verschuldung zu führen.
  3. Die WTO, die Nachfolgerin des GATT, versucht, weltweite Han-

delsschranken abzubauen und ein globales Freihandelsregime zu etablieren.
- Neben multilateralen wirtschaftlichen Organisationen wurde mit der UNO eine weltpolitisch bedeutende Institution geschaffen, die das übergeordnete Ziel hat, Kriege zu verhindern.
- Weiter haben sich in der Phase der zweiten Globalisierung international operierende Nichtregierungsorganisationen herausgebildet, die aus breiten Umwelt- und Friedensbewegungen heraus entstanden sind (z. B. WWF, Greenpeace, Amnesty International).

Zum Einlesen

LOTH, W. (1987): Die Teilung der Welt 1941–1955. – dtv, München.
In diesem Geschichtsklassiker geht Loth detailliert auf die Entstehung und die Mechanismen des Kalten Kriegs ein.

COHEN, R. & S. M. RAI (Hrsg.) (2000): Global social movements. – Athlone, London.
In diesem Sammelband wird anhand verschiedenster Beispiele die wachsende Bedeutung von Nichtregierungsorganisationen beschrieben.

3.4 Dritte Globalisierung

Die dritte Globalisierung ist eine Phase, die mit dem Zusammenbruch des Ostblocks und dem Ende des Kalten Krieges begann und immer noch andauert. Sie ist geprägt durch den Kapitalismus, der sich als einziges System durchgesetzt hat, und durch die massentaugliche Internetkommunikation. Im Folgenden werden die wichtigsten Merkmale dieser Epoche in knapper Form geschildert. Die weiteren Kapitel dieses Buches beziehen sich ausführlicher auf die dritte Globalisierung.

3.4.1 Erosionen und weitere Beschleunigung

P. FÄSSLER (2007, 153) nennt drei Erosionen, welche die dritte Globalisierung seit den 1990er-Jahren in eine neue Beschleunigungsphase versetzen:
- Die Erosion der politisch-ideologischen Interaktionsbarriere Sozialismus vs. Kapitalismus erfolgte faktisch mit dem Zusammenbruch der Sowjetunion und symbolisch mit dem Niederreißen der Berliner Mauer. Obwohl mit China, Vietnam, Nordkorea und Kuba weiterhin sozialistische Systeme bestehen, haben – zumindest in den beiden erstgenannten Ländern – marktwirtschaftliche Reformen gegriffen.
- Die Erosion weltwirtschaftlicher Interaktionsbarrieren vor allem durch die WTO führte im Finanzsektor und für Betriebe, die Direktinvestitionen im Ausland tätigen, zu einem Aufschwung. Nach der Aufhebung fixer Wechselkurse 1973 war das Verhältnis von Währungshandel zum Warenhandel noch 2:1, 1995 stieg es auf 70:1 (DICKEN, P. 2007, 380).
- Die Erosion der Informations- und Kommunikationsbarrieren erfolgte durch die Verbreitung des Internets, das während der 1980er-Jahre militärischen und wissenschaftlichen Institutionen vorbehalten war. Zusammen mit der Nutzung der Funktechnologie für die Telefonie revolutionierte dies das Kommunikationsverhalten radikal. Es kann nun unabhängig vom Standort und der Distanz einfach kommuniziert werden.

Obwohl durch diese Erosionen viele Interaktionsbarrieren abgebaut wurden, bedeutet dies nicht, dass damit die Globalisierung in eine Phase der Gleichförmigkeit und Gleichberechtigung getreten ist. Vielmehr haben sich auch durch diese Entwicklungen neue Gräben aufgetan beziehungsweise bestehende vertieft:
- Der digitale Graben trennt Menschen, die Zugang zum Internet und zur Funktechnologie haben, von denen, die davon abgeschnitten sind.
- Die Schere zwischen armen und reichen Ländern, aber auch zwischen armen und reichen Personen innerhalb von Staaten vergrößert sich weiterhin (vgl. Abb. 3.4.1/1).
- Die Ansichten darüber, ob die wirtschaftliche Liberalisierung und Deregulierung zur Verminderung von Disparitäten führt oder sie gar verstärkt, gehen weit auseinander.

Neben den wirtschaftlichen Entwicklungen rückten auch Umweltthemen stärker in das globale Bewusstsein. Ein Meilenstein ist die Entwicklungs- und Umweltkonferenz in Rio 1992, durch die Umweltthemen prominent auf die politische Agenda gebracht wurden. Mit dem Kyoto-Protokoll, das 1997 verhandelt wurde und 2005 in Kraft trat, wurde der Klimawandel zu einem bestimmenden Thema der Weltpolitik.

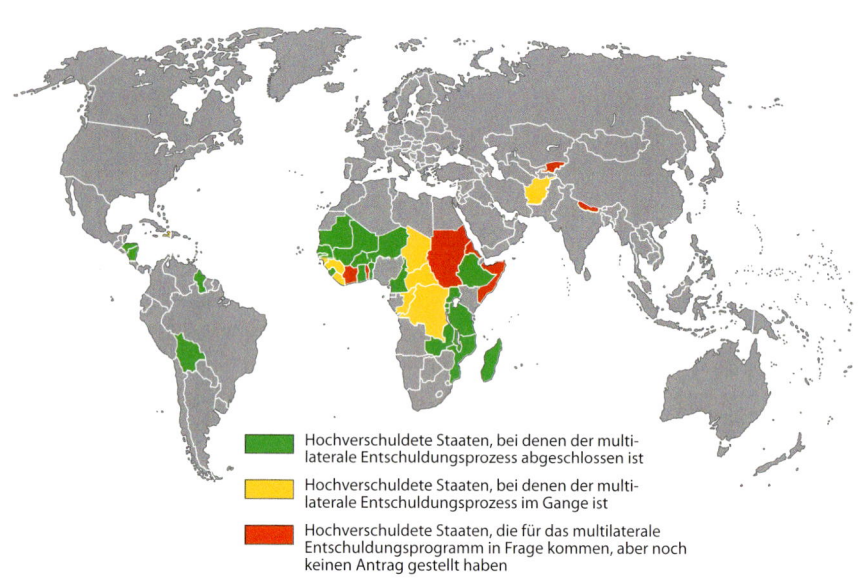

Abb. 3.4.1/1 Im Ausland hoch verschuldete Länder, die 2008 gemäß Weltbank für ein multilaterales Entschuldungsprogramm in Frage kommen.

Legende:
- 🟩 Hochverschuldete Staaten, bei denen der multilaterale Entschuldungsprozess abgeschlossen ist
- 🟨 Hochverschuldete Staaten, bei denen der multilaterale Entschuldungsprozess im Gange ist
- 🟥 Hochverschuldete Staaten, die für das multilaterale Entschuldungsprogramm in Frage kommen, aber noch keinen Antrag gestellt haben

Nahrungsmittelpreise

Das Jahr 2008 begann mit einem Anstieg der Nahrungsmittelpreise, die in den Jahren zuvor stetig gesunken waren. Davon profitierten die Produzenten von Reis, Mais, Weizen und Soja, die große Gewinne einfahren konnten. Verlierer dieses Anstiegs waren die Armen, die mit ihrem beschränkten Budget nicht genügend Nahrungsmittel kaufen können. Als Ursachen für den Preisanstieg werden unter anderem ein verringertes Angebot an Weizen durch Ernteausfälle in Australien, die aufgrund hoher Erdölpreise gestiegene Nachfrage nach Biotreibstoffen sowie der steigende Appetit der Mittelschichten im boomenden Indien und China nach Fleischprodukten genannt. Allerdings können all die o.g. (durchaus auch problematischen) Entwicklungen (vgl. GREFE, C. 2008) nicht als Schocks bezeichnet werden, die eine Voraussetzung für den plötzlichen Anstieg wären. Sie können eher durch Spekulationen auf Nahrungsmittel (Termingeschäfte) erklärt werden. Der Preisverfall von Immobilien in den USA korrelierte mit den ansteigenden Lebensmittelpreisen. Hedgefonds und Investmentbanken suchten neue Märkte, von denen sie erwarteten, dass dort die Preise mittelfristig noch steigen, was für Nahrungsmittel angenommen wurde. Immer neue Investoren stiegen in den nun boomenden Markt ein und trieben die Preise nach oben (HOSTETTLER, S. 2008). Die Korrektur, die meist nach einem steilen (spekulativ geprägten) Preisanstieg erfolgt, dürfte zwar den Armen wieder erschwinglichere Grundnahrungsmittel bescheren. Doch wird der Bauernstand – und hier vor allem die Kleinbauern – die Last der Schwankungen zu tragen haben. Denn Anbaustrategien können weit weniger schnell angepasst werden als Investitionen.

Abb. E 3.4.2/1 Proteste aufgrund der Lebensmittelknappheit 2008 in Haiti

3.4.2 Verunsicherungen

9/11 ist zu einem global verstandenen Kürzel geworden. Die Terroranschläge auf New York und Washington, die sich am 11. September 2001 ereigneten, hatten eine einschneidende und nachhaltige Entwicklung auf die Epoche der dritten Globalisierung. Zum ersten Mal seit dem Zweiten Weltkrieg wurden die USA auf ihrem eigenen Territorium von einer ausländischen Macht angegriffen. Aufgrund dieses Verständnisses wurde der Terrorakt zum kriegerischen Akt erklärt und die NATO hatte ihren ersten (und bislang einzigen) Bündnisfall. Dieser verpflichtet die Vertragspartner, sich gegenseitig beizustehen, wenn ein Mitglied angegriffen wird. Die unmittelbaren Folgen der Anschläge waren der Konkurs einiger amerikanischer Fluggesellschaften und ein weltweiter Einbruch an den Börsen. Staaten, die im Verdacht standen, Terroristen Unterschlupf zu gewähren, wurden als „Schurkenstaaten" bezeichnet und mit Sanktionen belegt. In Afghanistan, das dem vermeintlichen Drahtzieher der Anschläge Osama bin Laden mutmaßlich Schutz bot, marschierten Truppen der ISAF (International Security Assistance Force) unter amerikanischer Führung ein, um das Land vom Taliban-Regime zu befreien (NATO 2009). Mit ähnlicher Argumentation wurde der Irak von den USA und Ländern deren Regierungen sich zeitweilig der Argumentation der Bush-Regierung angeschlossen hatten, angegriffen, obwohl das Bhaat-Regime nachweislich nichts mit den Anschlägen zu tun hatte, und es sich herausstellte, dass der Irak auch kein Atomprogramm hatte, wie vermutet worden war (vgl. Bingemer, A. 2004).

„9/11" und die Reaktionen darauf haben zu einer globalen Verunsicherung geführt. Terroranschläge in Bali, London und Madrid folgten, und es vergeht kaum ein Tag, an dem man nicht von Bombenanschlägen im Irak oder in Afghanistan hört. Die Terrorbekämpfung ist auf der Agenda der Verteidigungsministerien ganz nach oben gerückt. Gewaltsame regionale Konflikte werden vermehrt als Terrorakte eingestuft, die ein rigoroses Eingreifen erfordern (de Dedial, J. 2001, 3).
Daneben ist vermehrt wieder von S. Huntingtons „Kampf der Kulturen" die Rede, und der Islam wird im Westen als Feind des „Abendlandes" hochstilisiert. Aussagen wie die des ehemaligen US-Präsidenten Bush, dass sich die USA (und der Westen) auf einen „Kreuzzug gegen den Terrorismus" machen müssten, führten bei Muslimen zu Protesten gegen den Westen. Auf diesen Diskurs wird immer wieder Bezug genommen: ob beim mutmaßlichen iranischen Atomprogramm, der Integration der Türkei in die EU oder dem Karikaturenstreit, bei dem ein dänischer Karikaturist den Propheten Mohammed auf satirische Weise dargestellt hatte.
Der bereits erwähnte Klimawandel (englisch: „Global Change") und seine (befürchteten) Auswirkungen führen zu weiteren Verunsicherungen bezüglich der Zukunft des Planeten. Die unmittelbare Verfügbarkeit von Informationen zu Katastrophen, die mit dem Klimawandel in Verbindung gebracht werden, trägt zum Bedrohungsszenario bei.
Globale Auswirkungen hat auch die jüngste Finanzkrise, die im Prinzip vor allem eine Vertrauenskrise ist. Aufgrund

3.4 Dritte Globalisierung

von fatalen Fehlbeurteilungen des amerikanischen Immobilienmarktes und der internationalen Verflechtungen von Finanzinstituten, konnte die Krise zum globalen Flächenbrand werden. Die Banken vertrauen sich gegenseitig nicht mehr und geben einander keine Kredite mehr. Die Investoren ihrerseits vertrauen den Märkten nicht mehr und stoßen ihre Aktien an den Börsen ab. Die Konsumenten haben weniger Vertrauen in die Zukunft und konsumieren deshalb weniger. Eine Rezession ist die Folge. Weltweit sind Regierungen bemüht, ihre Auswirkungen unter anderem mit Konjunkturpaketen zu mildern und letztlich die Konsumenten zu animieren, wieder mehr Güter und Dienstleistungen nachzufragen, um die Krise zu überwinden. Die dritte Globalisierung ist die bislang kürzeste Epoche, wird jedoch im Alltag am intensivsten mit dem Begriff „Globalisierung" verbunden. Der Hauptgrund dafür ist, dass der Begriff erst mit dieser Epoche in aller Munde kam und von vielen Menschen mit der Gegenwart und dem Alltag, in dem sie leben, verbunden wird. Ob die dritte Globalisierung jedoch die für diesen Prozess einschneidendsten Veränderungen brachte, ist fraglich. J. Osterhammel & N. Petersson (2006, 108) nennen andere, bestimmendere Entwicklungsschübe der Globalisierung: die europäischen Entdeckungen und den Sklavenhandel, die Industrialisierung und damit verbunden die Verkürzung von Transportzeiten sowie die Weltkrisen (Weltkriege und globale Wirtschaftskrisen).

Es ist schwierig, Prognosen für die weitere Entwicklung des Zeitalters der Globalisierung zu machen. Es besteht die Gefahr, in utopische Gefilde abzugleiten. Obwohl oder gerade weil am Ende des 20. Jh. bedeutende Interaktionsbarrieren abgebaut wurden, ist der Pfad der Globalisierung schwierig zu bestimmen. R. Robertson (1992) bezeichnete die gegenwärtige Phase schon früh als Unsicherheitsphase, die mehrere mögliche Entwicklungspfade offen lässt. Die Möglichkeiten des fast ungehinderten kommunikativen Austauschs begünstigen die schnelle Bildung von Netzwerken unterschiedlichster Gruppen und Personen. Dies kann die Kreativität in verschiedensten Bereichen fördern, angefangen bei kulturellen Beiträgen in der Musik-, Film- oder Modebranche über neue Industriegüter oder Dienstleistungen bis zum organisierten Verbrechen. Durch die Verflüssigung von Kapitalströmen kann sehr rasch auf Veränderungen von Nachfrage und Angebot reagiert und investiert werden. Damit verbunden ist auch eine Schnelllebigkeit, die eine Neuorientierung erfordert.

Zusammenfassung

Fazit
- Der Zusammenbruch des Ostblocks und das Ende des Kalten Krieges läuteten die Phase der dritten Globalisierung ein, die bis heute andauert. Sie ist geprägt durch den Kapitalismus, der sich als dominierendes System durchgesetzt hat, sowie die massentaugliche Internetkommunikation.
- Neben einem verstärkten Zusammenwachsen der weltweiten Ökonomien hat sich auch die Ungleichheit der

Länder und Bevölkerungsschichten vergrößert, die an den globalen Entwicklungen teilhaben können oder aber davon ausgeschlossen sind. Zudem sind in dieser Phase der Globalisierung auch Anfälligkeiten des globalen Systems sichtbar geworden.

- Die Klimaerwärmung, ausgelöst durch den massiven CO_2-Ausstoß des global vernetzten Welthandels und des Privatverkehrs, hat die Umweltpolitik auf die Agenden internationaler Konferenzen gebracht.
- Die terroristischen Anschläge des 11. Septembers 2001 auf die Türme des World Trade Centers und das Pentagon in den USA werden z. B. von S. HUNTINGTON (zitiert in JOFFE, J. 2002) als gewaltätiger Ausdruck einer fundamentalistischen Kritik am westlichen Lebensstil und an der als westlich erachteten Globalisierung gesehen.
- Wiederholt zeigte sich mit der jüngsten Finanzkrise die Krisenanfälligkeit der Marktwirtschaft. Mit massiven Investitionen versuchen Nationalstaaten, die Krise zu überwinden. Das Ergebnis ist noch offen.

Zum Einlesen

BECK, U. (2007): Weltrisikogesellschaft. – Suhrkamp, Frankfurt am Main.
In der Neuauflage des Klassikers „Risikogesellschaft" nimmt U. BECK Bezug auf gegenwärtige Risiken wie Klimawandel und Terrorismus.

SEN, A. (2002): Ökonomie für den Menschen – Wege zur Gerechtigkeit und Solidarität in der Marktwirtschaft. – dtv, München.
Der indisch-stämmige Ökonom A. SEN nimmt sich in seinem Buch der Armut und der globalen wirtschaftlichen Unterschiede an. Er benennt und erläutert die Ursachen für die Schere zwischen Arm und Reich.

Abb. 4/1 *Die weltweite Vernetzung wirtschaftlicher Aktivitäten wird vor allem in Krisenzeiten sichtbar, wie zur Finanzkrise 2008/2009*

4 Das Feld der Ökonomie

Bilder von Börsenhändlern, die mit besorgten Blicken auf Bildschirme schauen, waren in jüngster Zeit häufiger zu sehen. Die Bilder sind zu einem Symbol für die Finanzkrise 2009 geworden. Die in Sekundenschnelle von vielen einzelnen Händlern getroffenen Entscheidungen haben in ihrer Summe Folgen auf die globale Wirtschaft. Die Veränderungen in der Informatik- und Kommunikationstechnologie haben es möglich gemacht, dass heute zum Beispiel 98 Prozent des deutschen Aktienhandels über die Computerbörse getätigt werden und nicht mehr auf dem „Parkett" (vgl. HENTSCHEL, A. 2008) wie auf Abb. 4/1. Die Geschwindigkeit der Transaktionen sowie die gestiegene Zahl an Händlern führen zu schnellerem Steigen und Fallen von Aktienkursen und Devisenwerten und damit auch zu immer kürzeren Reaktionszeiten. Die Finanzmärkte funktionieren nicht im leeren Raum, sie sind mit der so genannten Realwirtschaft gekoppelt. Dies führt z. B. dazu, dass viele der in der angeschlagenen Finanzbranche tätigen Geschäftsleute weniger Flüge buchen (vgl. SCHNITZLER, L. ET AL. 2008), weswegen Fluggesellschaften Einnahmeeinbußen und Entlassungen ihrer Arbeitnehmer hinnehmen müssen. Diese wiederum konsumieren weniger, wodurch sich die Krise ausweitet.

> **Kosten-Nutzen-Kalkül**
> In den Wirtschaftswissenschaften geht man davon aus, dass die Menschen im Großen und Ganzen auf den eigenen Nutzen bedacht sind. Solidarität und soziale Netze werden in der ökonomischen Theorie wenig berücksichtigt, obwohl sie vor allem in Krisenzeiten außerordentlich wichtig sind. Vor- und Nachteile alternativer Vorhaben werden abgewogen; man versucht, die Entwicklung der Zukunft einzuschätzen. Dies geschieht über Informationen. Die ökonomische Theorie geht von einem rational und vollständig informierten Handelnden, dem homo oeconomicus, als Idealtypen aus (BRUNOTTE, E. et al. 2002). In der Realität jedoch verfügen Handelnde fast nie über vollständige Informationen, die es ihnen ermöglichen würden, das Kosten-Nutzen-Kalkül risikofrei anzuwenden. Um diesem Umstand Rechnung zu tragen, wird in der Ökonomie nach Modellen gesucht, welche die Handlungen von Akteuren bei unvollständiger Information zu prognostizieren versuchen. Der Tausch von Waren oder Dienstleistungen zwischen zwei Personen ist nicht ein Nullsummenspiel, bei dem beide nach dem Tausch in derselben Situation sind wie davor. Denn beide Beteiligten gehen davon aus, dass sie durch den Tausch eine Verbesserung ihrer Situation herbeiführen können. Ein Tauschverbot kann deshalb das Wohl der Menschen beeinträchtigen. Wer zum Beispiel billiger arbeitende Ausländer des Lohndumpings bezichtigt und sie aus dem einheimischen Arbeitsmarkt verbannt, verwehrt ihnen die Möglichkeit, ihre Arbeitskraft dort zu tauschen, wo sie relativ mehr Geld für ihre Arbeit erhalten und wo sie ihre komparativen Vorteile nutzen könnten (GYGI, B. 1997, 36). Anderseits könnte eine Liberalisierung des Arbeitsmarktes, die eine solche Maßnahme verbietet, Einkommenseinbußen im einheimischen Arbeitsmarkt zur Folge haben.

4.1 Die Welt unter dem Primat der Marktwirtschaft

In diesem Kapitel wird auf die wichtigsten ökonomischen Prozesse eingegangen, die das Zeitalter der Globalisierung prägen. Dabei steht die internationale Arbeitsteilung unter dem Vorzeichen der kapitalistischen Weltwirtschaft im Zentrum. Es wird beschrieben, in welchen Bereichen sie stärker und weniger stark ausgeprägt ist und wie sie funktioniert. Die (negativen) Konsequenzen, die damit verbunden sind, werden ebenso erläutert wie mögliche Zukunftsperspektiven. In dieses Kapitel gehört auch die Diskussion um die Ausbreitung von Wohlstand und Armut durch wirtschaftliche Tätigkeiten. Neoliberalen Argumenten, die eine drastische Armutsreduktion durch eine vollständige wirtschaftliche Globalisierung prophezeien, werden kritische Stimmen gegenübergestellt, die durch die Globalisierung eine Zunahme der Armut befürchten.

4.1.1 Globalisierung oder Internationalisierung?

Globalisierung wird im öffentlichen Diskurs oft reduziert auf den Weltmarkt und die Weltwirtschaft (HOFFMANN, M. 1999). Die Weltgesellschaft wird zur Weltmarktgesellschaft verkürzt und damit verfälscht. Diese Ansicht wird auch von den Medien verbreitet und von Politikern aufgenommen. Sie entspringt wohl der Suche nach Einfachheit und Ordnung in einer immer undurchschaubarer gewordenen Welt.

Man ist sich heute weitgehend darüber einig, dass die Weltökonomie fundamentale Veränderungen erfährt. Als Bürger spürt man dies einerseits vermittelt durch die Medien (Fernsehen, Radio, Zeitungen und das Internet), anderseits direkt bei den täglichen Tätigkeiten, dem Konsum und der Arbeit. Arbeitskräfte nehmen diese zum Teil rasanten Veränderungen mit gemischten Gefühlen zur Kenntnis. Technologischer Fortschritt und schnelle Produktionsverlagerungen lassen Arbeitsplätze plötzlich „verschwinden" (DICKEN, P. 2007, 4). Dieser Prozess hat aber auch zur Folge, dass Konsumenten Güter aus den entferntesten Winkeln der Erde günstig im Supermarkt kaufen können (DICKEN, P. 1998). Die Werbung informiert die Konsumentinnen und Konsumenten über das wachsende Angebot.

Weniger einig ist man sich über das Wesen dieser Veränderungen und darüber, ob sie mit Globalisierung oder „nur" mit verstärkter Internationalisierung zu bezeichnen sind. Die unterschiedlichen Meinungen und Aussagen gehen weit auseinander. Sie reichen von den „Hyper-Globalisierern", welche der Meinung sind, dass wir in einer Welt ohne Grenzen leben, in welcher das Nationale nicht mehr relevant ist (REICH, R. 1991, zitiert in DICKEN, P. 1998, 3; PERRATON, J. et al. 1998, 135; OHMAE, K. 2004) bis zur Ansicht von Skeptikern, welche die Neuheit der gegenwärtigen Situation grob übertrieben finden. Gemäß deren Argumentation war die Weltwirtschaft Ende des 19. Jh. offener und integrierter. Darüberhinaus müsste angesichts der Herausbildung geschlossener Wirtschaftsblöcke gegenwärtig eher von einer Regionalisierung als von einer Globalisierung gesprochen werden (HIRST, P. & G. T. THOMPSON 1998).

Wohl trifft es zu, dass die Weltökonomie vor 1914 in quantitativer Hinsicht gerade so integriert war wie heute. Die Handels- und Entwicklungsorganisation der UNO (UNCTAD) definiert dies als oberflächliche Integration (englisch: „shallow"), bei der vor allem der Handel internationalisiert war (UNCTAD 1993, 13, zitiert in DICKEN, P. 1998, 5). Gegenwärtig jedoch spricht man von einer tiefen (englisch: „deep") Integration, bei der auch die Produktion von Gütern und Dienstleistungen internationalisiert ist. Noch bis Mitte des 20. Jh. wurde der Produktionsprozess hauptsächlich innerhalb von Nationalökonomien organisiert (HOBSBAWM 1979, 313, zitiert in DICKEN, P. 1998, 1), doch hat sich dies in den letzten Jahrzehnten fundamental geändert.

Die Internationalisierung der Ökonomie ist in erster Linie ein quantitativer Prozess, der sich durch eine Erweiterung ökonomischer Prozesse über nationalstaatliche Grenzen hinweg auszeichnet (z. B. durch intensivierten Handel von Gütern). Die Globalisierung der Ökonomie hingegen beinhaltet zusätzlich die funktionale Integration von global verstreuten Aktivitäten (z. B. die dezentrale Produktion von Bestandteilen eines Autos, die an verschiedenen Standorten weiterverarbeitet werden) (DICKEN, P. 1998, 5).

Aufgrund der vorangegangenen Argumentationen kann zwischen früherer Internationalisierung und gegenwärtiger Globalisierung der Weltwirtschaft unterschieden werden.

4.1.2 Regionale Konzentration und Triadisierung

Der Prozess der ökonomischen Globalisierung verläuft nicht homogen über den gesamten Globus. Kritiker, die lieber von Regionalisierung als von Globalisierung sprechen, beziehen sich vor allem auf diesen Umstand. Zwar werden immer mehr Gesellschaften in die globale Ökonomie eingebunden. Und es gibt wahrscheinlich keine Gemeinschaft mehr, die nicht in irgendeiner Form mit dem Weltmarkt verbunden ist. Doch findet gleichzeitig auch eine Konzentration von Handel, Investitionen und Produktion statt. Diese Konzentration kann man auch mit Triadisierung umschreiben, da sie ein Dreieck zwischen Europa, Nordamerika und Japan umfasst (GAEBE, W. 2008). Allerdings ist dies eine sehr grobe Einteilung, da einerseits innerhalb der Triade große Unterschiede festzustellen sind und andererseits auch außerhalb dieser Industrieländer außergewöhnliches Wachstum stattfindet oder stattgefunden hat (PETRELLA, R. 1996).

Grundlage der heutigen Struktur sind einerseits koloniale Herrschaftsbeziehungen, mit denen sich vor allem europäische Staaten eine Vormachtstellung erschaffen konnten. Andererseits sind es im Wesentlichen die Entwicklungen nach dem Zweiten Weltkrieg, welche die wirtschaftliche Macht der Triade verstärkten. Von 1950 bis zum Beginn der 1970er-Jahre erfuhr die Weltwirtschaft einen unvergleichlichen Boom mit Wachstumsraten von über 8 Prozent, die vor allem in Europa, den USA und in Japan erwirtschaftet wurden (DICKEN, P. 1998, 24). Die ehemaligen Kolonien konnten zwar an diesem Wachstum teilhaben, waren aber stärker von dieser Triade abhängig als umgekehrt.

Um 1970 jedoch begann sich das Weltwirtschaftswachstum abzuflachen. Neben den Öl- und Rohstoffpreisen stiegen gleichzeitig auch die Arbeitslöhne in den Industrieländern an, und das internationale Währungssystem, das 1944 in Bretton-Woods kreiert wurde und auf festen Wechselkursen basierte, brach zusammen. Man kann dies auf eine unglückliche Verknüpfung von Umständen zurückführen oder als Konsequenz eines umfassenderen Prozesses betrachten. Dieser Prozess basiert auf dem Zusammenbruch der fordistischen Produktionsweise (vgl. Kapitel 4.6), die davor dominierte (DICKEN, P. 1998, 25).

Auch wenn die hohen Wachstumsraten der 1950er- und 1960er-Jahre der Vergangenheit angehören, ist – gemäß UNO (UNITED NATIONS 2009) – weltweit immer noch ein ökonomisches Wachstum zu ver-

4.1 Die Welt unter dem Primat der Marktwirtschaft

zeichnen[1]. Bei der Güterproduktion (vgl. Abb. 4.1.2/1) konnten die so genannten Entwicklungsländer ihren Anteil von 4 Prozent 1953 auf 20 Prozent im Jahre 1995 (UNIDO 1996, zitiert in Dicken, P. 1998, 27) erhöhen (vgl. Abb. 4.1.2/2). Analysiert man die heterogene Gruppe der so genannten Entwicklungsländer genauer, sieht man, dass sich die – zum Triadenteil Asien-Pazifik gezählten – ost- und südostasiatischen „Tigerstaaten" überdurchschnittlich entwickelt haben, während Afrika rückläufige Raten zu verzeichnen hat (Dicken, P. 2007, 519).

Bei den Dienstleistungen kommt ein ähnliches Bild heraus, wobei festzustellen ist, dass es auch außerhalb der Triade einen wachsenden Dienstleistungssektor gibt, der stärker wächst als der Industriesektor, in welchem in Südasien und Afrika weniger als 15 Prozent der Beschäftigten arbeiten (Dicken, P. 2007, 504). Allerdings korreliert die Bedeutung des Dienstleistungssektors mit dem Einkommensniveau eines Landes. Je geringer das Einkommen, desto tiefer ist auch das Niveau der Dienstleistungen. Dies zeigt sich am Beispiel afrikanischer Staaten, deren Dienstleistungssektor[2] den größten Rückstand hat und wo tiefe Einkommen generiert werden (Dicken, P. 1998, 31).

Die Handelsflüsse sind nicht einfach zu fassen, besonders weil oft nur internationale Handelsströme berücksichtigt werden. Für (große) Länder mit einem großen Anteil an internem Handel (wie z. B. Indien oder die USA) hat der Außenhandel eine ande-

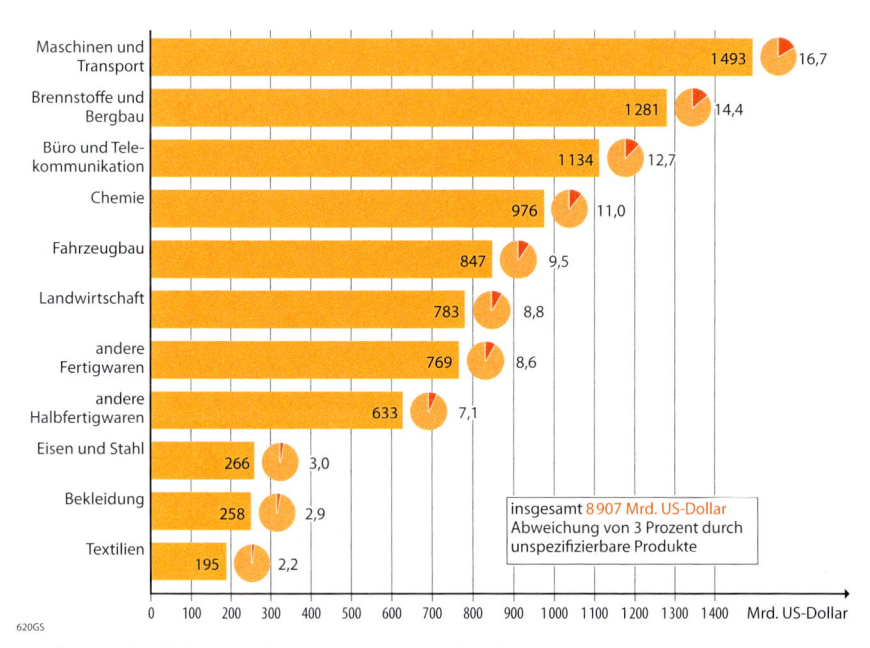

Anteil unterschiedlicher Produktegruppen am Wert globaler Exporte 2004

***Abb. 4.1.2/1** Struktur des Warenexports*

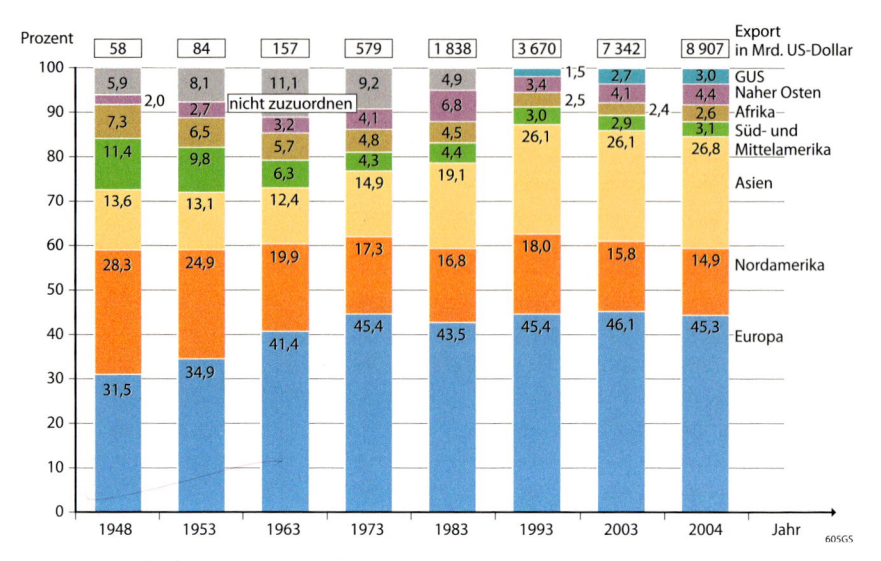

Der weitaus größte Teil des Welthandels findet innerhalb des Dreiecks Nordamerika-Europa-Ostasien statt.

Abb. 4.1.2/2 Anteile am Warenexport

re Bedeutung als für kleine Länder (wie z. B. Singapur, dessen Exporte gemessen am Binnenhandel sehr groß sind). Kleine Länder haben deswegen tendenziell einen überproportionalen Anteil am internationalen Handel.

Zusammenfassend kann man sagen, dass das Wachstum der Wirtschaft sehr ungleich über den Globus verteilt war und immer noch ist. Zwar haben sich die Wachstumszonen in den letzten Jahrzehnten von Europa und den USA verlagert. Insbesondere profitieren die so genannten **BRIC**-Länder (Brasilien, Russland, Indien, China) davon, während andere Regionen das Nachsehen haben. Die Investitionen in die sogenannten Reformländer Osteuropas sind zwar seit dem Zusammenbruch des „real existierenden Sozialismus" gestiegen, doch machen sie am Gesamtbetrag der weltweiten Investitionen nur wenig aus. So betrugen 2006 die deutschen Direktinvestitionen im Ausland insgesamt über 810 Milliarden Euro, wovon 711 Milliarden in Industrieländern investiert wurden. In Afrika wurden lediglich knapp 6 Milliarden investiert, davon gut 4 Milliarden in Südafrika (STATISTISCHES BUNDESAMT, 2008, 661). Zudem wird ein großer Teil dieser Investitionen in Firmenkäufe oder Beteiligungen investiert und ist demnach nicht arbeitsplatzschaffend (ALTVATER, E. & B. MAHNKOPF 2007, 264).

4.1.3 Der Kapitalismus als Grundlage der globalen Ökonomie

Der Kapitalismus wird als wichtigster Antriebsmotor der ökonomischen Globalisierung verstanden. Der Begriff wurde erst im 20. Jh. populär und hat sich gemäß Kritikern verselbstständigt (ALT-

VATER, E. & B. MAHNKOPF 1996, 112). Das bedeutet, dass ökonomische Theorien, die eigentlich dazu entwickelt wurden, das Funktionieren der Wirtschaft zu beschreiben und zu erklären, als Gesetzmäßigkeiten verstanden werden. Gesellschaftliche Verhältnisse und lokale Kontexte werden dabei ausgeblendet. Als Folge wird das ökonomische System als etwas Übergeordnetes, Abgehobenes, das nur bedingt etwas mit dem Alltagsleben zu tun hat, gesehen.

Lange Zeit galt die staatlich organisierte und finanzierte Steigerung der Nachfrage als Belebungsrezept für eine schwächelnde Wirtschaft. Verwaltungsstellen sollten mit dem Ausgeben von öffentlichen Mitteln der Wirtschaft neue Anstöße geben. Dahinter steht die Auffassung, dass Konsumenten und Unternehmer (beziehungsweise Investoren) zwar die treibenden Kräfte der privaten Nachfrage sind, dass diese aber zeitweise zu schwach sein können, um die Wirtschaft in Schwung zu halten. Die gewerkschaftliche Forderung, die „vorhandene" Arbeit auf mehr Arbeitnehmende zu verteilen, um der Arbeitslosigkeit vorzubeugen, geht in die gleiche Richtung.

Der Staat kann also durch Förderung niedriger Einkommensklassen oder durch direkte staatliche Nachfrage die allgemeine Nachfrage steigern. Steigen die Löhne, so erhöht sich zwar die Nachfrage, doch der Anteil für die Investoren wird kleiner. Dies führt bei diesen dann zu einer steigenden Popularität neoliberaler und angebotsorientierter Wirtschaftspolitik (STREHLE, R. 1994, 19). Aufgrund des Drucks von wirtschaftsnahen Kreisen wird – in der Hoffnung, wieder höhere Gewinnmargen zu erzielen – eine Deregulierung gefordert. Damit wird eine Phase der nachfrageorientierten Politik abgelöst von einer angebotsorientierten (neoliberalen) Wirtschaftsweise. Das neoliberale System hat sich zwar nicht in seiner Reinform durchgesetzt,

---

Märkte als Treffpunkte

Märkte fungieren als Knotenpunkte für Tauschwillige. Sie können gut zugänglich und offen oder exklusiv und streng reguliert sein. Strenge Regelungen herrschen an den Finanzmärkten, kaum verlässliche Regeln gibt es an Drogenmärkten, was Qualität und Preise der Produkte nur schwer abschätzbar macht und zudem das Risiko des Vertragsbruchs erhöht. Die Existenz von Schwarzmärkten zeigt der Politik an, dass etwas mit der Wirtschaft nicht stimmt und/oder dass sich die Bevölkerung selbst zu organisieren weiß. Die am Markt stattfindenden Preisveränderungen spiegeln gleichsam zusammenfassend die Meinung aller Marktteilnehmer wider und dienen als Informationen für neue Vorhaben. Durch die Anonymität des Spezialwissens der Millionen von „Egoisten" entsteht der Eindruck einer unsichtbaren Hand, die das Marktgeschehen steuert, die mitunter dann als Schreckgespenst „Globalisierung" in den Medien herumgeistert.

(GYGI, B. 1997, 36)

doch werden staatliche Eingriffe in die Wirtschaft weitgehend vermieden. Trotzdem erschallt vor allem in Krisenzeiten der Ruf nach staatlichen Stützungsmaßnahmen. Sogar in den USA, die eines der liberalisiertesten Wirtschaftssysteme haben, griff der Staat mit großen Finanzmitteln ein, um die jüngste Finanzkrise zu beheben.

Preise als Informationen

Wer tauschen will, möchte wissen, was er oder sie für ihre Güter oder Dienstleistungen im Gegenzug von Tauschpartnern erhält. Der Einfachheit halber hat sich als Maß dafür das Geld eingebürgert. Auf dem Arbeitsmarkt entspricht der Preis für die getauschte Arbeitsleistung dem Lohn. Aus der Sicht der Arbeitgeber stellt der Lohn dagegen einen wichtigen Teil der Produktionskosten dar, welche möglichst tief gehalten werden müssen. Dies deutet darauf hin, unter welchen Spannungen mitunter Preise und Löhne ausgehandelt werden. In einigen Fällen wird das Preissystem vom Staat reguliert, beispielsweise in Notlagen, wenn knappe Nahrungsmittel per Rationierungskarten verteilt werden, oder auf dem Wohnungsmarkt, da Wohnraum ein begrenztes Gut ist. Bisweilen wird von einer Festlegung eines Geldwertes zurückgeschreckt, zum Beispiel bei der Frage, was ein Menschenleben wert ist. Doch aus den tatsächlichen Aufwendungen zur Unfallverhütung oder von Krankenhäusern lassen sich implizite Preise für ein Menschenleben ableiten, die unter Umständen erstaunlich tief sein können. Anderes, das als wertvoll gilt, hat aus „technischen" Gründen keinen Preis. Luft kann zum Beispiel beinahe beliebig genutzt werden, und Wälder sind (oft) kostenlos zugänglich. Der auf einem Markt ausgehandelte Preis entspricht nicht immer einem Gleichgewicht. Ist ein ausgerufener Preis zu hoch, heißt dies, dass mehr angeboten als nachgefragt wird und umgekehrt. Befände sich der Arbeitsmarkt in einem Gleichgewicht, so gäbe es keine Arbeitslosigkeit. Dies legt den Schluss nahe, dass in Europa die Löhne oder besser die Lohnansprüche auf den Arbeitsmärkten offenbar „falsch" oder zu hoch sind. Die Lohnpolitik fesselt die Preise, und der logische Schluss aus wirtschaftstheoretischer Sicht ist die Forderung nach Deregulierung, damit sich wieder ein Gleichgewichtspreis einstellen kann. Eine andere Sicht geht davon aus, dass die Märkte angesichts des Ungleichgewichts versagen. Beide fordern ein Eingreifen des Staates, wollen aber unterschiedliche Richtungen einschlagen. Die Komplexität des Marktgeschehens macht dies schwierig. Reguliert der Staat den Preis – zum Beispiel die Löhne (Mindestlöhne) – so muss man in Kauf nehmen, dass auch die Gütermenge – zum Beispiel das Stellenangebot – darauf reagiert und zwar nicht immer in der gewünschten Art und Weise.

(GYGI, B. 1997)

4.1.4 Der totale Markt

Märkte gibt es zwar schon lange, aber eine Marktwirtschaft im Sinne einer gesellschaftlichen Totalität gibt es erst, seitdem Natur, Arbeitsvermögen und Geld in Waren und Kapital umgewandelt werden können, also seit der Kommodifizierung von Grund und Boden, der Arbeitskraft und des Geldes. Dies erfolgte erst mit der Industrialisierung. J. HABERMAS (1998b, 70) unterscheidet vier Indikatoren, die für die Globalisierung der Märkte charakteristisch sind:

- die geographische Ausdehnung und zunehmende Interaktionsdichte des internationalen Handels, vor allem durch verbesserte Telekommunikation
- kurzfristige Investitionen und beschleunigte Kapitalströme durch Vernetzung, welche eine „symbolische Ökonomie" durch Devisen- und Derivatspekulationen ermöglichen
- zunehmende Direktinvestitionen in anderen Ländern durch aufstrebende Transnationale Unternehmen (TNU), welche Nationalstaaten unter Druck setzen
- die Ausfuhren der Newly Industrialising Countries (NICs) verstärken den Wettbewerbsdruck auf OECD-Länder, die ihre Wirtschaft zugunsten hochtechnisierter Zweige umbauen.

Gleichzeitig mit der räumlich-geographischen Ausdehnung des Kapitalismus oder, genereller gesagt, der Marktwirtschaft, dringt diese auch nach innen in die „Refugien des gesellschaftlichen Lebens" (HABERMAS, J. 1981, zitiert in ALTVATER, E. & B. MAHNKOPF 1996, 114). Kommunikation läuft also, überspitzt formuliert, über den binären Code des Zahlens, beziehungsweise Nicht-Zahlens (LUHMANN, N. 1987, zitiert in ALTVATER, E. & B. MAHNKOPF 1996, 116). Bei der Ökonomisierung gesellschaftlicher Verhältnisse bleibt die Ressource Solidarität auf der Strecke, was zum Beispiel auch die Entstehung von Gegenbewegungen wie den Kommunitarismus[3] auf den Plan ruft (vgl. MÄDER, U. 1999; ETZIONI, A. 2003).

Der kapitalistische Imperativ heißt „Zeit ist Geld". Damit einher geht eine Entankerung lokal und kulturell verwurzelter Zeit- und Raumerfahrungen zugunsten eines globalen Zeit- und Raumregimes. Zeit wird also ebenfalls der Ökonomie unterworfen. Es wird von Lebenszeit, Freizeit, Arbeitszeit, Zeit für sich und Zeit für Andere gesprochen. Die computergesteuerte Echtzeit „überwölbt" die Zeiten der Erfahrung und der Verarbeitung von Erfahrungen der Menschen in unterschiedlichen Kulturen. Die Logik des Geldes dominiert heute auch den Rhythmus der Zeit. Zum Beispiel durch die Laufzeiten von Krediten. Periodizität von Zyklen im Finanzkapitalismus und Aktionshorizonte werden durch Fälligkeiten von Schulden bestimmt und nicht mehr durch Erntezyklen (ALTVATER, E. & B. MAHNKOPF 1996, 120).

Gemäß B. BARBER (1995, 23) ist keine Aktivität globalisierender als der Handel, keine Ideologie weniger interessiert an Nationen als der Kapitalismus und keine Herausforderung an die Überwindung von Grenzen waghalsiger als der globale Markt. Hauptakteure in diesem globalen Reigen sind Großfirmen, Konzerne und Korporationen.

Die internationalen Handelsbeziehungen wurden in den letzten Jahrzehnten stark ausgeweitet; gemessen an den maximalen Handelsmöglichkeiten eines Landes (maximal wären dies 100 %, wenn jedes Land mit allen anderen Handel treiben würde) stieg die Intensivierung der Handelsbeziehungen in 68 Ländern von 64,4 Prozent im Jahre 1950 auf 95,3 Prozent 1990 (NIEROP, T. 1994, zitiert in PERRATON, J. et al. 1998, 140). Dies liegt nicht nur am Abbau von Handelsbarrieren, sondern auch am Rückgang von Kosten für Transporte und Kommunikation (PERRATON, J. et al. 1998, 141).

Als Konsumenten sind Individuen nicht Bürger einer bestimmten Nation, eines Clans oder einer kirchlichen Gemeinde. Sie werden einzig und allein über ihre (vermeintlichen) Bedürfnisse definiert, deren weltweite Gültigkeit angestrebt und geformt wird. So bedient McDonalds täglich 20 Millionen Konsumenten auf fast identische Weise.

Des Weiteren sind viele Produkte bezüglich ihrer Herstellung kaum mehr einer Herkunftsnation zuzuordnen, was die Kundschaft durcheinander bringen kann. Die Autoaufkleber „Europäer kaufen Europäer" oder „Real Americans Buy American" bringen diese Verunsicherung auf den Punkt. Die Verankerung der Produktion an einem bestimmten Ort – vor allem in den Industrieländern – wird mit Sicherheit von Arbeitsplätzen gleichgesetzt. Allerdings wird es immer schwieriger, den oben genannten Credos nachzuleben, wie folgende Beispiele verdeutlichen sollen: Welcher Wagen ist „amerikanischer"? Der in Mexiko aus importierten Teilen zusammengesetzte und dann in die USA reimportierte Chevrolet; oder der Ford, der in deutschen Fabriken mit türkischen Arbeitern gebaut und in Hongkong oder Nigeria vermarktet wird; oder der „japanische" Toyota Camry, der von amerikanischen Designern in Kalifornien entworfen wurde, in Kentucky aus mehrheitlich amerikanischen Teilen durch amerikanische Arbeiter zusammengesetzt und in Arizona getestet wird? Dem Problem der räumlichen Verankerung einer Firma versucht man mittels Labels beizukommen, die den Anteil an der Heimproduktion angeben, was jedoch noch größere Verwirrung stiften kann. Denn so wird der von Mitsubishi in Nagoya gebaute „amerikanische" Dodge Stealth zum „Japaner"; der in Normal (Illinois) hergestellte Mitsubishi Eclipse zum „Amerikaner" und der in der Nähe Bangkoks zusammengebaute Isuzu D-Max zum „Thai". Nicht nur die Konsumenten sind angesichts dieser Produktionsver- und -auslagerungen überfordert, auch die nordamerikanische Handelsvereinigung NAFTA hat Probleme damit: sind in Amerika produzierte Bildröhren für Fernsehgeräte noch amerikanisch, wenn die Firma, die sie herstellt, zu 80 Prozent in japanischem Besitz ist (BARBER, B. 1995, 25)? Noch schwieriger ist es bei sogenannten virtuellen Firmen, die Herkunft eines Produkts oder einer Dienstleistung festzustellen. Sie sind ein wechselndes Set von zeitlich begrenzten Beziehungen, die durch Computernetzwerke und Telekommunikation verbunden sind.

Die ökonomischen Aktivitäten sind nicht gleichmäßig über den Globus verteilt, sie sind vielmehr gruppiert (englisch: „clustered"). Die Vorteile einer solchen Gruppierung auf lokaler Basis sind (AMIN, A.

& N. THRIFT 1994, zitiert in DICKEN, P. 1998, 11): „Face-to-Face"-Kontakte, die nur bedingt durch Telekommunikation ersetzt werden können, soziale und kulturelle Interaktion und die Möglichkeit, Technologie und Wissen zu verbessern. Hier ist anzumerken, dass der letzte Punkt in Zukunft am ehesten de-lokalisiert wird. Die genannten Abhängigkeiten, die nicht in erster Linie mit der eigentlichen Produktion zusammenhängen, sind als wichtiger zu betrachten als produktionsbedingte Transaktionen zwischen Firmen. Denn Firmen, die räumlich nahe beieinander liegen, müssen nicht unbedingt funktional etwas miteinander zu tun haben (DICKEN, P. 1998, 11). Die Entwurzelung der Ökonomie führt also vor allem zur immer größeren Austauschbarkeit von Lokalitäten im Wirtschaftsprozess.

4.1.5 Ungebremster Geldfluss

Marktwirtschaften sind heute letztlich Geldwirtschaften. Daher können die Mechanismen der Marktwirtschaft von der Seite des Geldes her aufgeschlüsselt werden. So steuert der Geldmarkt den Gütermarkt, dessen Entwicklung für die Nachfrage auf dem Arbeitsmarkt, also auch für Beschäftigung, entscheidend ist. Es ist jedoch schwierig, Geld soziologisch zu interpretieren, denn Geld ist mehr als nur ein Kommunikationsmedium zur Zirkulation von Waren (LUHMANN, N. zitiert in ALTVATER, E. & B. MAHNKOPF 1996, 136). Wäre Geld nur zur Zirkulation von Waren nötig, würden heute pro Tag 10 Milliarden US$ reichen. Es werden aber auf den Weltwährungsmärkten täglich bis zu 1 000 Milliarden US$ umgesetzt. Geld ist nun an sich wichtig geworden. Geld, oder genauer Kapital fließt in drei Hauptkategorien (PETRELLA, R. 1996, 68):

- Finanzflüsse, welche mit dem Handel von Waren und Dienstleistungen verknüpft sind
- Direktinvestitionen, zum Beispiel der Kauf von Firmen.
- Portfolioinvestitionen und andere Finanztransaktionen wie der Kauf von Aktien, Währungsgeschäfte, internationale Kredite, Anleihen sowie „neue" Finanzprodukte z. B. Derivate (SCHAMP, E. 2008c, 75)

Vor allem in den 1970er-Jahren fand eine Beschleunigung und Ausweitung von Kapitalmärkten statt. Die Ursache wird von R. PETRELLA (1996) bei den OPEC-Staaten (Organisation erdölexportierender Länder) gesehen, die ihren aus Öl- und Erdgasexporten erwirtschafteten Mehrwert in den Industrieländern anlegten. Diese wiederum finanzierten damit die Entwicklung im „Süden". Die so genannten Entwicklungsländer wurden zu Schuldnern, und weil sie ihre Schulden nicht fristgerecht begleichen konnten, begann sich die Verschuldungsspirale zu drehen. In den 1980er-Jahren waren es dann Überschüsse der japanischen Wirtschaft, mit denen auf diese Weise investiert wurde. Dies erfolgte aber immer weniger in Drittweltstaaten, die – aufgrund von angenommenen oder tatsächlichen Unsicherheiten – von den globalen Finanzströmen (wieder) abgekoppelt oder „ausgetrocknet" wurden (PETRELLA, R. 1996, 69).

Durch Geld lassen sich Zeit- und Raumkoordinaten neu organisieren, denn bei der Geldwirtschaft ist keine physische

Präsenz oder gar Ko-Präsenz von Mensch und Produkt nötig, es sind einzig und allein die Fristen und Fälligkeiten – zum Beispiel von Schuldzinsen – wichtig. Geld fungiert entweder als Vermögen oder als Zahlungsmittel. Es begründet eine Forderung. Wo viel Geld ist, bestehen viele (potenzielle) Forderungen, denen Verpflichtungen gegenüberstehen. Es kommt folglich zu Schulden und Schuldnern. Zinssätze wurden so zu einem wichtigen – wenn nicht dem wichtigsten – Faktor für die Börsen und die Entwicklung von Nationalökonomien. Der Handel mit Geld hat nicht mehr direkt mit der Wohlfahrt der Bevölkerung zu tun. Als zum Beispiel im April 1996 die amerikanische Regierung euphorisch von der Schaffung von 250 000 Arbeitsstellen in nur zwei Monaten und einem Sinken der Arbeitslosenquote von 5,8 auf 5,5 Prozent berichtete, reagierte die Wall Street mit einem Kurssturz. Wenn sich also die Ökonomie hinsichtlich der Beschäftigung in einem guten Zustand präsentiert, reagieren die Finanzmärkte sensibel, weil dadurch die Hoffnungen auf Zinssenkungen zerstört werden. Dies zeigt, wie entkoppelt die Finanzmärkte von der realen Ökonomie sind[4].

Mit der Globalisierung der Finanzmärkte geht ein Verlust der wirtschaftspolitischen Souveränität der Nationalstaaten einher. Wenn Zinsen und Wechselkurse nicht mehr politisch durch die dafür legitimierten Institutionen des Nationalstaats festgelegt, sondern auf globalen Märkten gebildet werden, kann die Marktdynamik nicht mehr politisch nach Zielvorgaben reguliert werden. Die Rationalität der Politik wird dann die gleiche wie die der Ökonomie (ALTVATER, E. & B. MAHNKOPF 1996, 129). Das bedeutet jedoch nicht, dass es sich hierbei um eine natürliche oder sich aufdrängende Konvergenz handelt. Es zeigt vielmehr den – besonders auch in der jüngsten Finanzkrise – empirisch feststellbaren Einfluss von Wirtschaftskreisen auf die Politik.

Zusammenfassung

Fazit
- Die Weltökonomie war schon vor 1914 internationalisiert, dies aber nur in Bezug auf den Handel (man spricht von „oberflächlicher Integration"). Gegenwärtig hat man es aber mit einer sogenannten „tiefen Integration" zu tun, bei der auch die Produktion von Gütern und Dienstleistungen internationalisiert ist.
- Der Prozess der ökonomischen Globalisierung verläuft nicht homogen über den gesamten Globus. Obwohl immer mehr Gesellschaften in die Weltwirtschaft einbezogen werden, findet eine Konzentration von Handel, Investition und Produktion statt. Diese Konzentration nennt man auch Triade, da sie ein Dreieck zwischen Amerika, Europa und Japan umfasst.
- Die Entwicklungen nach dem Zweiten Weltkrieg verstärkten die wirtschaftliche Macht der Triade. Bis in die 1970er-Jahre boomte die Wirtschaft in den Regionen der Triade. Nach einer Abflachung des Wachstums durch die Ölkrise in den 1970er-Jahren ist jedoch – gemäß UNO – immer noch ein weltweites Wachstum zu verzeichnen, wobei dieses nicht mehr primär in der

Triade stattfindet, sondern in den ost- und südostasiatischen „Tigerstaaten" und osteuropäischen Transformationsländern.
- Der Kapitalismus hat sich als neoliberales System durchgesetzt, in welchem der Staat Eingriffe in die Wirtschaft weitgehend vermeidet. Doch besonders in Krisenzeiten verlangt die Wirtschaft nach staatlichen Stützungsmaßnahmen.
- Marktwirtschaften sind heute letztlich Geldwirtschaften. Der Geldmarkt steuert den Gütermarkt, welcher wiederum für die Nachfrage auf dem Arbeitsmarkt und somit für die Beschäftigung entscheidend ist.

Zum Einlesen
ALTVATER, E. & B. MAHNKOPF (2007): Grenzen der Globalisierung – Ökonomie, Ökologie und Politik in der Weltgesellschaft. – Westfälisches Dampfboot, Münster.
Der dicke Band ist bereits in der zweiten Auflage erschienen und beleuchtet vor allem die wirtschaftliche Globalisierung kritisch.

4.2 Globale Krisen als Folge einer globalisierten Ökonomie

Je nach Einstellung werden Wirtschaftskrisen als Folge eines zu stark oder zu schwach regulierten kapitalistischen Finanzsystems betrachtet. Die folgenden Beispiele zeigen, dass lokal verursachte Krisen sich rasch ausweiten und globale Konsequenzen haben können.

4.2.1 Die asiatische Währungskrise 1997/98

Dass die Triade kein stabiles und sicheres Gebilde ist, hat 1997/98 die Währungskrise in Asien gezeigt, welche die globale Wirtschaft in Mitleidenschaft gezogen hat. Sie ging zwar von Ländern Südostasiens aus, griff aber schnell auch auf Japan über und wirkte sich (in abgeschwächter Form) global aus. Damit zeigt die Krise die Wichtigkeit der asiatischen Volkswirtschaften im globalen Wirtschaftssystem. 2007 flossen 361 Milliarden US$ an Direktinvestitionen nach Asien, und das investierte Kapital betrug 2964 Milliarden US$, während die entsprechenden Zahlen für Afrika 52 und 393 Milliarden US$ betrugen (UNCTAD 2009). In Asien wird also weit mehr ausländisches Kapital investiert als in Afrika. Ein Abzug dieses Kapitals oder eines Teils davon hätte weltwirtschaftlich gesehen ein größeres Gewicht als es ein Abzug des in Afrika investierten Kapitals hätte. Über die Auslöser der Krise ist man sich mehr oder weniger einig. Aufgrund einer Vielzahl von fälligen (und „faulen"[5]) Krediten war Thailand Mitte 1997 gezwungen – trotz anderslautender Beteuerungen – seine Währung, den Baht, gegenüber dem Dollar abzuwerten (vgl. Abb. 4.2.1/1), das gleiche geschah in Indonesien mit der Rupiah (KRUGMAN, P. 1999, 146). Die Folge davon war, dass sich Investoren nicht nur aus diesen Ländern, sondern – einen Dominoeffekt befürchtend und damit auch auslösend – auch aus Malaysia, den Philippinen und

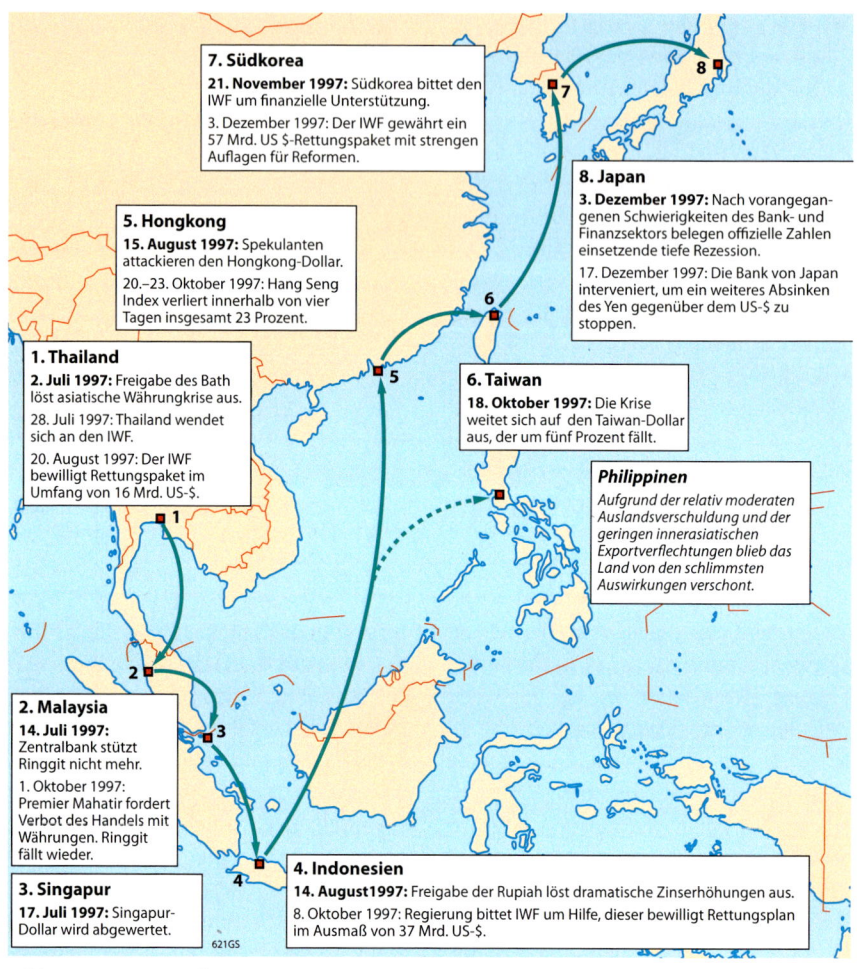

Abb. 4.2.1/1 *Verlauf der asiatischen Währungskrise*

7. Südkorea
21. November 1997: Südkorea bittet den IWF um finanzielle Unterstützung.
3. Dezember 1997: Der IWF gewährt ein 57 Mrd. US $-Rettungspaket mit strengen Auflagen für Reformen.

8. Japan
3. Dezember 1997: Nach vorangegangenen Schwierigkeiten des Bank- und Finanzsektors belegen offizielle Zahlen einsetzende tiefe Rezession.
17. Dezember 1997: Die Bank von Japan interveniert, um ein weiteres Absinken des Yen gegenüber dem US-$ zu stoppen.

5. Hongkong
15. August 1997: Spekulanten attackieren den Hongkong-Dollar.
20.–23. Oktober 1997: Hang Seng Index verliert innerhalb von vier Tagen insgesamt 23 Prozent.

1. Thailand
2. Juli 1997: Freigabe des Bath löst asiatische Währungkrise aus.
28. Juli 1997: Thailand wendet sich an den IWF.
20. August 1997: Der IWF bewilligt Rettungspaket im Umfang von 16 Mrd. US-$.

6. Taiwan
18. Oktober 1997: Die Krise weitet sich auf den Taiwan-Dollar aus, der um fünf Prozent fällt.

Philippinen
Aufgrund der relativ moderaten Auslandsverschuldung und der geringen innerasiatischen Exportverflechtungen blieb das Land von den schlimmsten Auswirkungen verschont.

2. Malaysia
14. Juli 1997: Zentralbank stützt Ringgit nicht mehr.
1. Oktober 1997: Premier Mahatir fordert Verbot des Handels mit Währungen. Ringgit fällt wieder.

3. Singapur
17. Juli 1997: Singapur-Dollar wird abgewertet.

4. Indonesien
14. August 1997: Freigabe der Rupiah löst dramatische Zinserhöhungen aus.
8. Oktober 1997: Regierung bittet IWF um Hilfe, dieser bewilligt Rettungsplan im Ausmaß von 37 Mrd. US-$.

schließlich Südkorea zurückzuziehen begannen. F. CHESNAIS (1998, 12) spricht von 110 Milliarden Dollar, die sehr schnell aus der Region verschwanden. Dies veranlasste unter anderem den damaligen malaysischen Premierminister Mahatir dazu, darin eine amerikanische Verschwörung[6] zu sehen (KRUGMAN, P. 1999, 147). Das aus der Region abgezogene Kapital wurde dann vermehrt in den USA und in Europa angelegt, wo es zu einem Börsenboom führte (CHESNAIS, F. 1998, 12). Gleichzeitig verschwanden in Südostasien Zehntausende von Arbeitsplätzen und viele Menschen gerieten in Armut.

Die Ursachen der Krise sind jedoch ebenso umstritten wie Konzepte zu

4.2 Globale Krisen als Folge einer globalisierten Ökonomie

ihrer Überwindung. ALAN GREENSPAN (1998, zitiert in GOLUB, P. 1998, 7), der damalige Chef der amerikanischen Notenbank (Federal Reserve), führt sie auf ein „Übermaß an Staat" in Asien zurück. Der Staat habe es verpasst, durch vollständige Deregulierung die Entwicklung eines „natürlichen", optimal funktionierenden Marktes zu ermöglichen. Ähnlich argumentierte der Internationale Währungsfonds (IWF) mit der Forderung nach Öffnung der Märkte und nach der Aufgabe von indirekten Subventionen an die Industrie und direkten Preissubventionen für Grundnahrungsmittel und Treibstoffe. Die „einfache" Strategie zur Überwindung der Krise heißt aus dieser Sicht Deregulierung und damit Öffnung der Märkte. Damit sollen potenzielle Investoren Vertrauen schöpfen und die Region wieder mit Kapitalzuflüssen beglücken. Die Aufgabe der Subventionen für Grundnahrungsmittel führte letztlich in Indonesien zu Aufständen und schließlich zum erzwungenen Rücktritt des seit 1966 regierenden Präsidenten H.M. SUHARTO (GOLUB, P. 1998, 7). Andere, wie zum Beispiel F. CHESNAIS (1998, 12), sehen in den Aktienmärkten der USA und dem neoliberalen Wirtschaftsprinzip das Problem, da die gesamte Weltwirtschaft letztlich davon abhängt. Die „Nervosität" an der Wall Street während und nach der Asienkrise zeigt die gegenseitige Abhängigkeit zwischen den USA und dem Rest der Welt. Nach F. CHESNAIS Sichtweise hat der Neoliberalismus die Wirtschaft in den Rang einer autonomen Sphäre erhoben. Sie strebt die Herrschaft über die gesamte Gesellschaft an und will sich damit von politischen und sozialen Grundstrukturen abkoppeln. Marktgesetze werden zu Naturgesetzen[7] erklärt, die – einmal durchgesetzt – als unveränderlich betrachtet werden (CHESNAIS, F. 1998, 12).

PAUL KRUGMAN (1999) hält Währungskrisen für etwas Normales, das immer wieder eintreten kann. Allerdings geht er nicht von zirkulären Bewegungen – wie den Kondratiew-Zyklen – aus und somit auch nicht von einer Determinierung des Wirtschaftslebens. Weiter lehnt er Verschwörungstheorien ab, nach denen dunkle Machenschaften von Staaten oder Investorengruppen Währungskrisen hervorrufen. Vielmehr sieht er im so genannten Herdentrieb (englisch: „Herding") den Hauptgrund von Finanzkrisen. Damit ist der Umstand gemeint, dass viele Investoren nur deshalb verkaufen, weil alle anderen auch verkaufen. Es ist ein normales Resultat rationaler Bewertungen von nicht nachhaltiger Finanzpolitik; denn „... eine genügend glaubwürdige Währung wird nie attackiert und eine genügend unglaubwürdige gerät immer unter Beschuss" (KRUGMAN, P. 1999, 152, Übersetzung des Verfassers). Für die Forderungen nach bedingungsloser Deregulierung zur Überwindung der Krise hat er wenig übrig, er umschreibt das Problem mit einem Witz (KRUGMAN, P. 1999, 126): „Ein Autofahrer überfährt einen Fußgänger, der hinter dem Auto auf der Strasse liegen bleibt. Er schaut zurück und sagt: ‚Es tut mir so leid – lassen Sie mich den Unfall rückgängig machen' – legt den Rückwärtsgang ein und überfährt den Fußgänger ein zweites Mal." Als mögliches Rezept (allerdings für ein kriselndes Japan, dessen wirtschaftliche Basis ungleich stärker ist als die der stärker in die Krise geratenen asiatischen Staaten), um aus der Krise herauszukommen, nennt er die Ankurbelung der Nachfrage durch die Erhöhung der Geldmenge. Diese führt erst zur Inflation, wenn Geld exzessiv ausgegeben wird und die Produktion des Landes zu übersteigen droht, was gerade in Japan eher unwahrscheinlich ist (KRUGMAN, P. 1999, 126). Eine starke japanische Wirtschaft – so wird argumentiert – wäre in der Lage gewesen, den Fall der „Tigerstaaten" (der aufstrebenden südostasiatischen Ökonomien) zu bremsen, so wie die mexikanische Finanzkrise 1994/95 von den USA abgefedert wurde (CHESNAIS, F. 1998, 12).

Die asiatische Krise zeigt, wie vernetzt die Weltwirtschaft geworden ist, aber auch, dass ein beispiellos liberalisierter und deregulierter Finanz- und Währungsmarkt in Mitleidenschaft gezogen werden kann (CHESNAIS, F. 1998, 12). Es ist schwierig zu beurteilen, welches Rezept am wirkungsvollsten Finanzkrisen beheben kann, zu unterschiedlich sind die Meinungen dazu. Eine Deregulierung kann – wenn überhaupt – nur Erfolg haben, wenn sie vollständig durchgeführt wird und vor keiner Protektion Halt macht. Dies ist auch heute (noch) nicht der Fall. Es werden immer noch Kosten externalisiert, für die der Staat aufkommen muss, während Gewinne durch die fortwährende, aber nicht vollständige Deregulierung immer mehr privatisiert werden. Durch stets geringere Steuereinnahmen wird es für die staatlichen Institutionen zunehmend schwieriger, für diese Kosten aufzukommen. Eine vollständige Deregulierung bedeutet aber auch, dass sehr viele Lebensbereiche der unsichtbaren Hand des Marktes, also dem Aggregat aller (ökonomischen) Handlungen, überlassen werden. Der Staat kann dann nicht mehr regulierend eingreifen. Auf der anderen Seite ist der (politische) Spielraum gerade hochverschuldeter Staaten kaum groß genug, um eine eigenständige Finanz- und Währungspolitik gegen die Interessen von Gläubigern, potenziellen Handelspartnern oder Investoren durchzusetzen. Die Konsequenz ist ein Kompromiss eines teilregulierten Marktes, der – wie F. KRUGMAN mit seinem Autofahrerwitz zu illustrieren versuchte – die schlimmere beider Möglichkeiten darstellt.

Die Krise hat auch enthüllt, wie bestimmte Prozesse der Globalisierung wahrgenommen und rhetorisch verwendet werden. Das Gefühl, amerikanischen Aktienmärkten, chaotisch handelnden Investoren oder gar verschwörerischen Spekulanten ausgeliefert zu sein, bietet den betroffenen Regierungen einerseits die Möglichkeit, sich in der Opferrolle zu präsentieren. Anderseits wenden sich die Regierungen der wirtschaftlich geschwächten Staaten häufig an die USA, welche mit den Methoden des IWF versuchen die Krise zu lindern und gleichzeitig ihre hegemoniale Rolle zu festigen. Für das politische Überleben von Politikern, deren Horizont meist vier oder fünf Jahre beträgt, ist Globalisierung – verstanden als unkontrollierbare äußere Kraft – eine willkommene rhetorische Entschuldigung. Für die Armen der in Schieflage geratenen Länder bedeutet sie die Beraubung vieler Hoffnungen auf eine Besserung ihrer Situation.

4.2.2 Die Bankenkrise 2007/2008 und die internationale Wirtschaftskrise von 2009

Die Krise, welche 2007 von den amerikanischen Finanzmärkten ausging und nachfolgend zu einer globalen Wirtschaftskrise führte, kam nicht von heute auf morgen. Nach den Terroranschlägen des 11. Septembers 2001 hielt die amerikanische Notenbank die Zinsen für Kapital tief, um eine Panik bei Anlegern zu verhindern. Sind die Zinsen tief, so ist es lukrativ, einen Kredit aufzunehmen, um zum Beispiel ein Haus zu bauen. Als sich die amerikanischen Märkte in den Folgejahren erholten, das Zinsniveau aber immer noch tief blieb, kam es zu einem Boom auf dem Immobilienmarkt. Die Nachfrage nach Häusern überstieg das Angebot stark, was zu einer Preissteigerung führte. Weil in dieser Entwicklung kein Ende abzusehen war, vergaben die Banken auch Kredite an Kunden mit zweifelhafter Bonität oder mit gar keinem Eigenkapital (etwas, dass in den meisten europäischen Ländern undenkbar wäre). Für das erhöhte Risiko dieser so genannten „Subprimes" verlangten sie einen höheren Zins. Dabei gingen die Banken von folgendem Kalkül aus: kann der Kunde den Zins aufbringen, so verdient die Bank mehr als mit „normalen" Krediten. Kann er seinen Verpflichtungen nicht nachkommen, so gehört der Bank ein Haus, das im boomenden Immobilienmarkt stetig an Wert gewinnt. 2006 übertraf das Angebot an Immobilien aufgrund reger Bautätigkeit die Nachfrage wieder, sodass die Preise zu sinken begannen. Gleichzeitig stiegen die Hypothekarzinsen, sodass viele Hauskäufer ihren Verpflichtungen nicht mehr

Die Tobin-Tax

Um globale Finanzkrisen zu verhindern, werden unterschiedliche Maßnahmen vorgeschlagen. Eine davon ist die bereits 1972 vom Ökonomen James Tobin vorgeschlagene Besteuerung internationaler Devisengeschäfte. Sie ist allgemein bekannt als „Tobin-Tax" oder „Tobin-Steuer". Mit einem bescheidenen Steuersatz von 1 Prozent auf jede Transaktion, die über nationale Grenzen hinweg getätigt wird, sollen kurzfristige Anlagen verhindert werden. Dabei, so die Argumentation, übersteigen die sich kumulierenden Steuerkosten die Gewinnspanne der Finanzspekulationen. Mit den Steuereinnahmen könnten Programme zur Beseitigung von Hunger und Armut unterstützt werden. Die „Tobin-Tax" wird stark von globalisierungskritischen NGOs wie ATTAC (**a**ssociation pour une **t**axation des **t**ransactions financières pour l'**a**ide aux **c**itoyens) propagiert. Kritiker der „Tobin-Tax" argumentieren, dass die (geringe) Steuer größere Abwertungen nicht verhindern kann, da dort die Geldwertveränderungen so groß sind, dass eine einprozentige Steuer nicht ins Gewicht fallen würde. Die Tobin-Tax würde damit zu einer „Gut-Wetter-Steuer", welche große Krisen nicht zu verhindern vermag.

(ALTVATER, E. & B. MAHNKOPF 2007, 216)

nachkommen konnten und ihre Häuser verlassen mussten. Dadurch sanken die Häuserpreise weiter. Die Immobilienkrise wurde zur Bankenkrise, weil die auf Immobilien und Hypotheken spezialisierten Banken und Branchen diese Kredite an Großbanken weiterverkauften, um sich abzusichern. Diese wiederum mischten gute und schlechte Kredite, um die Risiken zu verteilen. Da jedoch zu viele „faule" Kredite in diesen Paketen waren, bekamen viele Banken Probleme als diese nicht mehr zurückbezahlt wurden. Taumelnden Finanzinstituten wird misstraut, weswegen einerseits viele Anleger ihr Geld zurückzogen und anderseits andere Banken nicht mehr bereit waren, ihnen Darlehen zu gewähren. Da die genannten Pakete nicht nur in den USA, sondern weltweit gehandelt wurden und außerdem viele europäische und asiatische Banken Anteile an amerikanischen Banken halten, wirkte sich die Finanzkrise auch auf andere Regionen aus (KRÜGER, A. 2008). Die amerikanische Regierung ist nicht bekannt dafür, dass sie marode private Firmen verstaatlicht, um sie vor dem Konkurs zu retten. Doch genau dies ist geschehen: Die größten Baufinanzier Freddie Mac und Fannie Mae wurden verstaatlicht und damit vor dem Kollaps gerettet. Schlingernden Banken greift man – nicht nur in den USA, sondern auch in Europa – mit Finanzpaketen unter die Arme, sofern sie nicht von Konkurrentinnen übernommen werden. Dies wird nur getan, weil ein Konkurs derart mächtiger Institutionen eine verheerende Wirkung auf die einheimische und auch die globale Wirtschaft hätte.

Ein Konjunkturaufschwung ist letztlich nur über einen gesteigerten Konsum zu erreichen, welcher wiederum nur über eine stabile Massennachfrage zu erzielen ist. Die Abfolge von neoliberalen Phasen und solchen, welche staatliche Eingriffe zur Ankurbelung der Wirtschaft propagieren, darf jedoch nicht als zyklisch angesehen werden. Denn gesellschaftliche Prozesse, die mit dem einen oder anderen Ansatz zur Wirtschaftsförderung einhergehen, lassen sich nicht so schnell umkehren oder in eine gewünschte Richtung lenken. Außerdem ist heute die Rückkehr zu einer nachfrageorientierten Wirtschaftspolitik unter globalisierten Bedingungen kaum mehr möglich, denn dazu müssten Nationalökonomien wieder abgeschlossen(er) werden, was kaum realistisch ist (HABERMAS, J. 1998b, 83). Durch die Globalisierung wird man mit einem Problem konfrontiert, das so alt ist, wie der Kapitalismus selbst: Wie lassen sich Märkte effektiv nutzen, ohne dass dabei Ungleichverteilungen und soziale Kosten entstehen, die mit den Grundwerten demokratisch verfasster liberaler Staaten unvereinbar sind (HABERMAS, J. 1998b, 67)?
Der Schlüssel zur Lösung ist eine Politik, die bei hohem Beschäftigungsgrad für eine relativ breite Streuung von Wohlstand und sozialer Sicherheit sorgt. Durch Konzentrationen, Fusionen oder Rationalisierungen ist aber ein hoher Beschäftigungsgrad nicht aufrechtzuerhalten. Weniger Beschäftigte bedeuten auch, dass sich die Höhe der Sozialleistungen verringert. Die Folge davon ist, dass Krisentendenzen entstehen, die früher besser abgefedert werden konnten.

Zusammenfassung

Fazit

- In einer globalisierten Welt können sich lokal verursachte ökonomische Krisen rasch ausweiten und globale Konsequenzen haben.
- Der Auslöser der asiatischen Währungskrise 1997/98 ging von einer Abwertung des thailändischen Bahts und der indonesischen Rupiah gegenüber dem Dollar aus. Investoren begannen, aus der ganzen Region Kapital abzuziehen, da sie eine Ausweitung der Krise auf die anderen „Tigerstaaten" befürchteten, was sie mit ihrer Strategie jedoch mit verursachten. Das neu gewonnene Kapital wurde in den USA und in Europa angelegt und führte dort zu einem Börsenboom, während in Südostasien Tausende von Arbeitsplätzen verschwanden. Die asiatische Währungskrise zeigte zum ersten Mal in aller Deutlichkeit die globale Vernetzung vom Finanz- und Währungsmarkt, aber auch die Anfälligkeiten von liberalisierten und deregulierten Märkten.
- Die Bankenkrise 2007/08, die sich bis zum Jahre 2009 zur weltweiten Wirtschaftskrise ausdehnte, nahm ihren Anfang mit einer amerikanischen Finanzkrise im Immobilienmarkt. Zu Zeiten des Immobilienbooms in den Anfangsjahren des 21. Jh. vergaben Kreditinstitute sogenannte „faule" Kredite, die von den Gläubigern nicht mit eigenem Kapital gedeckt werden konnten. Um sich abzusichern, verkauften diese Kreditinstitute einen Teil der Kredite an Großbanken, welche diese schlechten Kredite mit guten Krediten zu Paketen schnürten und damit handelten. Als dann aufgrund der geplatzten Immobilienblase und erhöhten Hypothekenzinsen die Kredite nicht mehr zurückbezahlt wurden und der Wert der Häuser sank, gerieten diverse angesehene Finanzinstitute ins Wanken. Durch Teil-Verstaatlichungen maroder Großfirmen wird versucht, eine globale Depression abzuwenden.
- Die Meinungen bezüglich Ursachen von Finanzkrisen und Strategien zu deren Überwindung gehen weit auseinander. Für die Einen ist die Deregulierung und Liberalisierung von Märkten die Ursache der Krise, für die Anderen die Lösung zu deren Überwindung.

Zum Einlesen

KRUGMAN, P.: The accidental theorist – and other dispatches from the dismal science. – W. W. Norton & Co, New York/London, 1999. Der Band versammelt Essays des späteren Nobelpreisträgers der Ökonomie. Die meisten Artikel lassen sich gut auf die knapp ein Jahrzehnt nach deren Erscheinen erfolgte Bankenkrise beziehen.

4.3 Privilegierung und Entrechtung

4.3.1 Entwurzelter Reichtum

Oft wird postuliert, dass durch Prozesse der Globalisierung eine verstärkte Polarisierung zwischen Armen und Reichen entsteht (z. B. BAUMAN, Z. 1997a). Dies geschieht vor allem deshalb, weil Arbeiterschaft und Unternehmertum nicht mehr voneinander abhängig sind. Die größten Gewinne werden erzielt, wenn eine Firma „verschlankt" wird und dadurch ihr Aktienkurs steigt (BECK, U. 1997, 100). Die Lebenssphären zwischen Armen und Reichen waren zwar schon immer voneinander abgetrennt, doch heute haben sie oftmals keinerlei Berührungspunkte mehr. Ein Beispiel hierzu dürften die „Gated Communities" sein, durch Zäune und Mauern abgeschlossene und von Sicherheitsleuten geschützte Überbauungen, in denen die Reichen unter sich und von anderen Bevölkerungsschichten getrennt leben[8]. Im kapitalistischen Gesellschaftssystem werde gemäß Z. BAUMAN (1997a, 331) in den Armen kein Nutzen mehr gesehen, und sie hätten – überspitzt ausgedrückt – auch keine Daseinsberechtigung mehr, da sie nicht als Konsumenten „funktionierten". Es bleibt ihnen nichts Anderes übrig, als die Zeit totzuschlagen und im Raum verhaftet zu bleiben, während die Reichen die Zeit als knappes Gut monopolisieren und sich über Distanzen hinwegsetzen können (BAUMAN, Z. 1997b; BECK, U. 1997).

Die angesprochene Trennung zwischen Armen und Reichen ist in räumlicher Hinsicht nur auf der kleinsten Maßstabsebene nachweisbar. Die wirtschaftlich erfolgreiche und reiche Triade (Nordamerika, Europa, Japan und die südostasiatischen

---

Bewachte Wohnkomplexe

„Gated Communities" kennt man vor allem aus den USA und Lateinamerika, wo diese Wohnform bereits einen ansehnlichen Anteil an den Kommunen einnimmt. In Europa sind „Gated Communities" vergleichsweise selten anzutreffen. Dennoch reichen Vorläufer dieser Wohnform bis ins europäische 19. Jh. zurück (GLASZE, G. 2003). Die umzäunten Gebiete entziehen sich den Kommunen und dem öffentlichen Raum. Es werden darauf eigene Infrastrukturen aufgebaut, die kaum mehr in Beziehung zu den umliegenden Quartieren stehen. Da mitteleuropäische Städte sich zu umfassenden Trägern einer kommunalen Daseinsvorsorge entwickelt haben, sind „Gated Communities" dort selten. Doch die steigende Mobilität der hohen Einkommensschichten führt auch hier zu einer stärkeren Nachfrage. So wünschen amerikanische Manager, die nach Europa kommen, – aufgrund ihrer Erfahrung im Heimatland – häufiger geschützte Wohnformen. Auch in Entwicklungs- und Schwellenländern wächst die Zahl bewachter Wohnkomplexe stark. Vor allem in Gebieten mit hoher Kriminalität zieht vermehrt der Mittelstand in „Gated Communities".

Tigerstaaten) steht dem armen Rest der Welt gegenüber. Doch auf einer größeren Maßstabsebene gibt es die „Dritte Welt" auch im Westen, in der unmittelbaren Nachbarschaft der Reichen.
Die Vorstellung einer Arbeitswelt, in der lediglich Maschinen und Manager (unabhängig von einem Standort) arbeiten, ist ebenfalls illusorisch. SASKIA SASSEN (1998b) beschreibt, wie Großkonzerne im Dienstleistungssektor (z. B. Banken) auf Angestellte der unteren Chargen angewiesen sind: wie zum Beispiel auf Putzpersonal, Hausmeister, Fahrer, Kantinenpersonal. Das heißt, dass diese Firmen nicht gänzlich standortunabhängig operieren können. Sie sind auf eine gewisse Infrastruktur angewiesen, und dazu werden auch Menschen benötigt. Diese Ansprüche, gekoppelt mit dem Bedürfnis nach „Face-to-Face-Kontakten", führen zu Clusterungen von Unternehmen – vor allem Firmensitzen – und zur Entstehung von Global Cities (SASSEN, S. 1994).
Gleichwohl lässt sich heute eine Tendenz zu einer ausgeprägten Klassengesellschaft feststellen. Arbeit zu haben, bedeutet nicht unbedingt, ein Auskommen zu haben. Der Begriff „working poor" umschreibt diese Problematik. Die Zahl derer, die über Arbeit verfügen, aber durch die schlechte Entlohnung kein Auskommen finden, steigt stetig. Demgegenüber ist aber auch die Zahl der qualifizierten Jobs während der letzten 20 Jahre massiv gestiegen. Seit 1960 wurden in Europa über 100 Millionen Arbeitsplätze (meist für Besserqualifizierte) geschaffen. Doch auch wenn die letzte Zahl für eine positive Entwicklung steht, betrifft der Abbau einer jeden Stelle einen Menschen direkt (PETRELLA, R. 1996).

4.3.2 Lokalisierte Armut

Ein Aspekt der Globalisierung, der in Globalisierungsdebatten oft unerwähnt bleibt, ist die Spaltung von Arm und Reich (BAUMAN, Z. 1997a; 1997b). Globalisierung ist auch eine Neuverteilung von Privilegien und Entrechtungen, von Reichtum und Armut, von Möglichkeiten und Aussichtslosigkeit, von Macht und Ohnmacht, von Freiheit und Unfreiheit. JOHN KAVANAGH (zit. in BAUMAN, Z. 1997b, 325) vom „Institute of Policy Research" in Washington formuliert dies etwas drastischer: „Die Globalisierung hat den sehr Reichen mehr Möglichkeiten gegeben, schnell Geld zu verdienen. Diese Individuen haben die neueste Technologie benutzt, um große Geldsummen in extrem kurzer Zeit über den Globus zu jagen und effektiver zu spekulieren. Unglücklicherweise hat diese Technologie keine Auswirkungen auf das Leben der Armen der Welt. Globalisierung ist ein Paradox: während sie einigen wenigen zugute kommt, klammert sie zwei Drittel der Weltbevölkerung aus und marginalisiert sie."
Zwar gab es immer schon Unterschiede zwischen Arm und Reich, doch war deren Verhältnis von gegenseitiger Abhängigkeit gekennzeichnet, was unter heutigen Bedingungen immer weniger der Fall ist. Das Kapital emanzipiert sich vom Raum und braucht keine mobile Arbeitskraft mehr, die ihm folgt. Je mehr dem so ist, desto größer wird der Druck zur weiteren Verflüssigung der Kapitalströme und zum zusätzlichen Abbau noch bestehender Barrieren. Außerdem werden neue Schranken errichtet, um den Kapitalfluss von behindernden Kräften (wie z. B. Gewerkschaften) zu

schützen. Die virtuelle Zugänglichkeit von Entferntem spielt dabei eine große Rolle. Überspitzt formuliert leben die Wohlhabenden vor allem in der Zeit, Distanz bedeutet ihnen wenig, da sie immer schneller überbrückt werden kann. Nicht nur für die so genannte High Society, sondern auch für viele Manager gehört es zum Alltag, mehrmals pro Woche mit dem Flugzeug zu reisen, um Geschäftspartner zu treffen. Die Armen können sich die Überwindung von Distanzen weniger gut leisten und bleiben so dem Raum verhaftet, dem Ort, an dem sie ihr Auskommen finden müssen. Die steigende Zahl von Migranten aus Entwicklungsländern zeigt, dass zwar auch die Armen mobiler werden. Doch können sie die dafür notwendigen Mittel oft nur aufbringen, indem sie von Familie und Verwandtschaft finanziert werden. Der westliche Wohlfahrtsstaat stößt mehr und mehr an seine Grenzen, wenn es darum geht, den Unterprivilegierten Chancengleichheit zu bieten.

Um sich stärker von der wachsenden Zahl der Armen abzugrenzen, werden diese heute vermehrt kriminalisiert – wie dies vor allem in den USA stark zu beobachten ist – oder medikalisiert, also krankgeschrieben (WACQUANT, L. 2000). Armut ist dann nicht mehr ein gesellschaftliches Problem, sondern ein individuelles. Die Schuld ihrer Armut wird damit den Armen selbst zugewiesen. Sie müssen sich aus eigener Kraft daraus befreien, wollen sie nicht Gefahr laufen, mit dem Gesetz in Konflikt zu geraten oder als krank angesehen zu werden.

4.3.3 Schulden als Entwicklungshemmnis

Staaten, Organisationen und Einzelpersonen machen Schulden und begeben sich damit in eine gewisse Abhängigkeit und Unsicherheit. Obwohl es für viele unangenehm oder belastend sein kann, Schulden zu machen, kann aufgenommenes Kapital, richtig eingesetzt, zum Wohlstand beitragen. Zum Beispiel ermöglicht es den Bau eines Hauses, den Start einer Firma, die Ausbildung eines Kindes oder Investitionen in öffentliche Infrastruktur. Das aufgenommene Kapital wird eingesetzt in der Hoffnung, dass die damit verfolgten Ziele genügend Rendite abwerfen, um die Schulden und die dazu fälligen Zinsen zurückzuzahlen. Schwierig wird es, wenn die Schulden – und schlimmer noch die Schuldzinsen – nicht abgetragen werden können. Behält das Schuldpfand (z. B. ein Haus) seinen Gegenwert, so kann man in einer solchen Notsituation zumindest die Schuld abtragen. Ist dies nicht der Fall, wird man zahlungsunfähig. Davon können sowohl Einzelpersonen, Firmen als auch Staaten betroffen sein. Letztere können aber im Gegensatz zu ersteren prinzipiell nicht Konkurs gehen und (gegen den Willen des Souveräns) aufgelöst werden (ALTVATER, E. & B. MAHNKOPF 2007, 196). Seit 1980 sind diverse Staaten in Zahlungsschwierigkeiten geraten, weil sie zu viel ausländisches Kapital aufgenommen haben und aufgrund von Konjunkturschwankungen, zu geringen Wachstumsraten oder Zerstörungen durch Naturkatastrophen nicht mehr in der Lage sind, den Schuldendienst zu tätigen. Gerät ein Staat in den Verdacht, zahlungsunfähig zu werden, so hat dies meist einen Abzug von Kapital zur Folge. Investoren ziehen sich zurück oder bleiben aus, und inländisches Kapital wird in sichere Märkte transferiert. Die Asienkrise ist ein eindrückliches Beispiel für diesen Prozess.

Wird ein Staat zahlungsunfähig, kann er zwischen zwei Möglichkeiten wählen (STIGLITZ, J. 2006, 212): entweder unterlässt er Schuldzahlungen und wird gegenüber seinen Gläubigern vertragsbrüchig, womit er einen ökonomischen Zusammenbruch riskiert. Ist das in die Krise geratene Land ein großer Schuldner – wie zum Beispiel Brasilien, Mexiko oder Indonesien – hat eine Bankrotterklärung globale Auswirkungen, welche die Gläubiger zu verhindern trachten. In diesem Fall wird ihm die zweite Möglichkeit nahegelegt: die Hilfe internationaler Geldgeber. In der Regel ist dies der Internationale Währungsfonds (IWF, englisch: IMF für International Monetary Fund). Die Kredite des IWF sind an Auflagen gebunden, die zum Ziel haben, einen Überschuss der Leistungsbilanz eines Landes herbeizuführen, um die externen Schulden abzubauen. Solche Auflagen beinhalten die verstärkte Produktion für den Export, Privatisierungen von Staatsbetrieben und Ausgabenkürzungen. Die negativen Folgen davon können Verschlechterungen im Gesundheits- und Bildungssektor sowie der Infrastruktur sein. Außerdem können Preise für Grundnahrungsmittel drastisch steigen, wenn staatliche Subventionen dafür wegfallen (ALTVATER, E. & B. MAHNKOPF 2007, 209).

Durch die Möglichkeit schneller Kapitaltransfers haben sich auch Schuldenkrisen verschärft. Sie haben sehr viel schneller regionale oder gar globale Konsequenzen.

4.3.4 Verunsicherte Arbeiterschaft

„Die globale Wirtschaft bringt Millionen desillusionierter Arbeiter hervor. Ungleichheit, Arbeitslosigkeit und endemische Armut sind ihre alltäglichen Erfahrungen" (KAPSTEIN, E. 1998, 203). Die Arbeitsmärkte der wichtigsten Industrieländer geraten seit zwanzig Jahren durch rasanten technologischen Wandel und zunehmenden internationalen Wettbewerb immer mehr unter Druck.

Dass der fortgeschrittene globale Kapitalismus bei der Sicherung des Wohlstandes für alle derart versagen würde, widerspricht allen ökonomischen Voraussagen. Diese prophezeien seit Generationen eine Erhöhung der nationalen Produktivität sowie die Erzeugung von Wohlstand durch wachsenden Handel und steigende Investitionen (KAPSTEIN, E. 1998, 203; WUPPERTAL INSTITUT FÜR KLIMA, UMWELT, ENERGIE 2008, 109).

Offensichtlich ist der nach dem Zweiten Weltkrieg zustande gekommene Gesellschaftsvertrag, der im Unterschied zur früheren Erscheinungsform der (wirtschaftlichen) Globalisierung (KAPSTEIN, E. 1998, 207) eine aktive staatliche Wirtschaftspolitik vorsah, um soziale Gerechtigkeit und Wachstum gleichermaßen sicherzustellen, ein Auslaufmodell. Arbeitsplatzunsicherheit und Arbeitslosigkeit werden als Kehrseite der wirtschaftlichen Globalisierung gesehen und in Kauf genommen.

Die Ursachen für Arbeitslosigkeit und sich vergrößernde Einkommensunter-

> **Exkurs: Bildungsrendite**
> In der Bildungsforschung versucht man unter anderem herauszufinden, ob und welche Renditen bestimmte Ausbildungsgänge abwerfen. Die Rendite ergibt sich aus der Differenz zwischen Bildungskosten und dem Ertrag. Man unterscheidet dabei individuelle, soziale und fiskalische Renditen. Für die Berechnung der individuellen Bildungsrendite wird der finanzielle Aufwand, den eine Person für eine bestimmte Ausbildung betreiben muss, mit dem Einkommen, das sie danach auf dem Arbeitsmarkt erzielt (von dem dann die Steuern abgezogen werden), verglichen. Da Einzelpersonen oftmals nicht für alle Kosten einer Ausbildung aufkommen müssen, weil die Gesellschaft einen Teil übernimmt, können gesamtgesellschaftliche Berechnungen der Bildungsrendite ein anderes Bild ergeben. Die fiskalische Bildungsrendite vergleicht öffentliche Bildungskosten mit den zusätzlichen Steuererträgen, die durch höhere Bildung anfallen. Bei der sozialen Bildungsrendite werden die individuelle und die fiskalische Rendite zusammengenommen. Untersuchungen in der Schweiz haben ergeben, dass Renditen von gut 5 bis über 10 Prozent erzielt werden können. Am besten schneiden dabei höhere Berufsausbildungen ab, da sie häufig berufsbegleitend gemacht werden. Da die Absolventen auch während einer solchen Ausbildung Einkünfte haben, sind ihre persönlichen Kosten geringer als zum Beispiel bei einer universitären Ausbildung, bei der Studierende weniger Einkommen neben dem Studium erwirtschaften.
>
> (WOLTER, S. & B. WEBER 2005)

schiede[9] werden von verschiedenen Ökonomen an unterschiedlichen Stellen gesehen. In der traditionellen wirtschaftswissenschaftlichen Literatur werden Handel und Technik für diese Entwicklung verantwortlich gemacht. Eine weiterere Ursache, die von wenigen Ökonomen, aber vielen Journalisten und Politikern zitiert wird, ist die Einwanderung (KAPSTEIN, E. 1998, 211). Ökonomen, welche den Handel als Ursache für die Arbeitslosigkeit in Industrieländern sehen, argumentieren, dass eine quantitative Zunahme des Handels zwischen Nord und Süd mit einer qualitativen Veränderung der Produktion im Süden einhergeht. Die traditionelle Rolle der Länder des Südens als Lieferanten von landwirtschaftlichen Produkten und Rohstoffen für die Industrieproduktion der Industrieländer hat sich verschoben. Heute werden viele Industriegüter (von hochwertiger Kleidung bis zu Verbraucher-Elektronik) in den so genannten Entwicklungs- und Transitionsländern selbst hergestellt. Sie machen bereits über 50 Prozent der südlichen Exporte aus. Einige amerikanische Ökonomen (z. B. PAUL KRUGMAN und ROBERT Z. LAWRENCE) stellen diese Erklärung in Frage mit dem Argument, dass der Außenhandel in vielen Industrieländern zu gering sei, um derart drastische Auswirkungen zu zeitigen. Vielmehr behaupten sie, dass die Technologie für diese Veränderungen verantwortlich sei. Die Einführung neuer Technologien führe zu einem Überschuss an ungelernten Arbeitskräften. Gleichzeitig steige die Nachfrage nach gelernten Arbeitern, welche mit den neuen Technologien umzugehen wissen (Kapstein, E. 1998, 213). Beide Theorien vernachlässigen, dass Handel und Technologie nicht gesondert zu betrachten sind, sondern stark zusammenhängen. Zudem lassen sie unberücksichtigt, dass der Handel nicht frei und der technologische Standard ungleich ist. So sind zum Beispiel viele Technologien erst aufgrund von in- und ausländischem Konkurrenzdruck eingeführt worden (Kapstein, E. 1998, 213; Wuppertal Institut für Klima, Umwelt, Energie 2008, 110). Die von E. Kapstein (1998) so bezeichnete „Einwanderungstheorie" birgt schließlich den größten politischen Zündstoff und wird gerne von rechtspopulistischen Kreisen vorgebracht und instrumentalisiert. Dabei wird (z. B. von der Schweizerischen Volkspartei; Jäggi, R. 2005) davon ausgegangen, dass Immigranten die vorhandenen Arbeitsplätze besetzen, oder durch Dumpingpreise die Löhne drücken. Es wird vernachlässigt, dass die Einwanderung hauptsächlich einen positiven Effekt hat, da Immigranten auch benötigte Fähigkeiten besitzen, Kapital investieren und Arbeitsplätze schaffen oder Arbeiten verrichten, für die sich auf dem einheimischen Arbeitsmarkt keine Interessenten finden. Allerdings muss eingeräumt werden, dass vor allem schlecht qualifizierte einheimische Arbeitskräfte durch Einwanderung unter Druck geraten[10]. Aufgrund ihrer schlechteren Qualifizierung haben sie weniger gute Chancen auf dem Arbeitsmarkt als höher Qualifizierte. Und oft sind Migranten, die in Industrieländer einwandern, bereit, zu schlechteren Bedingungen zu arbeiten (Altvater, E. & B. Mahnkopf 2007, 358).

Viele Arbeitsämter bieten Arbeitslosen Aus- und Weiterbildungen an, mit denen sie – höher qualifiziert – bessere Chancen

---

Wal-Mart – der größte Arbeitgeber

Die amerikanische Warenhauskette „Wal-Mart" ist weltweit der größte einzelne Arbeitgeber und hat als solcher einen großen Einfluss auf die Arbeitsbedingungen im Einzelhandel. Das Credo des, von Sam Walton vor fünfzig Jahren gegründeten Warenhauses ist es, so günstig wie möglich zu sein. Die Verbraucher schätzen dies, doch wird der tiefe Warenpreis nur möglich durch ein Tiefhalten der Löhne. In Regionen mit starker Wal-Mart-Präsenz sind die Durchschnittslöhne um 2,5 bis 4,8 Prozent tiefer. So groß ist der Einfluss des Konzerns, dessen Umsatz 2005 das Bruttoinlandprodukt der Türkei übertraf. „Wal-Mart" unterbindet in seinen Betrieben die Etablierung von Gewerkschaften und entlässt die meist schlecht qualifizierten Arbeitskräfte bei den geringsten Problemen. Das Beispiel macht aufgrund seines Erfolges Schule, und auch Konkurrenten des Großverteilers übernehmen dessen Geschäftsgebaren.

(Halimi, S. 2007)

auf dem Arbeitsmarkt bekommen sollen. In vielen Fällen führen diese Bildungsprogramme zum Erfolg, da eine gute Ausbildung generell ein Bestandteil der individuellen Konkurrenzfähigkeit ist (KAPSTEIN, E. 1998, 215; WUPPERTAL INSTITUT FÜR KLIMA, UMWELT, ENERGIE 2008, 444)).

Zu den genannten Gründen für die steigende Arbeitslosigkeit der eher schlecht Ausgebildeten kommt die Finanzpolitik vieler Staaten hinzu. Die Möglichkeiten, global zu investieren und anzulegen, führen zu größeren Schwankungen auf den Finanzmärkten. Vor allem dann, wenn die Fälligkeit von Zinsen sich mit einem verminderten Wachstum überschneiden, droht Inflationsgefahr. Seit den 1990er-Jahren setzen Nationalbanken darum auf Geldwertstabilität, um eine Inflation zu verhindern und passen dementsprechend die Leitzinsen an (GISCHER, H. et al. 2005, 237). Damit nehmen sie implizit eine höhere Arbeitslosigkeit in Kauf, da weniger Geld im Umlauf ist und tendenziell weniger investiert wird. Wenn die Geldwertstabilität als unantastbar betrachtet wird, wird das Kapital gegenüber Arbeitssuchenden bevorteilt.

Der Wert einer Aktie steigt in der Regel, wenn die tatsächlichen oder erwarteten Erträge eines Unternehmens steigen. Erwartete Steuersenkungen können zu einer Wertsteigerung von Aktien führen (REUTERS, 15.07.1998). Dies bedeutet, dass Regierungen oder einflussreiche Politiker, die Steuersenkungen ankündigen[11], bereits durch diese Ankündigung einen Anstieg der Aktienkurse verursachen können (RASONYI, P. 2007). Damit ist jedoch noch nichts darüber gesagt, welche Auswirkungen sinkende Steuereinnahmen für die Erfüllung der staatlichen Aufgaben haben können. In einem, von einer staatlichen Sparmanie geprägten Milieu – so kritisiert zum Beispiel P. KRUGMAN (1999) – könne kein Wachstum entstehen, an dem die Arbeitnehmerschaft teilhat.

Letzteres ist ein Problem, das als neue Entwicklung beurteilt wird: es entsteht zwar wirtschaftliches Wachstum, doch ein großer Teil der Gesellschaft hat daran keinen oder nur einen geringen Anteil. P. BOURDIEU (1998) nennt dies Prekarisierung. Er sieht sie als Konsequenz der neoliberalen Ökonomie, welche Arbeitskräfte primär als Kostenfaktor innerhalb des Produktionsprozesses betrachtet. In dieser Logik ist es nur natürlich, dass die Preise für Arbeitskräfte sinken, wenn das Angebot an Arbeitskräften größer ist als die Nachfrage. Und solange mehr und mehr Arbeitsschritte besser und günstiger durch Maschinen ausgeführt werden können, sinkt die Nachfrage nach (wenig qualifizierten) Arbeitskräften weiter.

4.3.5 Staatliche Maßnahmen gegen die Arbeitslosigkeit in Industrieländern

Prozesse der Globalisierung – erleichterte internationale Kapitalflüsse, Standardisierungen in der Güterproduktion oder bessere und schnellere Transportmöglichkeiten – haben zu einer Flexibilisierung der Wirtschaft geführt. Produktionsstandorte können schneller in Regionen verlegt werden, wo mit weniger Kosten produziert werden kann. Dadurch gehen vor allem in Industrieländern Arbeitsplätze verloren, da Arbeitskräfte hier einerseits teurer sind und sie andererseits nicht so flexibel sind wie Maschinen, wenn es um die Produktionsverlagerung in ein anderes Land geht. In diesem Kapitel werden unterschiedliche Möglichkeiten und Modelle diskutiert, welche die Arbeitslosigkeit reduzieren sollen. Eine Patentlösung gibt es nicht und angesichts der Sparmaßnahmen, zu denen viele Regierungen gezwungen werden, ist die Bandbreite möglicher Strategien klein.

Um eine Verbesserung herbeizuführen, ist einerseits eine internationale Koordination nötig, andererseits müssen finanzpolitische Restriktionen gelockert werden. Denn durch den Sparkurs entstehen langfristig höhere Kosten – in der Form von steigenden Ausgaben für Arbeitslose und Ausgesteuerte. Zudem droht die Gefährdung des sozialen Friedens bei einer weiteren Erhöhung der Unterbeschäftigung. All dies ist teurer, als wenn die öffentliche Hand gezielt mehr Geld ausgeben würde. Dabei gibt E. KAPSTEIN (1998, 221–222) vier Möglichkeiten an, wie Regierungen die Arbeiterschaft unterstützen können:

- Protektionismus dürfte – wenn überhaupt – nur sehr kurzfristig Erfolge hervorrufen, da er zu höheren Preisen von importierten und einheimischen Produkten führt, was die Kaufkraft senkt und somit das Wachstum verlangsamt. Außerdem ist nicht sicher, dass nach einer solchen „Verschnaufpause" geschützte Bereiche mehr Arbeitsplätze bereitstellen (DICKEN, P. 2007, 493). Protektionismus würde außerdem von Handelspartnerländern mit Sanktionen bestraft, was weitere Arbeitsplätze gefährden würde. Zudem sind Exporte das am schnellsten wachsende Wirtschaftssegment, das durch protektionistische Maßnahmen gebremst würde (KAPSTEIN, E. 1998, 221).
- Die Förderung von Aus- und Weiterbildung ist wohl die unbestrittenste Maßnahme zur Linderung der Arbeitslosigkeit. Allerdings wirkt sich eine verbesserte Allgemeinbildung nicht unmittelbar auf die Reduktion der Arbeitslosenrate aus, sondern erst langfristig (KAPSTEIN, E. 1998, 222). Dies ist wohl mit ein Grund dafür, dass kurzfristig denkende Politiker auf eine Förderung der Bildung verzichten. Das Bildungsangebot müsste dabei so flexibilisiert werden – beispielsweise mittels Bildungsgutscheinen, die über das ganze Leben eingelöst werden können –, dass es allen Bevölkerungsschichten ermöglicht wird, sich aus eigenem Antrieb weiterzubilden. Und dies bevor sie in eine (längerfristige) Arbeitslosigkeit gleiten, da die dort ansetzenden Bildungsangebote weit teurer sind und zu wenig spezifisch ausgerichtet werden können.
- Die öffentliche Arbeitsplatzschaffung ist vergleichsweise einfach und effizient, da dadurch vor allem die Jugendarbeitslosigkeit abgefedert werden kann. Allerdings besteht hier das Problem, dass in diesem Zusammenhang zwischen dem (unerwünschten) Schutz unproduktiver Wirtschaftszweige vor dem Wettbewerbsdruck und der Förderung junger, hoffnungsvoller Betriebe unterschieden werden muss. Außerdem entstehen dem Staat durch solche Investitionsprogramme relativ hohe Kosten (KAPSTEIN, E. 1998, 222; DICKEN, P. 2007, 494). Eine andere Möglichkeit als die Erhöhung des Angebots an Arbeitsplätzen wäre die Senkung der Nachfrage. Diese dürfte nur durch die

Regulierung der Einwanderung möglich sein, die vor allem von rechtspopulistischen Kräften gefordert wird. Dem steht die Tatsache gegenüber, dass die meisten westlichen Ökonomien ohne Arbeitskräfte aus dem Ausland ihre wirtschaftliche Entwicklung nicht vollziehen könnten. Außerdem fehlt es ihnen – aufgrund der Überalterung – in Zukunft an Arbeitskräften, die nicht durch die (geburtenschwachen) jüngeren Jahrgänge gedeckt werden können (DICKEN, P. 2007, 497).
- Eine Schlüsselrolle nehmen Steuerpolitik und Einkommenstransfers ein. Einer (erhöhten) Mehrwertsteuer wird der Vorzug gegeben, da sich dabei für höhere Einkommen weniger Steuerschlupflöcher auftun, und weil ein erhöhter Konsum „verursachergerecht" besteuert wird (KAPSTEIN, E. 1998, 223). Damit ein einzelnes Land international wettbewerbsfähig bleibt, müssten Erhöhungen der Mehrwertsteuer einigermaßen koordiniert in den Industrieländern durchgeführt werden. Diese Koordination scheint auf den ersten Blick ein schwieriges, wenn nicht gar unmögliches Unterfangen, doch muss man bedenken, dass nach dem Zweiten Weltkrieg mit der Schaffung der Bretton-Woods-Organisationen und später mit dem GATT und der WTO eine solche Koordination möglich war und ist. In den letzten Jahren ist jedoch eher das Gegenteil zu beobachten. Staaten (in der Schweiz z. B. auch Gemeinden und Kantone) treten in einen Steuerwettbewerb ein, um einkommensstarke Schichten durch günstige

---

Angebots- und Nachfragepolitik
Durch eine Angebotspolitik sollen der Freiheit und der Vernunft der einzelnen Menschen größere Bedeutung zugemessen werden. Damit werden staatliche Aufgaben vermehrt wieder an die Bürger delegiert, in der Meinung, dass diese ihre Mittel sinnvoller einsetzen als der Staat. Die angebotsorientierte Wirtschaftspolitik sieht im Staat ein Instrument, das für Ordnung, Rechtssicherheit und Dauerhaftigkeit des Verwertungsprozesses sorgen soll. Dazu gehören auch das Bereitstellen billiger Arbeitskräfte und Produktionsmittel sowie die Festlegung eines Steuersatzes, der gerade diese Staatsfunktionen abdeckt, jedoch nicht mehr. Die Gewinnerlöse der Investoren sind dementsprechend hoch. Langfristig führt diese Wirtschaftspolitik jedoch zu einem ständig größeren Warenangebot, das immer schwieriger abzusetzen ist, da die Nachfrageseite durch eben diese Politik (vor allem durch tiefe Löhne) zurückbleibt. Die Folge davon sind zunächst steigender Konkurrenzdruck, dem mit Lohnreduktionen und Rationalisierungen begegnet wird. Doch letztlich vermögen diese Maßnahmen auch keine Massennachfrage zu generieren, weswegen daraufhin vom Staat oft verlangt wird, die Nachfrageseite zu fördern. (STREHLE, R. 1994, 19)

Steuersätze anzuziehen. Einwohner an Standorten, die für diese Schichten weniger attraktiv sind, haben das Nachsehen, da sie mit hohen Steuersätzen leben müssen. Räumliche Disparitäten werden dadurch verstärkt, wenn keine Ausgleichszahlungen zwischen prosperierenden und strukturschwachen Regionen vereinbart werden. Auf die Schaffung von Arbeitsplätzen wirkt sich eine Erhöhung der Mehrwertsteuer nur positiv aus, wenn die Einnahmen für Infrastrukturprojekte und arbeitsplatzschaffende staatliche Aufgaben (z. B. in der Bildung) eingesetzt werden.
Als „absolut notwendige Reform" nennen neoliberale Ökonomen die Senkung der Lohnnebenkosten sowie eine größere Flexibilität der Betriebe bei Einstellungen und Entlassungen (Kapstein, E. 1998, 223). Damit sollen vor allem kleinen und mittleren Unternehmen bessere Chancen auf dem Arbeitsmarkt eingeräumt werden. Auch werden Arbeitslosengeld und Unterstützungszahlungen in den meisten europäischen Ländern als zu hoch angesehen, da sie Arbeitslosen wenig Anreiz bieten, sich eine Arbeit zu suchen. Aus makro-ökonomischer Sicht mag die Forderung nach größerer Flexibilität – zum Beispiel hinsichtlich Entlohnung, Sozialleistungen oder Arbeitsort – Sinn machen, doch aus der Sicht der Betroffenen sieht dies oft anders aus. Gerade für schlecht Ausgebildete ist es schwieriger, das soziale Umfeld zu verlassen, um an einem anderen Ort zu arbeiten oder mit einem (noch) tieferen Einkommen überleben zu können (Dicken, P. 2007, 496).
Wohl belasten die Lohnnebenkosten kleine und mittlere Betriebe mitunter erheblich, doch hängt die Produktivität einer Arbeitskraft zu einem großen Teil mit der Arbeitszufriedenheit eines Angestellten zusammen, für den Sicherheit – vor allem bei den niedrigen Einkommen – essentiell ist.

4.3.6 Beschäftigungssituation in Ländern des Südens

Modernisierungs- und Liberalismustheorien gehen davon aus, dass eine wachsende und vor allem eine globalisierte Wirtschaft automatisch die Situation der Menschen in ärmeren Ländern verbessert und dass die Ökonomien ihrer Staaten davon profitieren können. Wenn die letzte Aussage schon mit äußerster Skepsis betrachtet werden muss, so ist die Annahme, dass die wirtschaftliche Globalisierung die Lebenssituation der Armen in den Ländern des Südens verbessert, stark in Frage zu stellen. Wohl konnten sich einige Länder im Laufe der letzten drei Jahrzehnte auf ein höheres ökonomisches Niveau heben, und es trifft zu, dass Einzelne von Prozessen der Globalisierung profitieren konnten. Doch das Gros der Bevölkerung konnte keine ökonomischen Vorteile aus der Globalisierung ziehen und steht heute immer noch gleich arm oder sogar noch ärmer da (Dicken, P. 1998, 449; Stiglitz, J. 2006, 26).
Die Gründe hierfür sind vielfältig. Ein wichtiger Grund ist, dass das Angebot an Beschäftigungsmöglichkeiten dem Wachstum der Bevölkerung stark hinterherhinkt. Da kaum staatliche Absicherungsmechanismen bestehen, gleiten Viele in die Armut ab, wenn sie eine Einkommensquelle verlieren. Dies ist in

Der informelle Sektor

Der informelle Sektor wird auch als alternativer Beschäftigungssektor oder als Schattenwirtschaft bezeichnet. Er umfasst wirtschaftliche Aktivitäten, die nicht staatlich erfasst und kontrolliert werden. Somit genießen die in diesem Sektor Beschäftigten auch keinen staatlichen Schutz. In vielen so genannten Entwicklungsländern ist ein großer Anteil der arbeitsfähigen Bevölkerung im informellen Sektor tätig (in der Mongolei 14 Prozent, in Thailand 50 Prozent und in Kambodscha gar 90 Prozent; INTERNATIONAL LABOUR ORGANISATION (ILO) 2006). Beispiele für solche Beschäftigungen sind der Straßenverkauf (beispielsweise die Hawkerin in Abb. E 4.3.6/1), Transporte, Kleinreparaturen sowie die Herstellung und der Verkauf eigener Produkte und Dienstleistungen. Die meisten dieser Tätigkeiten zeichnen sich durch arbeitsintensive Produktion, Nutzung einfacher Technologien, geringe Qualifikation der Beschäftigten und geringes Einkommen aus. Der informelle Sektor ist in den Ländern besonders groß, in denen große Unterbeschäftigung und geringe soziale Absicherung herrscht. Aber er wächst auch dort, wo die bürokratischen Hürden, um einen Betrieb zu eröffnen, hoch sind. Obwohl der Staat auf die im informellen Sektor erwirtschafteten Einkommen keine Steuern erheben kann und diese Gelder in den Staatskassen fehlen, werden die Aktivitäten oft toleriert. Zum Einen fehlen die Mittel, um den informellen Sektor zurückzudrängen. Zum Anderen ist den staatlichen Behörden bewusst, dass dies für Viele oft die einzige Möglichkeit ist, Einkommen zu erwirtschaften. (BRUNOTTE, E. et al. 2002)

Abb. E 4.3.6/1 Beschäftigte im informellen Sektor Bangkoks: eine Hawkerin (Straßenhändlerin), die Früchte verkauft.

4.3 Privilegierung und Entrechtung

Ländern des Südens schneller möglich als in industrialisierten Gesellschaften, wo klarere Arbeitsverträge mit gesetzlich festgelegten Kündigungsfristen bestehen. Im Süden müssen viele im ungesicherten informellen Sektor einer Beschäftigung nachgehen. Arbeit im informellen Sektor wird häufig mit Tätigkeiten im formellen, aber auch im Subsistenzsektor kombiniert (Evers, H.-D. 1987). Malaysische Straßenhändler verbinden beispielsweise diese informelle Tätigkeit mit einer formellen Arbeit in der industriellen Fertigung und der Bewirtschaftung eines Hausgartens für den Eigenbedarf (Backhaus, N. & A. S. Keller, 2001). Dadurch ist auch die Unsicherheit von Lebensunterhaltsstrategien größer (Geiser, U. et al. 2008; Sen, A. 2002).

Eine oft angewandte Strategie zur Milderung der Situation ist der Export von Arbeitskraft in prosperierendere Ökonomien. Dadurch wird der lokale Arbeitsmarkt entlastet, und die Geldüberweisungen (Rimessen) der Migrierenden in ihre Heimatländer ist zu einem wichtigen Wirtschaftsfaktor geworden (Thieme, S. 2006; Müller-Böker, U. & S. Thieme 2007). So flossen 2006 durch solche Rücksendungen beispielsweise ein Äquivalent von über 40 Prozent seiner Exporte oder 9 Prozent des Bruttosozialprodukts in die marokkanische Wirtschaft (International Trade Centre 2009; Ratha, D. & X. Zhimei 2008).

Allerdings hat der Export von Arbeitskräften – neben familiären und sozialen Belastungen – auch eine Kehrseite. So führt eine Gewöhnung an fremde Lebens- und Konsumgepflogenheiten bei Rückkehrern nicht selten zu einer Ablehnung der

Abb. 4.3.6/2 Ein mittels Rimessen erbautes neues Haus neben einem traditionellen Haus in Chitwan/Nepal

heimischen Produkte und somit zu einer wachsenden Abhängigkeit von teuren Importprodukten. Außerdem kreieren sie nach ihrer Heimkehr nur in den seltensten Fällen neue Arbeitsstellen, da sie in der Fremde kaum Gelegenheit hatten, unternehmerische Kenntnisse zu erwerben. Ihr Hauptinteresse liegt oft in der Steigerung ihres – vor der Auswanderung und im Ausland meist sehr tiefen – sozialen Status. Dies suchen sie durch Ablehnung manueller Arbeiten, den Bau eines Hauses (vgl. Abb. 4.3.6/2), den Kauf von Land oder Luxusgütern oder den Umzug in die Stadt zu erreichen. Damit werden Strukturen verstärkt, die für andere Personen Anreize schaffen, selber auszuwandern (Kaspar, H. 2006). Auf der anderen Seite kehren häufig gerade diejenigen vom Ausland nicht nach Hause zurück, die das größte Potenzial zur Stimulation der heimischen Wirtschaft hätten. Personen also, die sich im Gastland gut anpassen und beruflich weiter kommen können. Die Abwesenheit vieler, meist junger arbeitsfähiger Schichten hat zudem oft

einen weiteren negativen Effekt auf ihre Heimatregion (JONES 1990, 250, zitiert in DICKEN, P. 1998, 450).
Die Auswirkungen der wirtschaftlichen Globalisierung auf so genannte Entwicklungsländer lassen sich grob in positive und negative Effekte aufgliedern. Als positiv können folgende Punkte erwähnt werden (ILO 1996, zitiert in DICKEN, P. 2007, 507; SCHOLZ, F. 2006, 138):
- Durch die Einbindung in den Weltmarkt kann mehr exportiert werden, was Investitionen nach sich ziehen und eine positive lokale Entwicklung auslösen kann.
- Der Anstieg der Beschäftigung in der Produktion von arbeitsintensiven Gütern löst eine Erhöhung der allgemeinen Beschäftigung und/oder eine Reduktion der Beschäftigung in tieferen Lohnstufen und dem informellen Sektor aus. Beide Entwicklungen tendieren dazu, das allgemeine Lohnniveau zu erhöhen.
- Dieser Beschäftigungs- und/oder Lohnanstieg kann – wenn er weit verbreitet und substanziell ist – soziale Ungleichheit reduzieren, vorausgesetzt, Gesellschaftsstrukturen und politische Institutionen begünstigen dies.
- In einigen Wirtschaftszweigen kommt die Arbeiterschaft mit neuen Technologien in Berührung, welche ihre Fähigkeiten verbessern und die Produktivität erhöhen. Dadurch wird ein „Upgrading" des Industrie- oder Dienstleistungssektors ermöglicht, mit dem qualitativ bessere Güter produziert werden können, was wiederum eine Erhöhung der Löhne zur Folge haben kann.

Diesen positiven Effekten stehen negative gegenüber, welche leider in den meisten so genannten Entwicklungsländern überwiegen (ILO 1996, zitiert in DICKEN, P. 1998, 451):
- Es dürfte unwahrscheinlich sein, dass der Anstieg von Beschäftigung und/oder Gehältern verbreitet genug ist, um Ungleichheiten in einem Land abzubauen. Im Gegenteil: in den meisten Ländern wird dadurch die Ungleichheit noch verstärkt (HURTADO, A. 2004). Unterschiedlicher Zugang zu Ressourcen wird dazu führen, dass die Profite einiger weniger auf Kosten der Gehälter von vielen gesteigert werden.
- Relokalisierungen relativ mobiler arbeitsintensiver Produktion von industrialisierten zu sich entwickelnden Ländern können in gewissen Fällen problematische soziale Auswirkungen haben. Ungenügende Koordination mit politischen Behörden, aber auch mit möglichen lokalen Zuliefererfirmen, kann eine verstärkte Landflucht zur Folge haben. Dies ist doppelt problematisch: auf dem Land fehlen die produktivsten Arbeitskräfte, und bei einer erneuten Verlagerung der Produktion, führt dies zu einer großen Zahl entwurzelter Arbeitskräfte. Dies ist vor allem bei Firmen der Fall, wo lediglich importierte Teile zusammengesetzt und reexportiert werden, da hier kaum ein Anstieg des Know How der Arbeiterschaft zu verzeichnen ist.
- Der Druck, neue Arbeitsplätze schaffen zu wollen, führt Regierungen – angesichts der starken Konkurrenz unter den so genannten Entwicklungsländern – dazu, transnationalen Unternehmen (TNU) Bedingungen zu gewähren, welche die Arbeitsstandards

industrialisierter Staaten, aber auch der betreffenden Länder selbst weit unterschreiten (Scholz, F. 2006, 140).

Zusammenfassung

Fazit
- Ein Hauptgrund für die heute größer werdende Polarisierung zwischen Arm und Reich, ist die Tatsache, dass sich das Unternehmertum von der Arbeiterschaft abgekoppelt hat. Um hohe Gewinne für eine Firma einzufahren, wird rationalisiert und ausgelagert – auf Kosten der Arbeiter. Die Aktionäre hingegen profitieren von solchen Umstrukturierungen.
- Arme und Reiche sind nur auf der Makroebene räumlich getrennt (z. B. die reichen Industrieländer vs. die armen Entwicklungsländer). Auf kleinräumiger Ebene gibt es sowohl in äußerst armen Regionen sehr Reiche (die oftmals von der Armut der Anderen profitieren) und viele Arme in den reichen Ländern. Neu ist auch die Tatsache, dass viele trotz Arbeit Mühe haben können, ihren Lebensunterhalt zu bestreiten (working poor).
- Die schnelle, mühelose und wiederholte Überwindung von räumlicher Distanz ist Wohlhabenden vorbehalten. Umgekehrt ist die Armut lokalisiert. Denn Arme können sich oft schon kleinräumige Distanzüberwindungen nicht leisten und bleiben ein ganzes Leben lang dem gleichen Ort verhaftet.
- Ferner sind in den reichen Ländern wachsende Tendenzen festzustellen, die Arme kriminalisieren, medikalisieren und stigmatisieren. Grenzt man arme Menschen in dieser Weise von der Gesellschaft aus, werden ihre Probleme individualisiert und Staat und Gesellschaft davon befreit, sich mit der Problematik der Armut auseinanderzusetzen und nach ganzheitlichen Lösungen zu suchen.
- Arme Länder nehmen von anderen Staaten Kapital auf, um ihren Staatsaufgaben nachzukommen. Können sie aber die Schulden oder den Schuldzins nicht zurückzahlen, riskieren sie die Zahlungsunfähigkeit und eine ökonomische Krise. Ist das Land ein großer Schuldner oder stark in die globalisierte Wirtschaft eingebunden, hat dies globale Auswirkungen. Dann wird das Land faktisch gezwungen, die Hilfe internationaler Geldgeber (in der Regel vom IWF) anzunehmen, die Kredite nur gegen strikte Auflagen vergeben. Diese Auflagen zwingen das Land, einen neoliberalen Wirtschaftskurs einzuschlagen, oft mit fatalen Auswirkungen auf die Nahrungs-, Gesundheits-, und Bildungssituation vieler Menschen.
- Aber auch in den Industrieländern ist eine Zunahme der Arbeitslosen zu verzeichnen, entgegen allen ökonomischen Prognosen, die im global fortschreitenden Kapitalismus die Erzeugung von Wohlstand für die breiten Gesellschaftsschichten voraussahen. Die Ursachen von Arbeitslosigkeit und Einkommensunterschieden werden, je nach Perspektive, unterschiedlich gesehen. Viele Ökonomen machen den Handel und die Technik dafür verantwortlich. Das große Handelsvolumen habe danach die Rolle der so genannten Entwicklungsländer als Rohstofflieferanten und Produzenten von landwirtschaftlichen Gütern verschoben. Heute werden viele Industriegüter und Vorprodukte direkt in diesen Ländern

(billiger) verarbeitet und machen so viele Arbeitsstellen in Industrieländern überflüssig.
- Einwanderung wird oft von rechtspopulistischen Kreisen als Grund für Probleme auf dem Arbeitsmarkt zitiert. Sie besagt, dass Immigranten vorhandene Arbeitsplätze wegnehmen oder durch „Dumpingpreise" die Löhne drücken. Allerdings wird dabei außer Acht gelassen, dass die meisten nationalen Ökonomien ohne Arbeitnehmer nicht funktionsfähig wären.
- Die Regierungen der Industrieländer können mit unterschiedlichen Maßnahmen auf die erhöhte Arbeitslosigkeit reagieren. Die am wenigsten bestrittenen Maßnahmen sind Aus- und Weiterbildungsprogramme für Arbeitslose. Öffentliche Arbeitsplatzbeschaffung ist ein altbewährtes Rezept, kostet den Staat aber relativ viel. Eine wichtige Rolle wird dabei der Steuerpolitik zugeschrieben. Eine hohe Steuerbelastung belastet jedoch unter anderem Unternehmen, deren Kosten ansteigen. Wie hier die richtige Balance gefunden werden kann, ist ein Politikum.
- Die Beschäftigungssituation in den Ländern des Südens ist jedoch um ein Vielfaches prekärer als in den Industrieländern. Die Schaffung von Stellen vermag nicht mit der Zahl in den Arbeitsmarkt eintretenden Jugendlichen und jungen Erwachsenen Schritt zu halten. Aufgrund fehlender staatlicher Absicherungsmechanismen gleiten Viele in die Armut ab und suchen Zuflucht im informellen Sektor oder der Migration.

Zum Einlesen

THIEME, S. (2006): Social networks and migration: Far West Nepalese labour migrants in Delhi. – LIT, Münster.

S. THIEME zeigt am Beispiel nepalesischer Migranten in Delhi detailliert auf, wie komplex die Lebensunterhaltsstrategie „Migration" ist.

4.4 Beschäftigung und Gleichstellung der Geschlechter

Frauen können gleichzeitig als Gewinnerinnen und als Verliererinnen der Globalisierung gelten; ersteres durch die wachsende Bedeutung und Vernetzung der Frauenbewegung; letzteres aber als direkt Betroffene auf der individuellen Ebene (RANDERIA, S. 1998, 29).

Prozesse wirtschaftlicher Globalisierung verlaufen parallel zum sektoralen Strukturwandel. Und dieser Strukturwandel betrifft in hohem Maße auch die Erwerbstätigkeit von Frauen. Die Zuwachsraten der weltweiten Frauenerwerbstätigkeit von 36 Prozent 1970 auf 49 Prozent im Jahre 1996 (seitdem ist sie konstant geblieben; vgl. INTERNATIONAL LABOUR ORGANIZATION 2007) sind eher bescheiden und bleiben hinter der deutlich größeren Steigerung ihres Bildungsniveaus zurück. Ein Missverhältnis besteht auch bei der Entlohnung von Frauen und Männern. Im Durchschnitt tragen Frauen in so genannten Entwicklungsländern 53 Prozent und in Industrieländern 51 Prozent der Gesamtarbeitsbelastung. Doch die Arbeit von Männern wird zum größten Teil bezahlt, während ein Großteil der Arbeit von Frauen wirtschaftlich nicht bewertet wird. In Industrieländern entfallen etwa zwei Drittel der Gesamtarbeitszeit von Männern auf bezahlte Arbeit, bei den Frauen ist es nur ein Drittel (ALTVATER, E. & B. MAHNKOPF 1996, 312). Die Zunahme der Frauenerwerbsquote ist im Wesentlichen dem Wachstum des Dienstleistungssektors zuzuschreiben, in dem global 45 Prozent der weiblichen – gegenüber 40 Prozent der männlichen – Erwerbstätigen beschäftigt sind (in den entwickelten Ländern arbeiten 84 Prozent der beschäftigten Frauen und 60 der beschäftigten Männer im 3. Sektor; INTERNATIONAL LABOUR ORGANIZATION 2007). Doch geht diese steigende Beschäftigungsquote auch mit einer steigenden Arbeitslosenquote von Frauen einher, und es gibt keine Hinweise darauf, dass sich die Verteilung von bezahlter und unbezahlter Arbeit zwischen Frauen und Männern verändert (ALTVATER, E. & B. MAHNKOPF 2007, 329).

4.4.1 Der Dienstleistungssektor, eine Chance für Frauen?

Wenn es richtig ist, dass der Weg in die Dienstleistungsgesellschaft der Weg der Frauen in das Beschäftigungssystem ist, können Frauen dann darauf vertrauen, dass sie zu den Gewinnerinnen des ökonomisch-technologischen Strukturwandels werden? Fördert eine Tertiärisierung den Abbau von geschlechtsspezifischen Ungleichheiten auf dem Arbeitsmarkt? Wird diese Entwicklung gefördert durch die Nachfrage des Arbeitsmarktes nach „typisch weiblichen" Qualifikationen und Kompetenzen (ALTVATER, E. & B. MAHNKOPF 2007, 328)? Diese Fragen möchte man auf den ersten Blick bejahen. Zumindest waren die Wachstumsraten der Beschäftigung von Frauen in der Europäischen Union in der Dekade vor 2008 höher als die der Männer (EUROSTAT 2009) doch muss die Entwicklung – wie im Folgenden dargelegt wird – mit Skepsis betrachtet werden. Die Globalisierung und Tertiärisierung der Ökonomie gehen zwar mit einer „Feminisierung der Beschäftigung" einher. Dies wird unter anderem dadurch begünstigt, dass im tertiären Sektor Teilzeitarbeit besser möglich ist und dies zum Beispiel Frauen ermöglicht, Kindererziehung und Lohnarbeit zu kombinieren (GIDDENS, A. 2006, 758). Doch dies bedeutet neben einer Ausweitung der Frauenerwerbstätigkeit im Allgemeinen vor allem auch die Verbreitung „flexibler" Arbeitsstrukturen, welche die lebenslange, existenzsichernde Vollbeschäftigung zunehmend verdrängen. In der Industrie ist ein struktureller Rückgang von „Blue collar-Jobs"[12] festzustellen, hin zu wissensintensiveren Arbeitsplätzen mit Dienstleistungsfunktionen. Zugleich ist in der Industrie (vor allem in Industrieländern) eine Entfeminisierung der verbleibenden Arbeitsplätze festzustellen. In dieser Branche verrichten Frauen sehr häufig un- und angelernte Tätigkeiten, die durch Automatisierungen und Rationalisierungen teilweise überflüssig werden. Auch in Osteuropa, wo der Frauenanteil in der Industrie zum Teil über 50 Prozent lag (UdSSR), verschwinden die Arbeitsplätze aus der Güterproduktion in überproportionalem Maße (ALTVATER, E. & B. MAHNKOPF 1996, 316). Wegen der anhaltenden Arbeitslosigkeit wandern viele Männer nun in die vormals von Frauen besetzten, schlechter bezahlten Jobs ab und üben so weiteren Druck auf die Beschäftigungssituation von Frauen aus. Wenn sie sich in der Folge nicht ganz aus dem Arbeitsmarkt zurückziehen, bleiben den Frauen vor allem „atypische"[13] Beschäftigungsverhältnisse (Teilzeit, Leih-, Saison-, Gelegenheitsarbeit, variable und unzusammenhängende Arbeit, Schicht-, Block-, Nacht- und Wochenendarbeit, abhängige „Selbständigkeit") oder gar nur der informelle Sektor übrig, um Erwerbsarbeit zu leisten. Letzteres ist vor allem in Ländern nötig, wo keine oder kaum soziale Absicherungen bestehen. Denn ohne Arbeitslosenversicherung kann es sich niemand leisten, längere Zeit gänzlich erwerbslos zu sein (ALTVATER, E. & B. MAHNKOPF 2007, 333).

Spitzenklöpplerinnen in Indien

Die Spitzenklöpplerinnen im indischen Narsapur stellen in Heimarbeit Spitzen her (vgl. Abb. E 4.4.2/1). Dies taten sie vor allem in Zeiten geringerer Belastung durch Feldarbeit. Die fertigen Spitzen wurden durch die Frauen selbst auf lokalen Märkten verkauft. Durch die Einbindung in den Welthandel während der 1970er-Jahre wurden in Indien viele Tätigkeitsbereiche außerhalb der Produktion, wie zum Beispiel der Handel, vermännlicht. Gleichzeitig wurde die Produktionsarbeit feminisiert. Das bedeutet, dass Männer zu Unternehmern wurden, die mit Spitzen handelten, obwohl sie zuvor so gut wie nichts mit den Spitzen zu tun hatten. Währenddessen produzierten die Frauen zuhause „in ihrer Freizeit", also neben Haus- und Feldarbeit, die Spitzen. Für die Käuferschaft der Spitzen wurden die Frauen als Produzentinnen „unsichtbar". Gleichzeitig erfolgte eine Verschiebung in der Kastenzugehörigkeit der Spitzenklöpplerinnen. Früher produzierten niedrigkastige Harijan-Frauen die Spitzen und arbeiteten daneben noch auf dem Feld. Heute gilt die Spitzenproduktion als „Freizeitbeschäftigung" und wird von höherkastigen Kapu-Frauen betrieben, die nicht auf dem Feld arbeiten. Letztere können aufgrund ihrer Besserstellung die Harijan-Frauen aus der Produktion verdrängen.

(MOHANTY, C. 1998, 325)

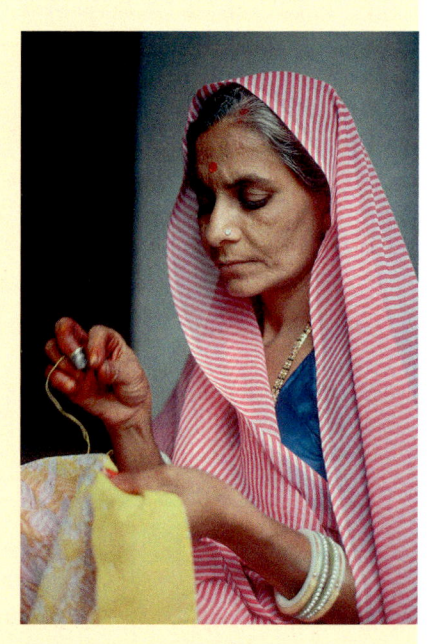

Abb. E 4.4.2/1 Spitzenklöpplerin beim Annähen des Saums

4.4.2 Abdrängung in den informellen Sektor

Nicht selten wird die Arbeitslosigkeit oder die Tätigkeit im informellen Sektor kaschiert mit einem Selbständigenstatus. Doch oftmals ist dies nur noch ein selbstverwalteter Notstand. Jede kleine Händlerin, die auf einem afrikanischen Markt ein Bündel Bananen und einige Tomaten anbietet, kann in den Statistiken als „Unternehmerin" geführt werden, um ein positiveres Bild der nationalen Wirtschaft zu zeichnen. Durch „Outsourcing" verstärkt sich teilweise der Anteil informell Tätiger. Ein Hauptproblem der Beschäftigung im informellen Sektor sind die ungeregelten Löhne. So ist in Indien der Mindestlohn für ungelernte Arbeiter in der staatlichen Industrie und in großen Privatunternehmen für gewöhnlich viermal so hoch wie der Lohn ungelernter Arbeiter in kleinen informellen Betrieben. Der informelle Sektor ist also alles andere als ein Überbleibsel traditioneller Arbeits- und Lebensverhältnisse, und er ist vor allem kein Übergangsphänomen, das mit der Modernisierung der so genannten Entwicklungsländer verschwindet. Vielmehr ist dessen Zuwachs eine direkte Folge der Entwicklungen im sogenannten modernen oder formellen Sektor (Altvater, E. & B. Mahnkopf 1996, 302). Werden zum Beispiel Stellen der öffentlichen Hand – wo vor allem Männer angestellt sind – als Konsequenz von Sparmaßnahmen abgebaut, drängen die Entlassenen in den informellen Sektor. Dort verdrängen sie wiederum vor allem Frauen, die dann ihr Einkommen verlieren (Overå, R. 2007).

Seit Beginn der 1980er-Jahre haben drei Entwicklungen den Verdrängungsprozess der Frauen aus den modernen, aber auch traditionellen Sektoren, vor allem in Ländern des Südens, verstärkt: Erstens werden im ländlichen Raum Frauen zum Beispiel durch die „Grüne Revolution" um ihre traditionellen Erwerbsmöglichkeiten gebracht. Denn der verstärkte Einsatz von Maschinen wird als „Männersache" betrachtet, womit den Frauen kaum mehr Arbeit bleibt. Zweitens wurden den verschuldeten Entwicklungsländern vom IWF und der Weltbank Strukturanpassungsprogramme auferlegt, welche zu massiven Freisetzungen von Arbeitskräften gerade im „feminisierten" öffentlichen Sektor und zu einer dramatischen Reduzierung der Reallöhne führten. Drittens dezentralisierten transnationale Unternehmen (TNU) ihre Produktion mit Unterverträgen an eine wachsende Zahl von Zulieferfirmen im Süden. Diese Zulieferfirmen arbeiten nicht selten im informellen Bereich und somit viel günstiger als andere. Durch die Einbindung in kapitalistische Arbeitsprozesse, die zum Teil auf einer klaren Geschlechtertrennung basieren, werden traditionelle soziale Strukturen in so genannten Entwicklungsländern stark verändert.

4.4.3 Frauen: billige Arbeitskräfte ohne gewerkschaftliche Organisation

Viele Staaten des Südens richten Freihandelszonen und Industrieparks ein mit dem Zweck, ihrer Wirtschaft einen positiven Impuls zu geben. Aufgrund steuergünstiger Produktionsmöglichkeiten siedeln TNU dort Produktionsstätten an. In diesen freien Industriezonen sind junge Frauen mit abgeschlossener Schulbildung[14] als kostensparende Arbeitskräfte gefragt, die – anders als viele Männer – frei von gewerkschaftlichen Bindungen sind. Frauen werden so in die Rolle der so genannten „Schmutzkonkurrenz" gegenüber gewerkschaftlich organisierten Männern gedrängt. Die Arbeitsverträge in diesen Betrieben sind auf Rotation angelegt, das heißt, wenn eine Frau aufgrund der hohen Arbeitsbelastung „ausgebrannt" ist, wird sie durch eine neue ersetzt. Die Löhne liegen oft nur knapp über der Hälfte von dem, was die Männer verdient haben, wobei zu berücksichtigen ist, dass auch diese im Verlauf der 1980er-Jahre (vor allem in Lateinamerika) um nahezu die Hälfte gesenkt worden sind. Eine Gemeinsamkeit dieser „gewerkschaftsfreien" Branchen ist, dass vornehmlich irreguläre oder saisonale Arbeit verrichtet wird. Die Arbeitsbedingungen weisen einige Ähnlichkeit mit den alten „Sweated Industries" des 19. Jh. auf: niedrige Löhne, niedriger Organisationsgrad, fehlende Aufstiegsmöglichkeiten und ein hohes Maß an „Subcontracting" (Auslagerung von Arbeiten an Arbeiter auf Abruf) (GREIDER, B. 1998, 138; ALTVATER, E. & B. MAHNKOPF 1996, 304).

SASKIA SASSEN (1998b, 125) sieht einen Zusammenhang zwischen der Auslagerung der Produktion aus Industrieländern in so genannte Entwicklungsländer und den Veränderungen auf dem Arbeitsmarkt in Industrieländern. Durch die geographische Entfernung der einzelnen Produktionsstätten eines TNU ist ein zentrales Management nötig geworden, das in den entwickelten Regionen angesiedelt ist. Die Entwicklung zu einer dienstleistungsorientierten Ökonomie hat eine größere Anzahl von sehr schlecht bezahlten Arbeitsplätzen zur Folge. Mechanisierung und Computerisierung führen dazu, dass Stellen mit mittlerem Einkommen entweder zugunsten von gut bezahlten oder schlecht bezahlten Arbeitsplätzen verschwinden. Dies bewirkt eine Polarisierung und eine Erosion von Anstellungen mit mittlerem Einkommen. Wenn man dabei die Geschlechterrelation betrachtet, fällt auf, dass zwar Männer wie Frauen der Mittelschicht gleichermaßen vom stattfindenden Abbau betroffen sind. Doch die Frauen gleiten überproportional häufig in das Segment der schlecht bezahlten Arbeit ab, während den Männern der Aufstieg in besser bezahlte Positionen eher gelingt.

Die Polarisierung führt gemäß S. SASSEN (1998a) zu einem Wachstum von Arbeitsplätzen mit tiefen Löhnen. Denn auch die gut bezahlten Stellen sind auf Dienstleistungen angewiesen, die nicht automatisierbar sind. Einige dieser Beschäftigungen – wie zum Beispiel die Raumpflege – „eignen" sich als informelle Tätigkeiten. Und diese werden vor allem von Immigrantinnen eingenommen. Damit besteht ein Zusammenhang zwischen der Polarisierung der Nachfrage nach Qualifikationen und der Auslagerung von Produktionen von TNU in sich entwickelnde Regionen: bei beiden werden niedrig qualifizierte Arbeitsplätze geschaffen, für die vor allem Frauen eingestellt werden.

Durch die Vergabe von niedrig qualifizierten Arbeiten an Migrantinnen werden gewisse Rollenvorstellungen entlang sexistischer und rassistischer Sichtweisen zementiert. Beispielsweise verrichten Arbeiterinnen asiatischer Herkunft im kalifornischen Silicon Valley ungelernte Arbeit im Vollpensum, obwohl sie meist als Mütter die Hauptverantwortung für ihre Kinder tragen. Dabei wird seitens des Managements ungelernte Arbeit mit leichter Arbeit gleichgesetzt und die (im Westen) sprichwörtliche „Duldsamkeit" asiatischer Frauen als Resistenz gegen Monotonie und Langeweile betrachtet und ausgenutzt. Dies kommt einer Infantilisierung dieser Frauen gleich, die nicht als selbstständig handelnde Individuen angesehen werden. Außerdem sind die Arbeitsverträge befristetet, was der Arbeit den Charakter eines Nebenverdienstes verleiht. In der Folge betrachten sich viele dieser Frauen selbst nicht als Hauptenährerinnen der Familie, obwohl sie den Großteil am Haushaltseinkommen erwirtschaften (MOHANTY, C. 1998, 330). Es sind jedoch zunehmend auch moderne Dienstleistungstätigkeiten, die nach denselben Regeln funktionieren. So arbeiten Frauen in Südasien, Jamaica oder Irland in Satellitenbüros, die über modernste Telekommunikationseinrichtungen verfügen. Sie erfassen beispielsweise Daten und Texte für US-amerikanische, europäische oder japanische Medienkonzerne, Banken, Versicherungen, Fluglinien. Dabei werden niedrig qualifizierte Arbeiten, wie das Erfassen großer Datenmengen, von Frauen ausgeführt, während Männer bessere Chancen haben, höher qualifizierte Tätigkeiten wie zum Beispiel das Zeichnen von Bauplänen oder Programmierungen auszuführen. Auf der Welt entstehen so überall Niedriglohnzonen, und die Enklaven der Informalität wachsen. Beschäftigungsformen, die durch Unbeständigkeit und hohe Unsicherheit charakterisiert sind, erfahren ein dramatisches Wachstum. Auch wirtschaftspolitische Programme – wie zum Beispiel seitens der EU – zielen im Kern auf die Verfestigung eines geschlechtsspezifischen Segments von Niedriglohnarbeit. Diese Programme setzen zur Überwindung der Beschäftigungskrise auf jene Dienstleistungsbereiche, in denen bereits heute vor allem Frauen beschäftigt sind (ALTVATER, E. & MAHNKOPF, B. 1996, 304).

Von den verstärkten Sparmaßnahmen der öffentlichen Hand sind Frauen gleich doppelt betroffen: Zum Einen entfallen oder verringern sich Betreuungsangebote für Kinder und für Pflegebedürftige, zum Anderen fallen Arbeitsplätze weg, die heute noch fast ausschließlich von Frauen eingenommen werden. Als Folge davon – und letztlich als Folge der fast naturalisierten Rollenfestschreibung – müssen viele Frauen mit Teilzeitarbeit vorlieb nehmen, die einen geringeren Status hat, weniger Einkommen einbringt und geringere Aufstiegschancen beinhaltet (GIDDENS, A. 2007, 757).

4.4.4 Missverhältnis zwischen Qualifikation und Lohn

Viele der heute von Frauen verrichteten Dienstleistungen – die im Übrigen auf die Festlegung der Frauen auf „Reproduktionsarbeit" im 19. Jh. zurückgeht – werden sowohl beruflich, ehrenamtlich oder unbezahlt in der Familie erbracht. In welcher Form dies geschieht, ist unter anderem auch davon abhängig, in welchem Umfang soziale Dienstleistungen vom Staat bereitgestellt werden. Wenn man nun davon ausgeht, dass diese Betreuungs- und Pflegearbeiten ohnehin von allen Frauen – weil sie Frauen sind – erbracht werden können, besteht nur ein geringer Bedarf an qualifizierten Personen, die diese Tätigkeiten als Beruf ausüben. Und wenn, dann zu einem Lohn, der nicht der Qualifikation entspricht. Die Nachfrage besteht nun also eher nach niedrigqualifizierter Arbeitskraft in „typischen Frauendomänen" (ALTVATER, E. & B. MAHNKOPF 1996, 310).

Wohlgemerkt ist das geringe Qualifikationsniveau eine Folge eines empirischen Sachverhalts. Denn es sind vornehmlich Frauen, die diese Tätigkeiten ausüben. Ihnen wird unterstellt, sie hätten die für die Ausübung der Tätigkeit notwendigen Qualifikationen durch Sozialisationsprozesse erworben oder schlimmer noch: sie hätten sie nur aufgrund ihres Geschlechts. Als qualifiziert gelten auf dem Arbeitsmarkt jedoch nur jene Tätigkeiten, die durch eine formelle Ausbildung erlernt wurden.

4.4.5 Heim- und Telearbeit: ein zweischneidiges Schwert

Die informationstechnologische Revolution ermöglicht vielen Frauen (wieder) die Heimarbeit. Und es hat den Anschein, als wenn hier die Frauen die Gewinnerinnen wären und stark profitieren können. Es ist nicht zu leugnen, dass durch Telearbeit Arbeitsplätze geschaffen werden können, die eine bessere Zeiteinteilung, zum Beispiel zwischen Kinderbetreuung und Arbeit, ermöglichen. Doch scheinen sie auch bestens dazu geeignet zu sein, einer verstärkten Einbeziehung der Männer in häusliche Pflichten entgegenzuwirken und traditionelle Geschlechterrollen zu zementieren (DI MARTINO, V. 2001, 80).

Zusammenfassend lässt sich sagen, dass unter den Imperativen des Weltmarktes die nationalen Arbeitsmarktentwicklungen und Arbeitsmarktpolitiken dafür gesorgt haben, dass das auf männliche Erwerbskarrieren zugeschnittene „Normalarbeitsverhältnis" der Nachkriegsperiode in vielen Ländern (vor allem Industrieländern) an Bedeutung verliert. Nur ist aus dessen Schwächung keine Gleichstellung der Geschlechter auf dem Arbeitsmarkt und in den Arbeitsstätten hervorgegangen. Vor allem hinsichtlich der Arbeitszeit wächst die Polarisierung. Bei Männern drückt sich die Flexibilisierung mehr in Form bezahlter Arbeit (Überstunden, Schichtarbeit) aus, bei Frauen tendenziell eher als unbezahlte Arbeit (Teilzeit, Tele- und Heimarbeit, Arbeit auf Abruf).

Zusammenfassung

Fazit
- Die Prozesse der wirtschaftlichen Globalisierung verlaufen parallel zum sektoralen Strukturwandel. Dieser zeichnet sich durch eine Tertiärisierung der Ökonomien aus. Da Frauen überproportional im Dienstleistungssektor beschäftigt sind, könnte man davon ausgehen, dass Frauen auch besonders stark von der wirtschaftlichen Globalisierung profitieren. Dies ist jedoch nicht der Fall.
- Die so genannte „Feminisierung der Beschäftigung" im Dienstleistungssektor meint nicht nur die Ausweitung der

Frauenerwerbstätigkeit, sondern in besonderem Maße auch die Flexibilisierung der Arbeitsstrukturen, die an die Stelle einer lebenslangen, Existenz sichernden Vollbeschäftigung tritt.
- Zudem werden Frauen bezüglich ihrer Beschäftigung in den Ländern des Südens von äußeren Faktoren unter Druck gesetzt. Die Grüne Revolution brachte den Einsatz von Maschinen in die Landwirtschaft und verdrängte die Frauen aus ihren traditionellen Erwerbsmöglichkeiten der Agrarproduktion und -vermarktung. Die Strukturanpassungsprogramme des IWF und der Weltbank reduzierten insbesondere Stellen im öffentlichen Sektor, die hauptsächlich von Frauen besetzt wurden. Den Frauen bleiben so oft entweder Tätigkeiten im informellen Sektor, die unreguliert und schlecht entlohnt sind, oder die Anstellung bei Transnationalen Unternehmen, die in Freihandelszonen arbeiten. Letztere werben besonders junge Frauen, da diese nicht gewerkschaftlich organisiert sind und daher unter sehr schlechten Bedingungen angestellt werden können. Solche Arbeitsverträge sind auf Rotation angelegt, das heißt, wenn eine Frau „ausgebrannt" ist, wird sie durch eine neue ersetzt.
- Auch neue Beschäftigungsformen wie Heim- und Telearbeit haben in den westlichen Ländern keine Revolution in der Gleichstellung der Geschlechter ausgelöst. Vielmehr wurden traditionelle geschlechtsspezifische Strukturen verstärkt, da die Frauen von zu Hause aus arbeiten und so immer noch die Hauptverantwortung für die Kindererziehung und den Haushalt tragen.

Zum Einlesen
KLINGEBIEL, R. & S. RANDERIA (Hrsg.) (1998): Globalisierung aus Frauensicht – Bilanzen und Visionen. – Dietz, Bonn.
In diesem Sammelband wird die Globalisierung aus der Genderperspektive betrachtet, und verschiedene Beispiele werden erläutert.

4.5 Beschäftigungsmodelle der Zukunft

Je nach Einstellung, theoretischem und politischem Hintergrund werden zur Behebung der Arbeitslosigkeit unterschiedliche Maßnahmen genannt. Die im Folgenden aufgeführten Vorschläge decken nicht das ganze Meinungsspektrum ab, und die Vorschläge der im Titel der Modelle genannten Autoren müssen zum Teil als exotisch oder gar utopisch bezeichnet werden. Sie sollen hier jedoch angeführt werden, um Diskussionen zur Entwicklung der Erwerbsarbeit anzuregen.

4.5.1 Solidarische Selbsthilfe nach U. Mäder (1999)

Wenn Entlassungen als Folge von Rationalisierungen, Fusionen, Strukturanpassungen oder „Neuausrichtungen" die Aktien von Unternehmen steigen lassen, wenn „konjunkturelle Belebung" nicht mehr automatisch die Schaffung neuer Arbeitsplätze beinhaltet und wenn der Rezession – aus Angst vor Inflation – nicht mehr mit Ankurbelung der Notenpresse oder durch staatliche Infrastrukturprojekte begegnet wird, dann muss Arbeit neu definiert werden, will man nicht einer Zweidrittel-Gesellschaft (in der ein Drittel der Bevölkerung reich und zwei Drittel arm sind) Vorschub leisten. Der Basler Soziologe UELI MÄDER (1999) plädiert für eine solidarische Gesellschaft, in der Selbstverantwortung und Solidarität keine gegensätzlichen Prinzipien darstellen. Erst ein selbstverantwortlicher und autonomer Mensch könne gemäß U. MÄDER auch ein solidarischer Mensch sein und umgekehrt. Denn ohne Autonomie neigt das Individuum zu Anpassung und Gefolgschaft und ohne Solidarität zu Narzissmus und Isolationismus. Persönliche Autonomie, gepaart mit gesellschaftlicher Demokratisierung führt zur verbesserten Selbsthilfe. U. MÄDER (1999, 173) nennt dies in der Folge solidarische Selbsthilfe. Sie hält eine Autonomie hoch, die sich nicht abkoppelt und stets sozial eingebunden ist. Als Leitbild dient ihm der selbstständige Mensch, der sein Schicksal in die eigene Hand nimmt. Allerdings benötigt er dazu auch gesellschaftliche Strukturen, welche die Selbsthilfe begünstigen, die vor allem – aber nicht nur – für diejenigen wichtig sind, die zu den schwachen Mitgliedern der Gesellschaft gehören. Wie lässt sich nun der Individualismus mit Solidarität verknüpfen, in einer Welt, in der kollektive Ideen und Strukturen zerbrechlich und krisenanfällig sind? Gefordert ist ein neuer Gemeinsinn von starken, eigenwilligen und sozial eingebundenen und vernetzten Individuen. Dies kann jedoch nicht durch staatliche Verordnung erreicht werden. Wichtig ist aber die Zurverfügungstellung von öffentlichem Raum, in dem Fragen von Identität, Legitimation und Souveränität fortwährend gestellt und diskutiert werden. Die mit der Moderne und der Globalisierung verknüpfte Pluralisierung von möglichen Lebensstilen macht die Identitätsfindung schwierig. Analog zum später präsentierten Konzept der translokalen Kultur erwähnt Mäder die „Patchwork-Identität", bei der das Subjekt zum Konstrukteur seiner eigenen Person wird (KEUPP, H. 1995, 275, zitiert in MÄDER, U. 1999, 179). Er lehnt jedoch die Vorstellung eines völlig ungebundenen Selbst ab. Vielmehr sieht er die Pluralisierung als Chance, „dass sich mit der Erfahrung der größeren Vielfalt ein Selbstverständnis verbreitet, das Differenzen respektiert" (MÄDER, U. 1999, 181). Und gerade in diesen Differenzen, im Zulassen von Widersprüchen sieht er den Ort, wo Identität zustande kommt. Dadurch, dass man ständig an seinen, sich immerfort verändernden Identitäten arbeitet, entsteht eine Vielfalt von Lebensumständen. Eine Solidarität, die auf der Gleichartigkeit von Lebensumständen beruht, ist somit nicht mehr möglich. Deshalb wird es um so wichtiger, eine soziale Gerechtigkeit zu schaffen, mit der sich möglichst Viele identifizieren können. Die gegenwärtigen Prozesse der Globalisierung haben jedoch eher die Tendenz zum Abbau dieser Gerechtigkeit. Als Gegenmaßnahme wird ein ökosozialer Umbau gefordert, wie ihn beispielsweise E. VON WEIZSÄCKER und W. THIERSE (1998) in ihrer „Faktor-4-Revolution"[15] beschreiben. Mit Faktor 4 meinen die Autoren eine Reduktion des Energieverbrauchs um diesen Faktor

4.5 Beschäftigungsmodelle der Zukunft

(vgl. WUPPERTAL INSTITUT FÜR KLIMA, UMWELT, ENERGIE 2008). Damit könnten Umsätze generiert werden, welche das wirtschaftliche Gewicht der gesamten Gentechnik wohl um ein Hundertfaches übertreffen (WEIZSÄCKER, E. et al. 1997, 18). Damit verbunden werden muss der Aufbau einer global verfügbaren tragfähigen Infrastruktur. Erst dann kann Selbsthilfe zum Tragen kommen. Die Kosten dafür wären mit 0,2 Prozent des globalen Einkommens, beziehungsweise 40 Milliarden US$ pro Jahr während zehn Jahren, gar nicht so hoch (MÄDER, U. 1999, 189).

Ein ökosozialer Umbau beinhaltet auch die Umverteilung von Arbeit und eine Umbewertung von Nichterwerbstätigkeiten. In der Teilzeitarbeit liegt dabei ein großes Potenzial. Gemäß einer McKinsey-Studie wären 60 Prozent aller Arbeitsplätze in Deutschland teilbar. Zudem sind Teilzeitarbeitende in der Regel produktiver als Vollzeitbeschäftigte und nehmen – entgegen gängigen Vorurteilen – nicht weniger Verantwortung wahr. Die Voraussetzung dafür ist allerdings, dass es sich um freiwillige Teilzeitarbeit handelt. Kürzere Arbeitszeiten bedeuten mehr Freizeit, eine höhere Gesamtkaufkraft, höhere Steuereinnahmen und geringere Ausgaben für Sozialleistungen[16]. Je besser die Erwerbsarbeit verteilt ist, desto mehr Menschen haben die Möglichkeit, mit eigenen Kräften ihre Existenz zu sichern und sich sozial zu engagieren, was sowohl psychologisch wie ökonomisch von Vorteil ist (MÄDER, U. 1999, 209). Um dies gewährleisten zu können, ist ein garantiertes Mindesteinkommen für Alle wünschenswert (vgl. WUPPERTAL INSTITUT FÜR KLIMA, UMWELT ENERGIE 2008, 444). Es dient der Überbrückung, wenn keiner Erwerbsarbeit nachgegangen werden kann, und entlastet die Staatskasse. Die Gefahr, dass es deswegen Unternehmen leichter fallen wird, Leistungsschwache zu entlassen, besteht zwar, doch werden diese Nachteile durch eine verbesserte Selbstbestimmung wettgemacht.

Um soziale Aufgaben, die für den Staat zu kostspielig wären, wahrnehmen zu können, wird eine (solidaritätsstiftende) Sozialzeit gefordert, die verbindlicher ist als freiwillige Arbeit. Sinnvollerweise findet sie nach der ersten Ausbildung statt, damit die dort erworbenen Kenntnisse später angewandt werden können.

Das Bruttonationaleinkommen (BNE)

Die Messgröße erfasst wirtschaftliche Aktivitäten in einem bestimmten Territorium. Diese Kennzahl verwischt jedoch nicht nur Ungleichheiten in einem Land, sondern lässt auch informelle Güter aus dem Spiel. Eine Hinwendung zur Kommerzialisierung von Dienstleistungen wie zum Beispiel Nachbarschaftshilfe, Altenpflege oder Kinderbetreuung, aber auch das Ansteigen von Kosten verursachenden Unfällen wirkt sich positiv auf das BNE aus (GYGI, B. 1997). Das BNE gibt im Prinzip den „Umsatz" eines Landes wieder, sagt aber nichts darüber aus, ob die damit verbundenen Aktivitäten als Gewinn für die Gesellschaft betrachtet werden.

Dabei ist allerdings anzumerken, dass nicht alle Ausbildungen zur Erfüllung sozialer Aufgaben qualifizieren. Trotzdem kann man von einer gewissen Reife der Ausgebildeten ausgehen, die dies dennoch ermöglicht. Durch diesen Sozialdienst – der zwar auch die Gefahr eines Qualitätsverlustes von heute professionalisierten Leistungen birgt – könnten Leistungen erbracht werden, die einerseits nicht marktgängig und anderseits für den Staat zu kostspielig sind (MÄDER, U. 1999, 237).

4.5.2 Die zehn Gebote einer neuen Weltgesellschaft nach B. Cassen (1998)

B. CASSEN (1998b, 4) argumentiert, dass es höchste Zeit sei, wieder die Menschen ins Zentrum der wirtschaftlichen und gesellschaftlichen Anliegen zu rücken. Er entwirft zehn Gebote, die zu einem solidarischen Mitbürgertum führen sollen:

1. Neue analytische Instrumente suchen: Viele Kennziffern, die Entwicklungsstand und Leistung einer Volkswirtschaft darstellen, lassen, je länger, desto weniger Schlüsse auf die Lebensumstände der Bevölkerung zu. So gibt zum Beispiel die Arbeitslosenquote nicht die Rate derjenigen wieder, die keine Arbeit haben – Ausgesteuerte und Inhaftierte (in den USA ein hoher Prozentsatz) werden nicht erfasst. Außerdem vernachlässigt sie Unterbeschäftigung und demographische Entwicklung. Das Bruttoinlandprodukt (BIP) steigt auch nach Ereignissen wie Unfällen und Katastrophen an, auch wenn diese Ereignisse die Lebensqualität der Menschen mindern und negativ zu bewerten wären. Es fehlt zudem an breit angewandten Negativindikatoren, mit denen (Umwelt-) Zerstörungen erfasst werden können[17].
B. CASSEN geht davon aus, dass die Verwendung von Indikatoren einen Einfluss auf volkswirtschaftliche Diskurse habe. Er geht davon aus, dass sich durch die Verwendung anderer Indikatoren auch die Wirtschaftspraxis ändert.

2. Die Medien dem Zugriff des Kapitals entziehen: Medien werden mehr und mehr von Großkonzernen kontrolliert, die deren Macht für sich zu instrumentalisieren wissen. Redaktionen sollen vor diesem Zugriff des Kapitals bewahrt und zu geschützten Räumen werden. Nur die Werbung soll weiterhin von den Firmen gesteuert werden können. Die Bedeutung der Medien ist unbestritten im Steigen begriffen. Zudem ist die Pressefreiheit eine wichtige Voraussetzung für die Demokratie. Wo sie gewährleistet ist, sind bewaffnete innere Konflikte wie Bürgerkriege, aber auch Hungersnöte, verursacht durch Fehlinformationen und Spekulationen aufgrund nahrungsmittel, unwahrscheinlicher (SEN, A. 1993, 2002). Um die Pressefreiheit gewährleisten zu können, ist jedoch eine möglichst große Pressevielfalt nötig, die heute durch Fusionen und Übernahmen von Zeitungen sowie Radio- und Fernsehsendern immer stärker eingeschränkt wird.
Dies käme eigentlich einer Verstaatlichung der Medien gleich, was mit neuen Abhängigkeiten und Kosten für die Steuerzahler verbunden wäre.

3. Die neuen Technologien allen Bevölkerungsschichten zugänglich machen: Die

neuen Informationstechnologien werden immer stärker kommerzialisiert und dienen zur Zeit vor allem dem Handel und dem Ausbau der US-amerikanischen Hegemonie. Gleichzeitig wirken sie im Alltag der Menschen in Industrieländern strukturierend, denn sie bestimmen wie gelernt, gedacht, produziert, ausgetauscht und entschieden wird, und wie man sich die Welt vorstellt. Aus diesem Grunde ist es wichtig, dass die Bürger in diesen Technologien ausgebildet werden und dass der (demokratische) Staat über deren Kontrolle verfügt.

Die staatliche Kontrolle über Technologien wie diejenigen, die hinter dem Internet stehen, können ebenfalls problematisch sein, da der Staat so Meinungen unterdrücken kann.

4. Allen ein Mindesteinkommen zusichern: Rationalisierung und Technologisierung führen zur Ausgrenzung ganzer Bevölkerungsschichten, die keine Arbeit mehr haben. Es wäre technisch und finanziell machbar, jeder Person ein Mindesteinkommen zu gewähren. Es bräuchte nichts weniger als einen Paradigmenwechsel in Bezug auf Arbeit, Freizeit und Entlohnung, um der stigmatisierenden Arbeitslosigkeit zu begegnen, denn es wäre illusorisch zu glauben, mit dem bestehenden System wieder Vollbeschäftigung erreichen zu können (Gorz, A. 1990 zitiert in Cassen, B. 1998b, 23). Jedes Individuum soll die Periodizität von Phasen bezahlter und unbezahlter Tätigkeit selbst bestimmen können, ohne deswegen unter schwankenden Einkommensverhältnissen leiden zu müssen (vgl. Kap. 4.5.1).

5. Den Süden miteinbeziehen: Die Abhängigkeit der so genannten Entwicklungsländer vom Westen ist zu groß und verursacht zu große soziale und ökologische Kosten. Rigorose Entschuldungen und die Aufgabe von Strukturanpassungsprogrammen sollen ein erster Schritt sein, ihre Unabhängigkeit anzustreben. Folgen sollen der Aufbau binnenmarktzentrierter Volkswirtschaften sowie die drastische Vergrößerung des Bildungsangebots. Auf der Gegenseite ist eine starke Ökologisierung der Industrieländer vonnöten.

6. Eine Weltöffentlichkeit schaffen: Durch die Globalisierung der maßgeblichen Akteure (Finanzmärkte, TNU, aber auch der Mafia) werden vermehrt Regulierungsmaßnahmen im Weltmaßstab nötig. Eine Stärkung der internationalen Organisationen ist letztlich nur möglich über die Schaffung einer internationalen Öffentlichkeit. Andernfalls bleiben die multilateralen Organisationen oligarchische und bürokratische Strukturen, mit denen man sich nicht identifizieren kann.

7. Die Finanzmacht entwaffnen: Es bedarf einer stärkeren Regulierung der Finanzmärkte. Eine wirkungsvolle Möglichkeit wäre die Besteuerung der Kapitalgewinne (z. B. durch die Tobin-Tax; vgl. Exkurs Kap. 4.2.2), der Finanzprofite und Transaktionen auf den Devisenmärkten. Öffentliche und halböffentliche Unternehmen dürfen keine Konten bei Banken in Steueroasen haben. Letztere sollen auf „schwarze Listen" kommen. Zudem müsse laut B. Cassen (1998b) das

Bankgeheimnis fallen, und Pensionsfonds dürften die Rentenversicherung nicht ersetzen.
2009 hat die OECD solche schwarzen (bzw. grauen) Listen zu „Steueroasen" veröffentlicht. Ebenfalls wächst der Druck auf Staaten, die ein Bankgeheimnis kennen.
8. Sozialnormen und Umweltauflagen durchsetzen: Lokal produzierte Güter sollen (zumindest als Regel) auch lokal konsumiert werden. Werden Güter importiert, die unter Bedingungen produziert wurden, die nicht den Sozialnormen und Umweltauflagen entsprechen, sollen die dabei entstandenen Kosten auf den Preis geschlagen werden. Die erwirtschafteten Summen sollen dafür eingesetzt werden, dass die Produktionsstandards in den Erzeugerländern verbessert werden. All dies erfordert einen massiven Umbau der WTO.
Im Prinzip geht es dabei darum, die externen Kosten der Nahrungsmittelproduktion auf den Verkaufspreis zu schlagen, was zwar wünschbar, jedoch nicht einfach umzusetzen ist.
9. Ein echtes „Multilateral Aggreement on Investment" (MAI) erarbeiten: Das MAI (vgl. Kap. 1.3.1) soll unter anderen Vorzeichen neu aufgelegt werden, indem die Investoren Umwelt- und Sozialauflagen gemacht werden und ein Teil der erzielten Wertschöpfung für deren Einhaltung bezahlt werden muss. Außerdem soll bestraft werden, wer nicht einen bestimmten Prozentsatz des Gewinnes am Produktionsort reinvestiert oder wer seine Produktion ins Ausland verlagert.

Dies könnte möglicherweise negative Konsequenzen für Drittweltländer haben, wenn (noch) weniger Investitionen in diese Regionen fließen.
10. Europa zum Hebel der Veränderung machen: Die Europäische Union könnte auf den genannten Bedingungen fußen und auch funktionieren, wenn dementsprechende Anstrengungen unternommen würden. Darum sei eine „Denkpause" vonnöten, um einen Konsens darüber zu finden, welches Europa man wirklich will.

Die von B. CASSEN entworfenen zehn Gebote dienen vor allem als Denkanstoß für die Richtung, in welcher ein Umbau der Gesellschaft erfolgen könnte oder sollte. Dies umzusetzen dürfte nicht einfach sein. Zu viele Widerstände stehen den Vorschlägen (noch) entgegen. Außerdem muss an den Geboten kritisiert werden, dass – auch wenn die so genannten Entwicklungsländer explizit einbezogen werden – das Modell auf industrialisierte Gesellschaften zugeschnitten ist. Konsequenterweise wird dann auch Europa, beziehungsweise die Europäische Union als Startpunkt für Veränderungen genannt.

4.5.3 Gesellschaft der Lebensunternehmer nach C. Lutz (1997)

Bezüglich der Auffassung von Arbeit steht das Konzept der Lebensunternehmer (LUTZ, C. 1997) im Einklang mit U. MÄDER und B. CASSEN. Es fußt ebenfalls auf einem Bild selbstständig handelnder Individuen. Die Menschen sollen nach C. LUTZ in Zukunft zur Hauptsache Lebensunternehmer sein, Angestellte und Arbeitnehmerinnen solle es dann kaum mehr geben. Jede Routinetätigkeit soll an die Technik delegiert werden, Menschen können sich mit gestaltenden, kommunikativen, innovativen, sozialen und unternehmerischen Tätigkeiten auseinandersetzen. Also Dinge, die Umsicht, Eigeninitiative, Ideen, Verantwortungsbereitschaft und soziale Kompetenz erfordern und in engem Kontakt mit einem sich wandelnden Umfeld immer wieder neu erfunden werden. Nur noch in Ausnahmefällen sollen nach C. LUTZ (1997, 75) solche Erwerbstätigkeiten aufgrund von Anstellungsverträgen erbracht werden. Der Normalfall werde jener der Kleinunternehmer sein. Auf diese Weise entstehen Teams von fünf bis fünfzehn Leuten, die sich auf ihre besonderen Stärken konzentrieren. Auf dieser Grundlage – und in wechselnden Zusammensetzungen – erbringen sie für einen überblickbaren, ihnen wohlvertrauten Kundenkreis maßgeschneiderte Leistungen.

C. LUTZ (1997, 75) schlägt vor, je nach Lebensabschnitt, Erwerbs- und Nichterwerbstätigkeiten zu einem passenden „Tätigkeiten-Portfolio" zu kombinieren. Als Pionierinnen der lebensunternehmerischen Flexibilität werden vor allem die Frauen angesehen. Zunächst der Not gehorchend hätten sie sich einen höheren Grad Alltagspragmatismus und ein viel breiteres Spektrum menschlicher Fähigkeiten angeeignet als Männer, die eher eine eindimensionale Berufslaufbahn einschlagen konnten.

Wo die Deregulierung der Wirtschaft schneller und gründlicher durchgeführt wird, wird sich auch die Gesellschaft der Lebensunternehmer schneller und reibungsloser durchsetzen. Dies, weil in diesem Entwurf angenommen wird, dass dadurch jede Person – welche Qualifikationen sie auch mitbringen möge – eine Nische finden wird. C. LUTZ (1997, 76) räumt ein, dass sich durch Deregulierungen die Unterschiede bei den Honoraren für bestimmte Tätigkeiten eher vergrößern werden, doch werde sich auch die Kostenwahrheit durchsetzen. Denn die deregulierte Wirtschaft fördere die Konkurrenz, und Konkurrenz führe zur Kostenwahrheit.

Die Bildung soll umformuliert werden. Chancengleichheit wird nicht über eine Standardisierung des Schulsystems erreicht, sondern über den gleichberechtigten Zugang zu Bildung über das ganze Leben hinweg. Jede Person soll Bildungsgutscheine erhalten, die zu irgendeinem Zeitpunkt im Laufe des Lebens einlösbar sind.

Die weitaus wichtigste Änderung betrifft wiederum die negative Einkommenssteuer, die anders ausgedrückt ein Mindesteinkommen darstellt. Dadurch wird die Existenzsicherung eines jeden Menschen gewährleistet. Wenn man sich auf der Einkommenskurve nach unten bewegt, wird die Steuerprogression von einem bestimmten Erwerbseinkommen in den negativen Bereich fortgesetzt. Man zahlt also unterhalb eines festgelegten Einkommens keine Steuern mehr, sondern erhält Unterstützungsbeiträge. Am saubersten funktioniere dies, so C. LUTZ (1997, 76) wenn der Staat sämtliche Sozialleistungen privatisiert. Der Militärdienst wird durch einen Sozialdienst ersetzt, verbunden mit Schulungs- und Bildungsmöglichkeiten.

Letztlich basiert dieses Konzept auf dem Prinzip der Verantwortung für sich selbst und andere. Widersprüchlich ist beim Modell von C. LUTZ vor allem die soziale Absicherung, die einerseits weitgehend durch das garantierte Mindesteinkommen gewährleistet werden soll, andererseits sollen bisherige staatliche Aufgaben weitgehend privatisiert werden, was Ausgrenzungen zur Folge haben kann.

4.5.4 Die Life Maintenance Organisation (LMO), ein utopisches Modell von P. M. (1997)

Einen Schritt weiter in utopische Gefilde bewegt sich P. M. (der nur unter diesem Pseudonym publiziert) mit seinem radikalen Konzept der „Life Maintenance Organisation" (LMO) (P. M. 1997)[18]. Auch er argumentiert, dass es die „Arbeit", verstanden als Erwerbsarbeit mit einem fixierten Lohn, in Zukunft nicht mehr geben werde. Seine Argumentation folgt marxistischen Linien, denn es wird postuliert, dass sich die Oberklasse (bei P. M.: die „Shareholder") ökonomisch, sozial und geographisch weit von den verarmten Unterschichten entfernen wird, sodass beispielsweise die schlecht bezahlte Polizei nicht mehr gewillt sein werde, die Reichen vor streikenden Arbeitern zu schützen. Auch könne die Oberschicht nicht erwarten, dass unterbezahlte Lehrkräfte eine neue Generation im Geist einer neoliberalen Weltwirtschaft erziehe. Lang andauernde Massenarbeitslosigkeit führe schließlich dazu, dass immer mehr Menschen im informellen Sektor ihren Lebensunterhalt bestreiten müssten. Zusammenschlüsse sind im Konzept der LMO bedeutend und gereichen – analog zum Modell der Lebensunternehmer – zum Vorteil der einzelnen Individuen. Aus diesen lockeren Zusammenschlüssen sollen dann die so genannten „Life Maintenance Organisations" (LMO) entstehen. Eine LMO umfasse 300 bis 1 000 Personen, ähnlich wie eine „Health Maintenance Organisation" (HMO). Sie garantiert gemäß P. M. ihren Mitgliedern durch deren Arbeit den größten Teil ihres Lebensunterhaltes wie Wohnung, Nahrung, Kleidung, medizinische Versorgung, Kultur. Hausarbeit sei dabei nicht mehr die isolierte Tätigkeit von zumeist abhängigen Hausfrauen, sondern gehe alle etwas an. Die LMOs sollen als Genossenschaften organisiert werden, in denen Rechte und Pflichten, Eintritt und Austritt klar geregelt sind. Die Tätigkeiten einer Person während einer 42-Stunden-Woche (wie sie in der Schweiz üblich ist) könnten in einer zukünftigen LMO folgendermaßen aussehen:

- zwanzig Stunden monetäre, bezahlte Erwerbsarbeit innerhalb oder außerhalb der LMO,
- zehn Stunden Lohnarbeit in der LMO (Küche, Gebäudeinstandhaltung, Werkunterricht), wobei die Giroarbeit zu normalen Lohnansätzen vergütet und auf das eigene Konto gutgeschrieben wird,
- vier Stunden angerechnete Gemeinschaftsarbeit (Kinderbetreuung, Reinigung), wobei es für alle Tätigkeiten den gleichen Stundenlohn gibt und die geleisteten Stunden als Punkte verrechnet und gutgeschrieben werden,
- acht Stunden private Hausarbeit, die aber dank der LMO-Dienstleistungen beträchtlich geschrumpft wäre.

Ähnlich wie beim Finanzausgleich zwischen besser und schlechter gestellten Regionen werden Ausgleichsfonds zwischen reichen und armen LMOs vorgesehen. Die

Vernetzung mit landwirtschaftlichen Betrieben soll einen Teil der Versorgung sichern. Zudem bilden sie Allianzen und Zweckverbände vom regionalen bis zum globalen Maßstab. Die LMO soll zugleich auch Altersversorgung sein. LMO-Grundeinheiten sollen sich über den ganzen Globus ausbreiten, würden über das Internet verbunden sein, über welches auch politische Verhandlungen abgewickelt würden. Der Cyberspace ist auch das wichtigste Medium, über das sich die Idee der LMOs verbreiten soll und internationale Verhandlungen geführt werden könnten. Nationalstaaten gebe es zwar noch, aber sie hätten nur polizeiliche und juristische Funktionen.

Durch dieses globale LMO-System „… können [gemäß P. M.] Weltreisende langsam – Flugzeuge gibt es nicht mehr, da sie nicht umweltverträglich sind –, aber umweltschonend die Welt direkt erfahren. Nirgendwo erwartet uns ein überlebenswichtiger Job oder eine dringende Karriere. Statt Kapitalien reisen nun Menschen völlig frei auf dem ganzen Planeten von Ort zu Ort. Und zwar nicht als gehetzte Touristen, sondern als interessierte Gäste, die sich Zeit nehmen, mit denen man reden kann, die auch am LMO-Leben teilnehmen. Die Bewohner des Planeten lernen sich nun zum ersten Mal wirklich kennen. Vorurteile verschwinden, patriarchale Unterdrückungssysteme geraten unter Druck, fundamentalistische Verhärtungen werden aufgebrochen. Es werden mehr Ideen und Produkte ausgetauscht als früher, neue Projekte entwickelt, Kulturen kombiniert, unerhörte Erfindungen gemacht – kurz, es wird mehr

---

Die Halbtagsgesellschaft
Ähnlich wie die Konzepte von U. MÄDER (1999) zur solidarischen Selbsthilfe und von P. M. (1997) zur LMO möchte das Modell der Halbtagsgesellschaft bezahlter und unbezahlter Arbeit die gleiche Bedeutung einräumen. Insbesondere soll dies für Tätigkeiten des sozialen Engagements (z. B. Kinderbetreuung, Altenpflege oder Ehrenämter) gelten (STAHMER, C. 2006; WUPPERTAL INSTITUT FÜR KLIMA, UMWELT, ENERGIE 2008, 436). Vollzeitbeschäftigte sollen ihr (bezahltes) Arbeitspensum auf etwas mehr als die Hälfte reduzieren (in Deutschland z. B. von 1 700 auf 1 000 Jahresarbeitsstunden). Teilzeitarbeitende sollen ihre Pensen ebenfalls auf 1 000 Jahresarbeitsstunden reduzieren (sofern sie mehr arbeiten) und nicht Erwerbstätige, aber erwerbsfähige Personen sollen bezahlte Erwerbsarbeit im gleichen Umfang annehmen. Damit würden sowohl die bezahlte Erwerbsarbeit als auch die unbezahlte Arbeit gleichmäßiger auf die erwerbsfähige Bevölkerung verteilt. Daneben ist es das Ziel des Modells, dass sich Männer und Frauen gleichermaßen an bezahlter und unbezahlter Arbeit und den damit verbundenen Lebensbereichen beteiligen.

(WUPPERTAL INSTITUT FÜR KLIMA, UMWELT, ENERGIE 2008, 436)

gearbeitet als je zuvor" (P. M. 1997, 79). P. M.s Utopie fußt auf der diffusen Annahme, dass ein Konsens über die Ordnung der LMOs nach innen und nach aussen einfach zu erreichen sei oder sich von selbst ergebe. Sie geht davon aus, die „realen" Bedürfnisse der Menschen zu kennen, die dann durch die LMO erfüllt werden. Es ist jedoch anzuzweifeln, dass es erstens solche „realen" Bedürfnisse gibt und zweitens, dass sie für alle gleich sind beziehungsweise sich widerspruchslos in der LMO verwirklichen lassen. So klar die Regeln innerhalb einer LMO definiert werden, so wenig wird die Frage angesprochen, wie ein globales LMO-System funktionieren soll (MARTI, U. 1998). P. M. geht implizit von einer Vorstellung von Globalisierung aus, die homogenisierend wirkt und die über diese Vereinheitlichung den Konsens für die Schaffung der LMOs herzustellen vermag. Hier entspricht seine Idee mehr oder weniger derjenigen des kosmopolitischen Transnationalstaates (vgl. Kap. 5.4.3), bei dem der Staat nur noch eine Rolle unter vielen Akteuren spielt. Wenn die Utopie auch vielen Kritiken nicht standzuhalten vermag, so liefert P. M. doch Ideen, über die es sich nachzudenken lohnt. Wie auch U. MÄDER mit dem Modell der solidarischen Selbsthilfe löst er die heute bestehende Trennung zwischen bezahlter und unbezahlter Arbeit auf und bindet die unbezahlte Arbeit in Strukturen ein, die ihre bessere gesellschaftliche Anerkennung ermöglichen (vgl. Exkurs zur Halbtagsgesellschaft). Diese Einbindung der unbezahlten Arbeit wird neben dem Problem der sozialen Absicherung wahrscheinlich ein zentrales Thema in der Zukunft werden. Insbesondere, weil darüber debattiert wird, ob ein Zustand der Vollbeschäftigung unter gegenwärtigen Arbeitsbedingungen wieder erreicht werden kann (STEINMEIER, F.-W. 2008).

Zusammenfassung

Fazit

- Visionäre diskutieren alternative Beschäftigungsmodelle, um Lösungsansätze für künftige Probleme, wie die Massenarbeitslosigkeit oder die Diskrepanz zwischen Erwerbsarbeit und unbezahlter Arbeit, zu entwickeln. Die Modelle dienen als Diskussionsgrundlage und sind nicht so weit ausgearbeitet, als dass sie direkt in die Praxis umgesetzt werden könnten.
- Die solidarische Selbsthilfe nach U. MÄDER (1999) sieht in der Selbstverantwortung und der Solidarität keine gegensätzlichen Prinzipien. Dem Modell von U. MÄDER dient als Leitbild ein selbständiger Mensch, der sein Schicksal in die eigenen Hände nimmt. Dafür notwendig ist das Zurverfügungstellung von öffentlichem Raum, in dem Fragen von Identität, Legitimation und Souveränität fortwährend gestellt werden. Zusätzlich muss ein ökosozialer Umbau des Staates stattfinden, der die Umverteilung von Arbeit und die Umbewertung der Nichterwerbsarbeit beinhaltet. Ein großes Potential liegt dabei in der Teilzeitbeschäftigung. Ein garantiertes Mindesteinkommen soll gewährleistet werden, um Zeiten der Nichterwerbstätigkeit zu überbrücken.
- B. CASSEN (1998b) will mit seinen „zehn Geboten" einer neuen Weltgesellschaft den Menschen wieder ins Zentrum der wirtschaftlichen und gesellschaftlichen Anliegen rücken.

- Die „Gesellschaft der Lebensunternehmer" nach C. Lutz (1997) fußt ebenfalls auf einem Bild selbständig handelnder Individuen. Danach würde der Mensch in Zukunft hauptsächlich Lebensunternehmer sein. Sämtliche Routinetätigkeiten wären an die Technik delegiert, sodass für den Menschen nur noch gestalterische, kommunikative, innovative, soziale und unternehmerische Tätigkeiten blieben. Nur in Ausnahmefällen würden Erwerbstätigkeiten im Anstellungsverhältnis vollbracht. Der Normalfall wäre jener der Kleinunternehmer, die sich in Teams von fünf bis fünfzehn Leuten organisieren und sich auf ihre besonderen Fähigkeiten konzentrieren. Die negative Einkommenssteuer garantiert allen Menschen ein Mindesteinkommen.
- Das wohl utopischste Modell ist das Konzept der „Life Maintenance Organization" (LMO) von P. M. (1997). Es basiert auf der Annahme, dass der Kapitalismus ausgedient habe und die Menschen aufgrund von Massenarbeitslosigkeit immer öfter im informellen Sektor ihr Auskommen fänden. Lockere Zusammenschlüsse von 300 bis 1000 Mitgliedern dienten dabei zum Vorteil der Menschen. Eine LMO wäre klar organisiert mit Rechten, Pflichten und geregelten Ein- und Austritten. Ihre Mitglieder teilten sich die Arbeitszeiten in monetäre Erwerbsarbeit, Arbeit für die LMO (Küche, Haustechnik), Gemeinschaftsarbeit (Kinder hüten, Reinigung) und private Hausarbeit ein. Dafür garantiere die LMO ihren Mitgliedern den größten Teil ihres Lebensunterhaltes wie Wohnung, Nahrung, Kleidung, medizinische Versorgung. Allianzen und Ausgleichsfonds verbinden LMOs auf regionaler wie globaler Ebene.

Zum Einlesen

Mäder, U. (1999): Für eine solidarische Gesellschaft – Was tun gegen Armut, Arbeitslosigkeit, Ausgrenzung? – Rotpunktverlag, Zürich. Das wohl durchdachteste der beschriebenen Modelle ist das der solidarischen Gesellschaft, das viele Denkanstöße gibt.

Wuppertal Institut für, Klima, Umwelt, Energie (2008): Zukunftsfähiges Deutschland in einer globalisierten Welt – Ein Anstoß zur gesellschaftlichen Debatte. – Fischer Taschenbuch Verlag, Frankfurt am Main. Vor allem das Kapitel 15 zur Arbeit ist im Zusammenhang mit neuen Strukturen interessant.

4.6 Wandel von Produktionssystemen

4.6.1 Schlanke Produktion statt Massenfertigung

Es muss an dieser Stelle nicht mehr betont werden, dass sich die Produktion von Gütern global ausgedehnt und verändert hat. Es gibt kaum ein Gut, das mehrere Produktionsschritte durchlaufen muss und gänzlich an einem einzigen Ort hergestellt wird. Da Transportkosten – auch wenn sie gering sind – zwischen jedem dieser Produktionsschritte anfallen, sind es jeweils ganz spezifische komparative Vorteile, die einen Standort für einen bestimmten Schritt günstiger machen als andere. Diese Vorteile haben sich in den letzten Jahren immer schneller verändert, was – aufgrund des fortschreitenden Abbaus von Handelshemmnissen – zu immer schnelleren Verlagerungen von Produktionen und Veränderungen der Produktionsformen führt.

Land	Erdöläquivalente in kg/Kopf
Katar	19 466
Kanada	8 473
USA	7 886
Deutschland	4 187
Japan	4 135
Österreich	4 135
Schweiz	3 599
Israel	2 816
Argentinien	1 644
Kuba	905
Albanien	767
El Salvador	673
Mosambik	516
Indien	491
Marokko	458
Nepal	338
Bangladesch	171

Tab. 4.6.1/1 Energiekonsum pro Kopf in ausgewählten Ländern in Erdöläquivalenten für 2007

Im Folgenden werden Beispiele besprochen, bei denen sich diese Veränderungen in besonderem Maße ergeben haben. Die nach Henry Ford, dem Begründer der Fließbandarbeit, benannte fordistische Wirtschaftsweise war für den Produktionsprozess des 20. Jh. bestimmend. Sie beruht stark auf den Skaleneffekten, die sich durch eine Massenproduktion ergeben. Dadurch werden Produkte billiger und konkurrenzfähiger. Die fordistische Produktionsweise war nur möglich, weil im Zuge der kapitalistischen Rationalisierung die zur Verfügung stehenden Energien effektiver genutzt werden konnten. Eine Voraussetzung dafür war die Umstellung von den biotischen zu den abiotischen fossilen Energieträgern. Sie haben eine höhere Energiedichte und sind besser transportierbar, womit eine Steigerung der Arbeitsproduktivität erfolgen konnte[19]. Heute verbraucht jeder Kanadier so viel fossile Energie wie zwei Deutsche oder wie 25 Nepalesen (vgl. Tab. 4.6.1/1), und ein Einwohner von Katar verbraucht gar mehr als die hundertfache Menge an Energie wie ein Einwohner von Bangladesch.

Durch den Gebrauch fossiler Energie wurde vor allem in Industrieländern eine Produktionssteigerung in der Landwirtschaft möglich. Die Produkte, die auf diese Weise erzeugt werden, sind immer weniger von der Natur des Bodens, des Klimas und der Biotope abhängig. Die traditionelle Landwirtschaft wurde zur Agroindustrie, welche zu einem Überfluss in den „reichen" Gesellschaften führte, aber auch teuer erkauft werden muss. Die Vernichtung der Artenvielfalt und der Verlust von Böden durch Übernutzung sind eine Folge von Massenkonsum und Massenproduktion (ALTVATER, E. & B. MAHNKOPF 1996, 127). Durch das Vorantreiben von Rationalisierung und Vereinheitlichung in der industriellen Produktion wurde der Fordismus zu einem wichtigen Motor der Globalisierung. Ein Nebeneffekt dieser Produktionsweise ist jedoch die Entstehung von Überkapazitäten und damit verbundener Überproduktion, die nicht mehr verkauft werden kann. So hätte die Autobranche 1985 etwa 10 Prozent mehr Fahrzeuge produzieren können als nachgefragt wurden und 1995 waren es gar 14 Prozent, obgleich die Nachfrage gestiegen war (GREIDER, W. 1998, 156). 2005 betrug die Überkapazität bereits 20 Prozent (REUTER, M. & T. BLEES 2005). Dies bedeutet, dass ein Fünftel der Autobranche eigentlich überflüssig wäre. Um in einem solchen Umfeld noch konkurrenzfähig bleiben zu können, muss ein Unternehmen die Kosten für die Produktion senken können. Mit einem höheren Produktionsausstoß kann dies aber kaum gelingen, wenn die Produkte nicht verkauft werden können.

Im Fordismus, der auf sehr klaren Regeln basierte und immer noch basiert, haben Gewerkschaften ein großes Gewicht. Ohne Grund können Arbeitskräfte nicht entlassen werden. Größere Entlassungen werden mit den Gewerkschaften besprochen oder ausgehandelt, wenn Firmenleitungen Arbeitsniederlegungen vermeiden wollen. Die Aufgaben sind klar definiert mit genauen Pflichtenheften und fixierten Karriereoptionen. Das Verhältnis zwischen Management und Arbeiterschaft ist im Fordismus gemäß D. DRACHE (1996) eines der „(reglementierten) Konfrontation". Das Management kennt viele Hierarchiestufen. Die Produktion ist vor allem auf einen hohen Ausstoß und weniger auf hohe Qualitätsstandards ausgerichtet, weswegen der Ausschuss gegenüber der schlanken Produktion weit größer ist. Eine wichtige Neuerung des fordistischen Modells gegenüber früheren Verhältnissen war, dass die Löhne nicht individuell nach Marktprinzipien, sondern im Kollektiv ausgehandelt wurden (DRACHE, D. 1996, 229).

Eine Antwort auf das Problem der Überkapazitäten, die bei der fordistischen Produktion anfallen, liefert die so genannte „Lean Production" (deutsch: schlanke Produktion). Sie setzt vor allem auf Qualitätsverbesserung und Rationalisierung und hat die Kostenreduktion zum ultimativen Ziel (vgl. Tab 4.6.1/2). „Lean Production" wurde als erstes von Toyota in Japan entwickelt mit dem Ziel, wettbewerbsfähiger zu werden. Dieses System hat sich jedoch auch in vielen anderen Bereichen der Industrie bereits durchsetzen können und hat eine markante Umstrukturierung der Arbeitsverhältnisse zur Folge. Durch diese wird auch die Stellung der Arbeiterschaft, wie sie sich im Fordismus etabliert hat, stark verändert. So ist nicht mehr der gewerkschaftlich organisierte Arbeiter oder die gewerkschaftlich organisierte Arbeiterin der Normalfall, sondern Mitarbeiter mit individuellen Verträgen, die immer weniger mit anderen vergleichbar sind. WOMACK, J., JONES, D. & D. ROOS (1990, 13, zitiert in DICKEN, P. 1998, 170; Übersetzung des Verfassers) erklären, warum die Produktionsform, die auch als „Toyotismus", „Fujiismus" oder „Just-In-Time" bekannt ist, „lean" genannt wird: „Lean production [schlanke Produktion] (…) wird schlank genannt, weil sie im Vergleich zur Massenproduktion weniger von allem benötigt – den halben Arbeitseinsatz in Fabriken, den halben Raum für die Produktion, halb so große Investitionen in Werkzeuge, die halbe Entwicklungszeit, um neue Produkte in halber Zeit zu entwerfen. Außerdem benötigt sie weit weniger als das halbe Inventar an Ort, verursacht weniger Defekte und produziert eine größere und wachsende Bandbreite an Produkten."

Produktionssystem	Produktivitätsmodell	Produktedesign	Arbeitsplatz
Kontinuierliche Verbesserung der Produktion	Zeit-Management	Fertigung nach neusten Industriestandards	Kaizen der Arbeitskraft durch Einbringen neuer Ideen
Arbeitsteams mit größerer Verantwortung	Vermehrte Einbindung von Subkontraktoren	Kurze Designzyklen	Wechselnde Tätigkeiten innerhalb eines Teams
Keine Arbeitslücken	Multi-skilling: Arbeiter können flexibler eingesetzt werden	Stark auf Konsumenten ausgerichtet	Arbeit ohne Aufsicht
Keine Defekte	Ersparnisse durch Vereinfachung der Arbeitsschritte	Betonung auf Qualität und Kostenkontrolle	Selbstbestimmung, aber kein Selbstmanagement
Kontinuierliche Innovation	Kleine Belegschaft		On-the-Job Ausbildung
Just-in-Time Produktion	Flexibilität der Arbeiterschaft		Arbeitsvereinfachung aber auch -intensivierung
Keine Gewerkschaften	Hoher Stresslevel		Vergrösserte Rechte des Managements; aber auch Sicherheit der Anstellung
Sicherheit des Arbeitsplatzes	Hohes Produktionstempo		Weniger gesundheitliche Probleme durch repetitive Arbeit

Tab. 4.6.1/2 „Lean Production" in Idealform

Die wichtigsten Elemente der „Lean Production" sind: geringere Produktzyklen, größere Produktpaletten, häufigere Veränderungen im Design und vor allem eine effektivere und kleinere Arbeitnehmerschaft. Die Arbeiter werden als sehr wertvolles Kapital angesehen, durch welches und mit welchem bessere Leistungen erbracht werden sollen. So sind denn auch Teamwork und Kommunikation wichtige Bestandteile der „Lean Production". Das Resultat soll nicht nur eine Erhöhung der Produktion sein, sondern auch ein effizienterer Ressourcenverbrauch, weniger defekte Produkte, kleinere Lager- und Fabrikhallen. Die „Lean Production" hat mit dem fordistischen Produktionsideal gemein, dass weniger Arbeiter in kürzerer Zeit mehr produzieren sollen. In Bezug auf die Wahrnehmung und den Einbezug der Arbeiterschaft allerdings unterscheidet sie sich stark. Arbeitskämpfe sollen nach Möglichkeit vermieden werden, denn sie kosten Geld und erhöhen die Produktionskosten. Darum werden in Betrieben mit „Lean Production" Gewerkschaften möglichst ausgeschlossen. Die Vertreter der „Lean Production" argumentieren, dass es diese ja auch nicht brauche, da das Management dafür sorgen soll, dass sich die Arbeiterschaft wohl fühlt. Denn nur eine zufriedene Arbeiterschaft arbeitet auch effizient. Das Management eines Betriebes erhält also größeres Gewicht, da

Glokalisierung von „Lean Production"

Was geschieht, wenn diese Produktionsform in einen Kontext gestellt wird, in dem es üblich ist, Entlassungen vorzunehmen, und das Management gewohnt ist, gegen Gewerkschaften anzukämpfen? DANIEL DRACHE (1996) untersuchte dazu Ableger japanischer Autofirmen in Kanada. Bemerkenswert ist, dass die einzige Fabrik, die als „Joint-Venture" von Suzuki mit General Motors arbeitet, auch die einzige ist, die Gewerkschaften überhaupt duldet. Die anderen Firmen sind darauf bedacht, dass die „Unions" in ihren Produktionsstätten nichts zu sagen haben. In der Folge wurde bei diesen Firmen bemängelt, dass sie sich zwar um eine gute Kommunikation und schnelle Konfliktlösung bemühen, aber – durch das Fehlen von Gewerkschaften – keine klaren Instanzen und Prozeduren festgeschrieben wurden. Dies steht im Gegensatz zu den japanischen Mutterfirmen, bei denen das Konsultationssystem zwischen Management und Arbeiterschaft besser entwickelt ist. Weil in Kanada die Arbeitsplatzsicherheit geringer ist, und weil das Management weniger gewohnt ist, die Belegschaft zu konsultieren, haben sich im Laufe der Zeit viele Konflikte angesammelt, die ungelöst blieben. Im Vergleich zu früher hat nun das Management größere Macht und größeren Spielraum.

Auch die Möglichkeit zur Höherqualifizierung ist in den kanadischen Firmen gering. Zwar kommen die gelernten Arbeitskräfte laufend in den Genuss einer Weiterbildung, doch der Großteil der Angestellten verrichtet einfache, angelernte Arbeit. Für diese Angestellten sind keine Weiterbildungen vorgesehen, da sie nicht als produktionssteigernd gelten. Das gute Abschneiden bei der Qualität der Autos bei gleichzeitig tiefem Preis beruht zum Teil auf durchdachten Strategien. High-End-Teile werden aus Japan importiert, und weniger empfindliche Teile werden in Mexiko hergestellt, wodurch für kanadische Verhältnisse ein überdurchschnittliches Qualitätsniveau erreicht wird. Alle untersuchten Firmen haben eine relativ junge Belegschaft. Diese nimmt längere Arbeitszeiten und größeren Stress eher in Kauf und gilt auch als belastbarer. Da es in Kanada eine relativ gute Arbeitslosenversicherung gibt, fällt es dem Management leichter, Leute zu entlassen. Die Arbeitsplatzsicherheit ist also nicht gewährleistet.

Die untersuchten Firmen gelten in Kanada als Vorzeigefirmen. Sie zahlen etwas höhere Löhne und können daher von Anfang an eine höher qualifizierte und leistungsbereitere Belegschaft einstellen, da das Angebot an Arbeitskräften größer ist als die Nachfrage.

es direkt mit der Basis kommuniziert, ohne durch die Vermittlung von Gewerkschaften. Mitsprache, Mitdenken der Arbeiterschaft im Unternehmen ist explizit erwünscht, und es wird die Arbeitsphilosophie vermittelt, dass sowohl Belegschaft wie auch Management „am selben Strang ziehen". Die Arbeitskräfte werden als selbstbestimmte Teilnehmer am Produktionsprozess gesehen (DRACHE, D. 1996, 230). Die Frage stellt sich nun, ob dieses Modell für die Arbeiterschaft ernsthafte Verbesserungen gebracht hat, oder ob gar ein Rückschritt in eine größere Abhängigkeit stattfindet. Bei der Diskussion, ob die „Lean Production" humaner als der Fordismus ist, gehen die Meinungen auseinander. Es kann nicht davon ausgegangen werden, dass mit der Einführung der „Lean Production" in vielen Betrieben bereits ein Paradigmenwechsel weg vom fordistischen Produktionssystem stattgefunden hat (DICKEN, P. 1998, 171).

Pro lean production	Contra lean production
• Lean Production beinhaltet die konstante Weiterbildung der Arbeiterschaft, vor allem durch Zuweisung verschiedener Aufgaben in Teams, Job-Rotation und „Learning by Doing".	• Die Weiterbildung nützt nur innerhalb des Betriebes etwas, sie kann bei einem Stellenwechsel nur schlecht auf andere Arbeitssituationen übertragen werden.
• Die Arbeitsplätze sind ergonomischer und an die einzelnen Arbeiternehmer angepasst.	• Lean Production führt noch schneller zu Überkapazitäten, die durch weitere Anpassungsleistungen der Betriebe kompensiert werden müssen.
• Lean Production gibt den Arbeitern Kontrolle und Partizipation in großem Maße.	• Teams stehen unter der ständigen Kontrolle des Managements und haben selber eine Kontrollfunktion für das Management.
• Teamwork und Eigen-Management reduzieren Entfremdung vom Arbeitsplatz.	• Die Forderung nach ständiger Verbesserung setzt die Arbeiterschaft stark unter Druck.
• Das individualisierte Lohnsystem stellt einen wichtigen Anreiz dar.	• Das individualisierte Lohnsystem dient dem Management als Herrschaftsstrategie im Sinne von „teile und herrsche".
• Lean Production basiert auf einem langfristigen (lebenslänglichen) Arbeitsvertrag.	• Langfristige Arbeitsverträge erhält nur die Kernbelegschaft großer Firmen; die übrigen ArbeiterInnen werden marginalisiert ohne Arbeitsplatzsicherheit. Sie werden häufig über Subkontrakte angestellt.
• Der Technologiewettbewerb kommt den Verbrauchern zugute.	• Der Technologiewettbewerb wird zum Nullsummenspiel, da entlassene Arbeitskräfte weniger konsumieren können. 1975 musste eine amerikanische Durchschnittsfamilie 18 Wochen arbeiten, um sich einen Durchschnittswagen kaufen zu können, 1995 waren es bereits 25 Wochen.

Tab. 4.6.1/3 Argumente für und gegen die „Lean Production"

Denn die „Lean Production" trägt zum Beispiel paternalistische Züge, die stark auf die japanische Produktionsweise und Gesellschaft zutreffen, sich durch langfristige Arbeitsverträge auszeichnen und großes Vertrauen voraussetzen (vgl. Tab. 4.6.1/3). Sie lässt sich trotz der im fordistischen System erreichten Vereinheitlichungen nicht eins zu eins auf andere Gesellschaften übertragen. Denn, ein auf Konfrontation und Verhandlung beruhendes System kann nicht einfach durch ein vertrauensvoll-paternalistisches ersetzt werden. Kombiniert mit einer Technologie, die Arbeitskräfte spart, birgt ein solcher Wechsel einigen sozialen Sprengstoff. Doch zeigt die „Lean Production" Alternativen auf und Tendenzen, die wohl in Zukunft noch größere Resonanz haben werden.

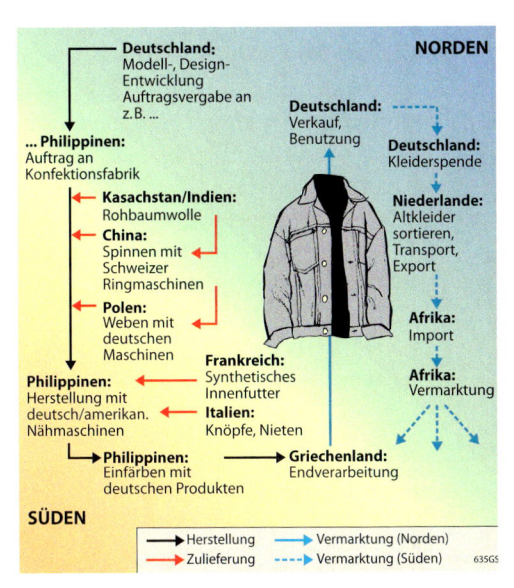

Abb. 4.6.2/1 *Arbeitsteilung am Beispiel einer Steppjacke*

4.6.2 Die Textilindustrie als Beispiel für den Produktionswandel

Ein gutes Beispiel für diesen Wandel liefert die Textilindustrie, die eine Vielzahl unterschiedlicher Produktionsschritte umfasst (vgl. Abb. 4.6.2/1), deren Produkte sich sehr schnell verändern und deren Markt verschiedenen Regulationsregimes unterworfen ist. Wesentliche Faktoren, die bei der Verlagerung der Textilproduktion eine Rolle spielen, sind Kosten, Technologie und die Fertigkeiten der Arbeitnehmer. Steigen die Löhne in einem Land, so muss das Unternehmen versuchen, dort Arbeitsschritte einzuführen, die eine hohe Fertigkeit verlangen und damit die erhöhten Löhne der Arbeiter rechtfertigen (vgl. Tab. 4.6.2/1) Um zu verhindern, dass die Textilbranchen der Industrieländer wegen der Billigkonkurrenz im Süden kollabieren, wurde 1974 das Multifaserabkommen abgeschlossen (WIRTSCHAFTSLEXIKON24.net 2008). Es verhinderte den massenhaften Export billiger Textilien aus Entwicklungs- und Schwellenländern in die Industrieländer. Damit wurde der Druck auf die Textilproduzenten der Industrieländer, die eine große Zahl an Arbeitskräften beschäftigten, etwas abgeschwächt. Vom Multifaserabkommen profitiert haben auch einige so genannte Entwicklungsländer, die weniger auf Massen- als auf Nischenproduktion setzten. Im Schutze des auf einem Quotensystem basierenden Abkommens konnte sich beispielsweise die kambodschanische Seidenweberei etablieren. 2005 wurde das Abkommen und damit die festgelegten Quoten jedoch aufgehoben. Herstellungsländer billiger Textilien wie China (der mit Abstand größte Textilhersteller), Indien, Indonesien (HASSLER, M. 2008) oder Vietnam (vgl. Abb. 4.6.2/2) konnten durch den Wegfall von Quoten ihre Produktion steigern und ihre Exporte ausbauen (DICKEN, P. 2007, 249). Andere mussten sich auf eine spezialisierte (Nischen-)Produktion verlegen beziehungsweise diese festigen. Industrieländer suchten diese Nische in hochtechnischen Stoffen, so genannte Entwicklungsländer wie Kambodscha zum Beispiel in der ökologischen oder sehr arbeitsaufwändigen Produktion. Ein problematischer Aspekt der Textilbranche und deren Produkteabsatz ist in der relativ geringen Nachfrageelastizität begründet. Ab einem bestimmten Einkommensniveau steigen die Ausgaben für Kleidung nicht im gleichen Maße wie das verfügbare Einkommen. Ein Wachstum in der Branche kann also nicht allein mit dem generellen Einkommenswachstum der Bevölkerung generiert werden. Wechselnde Modetrends verkürzen die Lebensdauer eines Kleidungsstücks sehr

	Produktionstyp	Länderbeispiele	Kosten pro Arbeitskraft in Euro
1	• Einfache Textilien und Kleider aus Naturfasern • Produktion auf lokale Märkte ausgerichtet • Standorte sind Nettoimporteure von Fasern, Stoffen und Kleidern	Bangladesh, Kambodscha	3–5
2	• Exportproduktion von standardisierter Kleidung oder solcher, die eines grossen Nähaufwands bedarf • Export von Kleidung in Industrieländer aufgrund tiefer Preise	Indien, Philippinen, Vietnam	4–6
3	• Steigerung von Quantität und Qualität der Textilproduktion • Expansion des Bekleidungssektors • Entwicklung inländischer Faserverarbeitung	Thailand, Mexiko, osteuropäische Staaten, China	6–8
4	• Weitere Entwicklung der Verarbeitung von Fasern, Stoffen und des Bekleidungssektors • Volle Teilnahme am internationalen Handelssystem mit substantiellen Gewinnen	Taiwan, Südkorea, Hongkong	8–10
5	• Produktionssteigerung bei gleichzeitiger Reduktion der Zahl der Arbeitskräfte • Größere Kapitalintensität und Spezialisierung • Konfrontation mit verstärktem internationalem Wettbewerb	Japan, USA, Italien	8–14
6	• Substantielle Reduktion der Arbeitskräfte und Fertigungsstandorte, relativ und absolut • Große Wettbewerbsprobleme • Substanzielle Handelsdefizite	Großbritannien, mitteleuropäische Staaten	11–22

Tab. 4.6.2/1 *Stufen der Textilproduktion und der Arbeitskosten*

Abb. 4.6.2/2 Textilfabrik in Vietnam

stark (nicht weil es abgenutzt ist, sondern weil es unmodisch wird), was zur Steigerung der Nachfrage nach Kleidung führt. Damit soll nicht gesagt sein, dass Modetrends „erfunden" wurden, um Textilien besser verkaufen zu können. Vielmehr hat sich die Textilbranche die Tatsache von (wechselnden) Modetrends zu Nutze gemacht, um ihre Produkte besser an den Mann und die Frau bringen zu können. Gleichzeitig hat die Modebranche damit auch die Geschwindigkeit dieses Wandels erhöht. Nebst der Mode und deren wechselnden Trends hat die Textilbranche auch die Möglichkeit, Bedürfnisse nach spezifischer Kleidung zu schaffen, die über eine Grundversorgung hinausgehen.

Diese Bedürfnisse sind eine Voraussetzung für das Wachstum der globalen Textilbranche. Es liegt dabei auf der Hand, dass ein Konkurrenzkampf entsteht, bei dem der Preis eine große Rolle spielt. Da die Produktion von Textilien immer noch viel Handarbeit erfordert, sind die Löhne ein wichtiger Kostenfaktor für die Produzenten (vgl. Abb. 4.6.2/2). Berichte über ausbeuterische Anstellungsbedingungen sowohl in so genannten Entwicklungs- als auch in Industrieländern sind zahlreich. Es werden häufig junge, ungelernte Frauen beschäftigt, die nicht gewerkschaftlich organisiert sind und aus peripheren Gebieten stammen. 12-14-Stundentage sind dabei keine Seltenheit.

Levi's – eine Marke unter Druck

Levi's (vgl. Abb. E 4.6.2/1) ist eine Marke, die neuen Modetrends zum Opfer gefallen ist. Während der 1970er- und vor allem 1980er-Jahre standen Levi's synonym für Jeans schlechthin. Jeans waren das Bekleidungsstück der Jugend (und der Junggebliebenen). Die Herstellerin Levi-Strauss beschäftigte zu dieser Zeit 40 000 Arbeiter in eigenen Produktionsstätten, wovon zwei Drittel in Nordamerika beschäftigt waren. Ende der 1980er-Jahre kamen neue Modetrends, und die Nachfrage nach Denim-Jeans sank stark. Levi-Strauss musste 1998 13 Fabriken in den USA schließen, ein Jahr später schlossen auch die verbliebenen nordamerikanischen Produktionsstätten. Die Firma produzierte nur noch in Billiglohnländern und begann dann auch, Lizenzen für die Produktion und später auch den Verkauf ihrer Jeans zu vergeben. Dies versuchte die Firma zuvor zu vermeiden, um den Ruf der Marke nicht zu gefährden. Der Konkurrenzdruck führte jedoch dazu, dass die großen Einzelhandelsfirmen sich durchsetzen und nun über günstigere Lizenznehmer einkaufen können.

Abb. E 4.6.2/1 Levi's, eine Marke mit Geschichte, die durch neue Modetrends Absatzschwierigkeiten bekommen hat.

4.6 Wandel von Produktionssystemen

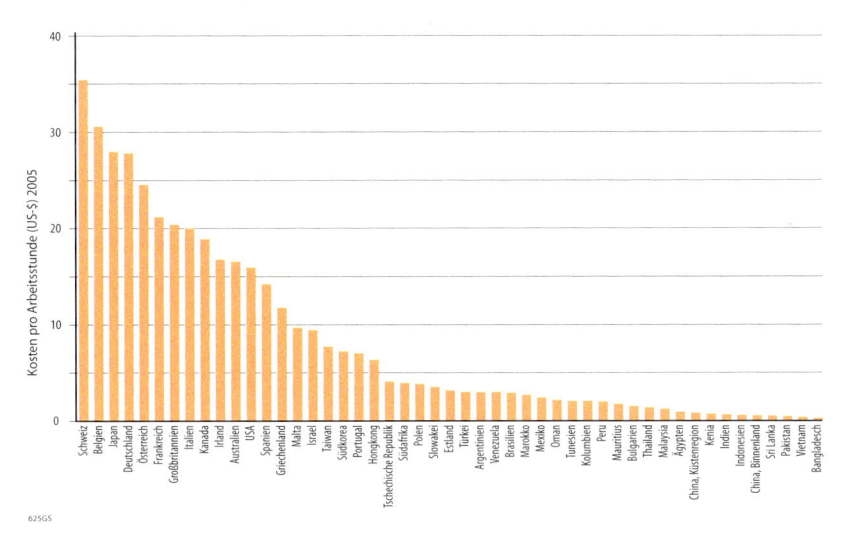

Abb. 4.6.2/3 Kosten pro Arbeitsstunde in der Textilbranche

Aufgrund der besonderen Eigenschaften von Stoffen hat sich der technologische Wandel weniger auf das Nähen als auf Vorbereitungs- und Verteilungsschritte konzentriert. Es geht dabei vor allem darum, Zeit einzusparen (Dicken, P. 2007, 258). Dadurch können zum einen die Kosten weiter gesenkt werden. Zum anderen kann schneller auf Modetrends und Markttendenzen reagiert werden. Mehr und mehr werden Produktionen und Transporte von Firmen organisiert, die selbst keine Textilien produzieren. Erhalten sie eine Bestellung für eine bestimmte Menge eines Kleidungsstückes, so suchen sie dafür den geeignetsten (in der Regel günstigsten) Produzenten und die besten (schnellsten oder günstigsten) Transportwege. Der Druck auf die Produzenten steigt, weil nun neben den Kosten auch die Liefergeschwindigkeit ein wichtiger Faktor wird, um konkurrenzfähig bleiben zu können (Dicken, P. 2007, 263). Dies führt zu vermehrtem Subcontracting,

aber auch zu Problemen mit der Qualitätssicherung. Beim Subcontracting vergeben Produktionsfirmen temporäre Aufträge an kleinere Firmen oder Heimarbeiter, um rechtzeitig liefern zu können. Die Arbeitsbedingungen dieser Subkontraktoren sind oft noch schlechter als in den Fabriken und die Standards schwierig zu kontrollieren. Die Textilindustrie hat sich durch die Globalisierung stark gewandelt. Zwar hat sich schon früh eine Arbeitsteilung ergeben: Rohstoffe (z. B. Baumwolle) wurden über weite Strecken zu den Spinnereien und Webereien transportiert, doch das eigentliche Nähen und Konfektionieren wurde weitgehend am gleichen Ort durchgeführt und von einem Unternehmen kontrolliert. Heute ist eine Vielzahl wechselnder Betriebe an der Produktion eines Kleidungsstücks beteiligt. Schnell wechselnde (regionale und globale) Modetrends führen zu immer größerem Zeit- und Kostendruck, unter welchem produziert werden muss.

4.6.3 Verkauf von Lebensstilen

Mit Mode wird auch ein gewisser Lebensstil verkauft, der eine große Rolle bei der Findung und Bildung der persönlichen Identität spielt. Kleidungsstücke werden so zum Ausdruck des eigenen Befindens und der Zugehörigkeit gemacht. Doch nicht nur in der Mode wird mit einem Produkt ein Lebensstil verkauft. So kann festgestellt werden, dass die Güterproduktion in Industrieländern sich in den letzten Jahren von der Produktion schwerer, verteidigungsbezogener Güter, über die Produktion von Konsumgütern, zur Erstellung und Vermarktung von Unterhaltung und Lebensstilen bewegt hat. Um bildlich zu sprechen, spiegelte die alte Ökonomie „harte Macht" (Hard Power), handelte mit harten Gütern und zielte auf den Körper, während die neue Ökonomie „weiche Macht" (Soft Power) widerspiegelt, von „weichen Gütern" (soft services) abhängt und auf Bewusstsein und Geist abzielt. Aus diesem Grunde wird auch versucht, mittels Werbung nicht mehr in erster Linie die materiellen Vorzüge eines Produktes hervorzuheben, sondern einen bestimmten „Lifestyle" zu vermitteln (Barber, B. 1995).

So beteuert beispielsweise in einer Mazda-Werbung ein stolzer Besitzer eines neuen „Pick-ups", dass dieser wie ein Freund sei und mit seinem 6-Ventiler ein spirituelles Wesen habe. Großkonzerne wie Coca-Cola, Marlboro, Nike, McDonalds und Kentucky Fried Chicken verkaufen mit ihren Produkten längst amerikanischen – oder wie im Falle von Starbucks amerikanisierten italienischen – Lebensstil. Es werden dabei keine Lebensnotwendigkeiten verkauft, sondern bestimmte Gefühle. Nike verkauft nicht in erster Linie Schuhe, sondern den Lebensstil Sport, den man automatisch mit dem Schuh, dem T-Shirt oder der Mütze mitkauft, auch wenn man keinen Sport treibt und zu Hause vor dem Fernseher sitzt. Nike exportierte mit dem Image des Basketballspielers Michael „Air" Jordan eine Ikone, die in China etwa gleich populär war wie der frühere Ministerpräsident Chou Enlai (bis 1968) und damit auf der Popularitätsskala noch vor Mao Zedong erscheint. Jordan verdiente damit 1994 36 Millionen US$ und 1997 47 Millionen US-$. Dies ist mehr als doppelt soviel als er mit Basketballspielen verdiente und etwa 30 000 mal mehr als eine indonesische Arbeiterin in einer Nike-Fabrik als Jahreslohn erhält. Mittlerweile hat China seine eigenen Basketballstars, die allerdings auf gleiche Weise von Sportartikelhersteller vermarktet werden. Es gibt bereits „Nike-Towns"[20], die als eine Mischung von Disneyland und MTV (Music Television) beschrieben werden und wo in erster Linie „Spaß" verkauft wird. Mit Coca-Cola verhält es sich ähnlich. Abgesehen von wenigen Ländern wie Nord-Korea ist dieses Getränk weltweit erhältlich. Und trotzdem will und muss Coke expandieren. Dazu reicht es nicht, die Vorzüge des Getränkes zu preisen, dies geht nur über den Verkauf eines Lebensstils.

Der Verkauf von Lebensstilen ist also wichtiger geworden als ein damit verbundenes Produkt, es lässt sich damit auch mehr Geld verdienen. Die Erfindung des Walkman, der Vorläufers des iPod, ist ein Beispiel dafür. Die Technologie, die dem Gerät zugrunde liegt, ist relativ simpel

4.6 Wandel von Produktionssystemen

und als solche nicht besonders innovativ. Doch veränderte die Verkleinerung des Tonbands soziale Praktiken auf signifikante Weise: das Musikhören wandelte sich von einer sozialen zu einer individuellen Beschäftigung. Sie kann kombiniert werden mit anderen „Lifestyle"-Aktivitäten, zum Beispiel Jogging, Krafttraining oder Spinning[21]. Und die immerwährende Verfügbarkeit von Musik vergrößert die Nachfrage nach noch mehr Musik.

Ein schwieriges Unterfangen für die Firmen, die Lebensstile verkaufen wollen, ist in Erfahrung zu bringen, was „cool", „hip", „trendy" oder „in"[22] ist. Einerseits produzieren sie mit einem Produkt auch einen potenziell verkaufsfördernden Lebensstil, anderseits muss das damit transportierte Image auch akzeptiert werden. So genannte „Cool-Hunters" oder „Trend-Scouts" versuchen die Trends der Zukunft zu erspähen, bevor diese effektiv zum Trend werden, und werden dafür hoch bezahlt.

Vor allem amerikanische Firmen verdienen mit dem immer wichtiger werdenden Geschäft des Lifestyles viel Geld. Die amerikanische Wirtschaft hat einen Rückgang sowohl in der Industrieproduktion (z. B. ist der Produktionsanteil von Mikrochips von fast 100 Prozent 1974 auf weniger als 15 Prozent 2008 gesunken; WORLD SEMICONDUCTOR TRADE STATISTICS (WSTS) 2008; Stand. 13.12.2008), als auch im Banking zu verzeichnen. Gleichzeitig wurden sie führend im Verkauf von Lebensstilen, Telekommunikation und Information, ihren wichtigsten Exportgütern (BARBER, B. 1995, 70; DICKEN, P. 2007, 321).

Lebensstile werden mehr und mehr über Marken („Brands") definiert. Marken wurden kreiert, um sich mit seinem Produkt von der Konkurrenz abzusetzen und mit dem „Brand" ein Gütesiegel zu setzen. Seit 15 Jahren jedoch werden die Marken selbst zum Produkt. Im Vordergrund steht heute die Marke und nicht mehr die Ware selbst. Idee, Stil und Haltung werden mit Logos und Markennamen verbunden und vermarktet. „Nike macht ‚Sport', keine Schuhe, Microsoft ‚Kommunikation' und nicht Software; Starbucks produziert ‚Gemeinschaften' und nicht Kaffee. Und Virgin ist keine Fluggesellschaft, keine Plattenfirma, keine Cola, kein Label für Brautkleider (...) – Virgin ist eine ‚spaßbetonte' Einstellung" (KLEIN, N. 2002, 254). Letztlich soll der Kunde sein Leben im Lebensstil der Marke führen, da sich die Produkte hinter den Logos immer weniger unterscheiden lassen.

An der Kleidungsindustrie lässt sich diese Entwicklung besonders gut beobachten. Der Tennisspieler René Lacoste erhielt in den 1920er-Jahren aufgrund seiner Hartnäckigkeit den Spitznamen „das Krokodil". Daraufhin ließ er sich ein Krokodil auf den Blazer nähen, mit dem er den Tenniscourt betrat. Als begabter Geschäftsmann begann er, seine Beliebtheit als Tennisspieler zu vermarkten und verkaufte Hemden mit dem Krokodilslogo. Diese Art von Branding blieb jedoch auf bestimmte Kreise des „gehobenen" Sports wie Tennis und Golf beschränkt. Erst in den 1970er-Jahren wurden die Tennishemden auch bei anderen (Freizeit-)Aktivitäten getragen und mit einer bestimmten Lebensweise verbunden. Das Beispiel machte schnell Schule, und die offen zur Schau getragenen Logos wurden größer und wichtiger. Anfangs der 1990er-Jahre vertrieb Tommy Hilfiger Kleidung, die praktisch ein einziges Logo war (KLEIN, N. 1999, 28).

Da Lebensstile nicht nur über Kleidungsstücke definiert werden, sondern etwas Umfassenderes sind, werden Marken über die verschiedensten Kanäle vermarktet. Man hat dabei vor allem die Musik- und Filmindustrie genutzt, um eine Marke in einem Lebensstil zu verankern.

4.6.4 Wandel im Nahrungsmittelsektor

Die Produktion von Nahrungsmitteln hat sich ebenfalls stark verändert, obwohl diese – im Unterschied zu anderen Industrien – lokal sehr stark verankert ist. Sie ist abhängig von Bodenqualität, Verfügbarkeit von Land, klimatischen Bedingungen und Bewässerungsmöglichkeiten. Für den wohlhabenderen Teil der Menschheit haben sich Nahrungsmittel zu „Lifestyle"-Produkten entwickelt, während für die Ärmeren nicht einmal die Grundversorgung gewährleistet ist. Viele Diskussionen, die in der WTO geführt werden, betreffen die

Abb. 4.6.4/1 Gemüseanbau im Norden Thailands. In diesem Gebiet wurde früher Opium angebaut. Im Zuge einer Präventionskampagne propagierte die Regierung den Gemüseanbau als Einkommensquelle.

4.6 Wandel von Produktionssystemen

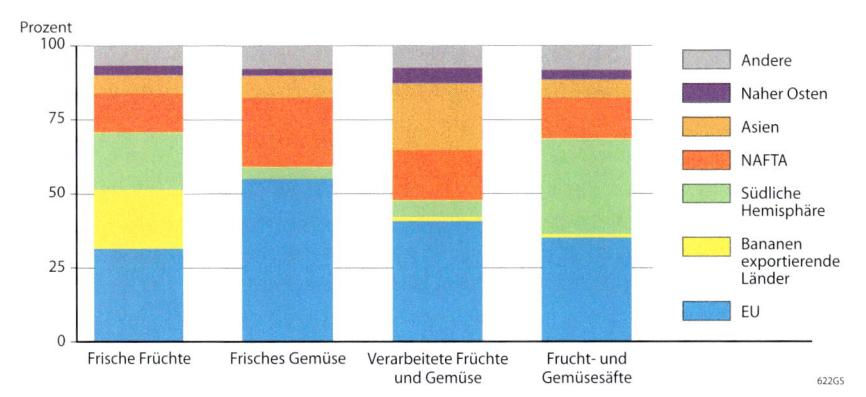

Abb. 4.6.4/2 *Herkunft der Einfuhren der 30 wichtigsten Frucht- und Gemüseimporteure*

Landwirtschaft, die zu den am stärksten geschützten Wirtschaftssektoren gehört. Daneben wurde in den letzten Jahren vermehrt die Sicherheit und Ethik der Nahrungsmittelproduktion in Frage gestellt. Auslöser dafür waren unter anderem der Ausbruch von Krankheiten wie BSE („Rinderwahn"), die Vogelgrippe oder die Maul- und Klauenseuche. Aber auch die Debatten über Potenzial und Gefährlichkeit von genetisch veränderten Nahrungsmitteln trugen ihren Teil zur Diskussion bei (Dicken, P. 2007, 350).

Wie in der Textil- und Automobilindustrie wird der größte Teil der Agrarproduktion von Netzwerken großer Export- und Importfirmen kontrolliert. Als Nische können sich biologisch und fair produzierte Nahrungsmittel immer größere Marktanteile sichern. Daneben wächst die Bedeutung der Länder des Südens als Produzenten frischer und verarbeiteter Früchte und Gemüse kontinuierlich (vgl. Abb. 4.6.4/1 und 4.6.4/2). Einerseits wird dies durch schnellere Transportwege und lückenlose Kühlketten ermöglicht. Anderseits können viele Früchte wie Mangos, Avocados, aber auch Bananen nicht einfach nur gekühlt werden, um sie eine längere Schiffsreise überstehen zu lassen. Ihr Reifeprozess wird mit ausgeklügelten „Controlled Atmosphere Technologies" reguliert. Neben Temperatur und Feuchtigkeit wird auch der Äthylengehalt der Umgebungsluft kontrolliert, der beim Reifeprozess eine wichtige Rolle spielt. Dadurch werden für viele so genannte Entwicklungs- und Schwellenländer die Märkte in Europa, Nordamerika und Japan für den Export von Frischprodukten zugänglich. Zum Beispiel engagieren sich Kenya, Simbabwe oder Thailand verstärkt in der Gemüseproduktion. Brasilien produziert neben Soja und Kaffee auch steigende Mengen an Mangos, Tomaten und Trauben, die im Amazonasbecken angebaut werden. Es sind aber nicht nur die Transporttechnologien, die sich verändert haben, auch die Produktion selbst hat sich gewandelt. Bereits in den 1960er- und 1970er-Jahren konnten die Erträge bei Getreide (vor allem Mais, Weizen und Reis) und

> **Die Diversität der Reissorten auf Bali**
> Auch auf der indonesischen Insel Bali wurden Techniken der „Grünen Revolution" eingeführt, um die Erträge bei der Reisproduktion zu steigern. Wie in ganz Indonesien wurden die neuen Hybridsorten fast flächendeckend eingesetzt und verdrängten die alten lokalen Sorten. Dass einige der alten Sorten erhalten blieben, liegt an der religiösen Praxis auf der Insel. Auf Tempelland wurden die neuen Sorten nicht angebaut. Für die Priesterschaft standen die neuen Anbautechniken der „Grünen Revolution" im Widerspruch zu den Traditionen. Dies zeigt sich unter anderem an den unterschiedlichen Erntemethoden. Traditionelle Reissorten werden mit einem kleinen in der Hand verborgenen Messerchen („ani-ani") geschnitten, da eine offen gezeigte Klinge die Reisgöttin Dewi Sri beleidigen würde. Neue Reissorten werden jedoch mit der Sichel geerntet. Die Verwendung einer offen sichtbaren Klinge ist ein Indiz dafür, dass neuer Reis nicht die gleiche rituelle Bedeutung hat wie traditioneller. Außerdem stand die Ertragssteigerung der Produktion auf Tempelland nicht im Vordergrund, da es sich jeweils um kleine Parzellen handelte. Diesem Umstand ist es zu verdanken, dass die alten, sehr wohlschmeckenden Sorten vermehrt auch wieder außerhalb der Tempelbereiche angebaut werden und der Balireis (indonesisch: „Beras Bali") als Delikatessreis exportiert wird.
> (persönliche Mitteilung von IDA BAGUS SUDEWA, Dorfratsmitglied Gianyar, 1996)

Kartoffeln mit der „Grünen Revolution" gesteigert werden. Dabei züchtete man Sorten, die gut auf Kunstdünger ansprechen und setzte auf eine Mechanisierung der Landwirtschaft. Da die neuen Sorten empfindlicher waren, musste man vermehrt Pestizide einsetzen und für eine gleichmäßige Bewässerung sorgen. Die Ertragssteigerung erkaufte man sich jedoch mit Umweltbelastungen durch Giftstoffe und mit höheren Kosten für Saatgut und Düngung. Außerdem führte die Verbreitung der Hochertragssorten zum Verschwinden alter, zum Teil an lokale Verhältnisse gut angepasster Sorten. Vor allem kleinbäuerliche Betriebe haben Mühe, die Kosten für Saatgut, Dünger und Pestizide aufzubringen, sodass die „Grüne Revolution" insbesondere Großbetriebe bevorteilte.

Die nächste Stufe dieser technologischen Veränderungen stellt die Genrevolution dar (vgl. Tab. 4.6.4/1). Mit der Möglichkeit, direkt in das Genom von Pflanzen (und Tieren) einzugreifen, ist es heute möglich, diese sehr viel schneller neuen Erfordernissen anzupassen. So züchtet man Sorten, die gegen bestimmte Parasiten resistent sind, wodurch der Pestizideinsatz reduziert werden kann. Durch die Genmanipulation wird einerseits der Anteil an Nährstoffen und Vitaminen in den Pflanzen erhöht, anderseits werden sie geschmacklich verbessert.

4.6 Wandel von Produktionssystemen

Gleichzeitig sollen die Erträge weiter gesteigert werden. Die für die Genmanipulation benötigte Biotechnologie ist weit kostspieliger als zum Beispiel das Züchten von Hochertragssorten. Die Firmen, welche diese Sorten herstellen, investieren viel und erwarten dafür große Gewinne (vgl. Tab 4.6.4/2). Diese erzielen sie unter anderem mit der Patentierung bestimmten Saatguts. Das bedeutet, dass Landwirte, die genetisch verändertes Saatgut verwenden, nicht wie üblich einen Teil der Ernte zurückbehalten können, um damit im nächsten Jahr auszusäen. Da sie nicht über die Rechte am Saatgut verfügen, müssen sie diese jedes Jahr von Neuem erwerben. Heftig umstritten sind auch potenzielle Nebenwirkungen bei der Verwendung so genannter transgener Sorten. Deswegen setzen sich vor allem in Industrieländern immer mehr Menschen für ein Freisetzungsverbot von gentechnisch verändertem Saatgut und für eine Dekla-

	„Grüne Revolution"	„Genrevolution"
Beginn	1948, initiiert durch die Rockefeller-Stiftung, zunächst ausgerichtet auf Mais, dann auf Reis, Weizen und Kartoffeln	1990er-Jahre als Konsequenz der Genforschung. Verschiedenste Pflanzen werden verändert; angebaut werden v.a. Sojabohnen, Mais, Baumwolle und Raps
Trägerschaft	Staatliche und überstaatliche Organisationen wie z. B. das International Rice Research Institute (IRRI) oder die FAO	Private Biotechnologiefirmen
Hauptsächliches Ziel	Ertragssteigerung bei den wichtigsten Getreidesorten, um den Hunger zu bekämpfen	Verbesserung der Eigenschaften von Pflanzen, z. B. Schädlingsresistenz, Haltbarkeit, Nährstoffe, Vitamine und Geschmack
Mittel	Züchtung von (zumeist hybriden) Hochertragssorten, die gut auf Düngung und Bewässerung ansprechen	Aktive Veränderungen der Genstruktur von Pflanzen, wodurch transgene Pflanzen produziert werden
Positive Konsequenzen	Ertragssteigerung konnten erzielt und die Nahrungsmittelversorgung verbessert werden	Resistenzen gegen Unkräuter und Insekten konnten entwickelt werden
Negative Konsequenzen	• aufgrund des höheren Bedarfs an Pestiziden und Kunstdünger stiegen die Kosten für Investitionen • durch ausgebrachte Düngemittel und Chemikalien wird die Umwelt belastet • unsachgemäßer Einsatz von Pestiziden verursacht gesundheitliche Schäden • geschmackliche Einbußen müssen hingenommen werden	• Verunsicherung der Verbraucher, da die Auswirkungen gentechnisch veränderter Pflanzen auf den menschlichen Körper und die Umwelt weitgehend unbekannt sind • der Pestizideinsatz ging nicht im gewünschten Maß zurück • Bauern sind an Patentrechte der Biotechnologiefirmen gebunden

Tab. 4.6.4/1 *Vergleich zwischen „Grüner Revolution" und „Genrevolution"*

Rang	Saatgut		Pestizide		Lebensmittel und Getränke		Verteiler	
1	DuPont	USA	Bayer	D	Nestlé	CH	Wal-Mart	USA
2	Monsanto	USA	Syngenta	CH	ADM	USA	Carrefour	F
3	Syngenta	CH	BASF	D	Altria	USA	Metro	D
4	Limagrain	F	DOW	USA	Pepsico	USA	Ahold	NL
5	KWS	D	Monsanto	USA	Unilever	UK/NL	Tesco	UK
6	Seminis	USA	DuPont	USA	Tyson	USA	Kroger	USA
7	Land O'Lakes	USA	Koor	Israel	Cargill	USA	Costco	USA
8	Bayer	D	Sumitomo	J	Coca-Cola	USA	ITM	F
9	Taikii	J	Nufarm	Aus	Mars	USA	Albertson's	USA
10	DLF-Trifolium	DK	Arysta	J	Danone	F	Edeka	D

Tab. 4.6.4/2 Die dominierenden Agrar- und Lebensmittelfirmen sowie Verteiler

rationspflicht bei genetisch veränderten Lebensmitteln ein. 2007 wurden erst drei Prozent der Agrarflächen mit gentechnisch veränderten Pflanzen angebaut; am meisten in den USA und Argentinien, gefolgt von Brasilien, Paraguay, Kanada, Indien und China (FRIENDS OF THE EARTH 2008, 5). Die Mechanisierung sorgte vor allem nach dem Zweiten Weltkrieg für Umwälzungen in der Landwirtschaft. Es wurden immer weniger Arbeitskräfte benötigt, um mit ihnen die gleichen Flächen anbauen zu können. In den Industrieländern ist seither eine kontinuierliche Abnahme der Beschäftigten in der Landwirtschaft zu verzeichnen. An vielen Orten gleicht die Arbeit durch die Mechanisierung und Standardisierung in der Landwirtschaft derjenigen im Industrie- und Dienstleistungssektor. Nicht nur in so genannten Entwicklungsländern sind die Arbeitsbedingungen in der Landwirtschaft oft prekär. Sie sind häufig gekennzeichnet durch schlechte Bezahlung, ungeschützten Kontakt mit Pestiziden sowie lange und harte Arbeitstage. Und in vielen Fällen sind die Arbeitskräfte nicht legal beschäftigt. Sie verfügen somit über keine sozialen Absicherungen.

Auch die Struktur des Agrarmarktes hat sich neben der Mechanisierung verändert. Multinationale Firmen kontrollieren wachsende Anteile der Saatgut- und Pestizidproduktion sowie der Lebensmittelverarbeitung und -verteilung (vgl. Tab. 4.6.4/2).

Viel stärker noch als beim Verkauf von Textilien oder Automobilen sind bei der Vermarktung von Lebensmitteln lokale Gewohnheiten und Vorlieben zu berücksichtigen. Deswegen werden nur wenige Lebensmittel – zum Beispiel Coca Cola – unter der gleichen Marke und in gleicher Zusammensetzung verkauft. Zum Teil wird der gleiche Inhalt in verschiedenen Ländern unter anderen Markennamen verkauft, oder unter der gleichen Marke werden dieselben Lebensmittel in unterschiedlichen Zusammensetzungen verkauft. Nestlé vertreibt rund 8 000 Marken in etwa 20 000 Variationen (DICKEN, P. 2007, 369).

4.6.5 Fairer Handel

Auch das Engagement für den so genannten fairen Handel (englisch: „Fair Trade") kann als Lebensstil betrachtet werden. Es zeigt, dass Stilfragen der Lebensführung nicht nur mit Modetrends zu tun haben müssen. Der faire Handel geht auf Initiativen von Kirchen und Entwicklungsverbänden in den 1970er-Jahren zurück. Diese wollten dem als ungerecht empfundenen Welthandel etwas entgegensetzen (WUPPERTAL INSTITUT FÜR KLIMA, UMWELT, ENERGIE 2008, 495). Dem Konzept des fairen Handels liegt die Annahme zugrunde, dass bei vielen Produkten die Produzenten aufgrund ihrer Abhängigkeit vom Weltmarkt einen ungerechten Preis für ihr Produkt oder ihre Dienstleistung erhalten. Dies ist vor allem im Textil- und Nahrungsmittelbereich der Fall.

Die Konsumenten von fair gehandelten Gütern (vgl. Abb. 4.6.5/1) möchten mit ihrem Kauf dazu beitragen, dass die Produzierenden einen Preis für ihre Ware erhalten, von dem sie auch leben können. Wie in der Modebranche spielen hier Labels eine wichtige Rolle, da die Konsumenten den Handel nicht selber fair gestalten und keine Kontrollen durchführen können. Labels wie zum Beispiel „Max Havelaar" garantieren dafür, dass ihr Produkt den Richtlinien des fairen Handels entspricht. Diese Richtlinien werden von den Fair-Trade-Organisationen selbst oder von Dachorganisationen aufgestellt und müssen von den Produzenten (und dem Zwischenhandel) erfüllt werden. Diese kommen dann in den Genuss eines höheren Abnahmepreises und/oder einer Abnahmegarantie, womit sie ihren Lebensunterhalt besser bestreiten und planen können. Die Regeln können je nachdem, ob es um kleinbäuerliche oder handwerkliche Produktion, Plantagenwirtschaft, Fabrikfertigung oder den Handel von Produkten geht, unterschiedlich sein. Generell orientiert man sich an den Voraussetzungen für eine nachhaltige Entwicklung (vgl. FAIRTRADE LABELLING ORGANIZATIONS INTERNATIONAL 2007):

- Die Produzenten müssen gewisse Sozialstandards einhalten. Dazu gehört, dass in den Betrieben niemand aufgrund der Hautfarbe, des Geschlechts oder der Herkunft diskriminiert werden darf. Kinder- und Zwangsarbeit sind verboten, und Gewerkschaften müssen zugelassen werden. Außerdem müssen sich Kleinbetriebe organisieren, damit ihr Produkt effizient verarbeitet und vertrieben werden kann. Diese Organisation muss auf demokratischen Prinzipien beruhen, transparent sein und größtmögliche Partizipation ermöglichen.
- Der Handelsvertrag, der mit der Fair-Trade-Organisation eingegangen wird, muss zur ökonomischen Stabilisierung der Betriebe dienen. Kleinbetriebe, die im Fair-Trade-Vertrag zusammengeschlossen sind, müssen gemeinschaftlich darüber entscheiden, wie Mehreinnahmen eingesetzt werden. Die Betriebe müssen für den Export von Gütern eingerichtet sein.
- Die Betriebe müssen ökologischen Standards gerecht werden. Chemikalien sollten nur wenn nicht anders möglich eingesetzt werden. Die Entsorgung von Abfällen darf die Umwelt nicht gefährden. Genetisch veränderte Organismen dürfen nicht verwendet werden.

Grundsätzlich werden Fair-Trade-Projekte positiv bewertet. Sie haben in der Vergangenheit folgende Prozesse und Bedingungen positiv beeinflusst (WUPPERTAL INSTITUT FÜR KLIMA, UMWELT, ENERGIE 2008, 496):
- Ökologisierung der Produktion;
- Qualitätsverbesserung der Produkte;
- Verbesserung der Arbeits- und Lebensbedingungen der Produzenten und ihrer Angestellten;
- Marktzugänge, die zuvor verschlossen waren, wurden durch die Fair-Trade-Organisationen geöffnet;
- Eigenständigkeit und -verantwortlichkeit der Produzenten;
- Demokratisierung der Produktionsstrukturen.

Bis in die 1990er-Jahre war der Anteil an fair gehandelten Produkten am Gesamtwarenangebot sehr gering. Das Angebot beschränkte sich auf wenige Produkte, die in (Dritt-)Weltläden vertrieben wurden. Mit dem intensivierten Labelling und einer kritischen Masse an Konsumenten gelang es, Fair-Trade-Produkte auch in Supermärkten zu platzieren. Seither wächst der Anteil an Produkten stetig, wenngleich sie immer noch ein Nischendasein führen. Folgende Zahlen verdeutlichen dies (WUPPERTAL INSTITUT FÜR KLIMA, UMWELT, ENERGIE 2008, 497): Während Schweizer 21 Euro pro Jahr und Kopf für fair gehandelte Produkte ausgeben, geben EU-Bürger im Durchschnitt 4,06 Euro und Deutsche 1,72 Euro dafür aus.

Abb. 4.6.5/1 *Auch fair gehandelte Schnittblumen unterliegen den schnell wechselnden Konsumtrends.*

4.6 Wandel von Produktionssystemen

Zusammenfassung

Fazit

- Die fordistische Wirtschaftsweise, die sich nach dem Zweiten Weltkrieg etablierte, beruhte stark auf Skaleneffekten und Massenproduktion. So wurden Produkte billiger und konkurrenzfähiger, und die Fabrikangestellten verdienten genug, um sich Konsumgüter zu leisten. Der hohe Produktionsausstoß führte jedoch zu Überkapazitäten, die nicht mehr nachgefragt wurden, was in den 1970er-Jahren zum Ende der Vormachtsstellung dieser Wirtschaftsweise führte.
- Die „Lean Production" (deutsch: schlanke Produktion) lieferte eine Antwort auf die Probleme der fordistischen Wirtschaftsweise. Die aus den japanischen Autofirmen hervorgegangene Produktionsform hat Qualitätsverbesserung und Rationalisierung zum Ziel und beinhaltet eine markante Umstrukturierung der Arbeitsverhältnisse. Die Arbeiter werden als wertvolles Kapital angesehen und in die Produktentwicklung und Verbesserung der Produktion einbezogen. Weitere wichtige Elemente sind: geringe Produktzyklen, größere Produktpaletten und häufigere Veränderungen im Design.
- Heute gibt es kaum mehr ein Gut, das mehrere Produktionsschritte durchlaufen muss und an einem einzigen Ort hergestellt wird. Da die Transportkosten zwischen den Standorten auf den Preis des Gutes schlagen, weist jeder Produktionsstandort spezifische komparative Vorteile auf.
- Besonders stark ist diese Entwicklung in der Textilindustrie zu beobachten. Wesentliche Faktoren, die bei der Verlagerung der Textilproduktion eine Rolle spielen, sind Kosten, Technologie und Fertigkeiten der Arbeitnehmer. Letzteres begründet den Lohn der Angestellten und ist deshalb ein nicht zu unterschätzender Faktor in der Standortwahl. Ein Hauptproblem der Textilindustrie ist die geringe Nachfrageelastizität. Das heißt, dass ab einem gewissen Lohnniveau die Ausgaben für Kleidung nicht mehr gleich ansteigen wie das verfügbare Einkommen. Damit die Textilindustrie trotzdem genug Kleider absetzen kann um sich zu rentieren, wird die Lebensdauer eines Kleidungsstückes durch wechselnde Modetrends stark verkürzt. Der Druck auf Kosten und Liefergeschwindigkeiten bringt Produzenten dazu, temporäre Aufträge mittels „Subcontracting" an kleinere Firmen und Heimarbeiter abzugeben, um rechtzeitig liefern zu können. Die Arbeitsbedingungen bei diesen Zulieferern sind oft noch schlechter als in den Fabriken und die Qualitätsstandards kaum kontrollierbar.
- Neben der Textilbranche hat sich auch der Nahrungsmittelsektor stark gewandelt. Obwohl die Landwirtschaft von physischen Faktoren wie Bodenqualität, verfügbarem Land oder Bewässerungsmöglichkeiten abhängig ist, muss auch die Agrargüterproduktion als ein Wirtschaftssektor betrachtet werden, der von multinationalen Import- und Exportfirmen kontrolliert wird. Die „Grüne Revolution" (1960er-/70er-Jahre) erreichte Ertragssteigerungen mit

der Züchtung von Hochertragssorten, dem massiven Einsatz von Dünger und Pestiziden sowie einer Mechanisierung der Landwirtschaft. Umweltschäden und einseitige Entwicklung waren die Folge. Die Genmanipulation (seit den 1990er-Jahren) ermöglicht die Züchtung neuer Sorten, die zum Beispiel parasitenresistent sind oder einen erhöhten Nährstoff- und Vitaminanteil aufweisen.

- Heute spielt die Vermarktung von Lebensstilen eine immer wichtigere Rolle. Dabei tritt das eigentliche Produkt hinter die Marke (englisch: „Brand") zurück. Marken unterscheiden sich auf dem Markt nicht durch das Produkt, welches sie bezeichnen, sondern durch das in ihnen transportierte Image.
- Auch der faire Handel (Fair Trade) kann als ein bestimmter Lebensstil betrachtet werden und zeigt, dass Stilfragen der Lebensführung nicht nur über Mode definiert werden müssen. In den 1970er-Jahren entstanden erste „Fair-Trade-Initiativen", die auf kirchliches und entwicklungspolitisches Engagement zurückgingen und dem, als ungerecht empfundenen, Welthandel etwas entgegensetzen wollten. Fair gehandelte Güter garantieren mithilfe von Richtlinien bestimmte Standards: Sozialstandards sollen den Arbeitnehmenden Existenz sichernde Löhne gewährleisten und deren Partizipation im Unternehmen gewährleisten.

Zum Einlesen

ALTVATER, E. & B. MAHNKOPF (2007): Grenzen der Globalisierung – Ökonomie, Ökologie und Politik in der Weltgesellschaft. – Westfälisches Dampfboot, Münster.

Die Autoren nehmen in diesem umfangreichen und detaillierten Buch kritisch zur Entwicklung der Globalisierung Stellung.

DICKEN, P. (2007): Global Shift – Mapping the changing contours of the world economy (5th edition). – Sage, London, Thousand Oaks, New Delhi.

Global Shift gilt als das Referenzbuch für die wirtschaftliche Globalisierung. Der Autor wartet darin mit vielen Beispielen auf.

KLEIN, N. (1999): No Logo – Taking aim at the brand bullies. Picador, New York.

No Logo ist ein sehr kritisches Buch, in welchem die Autorin auf die Rolle von Marken und die sie kontrollierenden Firmen eingeht. Das Buch wurde zu einem „Kultbuch" von Globalisierungskritikern.

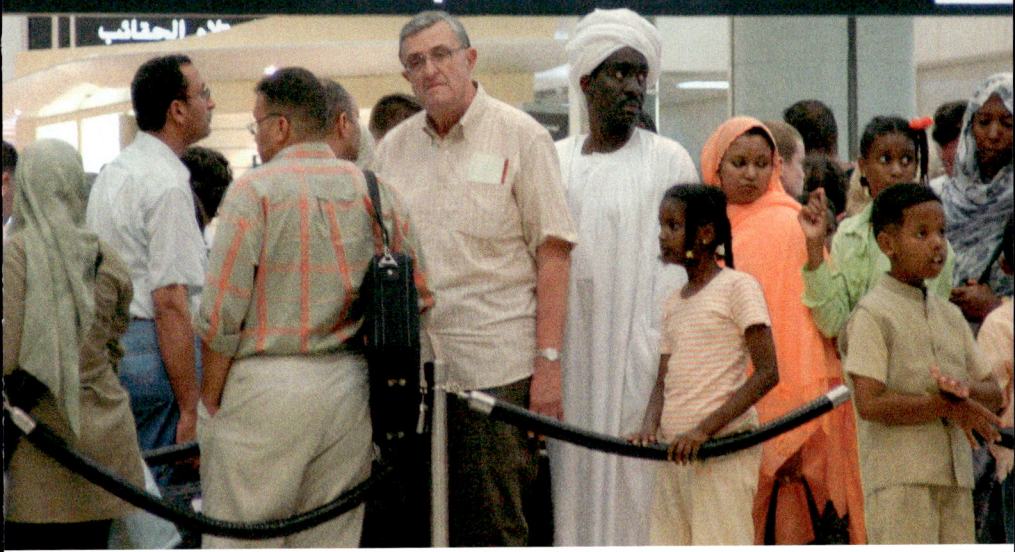

Abb. 5/1 *Das Überschreiten von politischen Grenzen wird von Visabestimmungen reglementiert*

5 Globalisierung und der Nationalstaat

Globalisierung führt dazu, dass Staatsgrenzen auf ganz unterschiedliche Weise überwunden werden: für die Verschiebung von Kapital ist diese Überschreitung sehr einfach geworden, je nach politischer Übereinkunft zwischen Nationalstaaten ist dies für Güter und für Menschen ebenfalls möglich. Durch diese Grenzüberschreitungen entstehen neue transnationale soziale Räume, in denen neue Lebenswelten entstehen. Daneben wird debattiert, ob die Globalisierung den Nationalstaat schwächt und am Ende gar obsolet macht oder ob das Gegenteil der Fall ist und der (National-)Staat gerade durch diese Prozesse in seiner Bedeutung gestärkt wird (Albrow, M. 1998; 2007, 266; Ohmae, K. 2004; Beck, U. 2002). Zweifelsohne wird das Nationalstaatensystem durch verschiedene Veränderungen herausgefordert. So zum Beispiel durch den Klimawandel, der flache Inselstaaten wie zum Beispiel Tuvalu oder die Malediven auszulöschen droht (McGrew, A. 1998, 382).

5.1 Das Nationalstaatensystem, eine internationale Vereinheitlichung

Wie bereits erläutert, hat das gegenwärtige Nationalstaatensystem seinen Ursprung in der Ordnung, die nach dem Dreißigjährigen Krieg durch den Westfälischen Frieden (1648) geschaffen wurde. Im Laufe der sich entwickelnden Moderne veränderte der Nationalstaat zwar sein Gesicht, doch seine Definition als Territorialstaat blieb erhalten. Damit wurden Gemeinschaft, Staat, Kultur, Familie und Gesellschaft zusammengefasst. Die Kontrolle über diese Bereiche konnte damit im fixierten Nationalstaat besser ausgeübt werden (ALBROW, M. 1998, 175). So wurde die nationalstaatliche Gesellschaft der Rahmen, in dem der Mensch aufzuwachsen und seine Identität sowie seinen Lebenssinn zu finden hatte.

In einem territorialen Nationalstaat wird die staatlich-politische Fixierung und Beherrschung des Raumes vorausgesetzt. Der Nationalstaat ist also ein gesellschaftlich und territorial begrenzter „Machtcontainer". A. D. SMITH (1994 zitiert in BECK, U. 1997, 115) spricht dabei von einem „methodologischen Nationalismus": Gesellschaft und Staat werden deckungsgleich gedacht, gemacht, organisiert und gelebt. „Anders gesagt: Staatlicher Macht- und Kontrollanspruch begründet und kreiert Gesellschaft. Man kann und muss dieses Primat des Nationalen entlang der verschiedenen Grundrechte, des Bildungssystems, der Sozialpolitik, der Mehrparteienlandschaft, der Steuern, der Sprache, der Geschichte, der Literatur, der Verkehrswege, Infrastrukturleistungen, Pass- und Grenzkontrollen durchdenken und ausmalen" (BECK, U. 1997, 115).

Damit erzeugen und konservieren Nationalstaatengesellschaften Identitäten. Ihre Selbstverständlichkeit liegt auch in den folgenden Formulierungen begründet: Deutsche leben in Deutschland, Japaner in Japan, Südafrikanerinnen in Südafrika. Dass es schwarze Jüdinnen gibt und spanische Deutsche, wird ausgeblendet und oft sogar als Bedrohung empfunden (BECK, U. 1997, 115).

Doch dieses System des Denkens, Handelns und Lebens zerbricht im Zuge der Globalisierung. Hauptakteure sind unter anderem die TNU, die in die Lage versetzt wurden, Nationalstaaten gegeneinander auszuspielen, indem sie ihre Produktionsstandorte rasch wechseln können und keine lokale Verankerung mehr benötigen. Die Politik, die aus diesem Spannungsfeld entsteht, hält sich nicht mehr an früher aufgestellte und akzeptierte Regeln, sondern verändert die Regeln fortwährend. Im neuartigen Machtspiel „TNU gegen Nationalstaaten" wird ein ungleiches Spiel ausgetragen, wobei die TNU oftmals in der mächtigeren Position sind. Denn Nationalstaaten versuchen mit unterschiedlichen Mitteln (die teilweise nationale Auflagen und Regeln ignorieren), TNU als Investoren und Arbeitgeber in ihr Land zu bringen. Neben den TNU wird die ganze Macht des Nationalstaats durch Umweltzerstörung, Migration und globale Lebensstile unterhöhlt. Dies hat dazu geführt, dass gedankliche Alternativen zum Nationalstaat möglich wurden[1].

Das Machtvakuum, das aus dem Unvermögen der Nation resultiert, Lösungen für globale Probleme zu finden, wird zum Teil von Weltbürgerinitiativen und NGOs wie Greenpeace erfolgreich gefüllt. Das prominenteste und erfolgreichste Beispiel ist die Verhinderung der Versenkung der Bohrinsel „Brent Spar" (KERSHAW, B. 2002) von Shell durch

Greenpeace (auch wenn sich danach herausstellte, dass Greenpeace mit der ins Meer zu fließen drohenden Menge an Erdöl drastisch übertrieben hatte). Ein erfolgloses Beispiel für diese internationale Organisation sind die Atomtests, die 1995 von Frankreich trotz heftigster Proteste durchgeführt wurden. Greenpeace und viele andere Organisationen nutzen das genannte Machtvakuum, um moralische und ethische Standards zu etablieren (vgl. BECK, U. 2002, 348). In diesem Spiel um Moral und Wirtschaftlichkeit werden die Rollen von „Helden" und „Schurken" neu besetzt. Die TNU können dabei sogar wählen, welchen Part sie einnehmen wollen (doch meist wird ihnen die Rolle von außen zugewiesen). Shell hat sich – mindestens vordergründig – vom „Sünder" zum „Heiligen" gewandelt (FRIEDRICH. M. 2001), Nike hat aufgrund heftiger Kritiken einen sog. „Code of Conduct" erarbeitet und Besserung der Arbeitssituation in ihren Fabriken in Aussicht gestellt (EDWARDS, T. & C. REES, 2005, 276). Doch NGOs sind der Meinung, dass diese immer noch auf sich warten ließen (ERKLÄRUNG VON BERN, 2009).

In diesem Machtkampf stehen sich ungleiche Kontrahenten gegenüber. Die Machtbasis der NGOs hängt einzig und allein von ihrer Mitgliederzahl und ihren Einkünften ab. Doch lässt sich die Schwäche der NGOs auch zu einer Art „Judo-Politik" umsetzen. Dabei geht es darum, die Kraft und Masse des Gegners zu nutzen, um ihn aus dem Gleichgewicht und dann zu Fall zu bringen. Amnesty International ist ein erfolgreiches Beispiel dafür (vgl. BECK, U. 1997).

Die Organisation konfrontiert mächtige Staaten und kann trotz der begrenzten Mittel, die ihr zur Verfügung stehen, immer wieder Erfolge erzielen. Ein Problem, das sich vielen NGOs stellt, wenn sie in die Politik eingreifen wollen, ist ihre Eindimensionalität. Sie sind oft auf ein bestimmtes Thema fokussiert, zu dem sie über große Kompetenz verfügen. Dies ist auch ihre Stärke. Kann ein Anliegen durchgesetzt werden, so wird es schwierig oder zumindest sehr anspruchsvoll, dies mit anderen gesellschaftlichen Aspekten zu verbinden (FISCHER, K. 1999, 121). Auch wenn viele NGOs vielleicht nicht immer erfolgreich ihre einmal gesteckten Ziele durchzusetzen vermögen, wirkt ihre Mobilisierung dennoch weiter. Die neuen sozialen Bewegungen haben große Fähigkeiten und Kapazitäten erlangt, um Bedürfnisse von Menschen und Gruppen präzise auszudrücken. Außerdem haben sie gelernt, flexibler zu werden und frei von ideologischen Zwängen Probleme anzusprechen, welche zum Beispiel von Parteien nur sehr zögernd thematisiert werden (BEYME, K. 1996, 289; FEDERLI, T. 2004).

Der Nationalstaat wird durch die NGOs herausgefordert, doch vermögen sie ihn (bislang) nicht zu ersetzen. Das utopische Konzept der „Life Maintenance Organisation" käme einem Modell am nächsten, bei dem eine Person nur noch Mitglied einer oder mehrerer NGOs ist und nicht mehr Angehöriger eines Nationalstaates.

5.1.1 Die Nation und das Territorium

Das staatliche Territorium umschreibt den Geltungsbereich einer staatlich sanktionierten Rechtsordnung, somit muss die Staatsangehörigkeit über das Staatsgebiet definiert werden. Aus diesem Territorialitätsprinzip ergibt sich auch die Trennung der internationalen Beziehungen vom nationalen Hoheitsbereich. Dadurch unterscheiden sich die Außen- und die Innenpolitik stark voneinander (HABERMAS, J. 1998b, 98). Die Idee eines zusammenhängenden Territoriums unter einer Herrschaft führte, kombiniert mit dem Wachstumsgedanken, zur europäischen Kolonisierung. Die „Mutterländer" strebten damit, neben ökonomischen Interessen auch die Vergrößerung ihres Machtbereichs an. Zunächst beschränkte sich dies auf strategisch günstige, meist küstennah gelegene Handels- und Militärstützpunkte, weitete sich aber bald auf deren Hinterland aus. Mit der Kontrolle größerer Territorien war auch der Zugang und die Gewinnung von Ressourcen gesichert. Auch transnationale Konzerne streben danach, wichtige Ressourcen unter die Kontrolle des Unternehmens zu bringen, wenngleich sie dies nicht durch Annexion von Territorien, sondern durch die Gründung von Niederlassungen erreichen.

In traditionellen Staaten hatten die Untertanen von Fürsten oder Königen kaum das Bewusstsein einer Staatszugehörigkeit. Im Gegensatz dazu wird dieses Bewusstsein in Nationalstaaten über gleiche Rechte und Pflichten der Bürger geschaffen. Mit der Ausnahme weniger Staatenloser kann heute jeder Mensch als Mitglied einer Nation identifiziert werden (GIDDENS, A. 2006, 844).

Die Identifikation von Menschen mit einer bestimmten Gemeinschaft (Familie, Clan, Religion) gab es wohl schon immer. Doch die Vorstellung, über Symbole, Glaubens- und/oder Wertvorstellungen Teil einer politischen Gemeinschaft zu sein, ist eng mit dem Konzept moderner Staaten verbunden und wird als Nationalismus bezeichnet (ARNASON, J. 1990; HABERMAS, J. 1998b; JAMES, P. 1996). Im Gegensatz zur Verbundenheit mit der Familie oder dem Clan, kennt man die Mitglieder bei der größeren Gemeinschaft der Nation nicht mehr (ANDERSON, B. 1993). Man identifiziert sich also nicht mehr mit bestimmten Personen, sondern mit der Vorstellung, welche eine bestimmte Gruppe über ihre Gemeinsamkeit hat. Diese Vorstellung kann kulturelle Wurzeln haben und sich auf lange bestehende ethnische und/oder sprachliche Gemeinsamkeiten beziehen. Nationen, die sich so konstituieren, werden Kulturnationen genannt, die auch ohne einheitlichen Nationalstaat bestehen können. Ein Beispiel für eine Kulturnation war „die deutsche Nation" bis 1871, die ihre Einheit auf den Sprachraum bezog (FUCHS-HEINRITZ, W. et al. 1995, 384). Moderne Nationalstaaten werden auch als Willensnationen bezeichnet, da sie den Willen einer Gesellschaft ausdrücken, sich in einer Nation zusammenzuschließen. Ein Beispiel für eine Willensnation (die zuvor keine Kulturnation bildete) ist die Schweiz, in der sich Angehörige verschiedener Sprachgruppen zusammenschlossen. Da moderne Staaten an ein bestimmtes Territorium gebunden sind, wird auch die Zugehörigkeit zu einer Nation über das Territorium definiert oder dazu in Beziehung gesetzt.

Dekolonisierung Indonesien und Osttimors

Das postkoloniale Indonesien ist ein gutes Beispiel für die Beibehaltung kolonial gezogener Grenzen nach der Unabhängigkeit (vgl. Abb. E 5.1.1/1). Die niederländische Kolonie Indonesien umfasste bis zur Erklärung ihrer Unabhängigkeit 1945 über 13 000 Inseln und über 30 ethnische Gruppen. Die unabhängige Republik Indonesien beanspruchte das gesamte niederländische Kolonialgebiet, das ihr nach langjährigen Verhandlungen 1962/63 zugestanden wurde. Umstritten war vor allem West-Papua (indonesisch: Irian Jaya), das die Niederlande bis dahin nicht an Indonesien abtreten wollten, und das 1968 nach einer umstrittenen Abstimmung dem vollen Anschluss an Indonesien zustimmte. Seit seiner Unabhängigkeit gab es verschiedenste Sezessionsbewegungen innerhalb des jungen Staates. So strebten unter anderem Bewegungen in Irian Jaya, auf den Molukken, in Sumatra oder Aceh nach Eigenständigkeit (BIANCO, L. 1969; FREMEREY, M. 1994).

Osttimor stand seit dem 17. Jh. unter portugiesischer Herrschaft und blieb dies bis 1975, als es Portugal nach inneren politischen Veränderungen auf die Unabhängigkeit vorbereiten wollte. Dass in Osttimor verschiedene Befreiungsorganisationen um die Vorherrschaft auf dem kleinen Inselteil kämpften, nutzte Indonesien als Begründung, um das Gebiet zu annektieren und zu einer indonesischem Provinz (indonesisch: Timor timur) zu machen. Die indonesische Herrschaft war durch große Repression geprägt, und das Bedürfnis nach einer eigenständigen Unabhängigkeit Osttimors blieb bei weiten Teilen der Bevölkerung bestehen (FREMEREY, M. 1994, 387). Erst 2002 erlangte das Gebiet (in seinen ehemaligen kolonialen Grenzen) die Unabhängigkeit.

Abb. E 5.1.1/1 Die postkolonialen Nationalstaaten Indonesien und Osttimor

Aufgrund ihrer Körperlichkeit beanspruchen Menschen Raum, ein Territorium. Allerdings muss dieser Anspruch sich nicht notwendigerweise auf einen bestimmten, fixierten Raum beziehen. Er kann sich verändern, wie dies beispielsweise bei Nomadengesellschaften der Fall ist. Im heutigen Nationalstaatensystem mit fixierten Territorien ist es für Gemeinschaften, die sich als eigenständige Kulturnationen betrachten – wie zum Beispiel die Kurden oder die Basken – schwierig, einen Anspruch auf Selbstbestimmung zu erheben, ohne gleichzeitig auch ein eigenes Territorium zu fordern.

Problematisch wird es, wenn davon ausgegangen wird, dass der Grund und Boden die Werte und Normen der darauf lebenden Gemeinschaften bestimmt. Abgrenzungstendenzen gegenüber anderen Nationen oder gegenüber Angehörigen anderer Nationen können so verstärkt werden. Und dies kann wiederum zu größerem Nationalismus führen.

Die Territorien ehemaliger Kolonien decken sich oft nicht mit denjenigen vorkolonialer Gemeinschaften. Darum sind ihre Regierungen oft bestrebt, die Identifikation ihrer Bürger vor allem als Angehörige ihrer Nation und nicht ihrer Ethnie, Religion oder ihres Stammes zu fördern. Dies dient einerseits der Kontrolle und Beeinflussung der eigenen Bevölkerung, aber auch der Abgrenzung nach außen. Durch inneren Zusammenhalt wird gegen außen Stärke und Unabhängigkeit markiert. So war die Phase der Dekolonisation in den neuen Nationen auch von den Bemühungen zur Identifikationsfindung und -stiftung geprägt (vgl. Nationenbildung in: FUCHS-HEINRITZ, W. et al. 1995, 459). Die neuen Nationen hatten – dies zeigt die Geschichte der Dekolonisierung – als solche gar nicht die Wahl, ein anderes Staats- oder Gemeinschaftskonzept zu entwickeln, da sie sonst vermutlich nie als unabhängig anerkannt worden wären. Zudem ist das Konzept des Nationalstaates bei den westlichen demokratischen Staaten verbreitet. Die Bildung eines territorial definierten Nationalstaates war für kolonisierte Gemeinschaften der einzige Weg, um sich von den ehemaligen Kolonialmächten abzunabeln (vgl. OSTERHAMMEL, J. 2006, 76).

Das Nationalstaatensystem definiert über seine Kommunikation auch die politischen Gemeinschaften. Mit der Anerkennung eines Staates durch Regierungen anderer Nationen werden gleichzeitig alle auf dem Territorium des Staates lebenden Bevölkerungsgruppen als zum Staat zugehörig betrachtet.

5.1.2 Grenzen des Nationalstaats

Der heutige Nationalstaat steht vor dem Dilemma, drei Dinge miteinander zu verbinden, die sich nicht nahtlos miteinander verbinden lassen (DAHRENDORF, R. 1996, zitiert in HABERMAS, J. 1998b, 69): Erstens möchte er seine Wettbewerbsfähigkeit als Standort in den rauen Winden der Weltwirtschaft erhalten und verstärken. Zweitens sollen damit nicht der Zusammenhalt und die Solidarität innerhalb der Gesellschaft geopfert werden. Drittens soll dies unter den Bedingungen und durch die Institutionen freier Gesellschaften geschehen.

Die Globalisierung der Wirtschaft verhindert die oben genannte historische Konstellation, die den sozialstaatlichen Kompromiss ermöglicht hat. Aus diesem Grunde ist es nicht sinnvoll oder möglich, eine rückwärts gerichtete Strategie in der Politik zu suchen (Habermas, J. 1998b, 73; McGrew, A. 1998, 378). Die Denationalisierung ist, bedingt durch die global vernetzten wirtschaftlichen Aktivitäten eines Nationalstaates, jedoch kein ungewolltes Schicksal, das über die demokratische Welt hereinbricht. Vielmehr ist sie eine unbeabsichtigte Handlungsfolge vieler Entscheidungen. Denationalisierung ist aus den Gesellschaften und Ökonomien heraus gewachsen und längst ein integraler Bestandteil der Politik geworden (Zürn, M. 1998, 328).

Zusammenfassung

Fazit

- Die Globalisierung führt dazu, dass Staatsgrenzen auf unterschiedliche Weise überwunden werden; die Verschiebung von Kapital, Gütern und (je nach politischem Abkommen) Menschen ist einfacher geworden. Ob der Nationalstaat durch die Prozesse der Globalisierung geschwächt wird oder gar eine Stärkung erfährt, ist Inhalt einer breiten Debatte.
- Das gegenwärtige Nationalstaatensystem, das sich nach dem Dreißigjährigen Krieg etabliert hat, dient bis heute als wegweisendes Modell für Staatlichkeit. Im Territorialstaat werden Gemeinschaft, Staat, Kultur, Familie und Gesellschaft zusammengefasst, und die Nationalität ist eine der wichtigsten Grundlagen für die Identitätsstiftung. Viele postkoloniale Staaten hätten sich nicht von ihrem Mutterland loslösen können, hätten sich die unterschiedlichen Ethnien und Stämme nicht auf eine gemeinsame Nationalität besonnen.
- Die existierenden globalen Prozesse fordern aber den Nationalstaat in verschiedenen Bereichen heraus. Die TNU suchen für ihre Wirtschaftstätigkeit den günstigsten Standort und spielen so Nationalstaaten gegeneinander aus. Zivilgesellschaftliche Initiativen und NGOs definieren neue moralische und ethische Standards und lehnen sich sowohl gegen Regierungen als auch TNU auf.

Zum Einlesen

Habermas, J. (1998): Die postnationale Konstellation – Politische Essays. Suhrkamp, Frankfurt am Main.
J. Habermas legt in diesem Buch die Voraussetzungen für einen Nationalstaat dar und diskutiert die Herausforderungen, welche ihm die Globalisierung stellt.

Wieland, C. (2000): Nationalstaat wider Willen: Politisierung von Ethnien und Ethnisierung der Politik: Bosnien, Indien, Pakistan. – Campus, Frankfurt am Main.
Anhand ausgewählter Beispiele stellt der Autor die Problematik der Nationalstaatenbildung dar.

5.2 Der Nationalstaat und das Primat der Ökonomie

Seit dem Westfälischen Frieden von 1648 ist der Nationalstaat ein dominanter Akteur in internationalen ökonomischen Beziehungen. Der Staat war der primäre Regulator seines nationalen Wirtschaftssystems, und die Weltökonomie konnte als ein Set ineinander greifender Nationalökonomien verstanden werden. Handel und Investitionen wurden im besten Sinne des Wortes „international" getätigt. Heute allerdings müssen Nationalstaaten in einem System agieren, in welchem weitere mächtige Akteure – allen voran die TNU – teilnehmen (DICKEN, P. 1998, 79).
U. BECK (1997, 24) formuliert die Konsequenzen dieser Entwicklung deutlicher: „Kapitalismus macht und wird arbeitslos". Durch den globalen Kapitalismus zerbricht das historische Bündnis zwischen Marktwirtschaft, Sozialstaat und Demokratie, das den Nationalstaat vormals legitimiert hat. Die zunehmende Arbeitslosigkeit und drohende Zweiklassengesellschaft gefährdet die ökonomische Macht von Gesellschaften in Industrieländern und somit den Nationalstaat selbst.
Die Frage ist nun, ob der Nationalstaat als Regulator der Nationalökonomie ausgedient hat, oder ob er, im Gegenteil, durch die Herausforderungen der Globalisierung noch größere Bedeutung erlangt hat (DRACHE, D. 1996, 1). Die Stimmen, welche den Nationalstaat als überflüssig betrachten, sind leiser geworden. Allerdings wird eingeräumt, dass er seine Rolle als „Manager" der Nationalökonomie neu definieren müsse.

Analog zum Verständnis des Staates als territorialer „Container" von Kultur und Gesellschaft stellt der Staat auch ein Gefäß für spezifische Formen des Wirtschaftens dar (DICKEN, P. 1998, 80). Das bedeutet, dass auch internationale Wirtschaftstätigkeiten verschiedene ökonomische Kulturen zusammenbringen. Ökonomie kann nicht aufgrund ihrer Regeln und Regulierungen als etwas Neutrales, kulturell Übergeordnetes betrachtet werden. Diese kulturspezifischen Eigenheiten manifestieren sich in den Fertigkeiten der Wirtschaftsakteure und in der angewandten Technologie (DICKEN, P. 1998, 83). In Bezug auf diese bleibt der Nationalstaat wichtig, solange er für Sicherheit, Bildung und Forschung zuständig ist und diese Aufgabe auch wahrnehmen kann[2]. Dabei stellt sich die Frage, ob sich Nationalstaaten, analog zu Firmen, in einer Wettbewerbssituation befinden. Denn sie wollen beispielsweise Investitionen in Bildung und Forschung möglichst gewinnbringend „anlegen". In einer verflochtenen globalen Ökonomie müsste dieser Wettbewerb verschärft sein, da es mehr Konkurrenz gibt, als wenn die eigene Volkswirtschaft durch eine Grenze geschützt werden könnte. Der Nobelpreisträger PAUL KRUGMAN (1994, zitiert in DICKEN, P. 1998, 87) wehrt sich gegen eine solche Interpretation, obwohl sie weit verbreitet ist. Er bezeichnet sie als gefährliche Zwangsvorstellung.

- Erstens funktionieren Nationen nicht wie Firmen. Wenn eine Firma ihre Arbeiterschaft, ihre Zulieferer und Aktionäre nicht mehr bezahlen kann, dann muss sie Konkurs anmelden. Nationalstaaten widerfährt dies nicht, für sie gibt es keine „Bottom Line", sie können ihre Bürger nicht entlassen.

- Zweitens ist der internationale Handel kein Nullsummenspiel wie es zum Beispiel zwischen Coca Cola und Pepsi herrscht. Sie sind fast idealtypische Rivalen: wenn Coke Marktanteile gewinnt, so geht dies zulasten von Pepsi und umgekehrt. Bei Nationen ist dies nicht der Fall. Sie produzieren zwar konkurrierende Produkte, doch stellen sie auch gegenseitige Absatzmärkte dar. Wenn es also Europa wirtschaftlich gut geht, muss dies nicht zulasten der USA sein (vgl. Dicken, P. 2007, 184).
- Drittens können empirische Befunde die Konkurrenz von Nationalstaaten nicht bestätigen. Zwar lässt sich die ökonomische Stärke von Wirtschaftsaktivitäten in Staaten vergleichen. Doch die daraus folgende Rangierung hat keinen Einfluss auf den spezifischen Lebensstandard in einem bestimmten Staat. So sind die USA die größte Wirtschaftsmacht der Welt, doch bedeutet dies nicht automatisch, dass der Lebensstandard der Amerikaner auch der höchste sein muss. Daraus folgt, dass nicht der Staat konkurrenzfähig gemacht werden muss, sondern die in ihm lebenden Menschen. Dies kann und soll durchaus über staatliche Institutionen erfolgen.

P. Krugman (zitiert in Dicken, P. 2007, 184) schließt seine Argumentation mit einer Warnung: Die Ansicht, dass Staaten wirtschaftlich miteinander konkurrieren, kann dazu führen, dass Nationalstaaten Geld in eine bessere nationale Konkurrenzfähigkeit investieren, die sie sonst in die Wettbewerbsfähigkeit von Personen investieren würden. Aus diesem Denken können auch Protektionismen (vgl. Kap. 5.3) und Handelskriege resultieren.

Es ist aus diesen Überlegungen heraus unangebracht, den Nationalstaat wie eine Firma zu betrachten. Würde man dies trotzdem tun, hätte das zur Folge, dass man die „Firma Nationalstaat" zu recht als obsolet betrachten und sie durch private Firmen ersetzen könnte. Man hätte es dann mit einem auf Freihandel beruhenden globalen Binnenmarkt zu tun. Darin würden Löhne und Gehälter ebenso wie die Kapitalverzinsung zu einem globalen Durchschnittswert hin tendieren. Dies würde letztlich nicht nur zu einem Nullsummen-, sondern zu einem Negativsummenspiel führen, da sich die Löhne Niedrigqualifizierter an das tiefe Niveau der so genannten Entwicklungsländer angleichen. Aufgrund der herrschenden hohen Unterbeschäftigung ist dort ein fast unbegrenztes Arbeitskräftepotenzial und damit ein Überangebot an Arbeitskräften vorhanden. Auf der anderen Seite bleiben Hochqualifizierte sowie Kapital knapp, was die Schere zwischen Arm und Reich stärker auseinanderklaffen ließe. Ein Sinken der globalen Kaufkraft wäre die Folge. Um dies zu vermeiden, müssen zumindest soziale Sicherungssysteme und ein gutes Bildungssystem erhalten bleiben. Eine Möglichkeit, diese zu bewahren, ist die Institution des Nationalstaates (Todd, J. 1998, zitiert in Cassen, B. 1998a, 7). Der Nationalstaat hat also noch nicht ausgedient. Doch wird er in seiner alten Form den Anforderungen der Globalisierung nicht mehr gerecht. Es gilt, neue Formen der Gemeinschaft zu finden, welche einerseits Identität zu stiften vermögen, ohne andersseits einer gefährlichen Abschottung zu verfallen.

Zusammenfassung

Fazit
Obwohl die globale Wirtschaft günstige Produktionsstandorte sucht, sind die Unternehmen auch auf weitere Leistungen angewiesen, die nur durch den Nationalstaat abgedeckt werden können. Die Bildung der Arbeitnehmer, die Zurverfügungstellung von Infrastruktur, die Stabilität der Regierung, demokratische Strukturen und die Sicherheit von Firmen und deren Angestellten gehören ganz klar in den Zuständigkeitsbereich des Nationalstaates.

Zum Einlesen
UPCHURCH, M. (ed.) (1999): The state ‚globalization': Comparative studies of labour and capital in national economies. – Routledge, London, 1999.
Die Beiträge in diesem Band zeigen die Herausforderungen auf, vor die verschiedene Staaten durch die Globalisierung gestellt werden.
GILL, G. (2003): The nature and development of the modern state. – Palgrave Macmillan, New York, 2003.
G. GILL zeichnet in diesem Band die Entwicklung des Nationalstaates von seinen Anfängen bis zur Globalisierung nach.

5.3 Schutzstrategien gegen die Denationalisierung

Die Wirksamkeit politischer Regelungen eines Staates hängt von der Erfüllung der so genannten Kongruenzbedingung ab (ZÜRN, M. 1998, 300): Diese ist erfüllt, wenn der Raum für gesellschaftliche Austauschbeziehungen kongruent ist mit dem der politischen Regelungen. Wenn also der Staat die Wirtschaft weder über noch unterreguliert. Infolge von Globalisierungsprozessen wird es immer schwieriger, diese Bedingung zu erfüllen. Neben der Kongruenzbedingung ist die Identitätsbedingung wichtig für das Funktionieren einer Demokratie innerhalb eines Nationalstaats. Diese bezeichnet einen nicht nur historischen, sondern auch systematischen Zusammenhang zwischen Nation und Demokratie. Damit Entscheidungsfindungsprozesse als demokratisch gelten können, sollten sich die daran Beteiligten als Teil eines Ganzen verstehen können und sich damit identifizieren. Soll eine Demokratie gut funktionieren, sind Kongruenzbedingung und Identitätsbedingung erforderlich. Doch durch die Globalisierung laufen beide auseinander. Als Folge davon entsteht Widerstand auf verschiedenen Ebenen: Lokales wird gegen Globales ausgespielt, eine ethnisch definierte (statische) Kultur lehnt sich, gemäß M. ZÜRN (1998, 297), gegen weltwirtschaftliche „Sachzwänge" auf, die nationale Demokratie sieht sich durch den „Konsumterror" gefährdet. Führt man diesen Gedanken weiter, stehen sich schließlich zwei gegensätzliche Pole gegenüber: „das nationalistische, xenophobe, dem Heimatboden verbundene Lager [und die] nach dem Fremden begierigen, neugierigen Kosmopoliten (...)" (BRUCKNER, P. 1994, 10, zitiert in ZÜRN, M. 1998, 297).

Die Protektionisten wollen den Entgrenzungen etwas entgegensetzen und neue politische und soziale Grenzziehungen vornehmen. Diese sehen allerdings sehr unterschiedlich aus, wie in der Folge durch politische Farbbezeichnungen verdeutlicht werden soll. M. Zürn (1998, 308) unterscheidet dabei vier verschiedene Protektionismusstrategien:

- „ethnischer Protektionismus": M. Zürn (1998, 308–312) verwendet den etwas missvertsändlichen Ausdruck „brauner" Protektionismus, um diese Form in sein Konzept nach politisch bedeutsamen Farben einordnen zu können. Doch, obwohl die Frabe Braun häufig mit nationalsozialistischer Politik in Zusammenhang gebracht wird (vgl. z. B. Vensky, H. 2009), versteht M. Zürn dies nicht ausschließlich in diesem Sinne. Nach ihm gebe es zwar wenige Bewegungen, die eine solche Politik verfolgten, doch nicht alle Gruppierungen, die M. Zürn unter seinem „braunen" Protektionismus zusammenfasst, haben einen faschistischen Hintergrund. „Dieses zweifelhafte Prädikat trifft eigentlich nur für eine Minderheit von verirrten Gewalttätern (die männliche Form ist hier sachlich richtig) und nur für ein paar wenige, eigentlich nur bedingt bedeutsame Parteien zu", erklärt M. Zürn (1998, 310) dazu weiter. Da das Spektrum innerhalb dieses Protektionismustyps recht groß ist, ist eine Feineinteilung in Parteien, gesellschaftliche Strömungen und regionalistische Bewegungen nötig. Am vehementesten betreiben neofaschistisch orientierte Parteien diese Art von Protektionismus der konsequenten Aus- und Abgrenzung. Sie sind in den 1980er-Jahren entstanden oder populär geworden und beschränken sich thematisch auf Immigration. Beispiele sind die Deutsche Volksunion (DVU), die englische „National Front" und im weiteren Sinne die deutschen Republikaner oder der französische „Front National". Rechtspopulistische Parteien stehen für verschärfte Immigrationsgesetze, Verschlankung des Staates und eine Entmachtung des politischen und intellektuellen Establishments ein. Sie verwenden teilweise (ethno-)nationalistische Programmpunkte wie zum Beispiel die österreichischen Freiheitlichen (FPÖ), die italienische „Forza Italia", die Schweizerische Volkspartei (SVP) oder die Schweizer Demokraten. Dies äußert sich unter anderem in Forderungen nach Einwanderungsbeschränkungen. Gewisse regionalistische Bewegungen (wie z. B. die padanische, katalanische oder slowenische) wollen ihre eigene (vermeintliche) wirtschaftliche Wettbewerbsfähigkeit auf Kosten anderer Regionen stärken (Zürn, M. 1998, 308).

- „Schwarze" Protektionisten beklagen den Wertezerfall und den Bedeutungsverlust des Nationalen, betreiben aber paradoxerweise gleichzeitig mit ihrer Wirtschaftsweise die neoliberale Destruktion des Nationalstaates. Vor allem dann, wenn sie im Kampf um höhere Arbeitsproduktivität Lohnreduktionen fordern und so langfristig die eigene Käuferschaft außer Gefecht setzen (Beck, U. 1997, 209). Ihr Programm heißt „Standortsicherung" durch Senkung der Lohn(neben)kosten. Dies hat zur Folge, dass zum Beispiel die Sozialhilfe gekürzt wird, was von anderen als ökonomisch und sozial unverträglich eingestuft wird. Auf den ersten Blick scheint der schwarze Protektionismus gar keiner zu sein, da er für eine Öffnung der Märkte einsteht und somit den Nationalstaat in die Weltwirtschaft einbinden möchte. Dennoch möchte man den eigenen Nationalstaat als Wirtschaftsstandort halten und fördern. Dadurch werden aber Menschen von einer Lebensweise ausgeschlossen, die zuvor als Minimalstandard gegolten hat. Die Zahl der Bürger, die der sozialen Bürgerrechte beraubt sind, wächst dadurch (ZÜRN, M. 1998, 312).

- „Rote" Protektionisten verschreiben sich einer neuen Form des Klassenkampfes. Für sie sind die Entwicklungen der Globalisierung die Bestätigung ihrer früheren Prognosen. Sie erkennen zwar richtig, dass die Liberalisierung den Sozialstaat zum Zusammenbruch führen kann, doch verkennen sie, dass die Krise der Sozialsysteme nicht konjunktureller Art ist. Deshalb ist eine Neuordnung der Sozialhilfe gefragt und nicht eine Rückbesinnung auf frühere Zeiten, als der Sozialstaat noch besser funktionierte. Eine solche Rückbesinnung würde nur möglich durch eine vermehrte Abkopplung vom Weltmarkt, was bei den meisten OECD-Ländern illusorisch ist. Außerdem ist es fragwürdig, den Weltmarkt zum alleinigen Sündenbock für Arbeitslosigkeit und soziale Kürzungen zu machen. Denn auch ohne Globalisierung wäre der bedingungslose Wohlfahrtsstaat einmal an seine Grenzen gestoßen (ZÜRN, M. 1998, 316).
- „Grüne" Protektionisten sehen den Nationalstaat als bedrohtes Biotop, das mit grüner Politik geschützt werden muss. Diese Politik schützt Umweltstandards vor Zugriffen des Weltmarkts, und der Nationalstaat ist seinerseits wie bedrohte Natur schützenswert. Viele der ökologischen Probleme sind jedoch globale Probleme. Mit einer Abschottung auf den eigenen nationalen Standort wird einerseits eine Verteuerung der Produktion gegenüber Staaten, die diese Standards nicht haben, bewirkt. Andererseits wird verhindert, dass diese Standards globalisiert werden. Gerade Prozesse der Globalisierung machen es aber möglich, diese Standards verbreiten zu können, was zugegebenermaßen ein schwieriges Unterfangen ist. „Grüne" Protektionisten fürchten diesbezüglich den sogenannten „Delaware-Effekt" (VOGEL, D. 1997, 13). Er wird nach dem US-amerikanischen Bundesstaat benannt, weil dieser 1991 die Umweltauflagen, Steuern und Sozialausgaben senkte in der Absicht, neue Firmen anzulocken. Die Überlegung dahinter war, dass Firmen aufgrund geringerer Auflagen höhere Gewinne machen, an Wert gewinnen und damit zum Wohlstand Delawares beitragen. Aufgrund der Maßnahmen siedelten sich neue Firmen an, welche zwar Arbeitsplätze schufen, aber auch die Umwelt belasteten. Doch die erhofften Wertsteigerungen der Firmen blieben weitgehend aus (SUBRAMANIAN, M. 2004). Die Lockerungen der Auflagen führten nicht zur erhofften Wohlstandsmehrung, sondern führten zu einem „Race to the Bottom", bei dem nur durch weitere Liberalisierungen neue Firmen angezogen werden können, um letztlich die gleichen Steuereinnahmen für den Staat zu generieren. Delaware setzte diese Politik nach 1996 nicht mehr fort (SUBRAMANIAN, M. 2004), doch der Begriff „Delaware-Effekt" blieb mit dem Namen des Bundesstaates verbunden (ZÜRN, M. 1998, 320). Die „grünen" Protektionisten wollen vermeiden, dass das Delaware-Modell Schule macht. Dabei

verkennen sie den „California-Effekt", bei dem die strengeren Umweltauflagen Kaliforniens vor allem für Autoabgase nach und nach auch von anderen Gliedstaaten übernommen wurden und schließlich zu US-Standards wurden. Trotzdem musste Kalifornien keine Importbeschränkungen erlassen oder Einbußen hinnehmen. Es wird in diesem Zusammenhang verkannt, dass die Konsumierenden ein Bedürfnis nach umweltgerecht produzierten Gütern haben und dass deren Produktion Innovationsschübe auslösen kann.

Die erläuterten Protektionismusstrategien können als Reaktionen auf Prozesse der Globalisierung beschrieben werden. Doch ähnlich wie die anti-globale Bewegung der „New Christian Right" in den USA (vgl. BEYER, P. 1994) oder der islamischen Revolution im Iran (vgl. GRONKE, M. 2006 und Kap. 7.4.3) sind diese Strategien Teil der Globalisierung. In Bezug auf den Nationalstaat wollen sie diesen als Hülle für die von ihnen als wichtig erachteten Werte bewahren.

5.3.1 Der Staat, militärische Macht und Sicherheit

Die Entstehung des Konzepts der Nationalstaatlichkeit steht nicht nur mit der Demokratie in engem Zusammenhang, sondern auch mit militärischen Entwicklungen und der heutigen Militärweltordnung. Denn der nationale Territorialstaat konnte zunächst nur mit der Androhung von militärischer Waffengewalt geschützt und aufrecht erhalten werden. Es stellt sich nun die Frage, ob nach der Ära des Kalten Kriegs die militärische Stärke eines Nationalstaates immer noch ausschlaggebend ist.

Realpolitisch gesehen ist die Frage wohl mit „Ja" zu beantworten, nur schon aufgrund der hegemonialen Stellung der USA. Mit ihrem riesigen Verteidigungsbudget und der aus dem Kalten Krieg stammenden (und in den USA heute umstrittenen) Zwei-Fronten-Doktrin (GREEN, R. 2009), zwei Kriege gleichzeitig führen zu können, beanspruchen die USA diese Stellung und bauen sie aus. Allerdings geschieht dies nicht – wie bei früheren Hegemonialmächten – durch Unterwerfung, sondern über die Verbreitung amerikanischer Ideologie (vgl. TOMLINSON, J. 2000, 80). Dies geschah beispielsweise in Westeuropa nach dem Zweiten Weltkrieg. Es fällt auf, dass die Hauptsitze der größten Konzerne der Welt sich in der militärisch stärksten und sichersten Zone befinden. Auch die Welthandelsströme fließen in dieser Zone überdurchschnittlich hoch. Militärische Stärke und Verlässlichkeit, gepaart mit demokratischen Strukturen, bieten demnach einen fruchtbaren Boden für die wirtschaftliche Entwicklung. Neben Expansion und Eroberung dient eine Armee auch dem Schutz und der Verteidigung von Personen und vor allem Territorien. Die militärische Macht ist das letzte Mittel für den inneren und äußeren Zusammenhalt einer Klassengesellschaft. Wirtschaftliche Privilegien werden vom Militär- und Polizeiapparat gegenüber realen oder imaginären Bedrohungen aus dem In- und Ausland garantiert. Übertragen auf die Wirtschaft bedeutet dies, dass Firmen auch darauf angewiesen sind, ihre Errungenschaften und ihre Produktionsstandorte schützen lassen zu können.

Gleichzeitig wird das Territorium selbst immer unwichtiger. Heute muss man Schlüsseltechnologien (zurzeit sind dies:

Informatik, Biotechnologie, Werkstofftechnik, Energie-, Kommunikations- und Raumfahrttechnologie) monopolisieren können, um in neue Märkte eintreten zu können. Die Entwicklung dieser Technologien ist von einem Umfeld abhängig, das Sicherheit, Mitsprache und gut ausgebildete Fachkräfte liefern kann. Ein solches Umfeld können bislang nur Nationalstaaten gewährleisten und fördern.

Entscheidend für diese Tendenzen und Bewegungen in Richtung Marktwirtschaft waren der Zweite Weltkrieg und die Nachkriegszeit. Neben den Geldern, die durch den Marshall-Plan nach Europa flossen, bedingte die Neuordnung der wirtschaftlichen Beziehungen innerhalb Europas und mit den USA einen lang anhaltenden Aufschwung (METZ, R. 2004, 233). In diesem Aufschwung konnten sich die TNU etablieren, um dann seit den 1980er-Jahren immer mehr Einfluss auf die staatliche Politik zu nehmen. So wurde Ronald Reagan einen Tag nach seiner Wahl zum Präsidenten der Vereinigten Staaten ein fast tausendseitiges Dokument mit dem Titel „Mandate for Leadership" übergeben (CHOMSKY, N. & H. DIETERICH 1995, 55). Darin fordern die Autoren die US-Regierung auf, ihre Macht dazu zu benutzen, um in Drittweltländern Privatisierungen durchzusetzen und Märkte zu öffnen.

Es wird also eine übergeordnete Instanz benötigt, welche die Machtkonzentration der TNU schützt. Auf der nationalen Ebene sind dies stabile Staaten. Doch auch auf internationaler Ebene haben sich solche übergeordnete Instanzen etabliert: Der Sicherheitsrat der Vereinten Nationen, die NATO, die G8, die WTO, der IWF und die Weltbank. Diese Institutionen, die als eigentliche Regimes funktionieren, haben nun auch damit begonnen, normative und repressive Funktionen im Interesse der TNU durchzuführen, und sie werden immer mehr von den USA dominiert. So sind denn auch die Beziehungen zwischen Staatsapparaten und den TNU nicht von Konflikten geprägt, sondern sie sind eher symbiotischer Natur im Sinne des Slogans „What's good for General Motors, is good for the USA"[3]. Die Beziehung wird jedoch immer asymmetrischer, was sich im Ausspruch des schwedischen Botschafters in Brüssel ausdrückt: „Schweden braucht Ericsson, doch Ericsson braucht Schweden nicht" (CHOMSKY, N. & H. DIETERICH 1995, 64). Das Primat der Wirtschaft wird immer mehr durchgesetzt, internationale Organisationen werden dabei immer wichtiger und immer stärker in diesem Sinne benutzt.

Innerhalb der UNO beispielsweise ist zwar die Vollversammlung – eigentlich als einzige Institution – demokratisch aufgebaut, doch die wichtigsten Entscheidungen werden im Sicherheitsrat getroffen. Die fünf ständigen Mitglieder des Rates, Großbritannien, Frankreich, die USA, Russland und China, legitimieren ihre Vorherrschaft durch das historische Faktum, dass sie die Siegermächte nach dem Zweiten Weltkrieg waren. Außerdem verfügen sie über ein sich auf fast alle Aktivitäten erstreckendes Vetorecht. Dieses üben sie als Nationalstaaten aus. Abgesichert wird diese nationale Vorherrschaft durch den Atomsperrvertrag, der es Unterzeichnerstaaten, die noch keine Atomwaffen besitzen, verbietet, solche zu bauen. Um die Atomarsenale nicht zu groß werden zu lassen, treten die größten Atommächte USA und Russland in Abrüstungsverhandlungen ein (ISLER, T. 2009).

> **Der Atomsperrvertrag**
> Der Atomsperrvertrag wurde 1968 von Großbritannien, der Sowjetunion und den Vereinigten Staaten von Amerika unterzeichnet. 1970 gewann er Gültigkeit und wurde in den folgenden Jahren von den meisten Staaten ratifiziert. 2007 hatten lediglich Indien, Pakistan und Israel den Vertrag nicht unterzeichnet. Nordkorea hat unterzeichnet, sich aber 2003 wieder zurückgezogen. Die Nicht-Unterzeichner sind Staaten, von denen man weiß oder davon ausgeht, dass sie Atomwaffen besitzen. Der Vertrag verbietet es den Unterzeichnerstaaten, Atomwaffen herzustellen oder in Besitz zu bringen. Ausnahmen stellen die Siegermächte USA, Großbritannien, China und Frankreich dar. Sie verpflichten sich, keine Atomwaffen weiterzugeben (Verbot der Proliferation) oder deren Produktion in anderen Ländern zu unterstützen. Außerdem lassen sie Kontrollen durch internationale Behörden zu. Der einseitige Vertrag wird von einigen Staaten heftig kritisiert, da die Nicht-Unterzeichnerstaaten Israel, Indien und Pakistan 1998 ungestraft den Besitz von Atomwaffen deklarieren konnten, während Unterzeichnerstaaten wie der Iran stark unter Druck gesetzt werden, ihre Uran-Anreicherungsfabriken stillzulegen. Angereichertes Uran kann sowohl für zivile als auch für militärische Zwecke eingesetzt werden.
>
> (ENCYCLOPEDIA BRITANNICA, 2008)

Als Beispiel für die geringe Macht formaldemokratisch gewählter Institutionen kann der Internationale Gerichtshof in Den Haag dienen. Die 15 Mitglieder des Gerichtshofs werden von ihren Regierungen vorgeschlagen und vom UNO-Sicherheitsrat sowie von der Vollversammlung nominiert. 1984 entschied der Gerichtshof, dass die USA sofort alle Versuche einstellen sollten, Nicaraguas Häfen zu blockieren oder zu verminen. Zwei Jahre später wurden die USA vom Gerichtshof dazu verurteilt, Nicaragua Schadenersatz zu zahlen, weil sie die „Contras" finanziert hatten, welche gegen die linke sandinistische Regierung kämpften. Beide Urteile wurden von der militärischen Großmacht ignoriert (CHOMSKY, N. & H. DIETERICH 1995, 70).

Die militärische, auf Nationalstaaten beschränkte Macht ist also nach wie vor wichtig und ausschlaggebend für die wirtschaftliche Entwicklung der Globalisierung.

5.3.2 Demokratisierung und Zivilgesellschaft: das Beispiel Russland

Als anschauliches Beispiel für das schwierige Verhältnis von Markt, Demokratie, Nationalstaat und geostrategischer Position kann Russland herangezogen werden. Es stellt sich dabei auch die Frage, ob sich demokratische Strukturen durch die Transformation der Ökonomie von einer Planwirtschaft zu einer kapitalistischen Wirtschaftsform herstellen lassen.
Einige Pessimisten glauben, im heutigen Russland viele der Voraussetzungen zu finden, die faschistischen Tendenzen

als Nährboden dienen: zum Beispiel Hyperinflation, Massenarbeitslosigkeit, Statusverluste früherer Eliten, Desillusionierung gegenüber der Demokratie, eine Gesellschaft, die „dechristianisiert" wurde und sich wieder nach Spiritualität sehnt, Grenzkonflikte, teilweise Desintegration der Armee zu Freikorps. Nicht alle sehen dies so schwarz und drastisch, doch dass 20 Prozent der Bevölkerung unter der Armutsgrenze leben (WORLDBANK 2009), sind Fakten, die einem zu denken geben (BARBER, B. 1995; EHLERS, K. 1997).

Auf der anderen Seite ist beinahe alles möglich, was im Kapitalismus möglich sein kann. „Naglost" (was so viel heißt wie „anything goes") hat „Glasnost" abgelöst. Die sehr rasch durchgeführten und ungenügend kontrollierten Privatisierungen nach dem Zusammenbruch der Sowjetunion führten zu Korruption und Kapitalabfluss ins Ausland. Sie wurden vorgenommen, bevor die Gesetze an die neue Situation angepasst wurden. Die zuvor einigermaßen gut funktionierenden sozialen Absicherungsmechanismen wurden abgeschafft (STIGLITZ, J. 2006, 39). Die Rechte der Arbeiterschaft sind beinahe inexistent geworden. Schätzungen zufolge sind rund 40 Prozent des russischen Bruttosozialprodukts mit einem Bezug zu Verbrechen erwirtschaftet worden (POULIN, R. 2005).

Die Geburtenrate sank in den letzten Jahren auf unter 1 Prozent. Die Lebenserwartung von Männern lag 2006 bei knapp über 60 – niedriger als in Indien oder Indonesien. Die der Frauen liegt bei 73 Jahren (OECD 2009). Die Mordrate ist eine der höchsten der Welt (NATIONMASTER.COM 2009), und die Einkommen haben sich sehr ungleich entwickelt, sodass sich die Schere zwischen Arm und Reich vergrößert hat (SHLEIFER, A. & D. TREISMAN 2005, 159).

Gleichzeitig findet eine verstärkte Hinwendung zu westlichen Konsumgütern statt: zu Designer- und Luxusprodukten, Fußball und wie immer auch zu Fastfood (eine der größten McDonaldsfilialen der Welt steht in Moskau). Russische Konsumenten unterscheiden sich heute nicht mehr wesentlich von amerikanischen. Die russische Gesellschaft hat sich zu einer „kapitalismuskompatiblen" Gesellschaft entwickelt; doch ist damit noch keine Demokratisierung verbunden (vgl. KAGARLITZKY, B. 2000).

Der frühere Präsident Jelzin stellte relativ schnell fest, dass die Zeit der Marktromantik, die sich nach dem Zusammenbruch der Sowjetunion einstellte, vorbei sei. Weiter bemerkte er, dass der Transfer westlicher kapitalistischer Methoden Russland mehr Schaden zugefügt als genutzt habe. Russland sei einfach nicht geeignet für den Kapitalismus (BARBER, B. 1995, 248). Allerdings blieben diese Aussagen nicht viel mehr als Rhetorik, sei es aus Unwillen, dem etwas entgegenzusetzen, oder weil der IWF und die USA kaum eine Abkehr vom einmal eingeschlagenen Umbau zulassen würden.

Die gelenkte Demokratie Russlands befindet sich auch zwanzig Jahre nach dem Zusammenbruch des Kommunismus nicht auf dem Weg zu einer zivilen Gesellschaft (SIEGERT, J. 2007, 12). Eine solche würde sich durch Meinungs- und Handlungsfreiheit ihrer Bürger auszeichnen, was in Russland jedoch nicht gewährleistet ist. Die bürgerlichen Freiheitsrechte wurden vielmehr eingeschränkt. Die Parteien- und Wahlgesetzgebung verhindert einen freien

Wettbewerb zwischen den Parteien und eine demokratische Wahl von regionalen Vertretern (vgl. KAGARLITZKY, B. 2000). Ein großer Teil der Massenmedien wird durch den Kreml kontrolliert. Die Verurteilung des Besitzers des ehemals größten russischen Ölkonzern JuKOS, Michail Chodorkowskij, hat gezeigt, dass der Kreml keine Opposition duldet.

Zivilgesellschaftliche Organisationen und NGOs haben es nicht einfach, ihre Rolle wahrzunehmen. Dort, wo sie sich entfalten können, nehmen sie eine Vermittlerrolle zwischen Bevölkerung und Staat ein. Sie können zur Stabilität dieser Beziehung beitragen und einem Überhandnehmen der Mafia etwas entgegensetzen. Die repressive Politik des Kremls hat zwar die Möglichkeiten der NGOs eingeschränkt (AMNESTY INTERNATIONAL, Stand. 26.02.2008), doch dadurch wurden sie nicht handlungsunfähig. Die staatliche Kontrolle der Massenmedien führte zu einem Informationsverlust, den die NGOs ausfüllen konnten. Außerdem ist das Vorhandensein von solchen zivilgesellschaftlichen Organisationen auch ein Argument gegen die Kritik westlicher Staaten an der Repression durch den Kreml.

Das Beispiel zeigt, dass erstens das global erfolgreiche Modell des demokratisch verfassten Staates nicht überall gleich umgesetzt wird. Zweitens wird deutlich, dass die Situation, in der sich die Bevölkerung befindet, ganz wesentlich von staatlichen Strukturen abhängig ist, auch wenn sie global vernetzt ist. Und drittens wird klar, dass zivilgesellschaftliche Organisationen – allen voran NGOs – eine zunehmend wichtigere Rolle als Mittler zwischen Bevölkerung und Staat einnehmen.

Zusammenfassung

Fazit

Gegen Denationalisierungs-Tendenzen richten sich unterschiedliche Protektionismusströmungen, welche den Nationalstaat als Rahmen für die von ihnen propagierten Werte brauchen:

- Dem „ethnischen" Protektionismus dient die Ethnizität eines Volkes als Handlungsbasis. Folglich werden andere kulturelle Gemeinschaften und auch linke politische Organisationen angegriffen.
- Der „schwarze" Protektionismus beklagt den Werteverfall und den Bedeutungsverlust des Nationalen und will mit neoliberalen Wirtschaftsmaßnahmen Standortvorteile eines Nationalstaates wahren.
- Die „roten" Protektionisten verschreiben sich einer neuen Form des Klassenkampfes, denn für sie sind die Entwicklungen der Globalisierung (die einen großen Teil der Bevölkerung von Wohlstand und Entwicklung ausschließt) die Bestätigung ihrer früheren Prognosen.
- Für die „grünen" Protektionisten ist der Nationalstaat ein bedrohtes Biotop, das mit strikten Umweltauflagen vor Zugriffen des Weltmarkts geschützt werden muss.

Zum Einlesen

ADLOFF, F. (2005): Zivilgesellschaft – Theorie und politische Praxis. – Campus, Frankfurt am Main.
Der Autor erklärt den Begriff Zivilgesellschaft und zeichnet seine Entwicklung in Theorie und Praxis seit der Antike bis heute nach.

HERZOG, R. (2008): Das Dilemma der Demokratien: Staat und Gesellschaft im 21. Jahrhundert. – Hohenheim Verlag. Stuttgart, 2008.
Der ehemalige deutsche Bundespräsident zeigt Grenzen demokratischer Staatlichkeit und deren Herausforderungen im gegenwärtigen Jahrhundert auf.

5.4 Der Transnationalstaat

Der (territoriale) Nationalstaat wird den Bedingungen der Globalisierung nur noch teilweise gerecht. Ein aufgelöster Nationalstaat kann die Sicherheit, die zum Funktionieren einer Gesellschaft wichtig ist, nicht mehr gewährleisten. Es ist deshalb ein Staat gesucht, der nicht ausschließlich über territoriale Grenzen bestimmt ist, und der seinen Mitgliedern Sicherheit zur individuellen Entfaltung gewähren kann.

Transnationale soziale Räume gibt es schon seit längerem. Sie werden durch verstärkte Migration jedoch immer bedeutsamer. Damit gemeint sind Lebenswelten, die von Migranten durch ihre Beziehungen zur Heimat und durch ihre Auseinandersetzung mit der Gastgesellschaft geformt werden. Dadurch entstehen neue Beziehungen und Lebensformen (THIEME, S. 2006). Nicht nur Migranten, sondern auch andere Reisende bauen vermehrt Beziehungen zu unterschiedlichen Orten und Gesellschaften auf. U. BECK (1997, 127) nennt dies „Ortspolygamie". Die Gegensätze der Welt finden also nicht nur draußen statt, sondern im Zentrum des eigenen Lebens. Man lebt glokal. Das eigene Leben ist immer mehr zu einem Leben „auf Reisen" geworden: Reisen im Auto, mit der Bahn, dem Flugzeug, aber auch am Telefon, im Internet. Man ist am selben Ort anwesend und abwesend. Vielleicht ist man am einen Ort physisch anwesend, doch „geistig" und online in Neuseeland oder umgekehrt. Diese Vielörtlichkeit, die Transnationalität der Biographie, ist ein weiterer Grund für den Bedeutungsverlust des Nationalstaats. Die Verbindung von Ort und Gemeinschaft, beziehungsweise Gesellschaft löst sich auf (BECK, U. 2002, 9). Doch bietet dies auch einen ersten Ansatz für eine mögliche Konzeption des Transnationalstaates. Es ist die Suche nach einer Ordnung, in der Kooperation über den vertrauten Staat hinausgeht (BECK, U. 2002, 264). Doch wie müsste diese Ordnung aussehen? Eine Grundvoraussetzung dafür ist die staatsbürgerliche Solidarität, die geschaffen werden muss: „Die staatsbürgerliche Solidarität muss sich auf Bürger (...) derart ausdehnen, dass beispielsweise Schweden und Portugiesen, Deutsche und Griechen bereit sind, füreinander einzustehen. Erst dann können ihnen gleiche Mindestlöhne, überhaupt gleiche Bedingungen für individuelle Lebensentwürfe und verschiedene kollektive Lebensformen zugemutet werden" (HABERMAS, J. 1998a, 74). Man ist versucht, daraus den Schluss zu ziehen, dass es sehr schwierig, wenn nicht illusorisch ist, eine Ordnung auf globaler Ebene zu finden, die eine solche Solidarität ermöglicht. Dennoch muss man sich auch ins Bewusstsein rufen, dass zum gegenwärtigen Zeitpunkt keine Anzeichen für kriegerische Auseinandersetzungen zwischen den EU-Staaten bestehen. Zwar kann noch nicht von einer umfassenden Bürgersolidarität gesprochen werden, aber enge Verbindungen bestehen. Dies war nicht immer so.

Die meisten Nationen sind als Reaktion auf Konflikte entstanden, sind sie nun wirtschaftlich, religiös oder ethnisch motiviert gewesen. Doch Konflikte wirken nicht nur spaltend, sondern führen Menschen beziehungsweise Nationen

	Liberaler Internationalismus	Radikaler Kommunitarismus	Kosmopolitische Demokratie
Wer regiert?	Das Volk durch Regierungen, demokratisch legitimierte internationale Regime und Organisationen	Das Volk durch sich selbst regierende Gemeinschaften	Das Volk durch Staaten, Verbände, internationale Organisationen, die dem kosmopolitischen Recht unterliegen
Form globaler Herrschaft	Polyarchie: pluralistisches, fragmentiertes System, Teilung der Souveränitätsrechte	Demarchie: funktionale demokratische Herrschaft, keine Souveränität des Staates	Heterarchie: System geteilter Macht, das dem kosmopolitischen demokratischen Recht unterliegt
Hauptakteure der Demokratisierung	Eigeninteresse der wichtigsten Machtinstanzen, demokratischere/kooperativere Formen globalen Regierens zu schaffen	Neue soziale Bewegungen, die durch drohende globale ökologische und ökonomische Krisen Auftrieb erhalten	Konstitutionelle und institutionelle Umgestaltung

***Tab. 5.4/1** Modelle globaler Demokratie im Vergleich nach A. MCGREW*

auch zusammen. Für die Herausbildung post-kolonialer Mischkulturen innerhalb neuer nationalstaatlicher Grenzen stellen die gemeinsamen politischen und kulturellen Erfahrungen mit der Kolonialmacht einen gemeinsamen Nenner dar. Dies ist selbst so, wenn diese Erfahrungen konfliktvoll waren. So ist zum Beispiel das frühere britische Empire – das heutige „Commonwealth of Nations" – immer noch in vielen Bereichen ein einheitlicher „Raum". Man verwendet mit Englisch eine gemeinsame Sprache, hat ähnliche Rechtssprechungen und Bildungssysteme, die Infrastruktur und die Verkehrsregeln gleichen sich, und im politischen System finden sich gemeinsame Elemente. Das „Commonwealth" ist zwar kein Transnationalstaat, doch zeigen sich darin Ansätze dafür. Krisen werden heute – ob es nun Hunger, Dürre- oder Brandkatastrophen sind – häufig als globale Krisen wahrgenommen. Dies eröffnet die Chance, soziale Krisen als politische zu verstehen. Um diese Krisen auch auf globaler Ebene lösen zu können, wäre ein globales Grundrechtsverhältnis wichtig. Dabei ergibt sich jedoch ein Paradox, das bis heute alle Debatten blockiert. Die Garantie von Grundrechten setzt – so scheint es zumindest – den Nationalstaat voraus. Wie kann also ein kosmopolitisches Rechtsverhältnis zwischen Staaten und Staatsbürgern verschiedener Nationalitäten begründet und gesichert werden? Der Nationalstaat müsste relativiert werden. Rechtsverhältnisse sollen von modernen, nicht-territorial verankerten Institutionen geregelt werden. A. MCGREW (1998) zeigt dazu drei mögliche normative Modelle auf, die in Tab. 5.4/1 illustriert werden.

5.4.1 Der liberal-demokratische Internationalismus

Der liberal-demokratische Internationalismus (vgl. McGrew, M. 1998) – auch „Nachbarschaftsdemokratie" genannt – betont den Vorrang und die Souveränität von Staaten. Das Modell wurde von der Commission on Global Governance (1995) formuliert und von den in der Folge vorgestellten Modellen bedeutet es die geringste Abweichung vom Status quo. Neu ist aber, dass das Modell einen komplexen Prozess der internationalen Entscheidungsfindung voraussetzt. Um dies zu erreichen, müsste die UNO stark ausgebaut und demokratisiert werden. Dabei sollten Individuen und Gruppen das Recht erhalten, Petitionen beim neu zu schaffenden Petitionsrat der UNO einzureichen. Dieser schlägt den betroffenen Institutionen dann geeignete Maßnahmen vor. Damit soll die globale Staatsbürgerschaft mit der Etablierung einer Reihe globaler Rechte und Pflichten gestärkt werden. Analog zum bestehenden UNO-Sicherheitsrat soll ein demokratisch aufgebauter wirtschaftlicher Sicherheitsrat die globale Ökonomie koordinieren. Die Prinzipien der nationalstaatlichen Souveränität sollen weitgehend erhalten bleiben. Sie sollen jedoch modifiziert werden, damit ein Ausgleich zwischen den Rechten von Staaten und den Rechten von Menschen hergestellt wird. Ebenso sollen die Interessen zwischen den Nationen und die Interessen der „globalen Nachbarschaft" miteinander vereinbart werden können. Ziel des Modells ist es, eine Bürgerethik entstehen zu lassen, die auf zentralen Werten begründet ist, welche die ganze Menschheit unterschreiben kann. Um dies zu gewährleisten, sei es entscheidend, dass alle Ebenen – von der lokalen bis zur globalen – am Regieren beteiligt werden. Das Modell geht davon aus, dass die Nationalstaaten durch eine wachsende gegenseitige Abhängigkeit ein Interesse an einer Zusammenarbeit haben. Weiter wird postuliert, dass demokratische Strukturen die Anfälligkeit für bewaffnete Konflikte senken. Das Modell schlägt im Grunde genommen die Übertragung von nationalstaatlicher Demokratie auf den Globus vor. Es hat den Vorteil, dass es am ehesten nach und nach umsetzbar ist, auch wenn der Weg dorthin steinig wäre. Denn Individuen und Gruppen sollen gemäß der Commission on Global Governance (1995; McGrew, M. 1998, 391) das Recht erhalten, Petitionen beim Petitionsrat einzugeben, der betroffenen Institutionen geeignete Maßnahmen vorschlägt.

Die Hauptkritik an diesem Modell ist jedoch nicht die schwierige Durchsetzbarkeit, sondern sie ist theoretischer Art. Denn man verschiebt nur das in die Krise geratene Modell des Nationalstaats auf eine höhere Ebene. Das bedeutet zwar nicht, dass deswegen die gleichen Probleme auftauchen müssen, doch die Gefahr dafür besteht.

5.4.2 Der radikale Kommunitarismus

Während beim liberalen Internationalismus (vgl. McGrew, M. 1998) versucht wird, bestehende Strukturen zu stärken und auszubauen, geht der radikale Kommunitarismus – auch „Demarchie" genannt – weiter. Es sollen alternative, vor allem auf kommunitaristischen (kapitalismus- und liberalismuskritischen) Prinzipien beruhende Formen globaler Organisation geschaffen werden (Etzioni, A. 2003). Das Modell lehnt die bestehenden globalen Strukturen ab, da diese vor allem die Reichen und Mächtigen privilegieren und globale Formen der Demokratie ausschließen. Die Menschen sollten gemäß dem Modell in die Lage versetzt werden, ihr eigenes Leben zu bestimmen und „gute Gemeinschaften" zu bilden, die auf Ideen von Gleichheit, Gemeingütern und einer Harmonie mit der natürlichen Umwelt beruhen (ETZIONI, A. 2001). Die Umgestaltung existierender sozialer und wirtschaftlicher Organisationen wird von den Befürwortern des Kommunitarismus wie A. ETZIONI notwendigerweise vorausgesetzt. Eine spezifische institutionelle Form, die eine umgestaltete Demokratie annimmt, ist dabei weniger wichtig. Es geht vielmehr darum, die demokratische Herrschaft nach funktionalen Gesichtspunkten (z. B. Handel, Gesundheit, Umwelt, Bildung) und nicht nach territorialen zu organisieren. Ein funktional begründetes Regieren ist Gemeinschaften und Bürgern gegenüber verantwortlich, deren Interessen von den Maßnahmen direkt betroffen sind. Die Reichweite solchen Regierens ist vollständig variabel. Die Koordination der verschiedenen Instanzen wird von Komitees übernommen, die nach dem Repräsentationsprinzip zusammengesetzt sind (ETZIONI, A. 2001, 10).

In letzter Konsequenz strebt diese Demarchie das Ende des territorialen Nationalstaates an. An seine Stelle tritt eine Vielfalt sich überlappender oder räumlich voneinander getrennter „Schicksalsgemeinschaften", in denen es zwar viele Machtinstanzen, aber keine souveränen oder zentralisierten Machtstrukturen gibt. Demokratie soll soziale und ökonomische Gleichheit bedeuten. Die Umsetzung könnte bei sozialen Bewegungen wie der Umwelt-, Friedens- oder Frauenbewegung ansetzen. Das Modell geht nach A. MCGREW (1998) von einem Individuum aus, das einen ausgeprägten Sinn für politische Gemeinschaft und die Anerkennung des Gemeinwohls hat. Allerdings wird daraus nicht ersichtlich, um was für eine Art von Gemeinschaft und Gemeinwohl es sich handelt. Den Menschen soll bewusst gemacht werden, dass sie zu sich überlappenden lokalen und globalen Überzeugungs- und Interessensgemeinschaften gehören. Der radikale Kommunitarismus grenzt sich scharf vom Individualismus des liberalen Internationalismus, wie auch von der im Folgenden dargelegten Idee des globalen Kosmopolitismus ab (MCGREW, A. 1998, 394).

Ein Problem stellt bei diesem Modell das Gewaltmonopol dar, das vom Nationalstaat auf Gemeinschaften übertragen werden muss. Die Definition der Zuständigkeitsbereiche für Polizei und Armee muss in diesem Fall jeweils ausgehandelt werden.

5.4.3 Die kosmopolitische Demokratie

Die Wurzeln der kosmopolitischen Demokratie gehen bis in die griechische Antike zurück. Sie spiegeln den Glauben an die Idee, dass die ganze Menschheit moralisch, wenn nicht gar physisch, aneinander gebunden ist, wider. Es wird davon ausgegangen, dass die Globalisierung nationale Formen liberaler Demokratie unmöglich macht. Das Modell basiert auf dem Grundsatz der demokratischen Autonomie. Das heißt, dass sich Menschen zwar autonom bewegen und äußern können, aber

> **Der demokratische Kosmopolitanismus**
>
> Der demokratische Kosmopolitanismus – wie ihn U. BECK (2002) und A. GIDDENS (1999) skizzieren – setzt voraus, dass unter Kosmopoliten nicht eine westliche Bildungselite – im Sinne von „ein Mann/eine Frau von Welt" – verstanden wird, eine Elite, die gleichsam über dem Lokalen schwebt und die es sich leisten kann, überall auf der Welt zu sein. Oder schlimmer noch: eine Elite, die in kolonialer Manier so genannten Entwicklungsländern vorschreibt, wie sie wirtschaften, die Umwelt schützen und Kultur verstehen sollen. Vielmehr sollen hier Kosmopoliten als Personen verstanden werden, welche die eigene kulturelle Herkunft kritisch hinterfragen und offen auf kulturelle Andersartigkeiten eingehen können. Wichtig ist dabei das Bewusstsein, zu einer Welt zu gehören und sich dafür zu engagieren. Damit grenzt sich der Begriff von dem des „Globetrotters" ab, der die Welt bereist und kennt, der sich jedoch nicht per se einer kosmopolitischen Demokratie verpflichtet fühlt.
>
> (TOMLINSON, J. 2000, 187)

dass sie sich immer auch als Teil eines Kollektivs verstehen. Um das Funktionieren solcher Kollektive zu erreichen, ist ein Netz regionaler und internationaler Institutionen nötig, das sich über räumliche Grenzen hinwegsetzt. Nur so können globale Machtzentren und transnationale Netzwerke, die sich heute der territorial beschränkten Kontrolle entziehen, zur Verantwortung gezogen werden (BECK, U. 2002, 152). Zentral ist dabei die Anerkennung eines kosmopolitischen, demokratischen Rechts, das über den Partikularinteressen von Staaten steht und für alle gilt. Dieses Recht würde es Individuen und der internationalen Gemeinschaft erlauben, sich in die inneren Angelegenheiten jedes Staates einzumischen, um bestimmte Rechte zu schützen. Im Gegensatz zum liberalen Internationalismus will die kosmopolitische Demokratie die demokratischen Ideale nicht von oben verbreiten. Vielmehr strebt sie eine Wiederbelebung eines intensiven und partizipativen Demokratiemodells von unten an (GIDDENS, A. 1999, 163).

Auch gemäß diesem Modell müssen UNO-Organisationen umgestaltet und demokratisiert werden. Außerdem ist es notwendig, demokratisch legitimierte Zwangsmittel und militärische Strukturen zu entwickeln. Die NATO ist möglicherweise ein Ansatzpunkt dazu, doch steht sie noch zu stark unter US-amerikanischer Führung, als dass man ihre Struktur als demokratisch bezeichnen könnte. Eine Zukunftsvision für eine solche kosmopolitische Demokratie kann in folgenden Schritten skizziert werden (HELD, D. 1995, zitiert in BECK, U. 1997, 162):

1. Eine globale Ordnung konkretisiert sich in multiplen, sich überlappenden Netzwerken der Macht. Sie schließen das Individuum, die Wohlfahrt, die Kultur, freiwillige Organisationen, die

Wirtschaft und die organisierte und monopolisierte Gewalt ein. Es ergibt sich eine mehrdimensionale Machtbalance zwischen Nationen, Organisationen und Personen.
2. Alle Gruppen und Organisationen beanspruchen eine relative Autonomie, die sich in bestimmten Rechten und Pflichten äußert. Diese müssen zu Grundsätzen des kosmopolitischen demokratischen Rechts werden.
3. Die Legitimation erfolgt über transnationale und lokale Gerichte – nach dem Vorbild des Europäischen Parlaments und des Europäischen Gerichtshofes. Diese Vorbilder müssen auch auf andere Regionen übertragen werden.
4. Nationalstaaten treten Teile ihrer Macht und Souveränität an transnationale Institutionen und Organisationen ab. Dafür werden sie als Knotenpunkte und Koordinatoren der transnationalen Netzwerke wichtig.
5. Personen können Mitgliedschaften in verschiedenen nationalen und transnationalen Machträumen erwerben und auf diese Weise von der lokalen bis zur globalen Ebene ein Mitbestimmungsrecht erlangen.
6. Um die Ausübung politischer Freiheit mit größtmöglicher persönlicher Autonomie zu garantieren, wird Bürgergeld für alle benötigt, egal ob sich die Einzelnen an Erwerbsarbeit, Hausarbeit oder öffentlicher Arbeit beteiligen.

Eine kosmopolitische Demokratie, wie sie von U. BECK (1997, 2002) skizziert wird, setzt den Transnationalstaat voraus. Diesen wird es aber nur geben, wenn das Bewusstsein vorhanden ist, dass er auch nötig ist. Das Modell des Transnationalstaates ist ein Zwitter- oder Hybridmodell. Er ist vor allem ein Nicht-Nationalstaat und demnach ein Nicht-Territorialstaat (BECK, U. 2002, 152). Er ist gemäß U. BECK (1997, 50) die Widerlegung der Container-Theorie von Staat und Gesellschaft. Obwohl der Transnationalstaat zwar den Nationalstaat ablehnt, bejaht er den Staatsbegriff. Doch der Staat wird herausgelöst aus seiner territorialen Falle. Transnationalstaaten sind keine Überstaaten mit hegemonialen Zügen, vielmehr kann man sie als Provinzen in einer polyzentrischen Weltgesellschaft verstehen. Um politische und sozialpolitische Macht und Kompetenz zu erlangen, müssen Transnationalstaaten zum Beispiel Steuerschlupflöcher effektiv stopfen können. Transnationalstaaten müssen sich die Loyalität ihrer Bürger teilen. Einerseits mit anderen regionalen und weltgesellschaftlichen Autoritäten, anderseits mit substaatlichen und subnationalen Autoritäten (BECK, U. 1997, 183).

Die Kritik an den drei Modellen einer globalen Demokratie dreht sich vor allem um die Faktoren Macht und Konfliktbewältigung. Ein Problem bei der Umsetzung wären die hegemonialen Ansprüche einzelner Staaten. Großmächte wie die USA, China oder Russland würden sich gegenwärtig kaum auf ein Staatssystem einlassen, in welchem sie Macht abgeben müssten. Außerdem muss man anfügen, dass es sich um spezifisch westliche Modelle handelt, die nur teilweise Rücksicht auf andere Vorstellungen von Gemeinschaft, Gemeinwohl, Herrschaft und Regieren nehmen. Das Paradoxe dabei ist, dass auch Skeptiker anerkennen, dass eine globale Demokratie möglicherweise ein friedfertigeres Zusammenleben ermöglichen würde.

Allein die Gewissheit darüber fehlt, weshalb der erste Schritt in diese Richtung ein Wagnis ist, das kein Staat als erster eingehen möchte. J.-J. Rousseau (o.J. zitiert in McGrew, A. 1998, 412) hat dies bereits vor zweihundert Jahren unverblümt ausgedrückt: „...wenn das Projekt unverwirklicht bleibt, dann nicht weil es utopisch ist, sondern weil die Menschen verrückt sind, und weil Gesundheit in der Welt Verrückter selbst eine Art von Verrücktheit ist."

Doch es zeichnen sich – durch Prozesse der Globalisierung ausgelöst – bereits Veränderungen und Umrisse einer neuen Weltordnung ab: zum Beispiel die Globalisierung der Menschenrechte oder die EU-Politik. Zusammengefasst weisen fünf politische Entwicklungen einen möglichen Weg in Richtung globale Demokratie (McGrew, A. 1998, 413):

- Die in der Nachkriegszeit erfolgte Konsolidierung des westlichen beziehungsweise atlantischen Bündnisses hat sich zu einer Zone des Friedens entwickelt.
- Ein starkes Anwachsen fortschrittlicher sozialer Bewegungen verweist auf eine neue Politik der Lebensführung in Richtung einer gerechteren, friedlicheren Welt.
- Nach dem Zusammenbruch des Ostblocks und der folgenden Demokratisierungswelle bilden demokratische und halbdemokratische Staaten historisch zum ersten Mal die Mehrheit im globalen System.
- Die Herausbildung einer globalen Gesellschaft hat auch zur Erweiterung globaler und regionaler Regulierungsmechanismen geführt. Lebensstile und die Sicherheit von Familien und Gemeinschaften werden miteinander verbunden und durch das Bewusstsein einer gemeinsamen Betroffenheit gefördert. Dies hat bereits zu demokratischeren und vor allem transparenteren Entscheidungen und auch zur vermehrten Einbindung von NGOs in die Formulierung und Umsetzung politischer Grundsätze geführt.
- Um die Reform der UNO wird eine politische Debatte geführt, die eindeutig in Richtung einer vermehrten Demokratisierung geht.

5.4.4 Die Europäische Union: Pionierin des Transnationalstaats?

Die Europäische Union (EU) hat ihren Ursprung im Konflikt der zwei Machtblöcke West und Ost. Doch kann sie heute auch als Antwort auf die Globalisierung angesehen werden. Sie ist Vorreiterin bei sozialen, politischen und ökonomischen Institutionen, die über den Nationalstaat hinausgehen. Und sie ist mehr als nur ein regionaler Staatenbund (Giddens, A. 1999, 165). Allerdings stellt sie kaum das dar, was unter dem Begriff Transnationalstaat skizziert wurde, zu undemokratisch und zu territorialitätsbezogen sind ihre Strukturen (noch) (Goodman, J. 1998, 331). Dennoch ist sie ein innovatives Gebilde, das weltweit möglicherweise am ehesten das Potenzial hätte, sich in eine transnationale (und kosmopolitische) Demokratie zu wandeln.

In Bezug auf die Demokratisierung der EU wird der öffentliche Diskurs vor allem von drei Modellen beherrscht, die im Folgenden kurz umrissen werden (vgl. Abb. 5.4.4/1). Allerdings entsprechen diese nicht den Anforderungen an eine transnationale Konzeption der EU, die im Anschluss daran erörtert wird (Goodman, J. 1998, 342):

- Im Europa der Nationen wird auf dem nationalstaatlichen Modell aufgebaut. Von

Die Geschichte der EU

Die Europäische Union wurde 1957 als Europäische Gemeinschaft (EG) auf der Grundlage der positiven Erfahrungen der Benelux-Staaten und der Europäischen Gemeinschaft für Kohle und Stahl (der so genannten Montanunion) gegründet. Die sechs Unterzeichnerstaaten der Verträge von Rom waren Belgien, Deutschland, Frankreich, Italien, Luxemburg und die Niederlande. 1968 schafften sie sämtliche Zölle innerhalb der EG ab. 1971 vereinbarten die Staats- und Regierungschefs, die EG zu einer Wirtschaftsunion umzugestalten. 1973 schlossen sich Großbritannien, Dänemark und Irland an. 1979 wurde das erste Parlament durch allgemeine Direktwahl gewählt. 1981 trat Griechenland, 1986 Spanien und Portugal bei. Um ein Gegengewicht zum amerikanischen und japanischen wirtschaftlichen Übergewicht zu schaffen, wurde 1983 der Bund durch staatliche Deregulierungen weiter integriert. 1992 wurde der Vertrag zur Gründung der Europäischen Union (EU) in Maastricht angenommen. 1994 führte man die Freizügigkeit aller EU-Bürger, auf Kosten der Nicht-EU-Bürger, ein. 1995 traten Finnland, Österreich und Schweden bei, und 1999 wurde die gemeinsame Währung, der Euro, lanciert. 2004 wurden mit der „Osterweiterung" die Tschechische Republik, Ungarn, Polen, Slowenien, die Slowakei, die baltischen Staaten Estland, Lettland und Litauen sowie Zypern und Malta aufgenommen. 2007 wuchs die EU mit dem Beitritt Bulgariens und Rumäniens auf 27 Mitgliedstaaten. Kandidatenländer sind: Kroatien, die Türkei und die ehemalige jugoslawische Republik Mazedonien. Die verbleibenden Balkanstaaten Serbien, Montenegro, Bosnien-Herzegowina, Albanien und der Kosovo sind potenzielle Kandidatenländer. (EUROPÄISCHE UNION 2008)

den einzelnen Staaten soll die Aufrechterhaltung von Ordnung auf nationaler und internationaler Ebene ausgehen. Nationale Traditionen und Institutionen binden die Bevölkerung an ihren Nationalstaat und bilden stabile und anpassungsfähige politische Gemeinschaften. Die Entscheidungsbefugnisse des Europäischen Parlaments sollen zugunsten der Autonomie der Staaten verringert werden. Der Europäische Gerichtshof soll den nationalen Rechtsprechungen untergeordnet werden. Entscheidungen im Ministerrat müssen einstimmig getroffen werden und stehen unter dem Vorbehalt einer nachträglichen Nichtbeteiligung. Dieses Europa der Nationen wird als „Gaullistisches" Europa bezeichnet in Anlehnung an Charles de Gaulles Vision von einem „Europa der Vaterländer" aus dem Jahr 1962. Am entschiedensten verficht Großbritannien diesen Kurs. Dieses Modell würde wohl etwas mehr Klarheit mit sich bringen und den einzelnen Staaten größeren Handlungsspielraum zugestehen. Doch ist das Modell keineswegs den Herausforderungen der Globalisierung gewachsen.

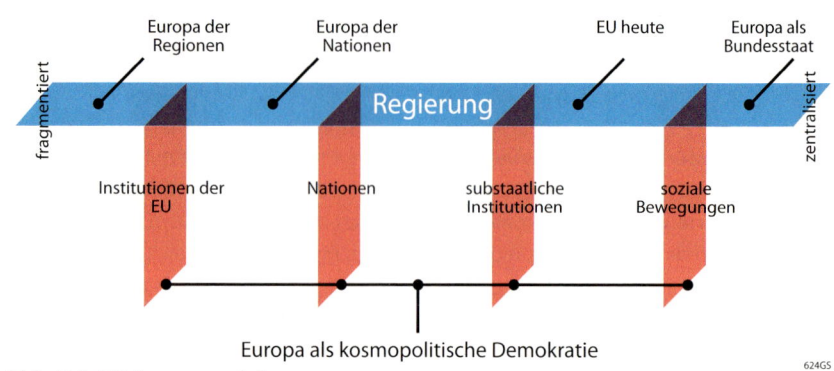

Abb. 5.4.4/1 *Europamodelle*

- Die Vorstellung von Europa als Bundesstaat geht in eine entgegengesetzte Richtung. Die Basis der Demokratie bilden nicht mehr einzelstaatliche Parlamente, sondern eine EU-weit gewählte Legislative. Einzelstaaten können sich nicht mehr vom resultierenden Bundesstaat – sozusagen den Vereinigten Staaten von Europa – lossagen oder eine eigene Außen- oder Sicherheitspolitik betreiben. Das Recht auf Nichtbeteiligung besteht also nicht mehr. Es muss eine EU-Verfassung verabschiedet werden, welche diejenige der Bundesstaaten ersetzt. Die Chancen für eine Realisierbarkeit sind sehr gering, zu sehr sind die Politiken der einzelnen EU-Politiker auf ihre Nationalstaaten bezogen. Anderseits werden die Probleme, die von der Globalisierung ausgelöst werden und von den Nationalstaaten allein nicht angepackt werden können, durch den Bundesstaat auch nicht gelöst. Denn es würde lediglich ein größerer Nationalstaat entstehen. Außerdem gibt es keine Garantie, dass die daraus resultierende Zentralisierung in Europa nicht vor allem den Interessen der Eliten dient, was eine Vergrößerung sozialer Disparitäten befürchten lässt (GOODMAN, J. 1998, 344).

- Das Europa der Regionen ist die Antwort auf die beschriebene Zentralisierung und wird als „geeinte Vielfalt" gepriesen. Dieses Europa ist nicht ein zentralistischer Superstaat, sondern er bündelt lediglich die Bedürfnisse der verschiedenen Regionen. Lokale Formen partizipatorischer Demokratie erhalten den Vorrang vor weniger direkt beeinflussbaren nationalen Institutionen. Damit nimmt die Bedeutung der Nationalstaaten stark ab. Das Konzept basiert auf der Ansicht, dass sich – gemäß Umfragen – die EU-Bürger ihren lokal und regional gewählten Gremien am nächsten fühlen. Auch dieses Modell dürfte an den politischen Eliten scheitern, selbst wenn es einige interessante Aspekte hat. Doch es bleibt – wie auch die beiden anderen Modelle – einer territorialen (westfälischen) Konzeption des Staates verhaftet. Außerdem besteht die Gefahr, dass bisherige nationalstaatliche Solidarität und Abgrenzung gegen außen auf die regionale Ebene transferiert werden. Schon heute werden Abgrenzungsbestrebungen von Norditalien (Padanien) und Nordspanien (Katalanien) mit wirtschaftlichem Eigennutz begründet. Prosperierende Regionen wollen nicht für ärmere Regionen (z. B. Sizilien oder Andalusien) aufkommen müssen.

Die Frage ist nun, ob Europa Vorreiterin für eine kosmopolitische Demokratie werden könnte, bei der es nicht ausschließlich um territoriale Bezüge geht und eine nach-westfälische Ordnung angestrebt wird. Dabei müssten nicht-staatliche Organisationen weit mehr Gewicht in der öffentlichen Politik bekommen, die dann konsequenterweise nicht mehr nur vom Staat reguliert wird. Um den Weg zu einer kosmopolitischen Demokratie erfolgreich gehen zu können, ist es wichtig, die Ausweitung der Macht auf supra- und transnationale Institutionen nicht als Schwächung des Staates, sondern als seine Erweiterung zu verstehen. Einige EU-Institutionen haben bereits diesen Charakter, doch werden ihre Tätigkeiten häufig noch als Einmischung in nationale Angelegenheiten verstanden. Allerdings muss eingeräumt werden, dass diese Institutionen sich auch als Ergänzung zu nationalstaatlichen (und anderen) Machtträgern verstehen müssten und nicht als übergeordnet: „Wenn die Erweiterung erfolgreich sein soll, muss sich die EU den komplexen und mühseligen Fragen ihrer sozialen und kulturellen Identität, ihrer Aufgabe und Legitimität und den Zweifeln und Ängsten, die diese in Europa hervorrufen, stellen" (LEONARD, M. 1998, zitiert in GIDDENS, A. 1999, 168). Obwohl dieses Zitat bereits ein Jahrzehnt zurückliegt und die EU seither sehr stark erweitert wurde, stellt sich die Frage nach der Identität nach wie vor.

Am kontroversesten wird dieses Thema im Zusammenhang mit dem Beitrittsgesuch der Türkei diskutiert. Unter anderem wird argumentiert, dass die auf christlichen Werten basierende „europäische Kultur" mit dem großen Anteil an Muslimen, den die Türkei in die Union bringen würde, überfordert sei (vgl. MÜLLER-BRANDECK-BOCQUET, G. 2006). Als Gründe für die Ablehnung eines Beitritts werden auch Menschrechtsverletzungen und die geringere Wirtschaftskraft der Türkei angesehen. Schließlich wird auch vorgebracht, dass der europäische Kontinent am Bosporus aufhöre und die EU mit dem Beitritt der Türkei in einen anderen Kontinent ausgreife. Dabei wird vergessen, dass es vor allem das Gedankengut der Aufklärung und die Demokratie sind, welche Europa zu dem werden ließ, das es heute ist und dass die Türkei seit jeher enge kulturelle und wirtschaftliche Beziehungen zu Europa pflegt (STRUCK, E. 2007).

Zusammenfassung

Fazit
- Wie schon mehrmals betont, wird der territoriale Nationalstaat den Bedingungen und Herausforderungen der Globalisierung nicht mehr gerecht. Gleichzeitig gewährleistet momentan nur der Nationalstaat Sicherheiten, die zum Funktionieren der Gesellschaft nötig sind. Es stellt sich also die Frage, wie ein Transnationalstaat aus-

sehen könnte, der zwar nicht mehr territorial verankert ist, aber dennoch Sicherheiten und Dienstleistungen eines Staates erfüllen kann. Drei Modelle wurden von A. McGrew (1998) skizziert:
1. Der liberal-demokratische Internationalismus stützt sich grundsätzlich auf das heutige Nationalstaatenmodell. Neu sollten danach aber demokratische Prozesse auch auf globaler Ebene stattfinden und über die ausgebaute und demokratisierte UNO abgewickelt werden. So könnten z. B. Petitionen beim neu eingerichteten Petitionsrat eingereicht werden. Damit sollten globale Rechte und Pflichten gestärkt werden. Der demokratisch aufgebaute wirtschaftliche Sicherheitsrat werde die globale Ökonomie regulieren.
2. Der radikale Kommunitarismus lehnt bestehende Strukturen ab, da diese vor allem Reiche und Mächtige privilegieren. Anstelle von Nationalstaaten sollen funktionale Gruppierungen die Kontrolle über spezifische Fachbereiche übernehmen (z. B. Kultur, Gesundheit, Bildung, Umwelt, Handel).
3. Die kosmopolitische Demokratie geht davon aus, dass die Globalisierung nationale Formen der Demokratie unmöglich macht. Das Modell basiert auf dem Grundsatz der demokratischen Autonomie, die besagt, dass ein Mensch zwar autonom sein, sich aber trotzdem einem übergeordneten Kollektiv verpflichtet fühlen kann. Das Funktionieren dieser Kollektive gewährleistet ein Netz von regionalen und internationalen Institutionen, die sich über räumliche Strukturen hinwegsetzen. Zentral in diesem Modell ist die Anerkennung eines kosmopolitischen Rechts, das über den Interessen der Nationalstaaten steht, und es der internationalen Gemeinschaft erlaubt, sich in die Angelegenheiten jedes Staates einzumischen, um bestimmte Rechte zu wahren.

• Ist die EU als überstaatliches Gebilde die Pionierin eines Transnationalstaates? Sie ist mit ihren 27 Mitgliedern (Stand 2009) definitiv mehr als nur ein regionaler Staatenbund. Soziale, politische und ökonomische Institutionen sowie eine gemeinsame Außen- und Innenpolitik der EU zeigen auf, wie Ansätze eines Transnationalstaates funktionieren könnten. Doch die Politiken sind immer noch von nationalstaatlichen Interessen geprägt, und der ganze Apparat ist sehr bürokratisch, schwerfällig, territorialitätsbezogen und wenig demokratisch.

Zum Einlesen

Beck, U. (Hrsg.) (1998): Perspektiven der Weltgesellschaft. – Suhrkamp, Frankfurt am Main.
Mehrere Autoren gehen in diesem Sammelband auf politische Aspekte der Globalisierung und auf die Rolle des Nationalstaats ein.

Habermas, J. (1998b): Die postnationale Konstellation – Politische Essays. Suhrkamp, Frankfurt am Main.
Der Philosoph Jürgen Habermas entwirft in mehreren politischen Essays ein Bild eines Transnationalstaates.

Abb. 6/1 Das Nebeneinander von Tradition und (Post-)Moderne und deren Vermischung ist ein wichtiges Merkmal der Globalisierung.

6 Kulturelle Globalisierung

Die kulturelle Globalisierung ist neben der wirtschaftlichen wohl der Prozess, der am stärksten die Lebenswelten verschiedenster Menschen durchdringt. Am deutlichsten tritt dies in der Musik zutage: Madonna mischt zum Beispiel balinesisches Gamelan mit Pop und Salsa, Bollywood-Soundtracks vermengen Sitar mit Techno und mongolischem Obertongesang. Die Kulturszenen in London, Tokio, Johannesburg, Bangkok, Mumbai oder São Paolo bringen eigenständige Formen des Kulturschaffens hervor. Diese sind aber oft auch implizit oder explizit durch die amerikanische Kultur inspiriert: Die mit Bollywood bezeichnete indische Filmindustrie heißt nur so, weil das Zentrum globalen Filmschaffens in Hollywood liegt. Obwohl die Musikszene Bangkoks viel stärker auf Japan und Korea ausgerichtet ist, haben deren Grundformen von Musik und Choreographie auch amerikanische Wurzeln.

Auf der anderen Seite werden kulturelle Unterschiede häufig als Grund für Missverständnisse und Konflikte herangezogen. In diesem Zusammenhang wird auch debattiert, ob der westlich beziehungsweise amerikanisch dominierte Prozess der Globalisierung zu einer kulturellen Vereinheitlichung und Homogenisierung führt, oder ob die Konfrontation unterschiedlicher Kulturen eine verstärkte Fragmentierung bewirkt. Unter Kultur versteht man nicht nur künstlerische Erzeugnisse oder

Bildung. Kultur besteht aus den Werten, die Mitglieder einer bestimmten Gruppe teilen, den Normen, denen sie folgen und den materiellen Gütern, die sie kreieren (JANDT, F. 1998, 5).

6.1 Statisches Kulturverständnis

Mit einem statischen Verständnis von Kultur wird angenommen, dass Gesellschaften und ihre Kulturen klar begrenzt werden können und mehr oder weniger an einen bestimmten Ort gebunden sind und dass alle, die an diesem Ort leben, dieser Kultur angehören (sollten). Kultur schafft somit eine Ordnung. Angehörige der gleichen Kultur wissen, wie man sich in welchen Situationen verhält und verstehen einander aufgrund gemeinsamer kultureller Werte. Damit wird die Wahrscheinlichkeit verstärkt, dass gewisse erwünschte Handlungen eintreten (PARSONS, T. & E. SHILS 1951, zitiert in MÜNCH, R. 2004, 59). So weiß man innerhalb einer Kultur, wie man sich begrüßt, oder auf welche Art geheiratet werden kann, ohne dies jedes Mal von Neuem in Erfahrung bringen oder aushandeln zu müssen. Kultur koordiniert das Individuum mit der Gesellschaft durch ein geteiltes Ideensystem, Symbole und Werte. Kultur bildet gewissermaßen den Leim, der Gesellschaften zusammenhält. Dadurch wird das Alltagsleben strukturiert und für die Angehörigen einer Kultur auch vereinfacht. Es ist ihnen klar, wer dazugehört und wer nicht, wer „wir" und wer die „anderen" sind, was innen und was außen ist und wo Grenzen verlaufen (BAUMAN, Z. 1999, XVIII).

Kultur ist damit identitätsstiftend und stellt gesellschaftliche Ordnung her. Damit wird das Spektrum möglicher gesellschaftlicher Ereignisse eingeschränkt und die Wahrscheinlichkeit erhöht, dass Ereignisse in gewohnter Weise ablaufen. Beispielsweise kann man in Mitteleuropa davon ausgehen, dass sich begrüßende Personen die Hände schütteln und sich nicht die Zunge herausstrecken (wie dies früher in Tibet üblich war) oder versuchen, den Anderen mit Drohgebärden einzuschüchtern. Die Gesellschaft wird in einer spezifisch erkennbaren Form in Gang gehalten (PARSONS, T., o. J., zitiert in MÜNCH, R. 2004, 49). Nationalstaaten, vor allem neu entstandene, versuchen, Kultur in einer erkennbaren Form innerhalb ihrer Grenzen herzustellen. Damit soll die Gesellschaft koordiniert, Gemeinsamkeiten gegen innen betont und Grenzen gegen außen klar gezogen werden (MALIKKI, L. 1992, 29).

Wandel kann gemäß diesem Verständnis nur langsam erfolgen, ohne dass die eigene Kultur aufgegeben wird oder in Konflikt mit einer anderen gerät. Die nun global immer stärker fließenden „kulturellen Messages" können in diesem Verständnis nur als Bedrohung der eigenen Kultur wahrgenommen werden. Dies ist im Übrigen die Argumentation, welche dem von S. HUNTINGTON (2004) postulierten „Kampf der Kulturen" zugrunde liegt (vgl. Abb. 6.1/1). Das als selbstverständlich hingenommene Wissen darüber, wie man zum Beispiel etwas tut, wie man auf bestimmten Gruppen oder in bestimmten Situationen reagiert, wird nun durch größere Komplexität und durch die Konfrontation mit Fremdem relativiert.

6.1 Statisches Kulturverständnis

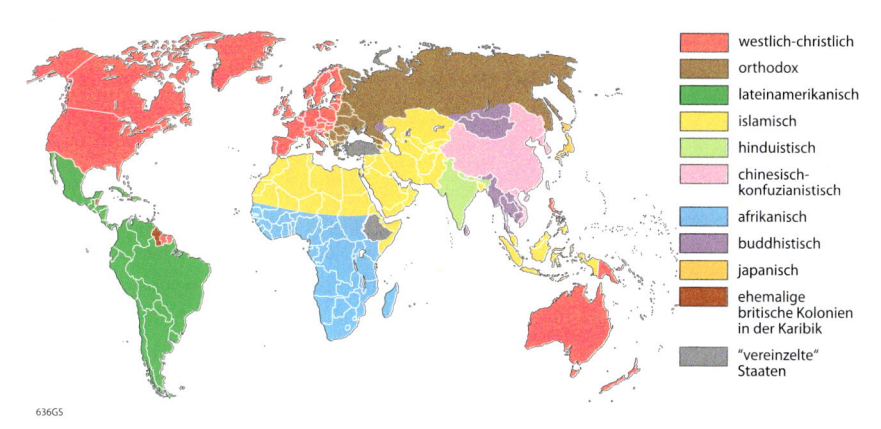

Abb. 6.1/1 *Kulturräume nach S. Huntington*

Legende:
- westlich-christlich
- orthodox
- lateinamerikanisch
- islamisch
- hinduistisch
- chinesisch-konfuzianistisch
- afrikanisch
- buddhistisch
- japanisch
- ehemalige britische Kolonien in der Karibik
- "vereinzelte" Staaten

Zusammenfassung

Fazit
- Neben der ökonomischen Globalisierung wird der Mensch in seinem Alltag am stärksten mit der kulturellen Globalisierung konfrontiert. Besonders in der Musikszene kann dies gut beobachtet werden, in der z. B. westliche Popsongs mit Klängen aus traditionellen asiatischen Instrumenten oder Gesängen vermischt werden.
- Trotz diesen offensichtlichen kulturellen Mischformen wird diskutiert, ob die globale Ausbreitung verschiedener Kulturen eher zu einer einheitlichen Kulturform führt (unter einem Hegemonialanspruch der amerikanischen Kultur), oder ob sich die einzelnen Kulturen stärker voneinander abgrenzen und so eine kulturelle Fragmentierung stattfindet.
- Diese Diskussion beruht auf unterschiedlichen Auffassungen von Kultur; dem statischen oder dem fließenden Kulturverständnis. Das statische Kulturverständnis nimmt an, dass Kultur räumlich verankert ist und dass alle Personen, die an diesem Ort leben, derselben Kultur angehören. Kultur schafft Ordnung und vereinfacht Handlungen, die nicht in jeder Situation neu geklärt werden müssen. Innerhalb eines Kulturkreises weiß man, wie man sich begrüßt oder wie geheiratet werden kann. Kultur dient gemäß diesem Verständnis auch immer als Vereinheitlichung gegen innen und als Abgrenzung nach außen (besonders stark zum Ausdruck kommt dies in S. Huntingtons (1996) Konzept der Zivilisationen). Kultureller Wandel kann nur langsam erfolgen, soll die eigene Kultur nicht gefährdet werden.

Zum Einlesen

Sen, A. (2006): Die Identitätsfalle – Warum es keinen Krieg der Kulturen gibt. – C. H. Beck, München.
Der indische Ökonom und Nobelpreisträger hält in diesem Buch ein eindrückliches Plädoyer gegen das Konzept des Kulturkampfes.

6.2 Ein fließendes Kulturverständnis

Heute kommen die meisten kulturellen Muster und Informationen von außen auf eine Gemeinschaft zu. Kulturelle Identität kann also nicht mehr von etwas Statischem oder gar territorial Verankertem abgeleitet werden. Vielmehr besteht heute die kulturelle Identität aus einer Neuzusammensetzung und einer bestimmten Wahl von „kulturellem Material", das (zumindest theoretisch) allen zugänglich ist (vgl. Tab. 6.2/1).

Heute wird die Kontinuität der Identität mehr durch Bewegung und die Kapazität für den Wandel gesichert als durch das Festhalten an früher etablierten Formen und Inhalten (BAUMAN, Z. 1999, 15). Kulturen sind heute nicht mehr so klar voneinander abgrenzbar, denn sie fließen stärker ineinander über und bilden Kombinationen, „Crossovers" oder Synkretismen (FEATHERSTONE, M. & S. LASH, 1995, 1). Ein statisches Konzept von Kultur wird dem Zeitalter der Globalisierung nicht mehr gerecht. Kultur muss flexibler gedacht werden, nicht mehr als

Aspekte eines territorialen, statischen Kulturverständnisses	Aspekte eines translokalen, fließenden Kulturverständnisses
endogen	exogen
Ursprung an einem bestimmten Ort	Ursprung an verschiedenen Orten
Gesellschaften, Nationen, Reiche	Diaspora, Migration
Orte, Lokalitäten, Regionen	Kreuzungen, Grenzen, Übergänge
abgegrenzte Gemeinschaft	Netzwerke, Vermittler, Fremde
organisch, einzigartig	diffus, heterogen
authentisch	Übersetzung, Transformation
nach innen schauend	nach außen schauend
Sprache der Gemeinschaft	Sprache des Kontextes
Ethnizität durch Geburt	Ethnizität durch Biographie
Identität	Identifikation, neue Identität(en)
statischer Multikulturalismus	Interkulturalismus (Vermischung)
globales Mosaik	kultureller Fluss im Raum
Kampf der Kulturen	Mischkulturen
kulturelle Abhängigkeit	kulturelle Unabhängigkeit
kulturelle Hegemonie	kulturelle Durchdringung
Autonomie und Eigenständigkeit	Synkretismus, Synthese, Vermischung
Verwestlichung	globale Melange, Hybridisierung
kulturelle Synchronisation	Kreolisierung, „Crossover"

Tab. 6.2/1 Territoriales und translokales Kulturverständnis

> **„Sapeurs" in der VR Kongo**
> Die Sapeurs (die sich nach dem Ausdruck „se saper" nennen, was so viel heißt wie „sich gut kleiden") gehören eher der unterprivilegierten Gesellschaftsschicht im Kongo an. Sie versuchen explizit über den Konsum westlicher Kleider und anderer Konsumgüter, ihren Status zu erhöhen. Dies beginnt mit lokal hergestellter Kleidung westlichen Schnitts und dem Konsum importierter Cola und geht bis zum Import französischer Designeranzüge und holländischem Bier. Es geht dabei jedoch nicht in erster Linie darum, westlichen Idealen nachzueifern oder die westliche Kultur zu übernehmen. Vielmehr geht es darum, mit den Mitteln des Konsums den eigenen Status in der lokalen Gemeinschaft zu verbessern. Die statussteigernde Bewertung westlicher Konsumgüter kann wohl auf die Kolonialzeit und Modernisierung zurückgeführt werden, doch ist sie per se kein globaler, sondern ein lokaler kultureller Aspekt.
>
> (FRIEDMAN, J.1990, 314)

etwas, das einem bei der Geburt mitgegeben wird und räumlich gebunden ist, sondern als etwas, das man sich im Laufe seiner lebenslangen Sozialisation erwirbt, immer wieder reflektiert und verändert (BAUMAN, Z. 1999; FEATHERSTONE, M. & S. LASH 1995; TOMLINSON, J. 2000).
Die Globalisierung zeigt gleichzeitig zwei Bilder von Kultur. Das erste beinhaltet die Ausdehnung einer bestimmten Kultur über den ganzen Globus hinweg, wie dies zum Beispiel mit Verwestlichung oder Amerikanisierung, in Asien auch mit Japanisierung bezeichnet wird. Heterogene Kulturen werden gemäß diesem Bild einer hegemonialen Kultur einverleibt und angeglichen. Dieses Bild muss heute revidiert werden. Eine kulturelle Überlegenheit des Westens mit einem zivilisatorischen Missionierungsgedanken ist je länger desto weniger haltbar. Die Globalisierung führt nicht zu Homogenisierung, sondern macht im Gegenteil mit einer größeren Vielfalt an Kulturen vertraut (FEATHERSTONE, M. 1995, 87), dies trotz amerikanischem Kulturimperialismus durch Donald Duck, Superman, Rambo und Indiana Jones. Auch wenn eine regelrechte Flut von „Cultural Messages" von Amerika ausgeht, darf man nicht den Schluss ziehen, dass daraus eine Homogenisierung erfolgt. Denn lokale Gruppen empfangen und verarbeiten diese „Messages" auf verschiedene Art und Weise, die wiederum in der eigenen Kultur begründet liegt.
Das zweite Bild zeigt die gegenseitige Durchdringung von Kulturen. Dinge, die früher auseinandergehalten wurden, werden nun in Kontakt miteinander gebracht. Kulturen überlappen sich, ohne ein dominierendes Organisationsprinzip. Das zweite Bild wird zum Beispiel durch die sogenannte „Brasilianisierung" – die Vermischung von verschiedenen Kulturen – verdeutlicht (BECK, U. 1997). Eine Konsequenz daraus ist, dass Men-

schen nun leichter von einer ethnischen Identität in eine andere schlüpfen können. Das Stichwort dazu ist doppelte Identität. Es leben also immer mehr Menschen zwischen oder am Rande von Kulturen. Dadurch besteht die Chance, dass diese Ränder mehr und mehr aufgebrochen und so zum Ort der Begegnung und des Austauschs werden.

Ein Verständnis, das Kultur als territorial, statisch und lokal verankert sieht, wird den Bedingungen der Globalisierung nicht gerecht. Ein breiteres Verständnis von Kultur ist gefordert, das hauptsächlich einem translokalen Lernprozess entspricht. Kultur soll also nicht als „Hardware", mit der man bei der Geburt ausgerüstet wird, betrachtet werden. Eher kann man sie als „Software" sehen, die man sich im Laufe des Lebens aneignet, anpasst und durch den Gebrauch stets verändert (BACKHAUS, N. & M. HOFFMANN 1999).

Zusammenfassung

Fazit

- Da heute die meisten kulturellen Informationen von außen auf eine Kultur zukommen, kann kulturelle Identität nicht mehr als etwas Statisches oder territorial Verankertes gesehen werden. Kulturen sind heute nicht mehr klar voneinander abgrenzbar, sondern fließen ineinander über und bilden Kombinationen und Synkretismen. Kultur muss im Zeitalter der Globalisierung flexibler gedacht werden, als etwas, das nicht mit der Geburt weitergegeben wird und räumlich gebunden ist. Kulturelle Identität besteht heute aus einer Neuzusammensetzung von „kulturellem Material", das sich der Mensch ein Leben lang aneignet, reflektiert und verändert. Daher können Menschen, die an demselben Ort leben, eine gänzlich verschiedene kulturelle Identität aufweisen.
- Vermischungen von Kulturformen können auf zwei verschiedene Arten erfolgen: Entweder ist eine bestimmte Kultur den anderen gegenüber dominant („Amerikanisierung" oder „Japanisierung" in Asien), und fremde Kulturen passen sich nach und nach dieser dominanten Kultur an. Oder unterschiedliche Kulturen durchdringen sich gegenseitig, und es kommt zu einer Vermischung von verschiedenen Kulturen („Brasilianisierung"). Es wurde verschiedentlich empirisch bewiesen, dass fremde Kulturformen nie direkt übernommen werden, sondern dass es immer zu einer Neuinterpretation vor dem Hintergrund der eigenen Kultur kommt.

Zum Einlesen

OAKES, T. S. & P.L. PRICE. (Hrsg.) (2008): The cultural geography reader. – Routledge, London, New York.
Dieser Sammelband geht umfassend auf verschiedenste Aspekte der Kulturgeographie ein.

6.3 Universalismus versus Relativismus

Wenn man von einer Pluralität der Kulturen ausgeht, dann gibt es für jedes kulturelle Produkt mindestens zwei – und aller Wahrscheinlichkeit nach viel mehr – Möglichkeiten zu dessen Interpretation: die Innen- und die Außenperspektive. Die Interpretationen der Outsider können dabei nicht deckungsgleich sein mit denen der Insider. Wenn nun angenommen wird, dass die Interpretation der Insider gegenüber derjenigen der Outsider differenzierter und damit „wahrer" ist, dann gilt es bei Forschungen über andere Kulturen, möglichst nahe an das Verständnis der Insider heranzukommen. Das Ziel von Kulturwissenschaftlern ist seit jeher, diesem Insiderverständnis mit unterschiedlichen Methoden möglichst nahe zu kommen. C. GEERTZ (2008) spricht dabei von „dichter" Beschreibung der anderen Kultur, deren Akteure und ihrer Praxis, die nötig sei, um diesem Anspruch Rechnung zu tragen. Diesbezüglich stellt sich die Frage, ob sich Insider- und „Outsider"-Verständnis so nahe kommen können, dass die Unterschiede minimiert werden, oder ob die unterschiedlichen Perspektiven immer fundamental verschieden bleiben.

6.3.1 Universalismus

Eine universalistische Sicht von Kultur und kultureller Veränderung geht davon aus, dass kulturelle Grenzen grundsätzlich überbrückbar sind und dass diese Brücken durch die Globalisierung durchgängiger werden (ROBERTSON, R. 1992, 97; TOMLINSON, J. 2000, 71). Bei dieser Sicht wird weiter angenommen, dass es zwischen unterschiedlichen Kulturen zum Dialog kommt und dies zu einem gegenseitigen Verständnis führt. Unterschiede werden demnach verhandelbar und sind nicht grundsätzlicher Art. Kultureller Austausch führt zur Adaption von Werten und Normen und zur Angleichung. Die amerikanische Fernsehserie „Dallas", die in den 1980er-Jahren weltweit zum Straßenfeger wurde, wird als Beispiel für Universalisierung unter amerikanischem Vorzeichen gesehen (MATTELART, M. 1985, zitiert in TOMLINSON, J. 2004, 303). Auch die Verbreitung des Formats „Wer wird Millionär" (je nach Währung wird man dabei auch mal zum Milliardär) kann als Universalisierung gesehen werden (vgl. Abb. 6.3.1/1). Schließlich geht man davon aus, dass es kulturelle Grundwerte gibt, auf die sich alle Menschen und Gesellschaften verständigen können, wie zum Beispiel die Menschenrechte (DE SOUSA SANTOS, B. 1999), ein funktionierendes Gesundheitssystem, gesunde Nahrung, Bildungsmöglichkeiten. Wenn man annimmt, dass sich durch die Globalisierung die Lebensbedingungen der Menschen verändern, und wenn man weiter Kultur als eine Form der Anpassung an die (Umwelt-)Bedingungen versteht, dann wird auch klar, dass sich Kulturen verändern müssen (TOMLINSON, J. 2004). Problematisch kann die universalistische Sicht werden, wenn sie als Argument für eine kulturelle Verwestlichung (Modernisierung) verstanden wird, wie dies in so genannten Entwicklungsländern befürchtet wird (vgl. z.B. OMVEDT, G. 2000).

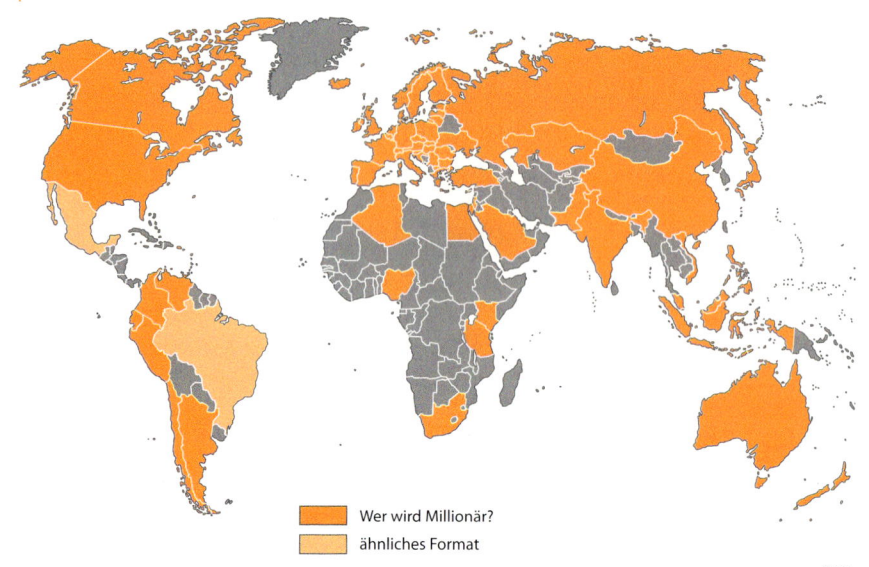

Abb. 6.3.1/1 *Die Verbreitung des Sendeformats „Wer wird Millionär?" könnte als Argumentation für eine universalistische Kulturkonzeption herangezogen werden.* 626GS

Legende: ■ Wer wird Millionär? ■ ähnliches Format

6.3.2 Relativismus

Aus Sicht einer relativistischen Position wird davon ausgegangen, dass es kulturelle Unterschiede gibt, die prinzipiell nicht überbrückbar sind. Ein Dialog und Vergleich zwischen Kulturen ist nur bis zu einem bestimmten Grad möglich. Dies muss jedoch nicht bedeuten, dass Angehörige verschiedener Kulturen automatisch miteinander in Konflikt geraten, wenn sie aufeinanderstoßen. Vielmehr wird argumentiert, dass die gegenseitige Anerkennung unterschiedlicher Kulturen solche Konflikte vermeidet

---

Hybridisierung, Kreolisierung, Synkretismus oder Melange?
Zur Bezeichnung kultureller Vermischungen, aus denen etwas Neues entsteht, werden verschiedene Begriffe verwendet, die mehr oder weniger das Gleiche ausdrücken. Der Begriff „Kreole" kommt von dem spanischen „Criollo". Damit wurden die Nachkommen (weißer) romanischer Einwanderer sowie (schwarzer) Sklaven in Lateinamerika bezeichnet. Unter Kreolisierung wird im engeren Sinne die Vermischung verschiedener Sprachen verstanden, aus denen etwas Neues entsteht. Der Begriff „hybrid" stammt aus dem Griechischen und heißt „gekreuzt". Hybride im engeren Sinne sind gekreuzte Tier- oder Pflanzenarten. Unter Synkretismus wird die Vermischung verschiedener religiöser Praktiken (z. B. im Voodoo) bezeichnet. Melange kommt aus dem Französischen, bezeichnet Vermischungen verschiedener Stilarten oder Mixturen.   (NEDERVEEN PIETERSE, J. 1995; 1998)

Hollywood versus Bollywood

Als sich 1992 der indische Markt auch für ausländische Filme öffnete, deren Import zuvor mit hohen Zöllen verhindert worden war, fürchteten indische Filmschaffende das Ende von Bollywood. Als zu stark wurde die Macht Hollywoods gesehen. Doch waren so genannte „Blockbuster" (kommerziell erfolgreiche Filme), die in Europa und anderen Regionen Massen in die Kinos lockten, in Indien nicht erfolgreich. Sie konnten nicht an die Seh- und Hörgewohnheiten der indischen Kinobesucher anknüpfen. Auf einen kleinen Nenner gebracht, muss ein guter Film in Indien einen Star, sechs Songs und drei Tanzszenen aufweisen, ungeachtet des Genres (TYRELL, H. 2004). „Cliffhanger", ein Actionfilm mit Silvester Stallone als Hauptdarsteller, war einer der ersten auf Hindi übersetzten Filme. Obwohl er mit einem (in Indien zwar eher unbekannten) Star aufwarten konnte, floppte er an den indischen Kinokassen. Er wäre wohl aber im Westen nur bedingt erfolgreich gewesen, hätte Stallone zwischen halsbrecherischen Kletterpartien und Schießeren ein Lied zum Besten gegeben und hätten die ihn verfolgenden Gangster dazu eine Tanzeinlage zum Besten gegeben. Das westliche Publikum hätte dies wohl als Persiflage wahrgenommen, für das indische ist die Kombination von „Action" und „Musical" normal.

und kulturelle Eigenständigkeit bewahrt (ROBERTSON, R. 1992, 98). Problematisch wird eine solche Sichtweise, wenn sie als fundamentalistische Abgrenzung gegenüber anders Denkenden und Handelnden verwendet wird. Die iranische Revolution von 1979 kann als eine Reaktion auf westliche Modernisierung verstanden werden. Die Verhängung des Todesurteils basierend auf einer „Fatwa" (islamisches Rechtsurteil) über SALMAN RUSHDIE, den Verfasser der „Satanischen Verse", war ein Symbol für diese fundamentalistische Abgrenzung gegenüber der westlichen Kultur. Die 9/11-Attentäter waren ebenso von der Unvereinbarkeit von Islam und westlicher Kultur überzeugt. Neben der islamischen Abgrenzung von der westlichen Kultur gibt es andere vom Relativismus beeinflusste Abgrenzungs-

tendenzen: zum Beispiel die Ablehnung der Evolutionstheorie durch evangelikale Kreise in den USA und Europa (vgl. Kap. 3.2.4).

6.3.3 Kreolisierung

Wenn man sich Kulturen etwas genauer anschaut, stellt man fest, dass sie fast nie in einer (wie auch immer definierten) Reinform bestehen. Vielmehr führt die Tatsache, dass Kulturen sich gegenüber dem und den Anderen definieren, bereits zu einer gewissen „Kontamination" (LECHNER, F. 2004, 327). Anders ausgedrückt ist jede Kultur im Prinzip schon eine Vermischung. Diese Auffassung von Kultur steht zwischen Universalismus und Relativismus und ist für die Analyse von kulturellen Praktiken geeigneter, weil sie den Bedingungen der Globalisierung besser gerecht wird. Es geht dabei nicht darum, eine bestimmte Kultur möglichst genau zu beschreiben. Vielmehr möchte man wissen, wie Kultur und kulturelle Elemente in der Alltagspraxis verwendet werden.

Greift man auf die oben genannten Beispiele von Fernsehsendungen oder -formaten zurück und schaut sie sich genauer an, dann wird auch hier eine Vermischung der Kulturen sichtbar. Die Fragen, die in „Wer wird Millionär" gestellt werden, sind global nicht die gleichen. Sie sind den lokalen Verhältnissen angepasst, auch wenn das „Setting" von den Lizenzgebern vorgegeben wird. Bezüglich „Dallas" haben Studien gezeigt, dass die Sendung nicht mit amerikanischem Kulturimperialismus gleichgesetzt werden darf (Ang, I. 1996). Viele kapitalismuskritische Zuschauer sahen sich die Sendung trotzdem mit Vergnügen und einem Amusement gegenüber dem kapitalistischen Lifestyle an. Außerdem wurden Inhalte vor dem eigenen kulturellen Hintergrund gedeutet. So interpretierten zum Beispiel marokkanische Befragte die Flucht einer malträtierten Ehefrau zu ihrem Ex-Mann und dessen Vater als Flucht zu ihrem eigenen Vater um (Katz, E & T. Liebes 1998, zitiert in Tomlinson, J. 2004, 305).

Sicht von Kultur geht davon aus, dass kulturelle Grenzen überbrückbar sind und dass diese Grenzen in der Globalisierung durchlässiger geworden sind. Zwischen verschiedenen Kulturen kommt es zum Dialog und zu einem kulturellen Austausch von Normen und Werten. Dies führt im Endeffekt zu einer Angleichung der verschiedenen Kulturen.

- Die relativistische Position nimmt an, dass es zwischen den Kulturen prinzipiell unüberbrückbare Unterschiede gibt. Ein Dialog und eine Angleichung sind nur bis zu einem bestimmten Grad möglich. Trotzdem führt dies nicht unweigerlich zu Konflikten zwischen den Kulturen. Es wird argumentiert, dass die gegenseitige Anerkennung unterschiedlicher Kulturen Konflikte vermeidet und die kulturelle Eigenständigkeit bewahrt bleibt.
- Mit den Konzepten der kulturellen Vermischung (z. B. Kreolisierung oder Hybridisierung) wiederum wird die Annahme kritisiert, dass Kultur als Reinform existiert. Dieser Argumentation folgend ist jede Kultur per se ein Hybrid, also eine Mischung aus unterschiedlichem kulturellen Material. Zur Analyse kultureller Praktiken im Zeitalter der Globalisierung ist denn auch dieses Konzept am geeignetsten.

Zusammenfassung

Fazit
- Weitere Möglichkeiten zur Konzeptionalisierung der Vermischung verschiedener Kulturen bieten der Universalismus, der Relativismus und die Kreolisierung. Eine universalistische

Zum Einlesen

Trojanow, I. & R. Hoskoté (2007): Kampfabsage: Kulturen bekämpfen sich nicht – sie fließen zusammen. – Blessing, München.

An vielen Beispielen zeigen die Autoren, wie Kulturen sich seit dem Altertum gegenseitig beeinflusst haben. Sie plädieren darin für eine fließende Sicht auf Kultur.

Abb. 7/1 Durch die Möglichkeit zu reisen, bekommen viele Menschen die Auswirkungen der Globalisierung zu spüren.

7 Wie kann man Globalisierung fassen?

Die in den vorangegangenen Kapiteln genannten Prozesse, Entwicklungen und Meilensteine werden mit verschiedenen theoretischen Konzepten gefasst und zu erklären versucht. In diesem Kapitel sollen einige ausgewählte Konzepte vorgestellt werden, und dem eingangs erwähnten Alltagsverständnis von Globalisierung soll ein wissenschaftliches Verständnis gegenübergestellt werden. Es wir dabei unter anderem die so genannte Weltgesellschaft erläutert sowie auf Begriffe wie „Globalität" und „Globalismus" eingegangen.

7.1 Globalisierung als Problemfeld

Wenn Globalisierung ein gleichmäßiger Prozess wäre, der zu einer vereinheitlichten Welt führt, dann müssten die Eckpunkte der Abb. 7.1/1 in Einklang miteinander gebracht werden. Dies ist jedoch nicht so einfach möglich, da sich Konflikte ergeben, die mit den Pfeilen dargestellt werden. Die auf R. Robertson (1992, 27; Friedman, J. 1995, 71) zurückgehende Abbildung fasst Globalisierung als Problemfeld auf. Darin soll verdeutlicht werden, dass diese Probleme einerseits durch Prozesse der Globalisierung verursacht werden. Anderseits streben diese Prozesse auch nach einer

7 Wie kann man Globalisierung fassen?

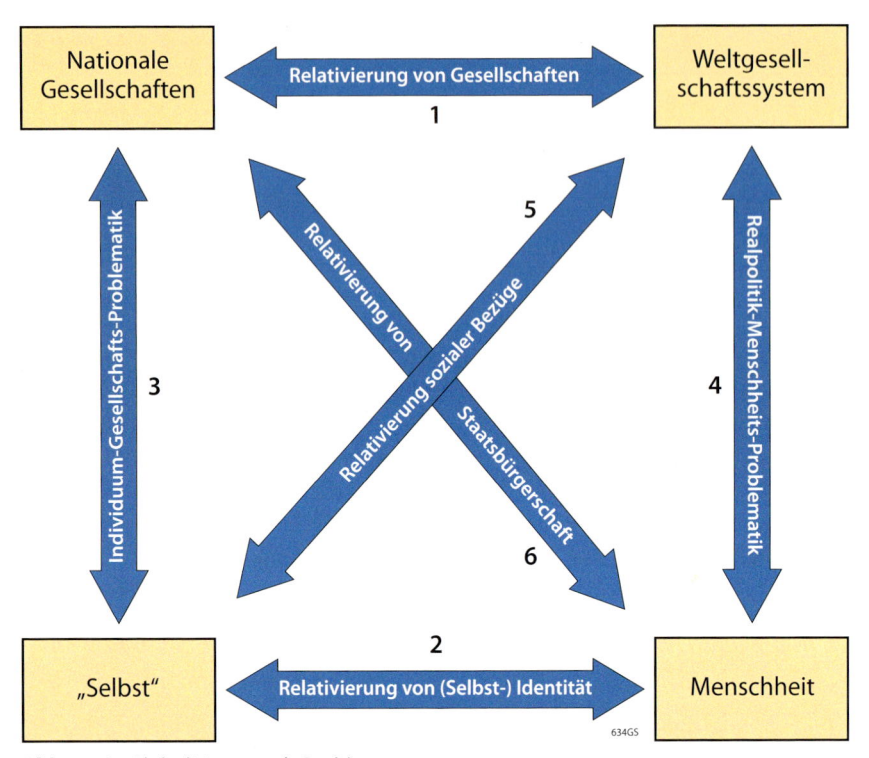

Abb. 7.1/1 *Globalisierung als Problem*

Auflösung der Probleme. Da sie sich aber zum Teil widersprechen, wird es kaum möglich sein, das Problem aufzulösen.

1. Relativierung von Gesellschaften: den nationalen Gesellschaften steht ein Weltsystem von Gesellschaften gegenüber. Der Konflikt, der dazwischen steht, ist die Relativierung von Gesellschaften. Das heißt, dass die bestehenden Gesellschaftsverträge[1] relativiert, neu ausgearbeitet und auf eine gemeinsame Basis gestellt werden müssten, um zu einem einheitlichen Weltgesellschaftssystem gelangen zu können. Dazu gehören zum Beispiel Arbeitsverträge, Heiratsmodalitäten und Familienrecht, Eigentumsrechte. Zurzeit sind diese Verträge jedoch zu verschieden. Regional gibt es zwar Bestrebungen, diese anzugleichen – zum Beispiel in der EU –, doch gestaltet sich dies als äußerst schwieriges Unterfangen. Denn die bisher auf den Nationalstaat beschränkte staatsbürgerliche Solidarität muss sich auf Bürger der EU derart ausdehnen, dass zum Beispiel Griechen und Schweden oder Portugiesen und Deutsche bereit sind, füreinander einzustehen (HABERMAS, J. 1998a, 74).

2. Relativierung von (Selbst-)Identität: Zwischen dem „Selbst" und der Vorstellung einer „Menschheit" steht das Problem

7.1 Globalisierung als Problemfeld

der Relativierung der Selbstidentität. Ist es möglich, eine zwar individuelle Identität zu haben und gleichzeitig eine Identität zu erlangen, die es erlaubt, Teil einer menschlichen Gemeinschaft zu sein? Ein Ausweg aus diesem Dilemma stellt möglicherweise eine translokale Identifikation dar, also nicht eine Identität, die sich weniger auf einen Ort oder eine Lokalität bezieht, sondern vielmehr auf eine „Heimat"[2], zum Beispiel über ideelle oder kulturelle Werte. Die weitgehend ortsunabhängigen Mitglieder der Hyperbourgeoisie besitzen eine Form von überregionaler Identität. Doch ist diese nicht unproblematisch und bleibt auf einen kleinen Kreis wohlhabender Manager beschränkt.
3. Ein bereits seit längerem bestehendes Problem ist die Verknüpfung von Identität mit einer Nationalgesellschaft. Vielfach wurde und wird „Nation Building" nicht nur über politische und kulturelle Gemeinsamkeiten betrieben, sondern auch über den Nationalstaat als territorial abgegrenztem Container. Dieses Spannungsverhältnis zwischen dem Selbst und dem Nationalstaat ist als Zwischenstufe des unter Punkt 2 geschilderten Problems (Selbst versus Menschheit) zu sehen.
4. Zwischen einem potenziellen Weltsystem von vernetzten Gesellschaften und der Erreichung einer solidarischen Menschheit oder Humanität besteht ein weiteres Spannungsfeld. Unterschiedliche (ethnische, religiöse und soziale) Vorstellungen über Menschenrechte, die Gestaltung von Beziehungen und Arbeit stehen einer solidarischen Menschheit gegenüber.

ROBERTSON, R. (1992, 27) nennt das Spannungsfeld „Realpolitik-Menschheit-Problematik" (er verwendet dabei auch im Englischen den deutschen Begriff „Realpolitik"), weil es realpolitische Schwierigkeiten sind, die einem geteilten Verständnis von Humanität im Wege stehen.
5. Zwischen dem Selbst und einem Weltsystem von Gesellschaften steht das Problem der Relativierung sozialer Bezüge. Die Frage der Zugehörigkeit zu einer speziellen Gruppe drängt sich dabei auf: „Zu wem gehöre ich?" Ist es überhaupt möglich, eine Zugehörigkeit zur ganzen Menschheit zu entwickeln?
6. Und schließlich stellt sich die Frage nach der Staatsbürgerschaft, die einem als Teil einer Nationalgesellschaft Sicherheit und – in den meisten Fällen – ein Mitbestimmungsrecht gibt. Diese müsste sich auflösen, wenn alle zu Weltbürgern geworden sind.

Zum Teil kommen sich die einzelnen Felder näher, doch nicht alle in gleichartiger Weise und für jede Gesellschaft und jede Person wieder anders. Abgesehen von ökologischen und wirtschaftlichen Gründen ist die Erreichung des Zieles einer Globalität auch aufgrund der geschilderten Spannungen und Relativierungen im gesellschaftlichen Problemfeld illusorisch.

Zusammenfassung

Fazit
- Durch Globalisierung wird ein Feld mit folgenden Bereichen aufgespannt: nationale Gesellschaften, Weltgesellschaft, das Selbst und die Menschheit.

Um von einer Weltgesellschaft sprechen zu können, müssten die einzelnen Bereiche in Einklang miteinander gebracht werden.
- Zu den Problemen, die sich dabei auftun, gehört die Unvereinbarkeit nationaler Gesellschaftsverträge mit der Idee einer Weltgesellschaft.
- Damit verbunden ist die problematische Identifikation von Individuen mit der Vorstellung, zu einer Menschheit zu gehören.
- Das gleiche Problem stellt sich bei der Identifikation mit einem Nationalstaat. Einer Identifikation mit einer global definierten Menschheit steht dieser gewissermaßen im Wege.
- Sich mit der Idee einer global gültigen Humanität zu identifizieren, ist nicht einfach. Ebenso schwierig ist es, sich einer sozialen Gruppe zugehörig zu fühlen, die nur global definiert ist.
- Ein Mitbestimmungsrecht erfordert auch eine Form von Staatsbürgerschaft. Die Frage stellt sich hier, wie eine globale Staatsbürgerschaft, die über eine nationale hinausgeht, aussehen könnte und ob sie realisierbar ist.

Zum Einlesen
DÜRRSCHMIDT, J. (2002): Globalisierung. – Transcript, Bielefeld.
Der Autor beschreibt verschiedene Definitionen und Konzepte der Globalisierung.

7.2 Die Welt als System

Früh schon hat sich zum Beispiel IMMANUEL WALLERSTEIN (1974) mit der Welt als System auseinandergesetzt und deren Entwicklung skizziert. Die Weltsystemtheorie wurde von anderen aufgegriffen und weiterentwickelt. Sie betrachtet Globalisierung von einer Makroebene her. In Ergänzung dazu soll auch NIKLAS LUHMANNS (1984, 1990) eigene systemtheoretische Sicht der Globalisierung vorgestellt werden.

7.2.1 Die Weltsystemtheorie

Die in den 1970er-Jahren entwickelte Weltsystemtheorie von I. WALLERSTEIN (1974) hat ihre Wurzeln im Marxismus und den davon abgeleiteten Strömungen der Dependenztheorie[3]. Er verwendet den Begriff Globalisierung nicht, da dieser erst in den 1980er-Jahren in den wissenschaftlichen Diskurs Einzug hielt und seit den 1990er-Jahren im Alltag gebräuchlich ist. Dennoch kann die Weltsystemtheorie als wichtiger Meilenstein im Globalisierungsdiskurs angesehen werden. I. WALLERSTEIN geht davon aus, dass Geschichte sowohl von Menschen mit geringerer als auch mit größerer Macht und Einfluss konstituiert wird. So will er – ganz im marxistischen Sinne – das soziale Ganze analysieren und nicht nur die Rollen, welche von bestimmten Eliten im ökonomischen und historischen Prozess gespielt werden. Er kritisierte die Konzentration bisheriger Geschichtsschreibung auf einzelne Gesellschaften und Nationalstaaten (REHBEIN, B. & H. SCHWENGEL 2008, 57). I. WALLERSTEIN (1974) geht von drei Arten von sozialen Systemen aus: Minisysteme, Imperien und Weltökonomien (vgl. Abb. 7.2.1/1).

- Minisysteme – die heute nicht mehr existieren – kombinieren eine Ar-

7.2 Die Welt als System

- kulturelles System
- politisches System
- Arbeitsteilung

Minisysteme ➡ Imperien ➡ Weltökonomien

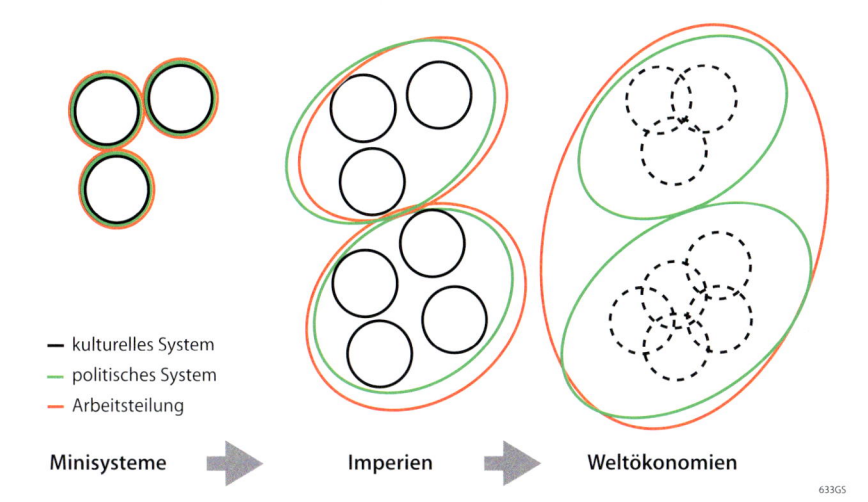

Abb. 7.2.1./1 *Die Entwicklung von Minisystemen zu Weltökonomien gemäß I. WALLERSTEIN*

beitsteilung mit einem einzelnen kulturellen System; dies sind Jäger- und Sammler- oder einfache Agrarökonomien.
- Weltimperien, welche Minisysteme absorbieren, weisen multiple kulturelle Systeme, doch nur ein politisches System innerhalb einer einzigen Arbeitsteilung auf. Beispiele von Weltimperien sind das chinesische Kaiserreich, Ägypten unter den Pharaonen, das kaiserliche Rom oder das britische Empire.
- Weltökonomien schließlich beinhalten multiple „Politiken" (englisch: „Policies") und multiple Kulturen innerhalb einer Arbeitsteilung. Mit der Entwicklung moderner Weltökonomien hören auch Imperien auf zu existieren. Dadurch wurde der Platz frei gemacht für die Entwicklung einer einzigen Weltökonomie, welche das erste Mal in der Geschichte den gesamten Globus umfasst.

Für I. WALLERSTEIN ist also die kapitalistische Weltökonomie der globale Kontext, der alle anderen Aspekte des sozialen Lebens bestimmt, vor allem auch die Politik und Kultur (BEYER, P. 1994, 15; REHBEIN, B. & H. SCHWENGEL 2008, 57). Die Geschichte der Weltwirtschaft beginnt in der westeuropäischen Gesellschaft in der Mitte des 15. Jh., als sich die Wirtschaft der Kontrolle durch eine einzige politische Macht zu entziehen begann. Kapital wurde von Händlern akkumuliert und nicht mehr abgeschöpft, um eine (imperiale) Bürokratie mit Luxusgütern zu versorgen. Die Händler siedelten sich mit ihrem Reichtum in Städten an, welche sich der Dominanz der Fürstenhäuser entzogen. Die Fürsten konnten ihr Territorium mit ihrem relativ kleinen administrativen Apparat kaum vollständig kontrollieren. Von den Städten aus etablierten die Händler Handelsbeziehungen, die weit über das Umland hinausgingen. Dieser Handel umfasste nicht mehr nur Luxusgüter, wie beim Handel mit dem Mittleren und Fernen Osten, sondern es wurden auch Grundnahrungsmittel und Konsumgüter gehandelt. Damit wurden weit entfernte Territorien (teils mit Waffengewalt) in die Arbeitsteilung einbezogen, und es entstand eine Weltökonomie, die letztlich zur Entwicklung moderner Nationalstaaten beitrug (BEYER, P. 1994, 15). Im Zeitalter des Merkantilismus haben die Staaten die eigene Produktion durch Einfuhrzölle vor ausländischer Konkurrenz geschützt und versucht, ihre Exportbedingungen zu verbessern. Dies gab es vor dem Zeitalter des europäischen Kapitalismus in dieser Form nicht (REHBEIN, B. & H. SCHWENGEL 2008, 59).

Diese Weltökonomie ist jedoch kein einheitliches Gebilde – so I. WALLERSTEINS Hauptargument –, sondern gliedert sich entlang der Positionen in der Arbeitsteilung in Kernregion, Semiperipherie und Peripherie (vgl. Abb. 7.2.1/2)[4].

- Die Kernregionen dominieren das System, denn hier konzentriert sich das Kapital. Sie zeichnen sich durch relativ hohe Löhne der Arbeiterschaft und hochentwickelte Technologie aus. Die Kernregionen expandieren durch den vergrößerten Bedarf an Rohstoffen, kontrollieren und regulieren den Handel durch überlegene Technologie.
- Periphere Regionen liefern billige Rohstoffe, die von den Kernregionen nachgefragt und verarbeitet werden. Deswegen basiert ihre Wirtschaft auf wenigen Primärgütern, billiger Arbeitskraft und einfacher Technologie. Die Beziehung zwischen Kernregion und Peripherie ist gekennzeichnet durch Abhängigkeit und Ausbeutung.
- Die Semiperipherie beutet einerseits die Peripherie aus, wird anderseits aber auch von den Kernregionen ausgebeutet; sie wirkt gleichsam als Puffer zwischen Kern und Peripherie, als Stabilisator in der Abhängigkeits- und Ausbeutungsbeziehung. I. WALLERSTEIN spricht von Produktionsketten, die Regionen auf unterschiedliche Weise durchlaufen (BERGESEN, A. 1990, 70). Somit haben die verschiedenen Länder klar definierte Positionen in der globalen Klassenstruktur.

Die Entwicklung des Weltsystems ist kein glatter, evolutionärer Prozess, und er ist auch noch nicht abgeschlossen. Er ist eher zyklisch und von Konflikten und Widersprüchen begleitet (WALLERSTEIN, I. 1990, 36). Diese Zyklen beginnen zwischen 1450 und 1600, als sich – auf kapitalistischer Agrarwirtschaft beruhend – die europäische Weltökonomie ausformte. Die Kernregion siedelt I. WALLERSTEIN um Amsterdam an, das sich dem französischen, aber auch habsburgischen imperialen Zugriff entziehen konnte. Die Semiperipherie bildete sich im Baltikum und die Peripherie zunächst in Polen, dann in der Neuen Welt. Nach 1600 konzentrierte sich das merkantilistische System in Europa, und Kolonien wurden zur Peripherie. Bis ins 19. Jh. konnte sich England durch seine Industrialisierung als dominante Macht in der Kernregion etablieren, und der Merkantilismus wurde durch eine erste Phase des Freihandels abgelöst. Nach der Rezession um 1870 wurden Frankreich und Deutschland durch ihre florierende Stahl- und Chemieindustrie immer bedeutender, um nach dem Ersten Welt-

7.2 Die Welt als System

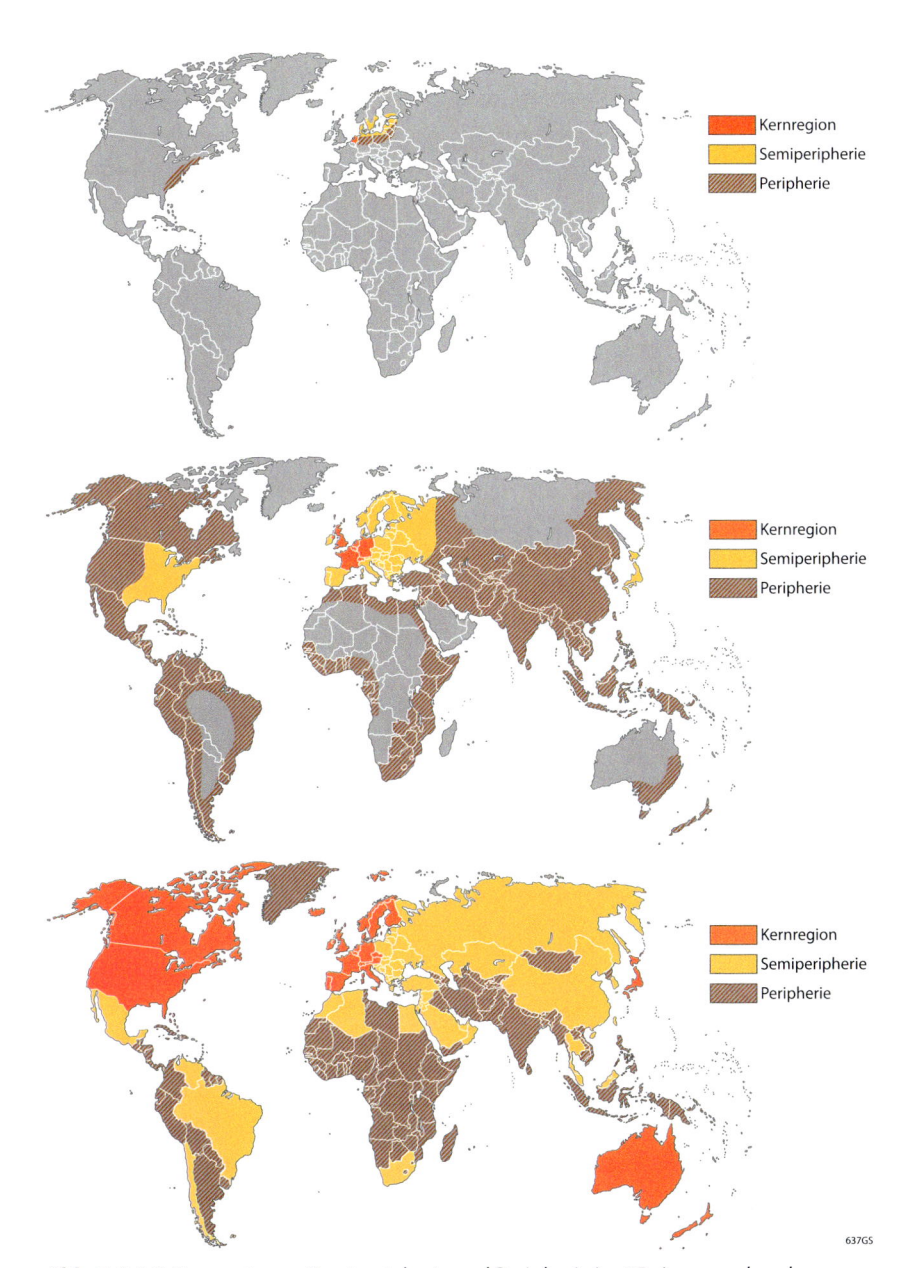

Abb. 7.2.1/2 *Kernregionen, Semiperipherie und Peripherie im 15., im ausgehenden 19. und 20. Jh. nach I. WALLERSTEIN*

krieg von den USA abgelöst zu werden. Unter amerikanischer Hegemonie wurde eine zweite Phase des Freihandels, die – mit Unterbrechung während des Zweiten Weltkriegs – bis in die 1960er-Jahre andauerte, eingeläutet. Ihr folgte schließlich wiederum eine Phase der Rezession und Instabilität in den 1970er- und 1980er-Jahren (BEYER, P. 1994, 19). Der Durchbruch des Kapitalismus mit neoliberalistischen Vorzeichen führte zu einem globalen Aufschwung, der jedoch mit Schwankungen und Unsicherheiten verbunden ist. Ob sich in Zukunft China und Indien in die Reihe der Länder der Kernregion eingliedern werden, bleibt abzuwarten.

Es wird dabei schnell der Eindruck erweckt, diese Regionalisierungen seien naturgegeben und hätten bereits am Anfang der Entwicklung des Weltsystems bestanden. Dabei wird jedoch vernachlässigt, dass die Differenzen Ergebnis von Eroberung und Kolonisierung sind, also Ausdruck von Machtverhältnissen, nicht von Austauschbeziehungen, wie dies am Anfang der Globalisierung in Europa der Fall war (BERGESEN, A. 1990, 70).

I. WALLERSTEIN geht davon aus, dass sich der moderne Nationalstaat fundamental von den Imperien unterscheidet. Deren Wirtschaft basierte vor allem auf Tributen, Steuern, Konfiszierungen und Plünderungen. Moderne Nationalstaaten sind dagegen in die Weltökonomie eingebunden. Sie sind also Teil der Logik der Weltwirtschaft und von ihr abhängig. Diese Abhängigkeit hat ihre Parallele im Feld der Kultur beziehungsweise im Ideensystem, wie I. WALLERSTEIN es nennt. An der Wurzel steht der Anspruch der Weltökonomie, alle sozialen Barrieren, welche der Verbreitung und dem Funktionieren des Marktes im Wege stehen, zu beseitigen (WALLERSTEIN, I. 1990, 35). Dadurch entstehen sowohl universale, verbindende Ideale als auch trennende, spezifische. So wie Nationen im System miteinander konkurrieren, stehen auch Ideale beziehungsweise Kulturen im Wettbewerb. Auf die gleiche Weise wurde laut Wallerstein „Rasse" (englisch: „Race") eine wichtige kulturelle Legitimation für die Arbeitsteilung in Kernregion und Peripherie. Innerhalb der Regionen kommt dem Konzept der Ethnie die gleiche Rolle zu. Nationalismus, (de facto) Rassismus, Ethnozentrismus und Sexismus sind demnach von der Weltwirtschaft abhängige, kulturelle Konnotationen von Abhängigkeit; genauso wie universalistische Ideale von Gleichheit und Fortschritt. Darum finden auch Klassenkonflikte – gemäß I. WALLERSTEIN die Antriebskraft der Geschichte – zwischen Nationen, Rassen, Ethnien und Geschlechtern statt (WALLERSTEIN, I. 1990, zitiert in BEYER, P. 1994, 17).

Die Einheit des globalen Sozialsystems sieht I. WALLERSTEIN in der Wirtschaft. Aus dieser Sicht subsumiert er alle anderen Aspekte des sozialen Lebens unter dem Primat der Ökonomie. Die Entwicklung des Weltsystems sieht er eher pessimistisch und fürchtet, dass es – wie dies die marxistische Theorie vorsieht – in einem Zusammenbruch enden muss, bevor es durch ein „gerechteres" System ersetzt werden kann (BECK, U. 1997, 65).

Die einseitige Fokussierung auf die Wirtschaft dürfte der wichtigste Kritikpunkt

an der eingängigen Weltsystemtheorie sein. Denn es ist wenig einleuchtend, dass komplexe Gebilde wie das Nationalstaatensystem einzig und allein die Funktion haben, in der Weltwirtschaft miteinander zu konkurrieren. Auch sollten Diskriminierungen entlang von Ethnie, Rasse, Geschlecht oder Religion nicht allein auf die globale Arbeitsteilung zurückzuführen sein. Die theoretischen Vorbehalte gegen die Weltsystemtheorie werden auch bei der empirischen Überprüfung deutlich. So dürften zum Beispiel die auf Rohstoffextraktion basierenden Ökonomien von Kanada und Australien höchstens semiperipheren Status haben, jedoch nicht zu den Kernregionen gehören. Dies führt zur Erkenntnis, dass neben dem ökonomischen System zumindest auch das politische als relativ unabhängig betrachtet werden muss (BEYER, P. 1994, 21). Die Vernachlässigung des Politischen führt auch dazu, dass I. WALLERSTEIN von ungleichen Produktionsbedingungen spricht und dabei unterschlägt, dass diese Asymmetrien durch Eroberungen und radikale Umgestaltungen der kolonisierten Ökonomien erst konstruiert wurden (BERGESEN, A. 1990, 74). Außerdem spricht er im Zusammenhang mit Ökonomien von einem Nationalstaatensystem und vergisst dabei, dass ein Großteil der zur Peripherie gehörenden Gebiete auch vor der Kolonisierung keine Staaten im modernen Sinne waren.
Trotz aller Kritik an I. WALLERSTEINS Weltsystemtheorie muss eingeräumt werden, dass er einer der Ersten war, der ein Konzept einer zusammenhängenden Weltwirtschaft aufstellte, die alle Gesellschaften des Globus – wenn auch nicht auf gleichberechtigte Weise – einschließt. Die einseitige Fokussierung auf den ökonomischen Aspekt entspricht zwar auch heute noch dem gängigen öffentlichen Diskurs über Globalisierung. Doch diese Beschränkung auf ökonomische Prozesse kann den komplexen Mechanismen der Globalisierung nicht gerecht werden.

7.2.2 Das Konzept der Weltgesellschaft

Kritiker an I. WALLERSTEINS Weltsystemtheorie bemängeln seine Fokussierung auf die Ökonomie. Sie argumentieren, dass sich Nationalstaaten anders verhalten müssten, würden sie nur ökonomisch funktionieren. Sie würden dann zum Beispiel nicht alle Investitionen in der Bildung tätigen, wenn andere Staaten darin einen komparativen Vorteil haben. Sie müssten sich dementsprechend voll und ganz auf die eigenen Standortvorteile konzentrieren. Nationalstaaten verhalten sich jedoch genau umgekehrt. Seit dem Zweiten Weltkrieg haben sich die Bildungssektoren vieler Staaten stark aneinander angeglichen[5]. J. MEYER (zitiert in WOBBE, T. 2000, 26) spricht dabei von Isomorphien (Gleichförmigkeit) der Bildungssysteme.

JOHN MEYER und PETER HEINTZ (zitiert in WOBBE, T. 2000) untersuchten I. WALLERSTEINS Weltsystemtheorie mittels quantitativer Methoden und stellten einen Bedarf für die Erweiterung des Konzepts fest. Aufbauend auf der Weltsystemtheorie fügen sie der allumfassenden Weltwirtschaft I. WALLERSTEINS das System der Weltpolitik, insbesondere das der Nationalstaaten hinzu, welches funktional unabhängig von der Weltwirtschaft ist.

Zwar sind Nationalstaaten von der Weltökonomie beeinflusst, doch bestimmen sie diese wiederum auf eine Weise, die sich nicht nur auf ökonomische Kräfte reduzieren lässt. Hier unterscheidet sich J. MEYER fundamental von I. WALLERSTEIN, der Staaten lediglich als strukturelle Abbilder der Ökonomie versteht (BEYER, P. 1994, 21).

Politik und Ökonomie werden im Konzept der Weltgesellschaft von J. MEYER als verschiedene Systeme zur Schaffung von sozialem (Mehr-)Wert betrachtet. Im Feld der Ökonomie geschieht dies durch Kommodifizierung, also Extraktion, Produktion, Austausch und Konsumtion von Gütern. Dies stimmt mit I. WALLERSTEINS Konzept überein. Im Gegensatz dazu wird im Feld der Politik Wert durch kollektive Autorität, durch die Formulierung von Zielen und durch die Produktion unsichtbarer Güter (vor allem Dienstleistungen) geschaffen. Politische Akteure entscheiden mit anderen Worten darüber, ob bestimmte Dienstleistungen (z. B. soziale Sicherheit, Bildung, Gesetzgebung) wertvoll sind, und ob dafür ein Preis bezahlt werden muss. Im modernen Kontext sind Staaten die dominanten Akteure kollektiver Autorität, doch können dies auch religiöse oder kulturelle Organisationen sein (BEYER, P. 1994, 22).

J. MEYERS empirische Forschung hat ergeben, dass sich starke, zentralistische Staaten auf dem Globus entwickelt haben. Dieses einheitliche Muster hat sich unabhängig vom ökonomischen Status in der globalen Arbeitsteilung (Kernregion, Semiperipherie oder Peripherie) entwickelt und läuft diesem System eigentlich zuwider. Darüber hinaus stellt das globale Nationalstaatensystem eine Struktur dar, welche die ökonomischen Ungleichheiten (etwas) begrenzt. Denn mit wenigen Ausnahmen ist das Funktionsprinzip von Staaten auf der ganzen Welt gleich. So haben sie Ziele, die mit Fortschritt und Gleichheit verbunden sind. Zudem haben (territoriale) Staaten extrem stabile Grenzen, die „innen" und „außen" klar voneinander trennen, weswegen Grenzkonflikte äußerst schwierig zu lösen sind. Nationalstaaten sind die wichtigsten legitimierten Akteure in der Weltpolitik. Nach innen sind sie mit großer Macht über ihre Bürger ausgestattet. Sie kontrollieren die legitime Anwendung von Gewalt (Gewaltmonopol), die Aktivitäten ihrer Gesellschaftsmitglieder sowie die Methoden, mit denen die globalen Ideale Fortschritt und Gleichheit erreicht werden sollen. Deswegen sind Regierungen von Staaten auch legitimierte Repräsentanten ihrer Bevölkerungen. Folglich bringt Konformität mit weltpolitischen Normen Vorteile und eine allzu starke Abweichung von ihnen Nachteile. So erlangte zum Beispiel China durch seine teilweise Öffnung Ende der 1970er-Jahre neben diplomatischer Anerkennung und einem Sitz im Sicherheitsrat auch ökonomische Unterstützung. J. MEYER (1980, zitiert in BEYER, P. 1994, 24) sieht das Konzept der Weltgesellschaft als sinnvollen Zusatz zur Weltsystemtheorie: „[es] ist eine Art dialektische Reaktion auf das Wachstum und die institutionelle Kodierung der Weltwirtschaft" (Übersetzung des Verfassers). Die Weltgesellschaft wird nach J. MEYER und P. HEINTZ durch eine so genannte Weltkultur zusammengehalten. Ihre Träger sind Intellektuelle, welche die globalen Mythen von Fortschritt und Technik predigen. Sie sind als Eliten der weltpolitischen Kultur Teil ihrer eigenen Gesellschaft, aber auch einer Weltelite, die durch ihren internationalen Status anerkannt wird (BEYER, P. 1994, 26).

7.2.3 Differenzierung funktionaler Systeme

NIKLAS LUHMANN hat sich in seinen vielen Schriften nicht allzu häufig über Globalisierung geäußert. Dennoch bieten seine Ausführungen (1984; 1990; 1991) eine interessante Ergänzung innerhalb der systemorientierten Konzepte. Bei N. LUHMANN beginnt die Problematik der Globalisierung bereits bei seiner Definition von Gesellschaft, die er zunächst als soziales System begreift. Soziale Systeme wiederum bestehen aus Handlungen, welche auf Kommunikation basieren, ja nur über Kommunikation erfasst werden können. Gesellschaft ist also das umfassende soziale System, das die ganze Kommunikation einschließt. Wenn man nun von Gesellschaften im Plural spricht, muss folglich ein bestimmter Grad an kommunikativer Diskontinuität – also ein Bruch in der globalen Kommunikation – zwischen Gruppen von Akteuren bestehen. Dadurch sind Gelegenheiten zur Kommunikation selten und limitiert. Dies kommt vor allem durch

---

„Fortschritt" und Entwicklung
Die Epoche der Moderne ist eng mit der Aufklärung verknüpft. Sie beginnt im 16. Jahrhundert in Europa, und sie führt letztlich auch zur Ablösung des Feudalismus und zur Entwicklung einer liberalen Bürgergesellschaft. Grundlegend ist die so genannte „Entzauberung der Welt", welche durch die Ausbreitung rationalen Denkens erfolgte (Müller, K. 1998, 379). Damit verbunden ist die Trennung von Natur und Kultur beziehungsweise von Objekt und Bedeutung. In vormodernen Gesellschaften wurde davon ausgegangen, dass Dinge selbst eine Bedeutung haben, unabhängig vom Betrachter. In der Moderne fragt man sich, für wen ein Objekt welche Bedeutung hat. Damit wird auch klar, dass diese Bedeutungen sich verändern können. Globale Verbreitung konnte die Moderne vor allem durch den Imperialismus erlangen. In der Folge wurden kolonisierte und damit unterlegene Gesellschaften als vor- oder unmodern bezeichnet. Traditionelle Strukturen wurden als Entwicklungshemmnisse identifiziert. Durch Modernisierung wollte man in der Nachkriegszeit die unterentwickelten Länder auf den Entwicklungsstand westlicher Staaten bringen (Brunotte, E. et al. 2002). Kritisiert wurde dies wegen der einseitigen Annahme, dass traditionelle Sozialstrukturen a priori als unmodern und unterlegen einzustufen sind. Außerdem wurden externe Verursachungsfaktoren von Unterentwicklung vernachlässigt.

(Brunotte, E. et al. 2002, 393)

räumliche Trennung zustande. Aus dieser Perspektive lässt sich nach N. LUHMANN das globale Sozialsystem bereits als eine einzige Gesellschaft verstehen, da Kommunikation verstärkt zwischen beinahe allen Punkten auf dem Globus stattfinden kann. N. LUHMANN sieht in der Kommunikation den fundamentalen sozialen Modus, der nun kontinuierlich über den ganzen Erdball hinausgreift. Durch diesen abstrakten Zugang kann eine Reduktion auf das Ökonomische oder Politische vermieden werden (BEYER, P. 1994, 34). N. LUHMANN betont, dass eine Weltgesellschaft erst dann entsteht, wenn Kommunikation nicht nur technologisch möglich ist, sondern wenn sie auch stattfindet (WOBBE, T. 2000, 41).

Von der segmentierten Gemeinschaft zur funktional differenzierten Gesellschaft
Modernisierung und Globalisierung sind gemäß A. GIDDENS (1996, 87) stark miteinander verbunden. Der wichtigste Aspekt des Wandels von Gesellschaften ist hierbei der Wechsel von segmentierten Gemeinschaften über stratifizierte zu funktional differenzierten Gesellschaften. Damit werden folgende grundsätzliche Organisationsformen von sozialen Systemen beschrieben (BEYER, P. 1994, 35; LUHMANN, N. 1984; LUHMANN, N. 1997, 515, zitiert in BERGHAUS, M. 2003, 265; vgl. Abb.7.2.3/1):
- Segmentierte Gemeinschaften sind traditionell organisierte Gruppen, in denen es kaum Differenzierungen nach Rang oder Tätigkeit gibt. Im Prinzip machen alle alles. Personen mit besonderen Fähigkeiten spezialisieren sich zwar, doch gibt es keine Klassen oder Kasten, die sich gegenseitig abgrenzen.
- Die Stratifizierung oder Schichtung ist eine Form der Differenzierung und führt zu ungleicher Verteilung von Status, Reichtum, Macht und anderen Einflussformen. Subsysteme einer Gesellschaft werden demnach nach dem Kriterium von Rang geformt. Es wird bei einer Handlung also zunächst gefragt, zu welcher Schicht oder Statusgruppe sie zugeordnet werden kann. Die wichtigste Charakteristik einer geschichteten Gesellschaft ist jedoch, dass sie sich durch eine klare Dominanz einer bestimmenden Schicht oder Kaste auszeichnet. Sie kontrolliert nicht nur einen Großteil der politischen, ökonomischen und sozialen Macht, sie definiert auch die effektiven Grenzen der Gesellschaft. Die Reichweite ihrer Kommunikation ist identisch mit dieser Grenze, auch wenn sie sehr verschwommen und unpräzise ist (LUHMANN, N. 1984). Bereits in stratifizierten Gesellschaften ist eine beginnende funktionale Differenzierung zu beobachten. Es entstehen Arbeitsteilungen, spezialisierte Institutionen wie eine Bürokratie oder religiöse Orden. Diese helfen jedoch lediglich für die Verstärkung schichtspezifischer Dominanz. Ein Beispiel einer stratifizierten Gesellschaft ist das traditionelle hinduistische Kastensystem, wo funktionale Rolle, Gruppenzugehörigkeit und Status hoch koordiniert sind (BEYER, P. 1994, 35).
- Mit der Aufklärung und dem Fortschreiten der Moderne zeichnete sich in westlichen Gesellschaften ein Wechsel ab. Der Status, beziehungsweise die Schicht wird weniger wichtig als die Funktion,

7.2 Die Welt als System

die eine Person inne hat. Oder anders ausgedrückt: das Prinzip der Entstehung von Subsystemen wechselt von der Gruppe, welcher eine Handlung zugeordnet werden kann, zur Funktion, die sie erfüllt. Statt durch traditionelle Adels-, Händler- oder Bauernschichten ist die heutige Gesellschaft in politische, ökonomische, wissenschaftliche, religiöse und andere Subsysteme gegliedert. Die Ökonomie konzentriert sich auf Geld-

ströme, das politische System auf Macht, das wissenschaftliche auf Erkenntnis, das der Religion auf Glauben.

Die Differenzierung nach Funktionen ist nicht einfach eine Umgestaltung der Gesellschaft, die neue Hierarchien innerhalb dieser Funktionen hervorbringt. Zum Einen kann eine Person in verschiedenen Funktionen tätig sein. Sie ist also nicht wie im stratifizierten System auf eine Schicht oder Position fixiert. Zum

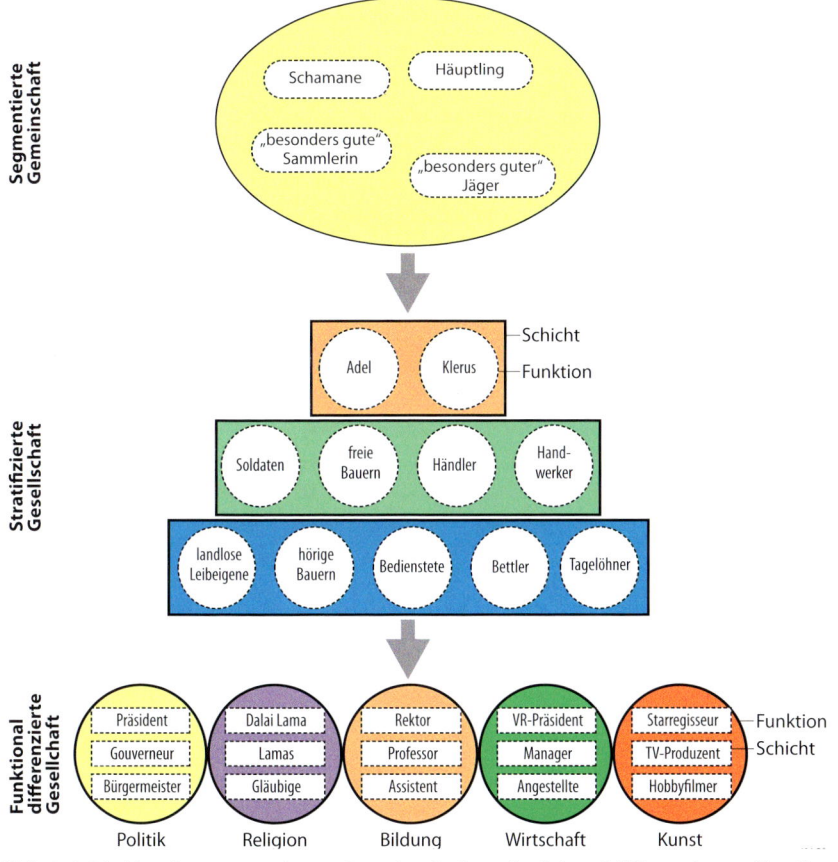

Abb. 7.2.3/1 *Von der segmentierten Gemeinschaft zur funktional differenzierten Gesellschaft*

Anderen sind die funktionalen Subsysteme untereinander nicht hierarchisch strukturiert und voneinander abhängig. Dies führt zur Notwendigkeit vermehrter Kommunikation zwischen den Subsystemen und somit zwischen Personen. Da keine Schichtgrenzen mehr diesen Austausch hemmen, ist die einzig mögliche Begrenzung der Kommunikation der Globus (BEYER, P. 1994, 36).

Reaktion auf unerfüllte Erwartungen
Ein weiterer Mechanismus, der zur Ausdehnung der Kommunikation und damit zur Globalisierung führt, sind die veränderten Möglichkeiten, auf unerfüllte Erwartungen zu reagieren. Dies mutet auf den ersten Blick etwas eigentümlich an, doch weist dieser Gedanke auf die erweiterten Möglichkeiten der Lebensführung durch die Globalisierung hin. Erwartungen, die eine Person an ihr Leben hat, sind wichtig für soziale Strukturen. Denn Strukturen beziehen sich auf einen relativ stabilen Kontext, in welchem Kommunikation stattfinden kann. Daher wird Kommunikation unmöglich ohne strukturierte Erwartungen. Das heißt, dass man innerhalb einer Gesellschaft oder Kultur weiß, welche Reaktionen man auf bestimmtes Verhalten erwarten kann und welche Erwartungen man in Bezug auf seinen eigenen Lebensweg haben kann. Demgemäß muss es auch einen Weg geben, um mit unerfüllten oder enttäuschten Erwartungen umzugehen (LUHMANN, N. 1991, zitiert in BEYER, P. 1994, 37). Prinzipiell gibt es dafür zwei Möglichkeiten: entweder man passt sich trotz Enttäuschung den bestehenden Normen an (normorientierter

Ansatz). Oder man adaptiert seine Erwartungen und begeht einen Lernschritt (kognitiver Ansatz). In stratifizierten Gesellschaften sind die Strukturen starr, sodass die Anpassung an Normen fast unumgänglich ist. Wollte beispielsweise im vorkolonialen indischen Kastensystem eine Unberührbare (Dalit) in die höchste Kaste der Brahmanen aufsteigen, so war es ihr nicht möglich, sich diese Erwartung zu erfüllen. Sie war gezwungen, sich in ihr Schicksal zu fügen. Im heutigen Indien ist es für Dalits zwar immer noch nicht möglich, im Laufe ihres Lebens Brahmanen zu werden. Hier ist die Schichtung innerhalb des religiösen Subsystems immer noch höchst undurchlässig. Doch können sie beispielsweise im politischen Subsystem aufsteigen und eine bedeutende Rolle (z. B. in der Regierung) einnehmen.

Gemäß N. LUHMANN (zitiert in BEYER, P. 1994, 38) hat sich der Wandel von stratifizierten zu funktional differenzierten Gesellschaften zeitgleich mit dem Wechsel im Umgang mit enttäuschten Erwartungen vom normativen zum kognitiven Ansatz vollzogen.

Die typisch modernen Normen sind solche, die das Lernen fördern, nicht solche, die es begrenzen. Die größere Komplexität des modernen funktionalen Subsystems ist nur möglich auf der Basis des kognitiven Ansatzes. Empirisch lässt sich dies durch wissenschaftliche und technische Kommunikation, Handel, Zeitungsberichterstattung und Reisen belegen. Durch die Globalisierung mit ihren funktionalen Differenzierungen kommt es zur kognitiven Bewältigung enttäuschter Erwartungen. Dies jedoch nicht, weil das moderne System über den gesamten Globus expandieren muss, um zu überleben. Eher, weil es keine Hindernisse mehr gibt, die mächtig genug sind, um dies zu verhindern. Dadurch wird Globalisierung gleichsam zur zufälligen Konsequenz der strukturellen Modernisierung westlicher Gesellschaft (BEYER, P. 1994, 38).

Weltgesellschaft muss aus dieser Sicht als System gedacht werden, das alle anderen Systeme einschließt und deshalb keine Abgrenzung gegen außen aufweist. Sie hat nicht den Zweck, Identität zu stiften, sondern soziale Komplexität zu regeln und den Horizont des Möglichen und Erwartbaren zu definierten (LUHMANN, N. 1970, 145, zitiert in WOBBE, T. 2000, 49).

Was an N. LUHMANNS Ausführungen kritisiert werden muss, ist, dass er von westlichen Gesellschaften ausgeht und daraus schließt, dass sich andere Gesellschaften ebenso entwickeln. Nichtsdestoweniger ist sein Ansatz interessant, da er das Phänomen aus einem anderen Blickwinkel betrachtet.

Zusammenfassung

Fazit
- Eine Konzeption von Globalisierung ist es, die Welt als System zu betrachten. IMMANUEL WALLERSTEIN war mit seiner Weltsystemtheorie einer der Ersten, die dies formuliert haben.
- Das Weltsystem hat sich nach WALLERSTEIN aus Minisystemen, in denen das kulturelle und das politische System sowie die Arbeitsteilung deckungsgleich waren, über Imperien zu Weltökonomien entwickelt. In Imperien wurden das politische System sowie die Arbeitsteilung auf die Imperiumsgrenzen ausgedehnt, die kulturellen Systeme blieben lokal geprägt. In Weltökonomien dehnt sich die Arbeitsteilung auf das ganze System aus und die lokalen kulturellen Systeme lösen sich auf.
- Parallel dazu gliedert sich das Weltsystem in eine Kernregion, die wirtschaftlich prosperiert und von der Innovationen ausgehen, in periphere Regionen, die billige Rohstoffe und Arbeitskräfte liefern sowie in semiperiphere Regionen. Letztere nehmen eine Mittler- und Zuliefererfunktion ein. Das System ist hierarchisch strukturiert und von der Kernregion abhängig. Hier werden deutliche Bezüge zur Dependenztheorie sichtbar.
- Historisch gesehen haben sich die drei Typen von Wirtschaftsregionen von Mitteleuropa aus entwickelt und global ausgedehnt. Die Industrieländer – insbesondere die Triade – stellen heute die Kernregion, Schwellenländer die Semiperipherie und so genannte Entwicklungsländer die Peripherie.
- An I. WALLERSTEINS Weltsystemtheorie wird kritisiert, dass sie sich nur auf die ökonomische Sphäre bezieht und das Politische und Kulturelle vernachlässigt.
- Das Konzept der Weltgesellschaft nach J. MEYER und P. HEINTZ erweitert die auf die Ökonomie ausgerichtete Weltsystemtheorie um das politische und soziokulturelle Feld. Insbesondere die Rolle der Nationalstaaten wird betont. Diese führen zu einer Struktur, die globale Ungleichheiten etwas begrenzt, indem ein Ausgleich auf nationaler Ebene geschaffen wird.

- Niklas Luhmanns Gesellschaftssystem basiert auf der Kommunikation, welche eigentlich das Gesellschaftliche ausmacht. Kommunikation hat die nationalstaatlichen Grenzen überwunden und dehnt sich deshalb zwangsläufig global aus.
- Einen wesentlichen Schritt in Richtung Weltgesellschaft sieht N. Luhmann in der Entwicklung von stratifizierten Klassengesellschaften, in denen der soziale Aufstieg schwierig oder unmöglich ist, zu funktional differenzierten Gesellschaften. Diese haben sich in der Moderne – mitunter auch durch die Säkularisierung in vielen Gesellschaften – entwickelt und erlauben Individuen in verschiedenen Subsystemen den sozialen Aufstieg. In funktional differenzierten Gesellschaften muss und kann zwischen den Subsystemen viel mehr kommuniziert werden, da der Koordinationsaufwand steigt und Grenzen durchlässiger werden.
- Eine funktional differenzierte Gesellschaft erlaubt es, auf unerfüllte Erwartungen bezüglich des eigenen sozialen Aufstiegs flexibler zu reagieren als dies in stratifizierten Gesellschaften der Fall ist, wo letztlich nur die Anpassung an bestehende Normen als „Lösung" möglich ist.
- N. Luhmann folgert, dass eine Weltgesellschaft sich selbst beschreiben beziehungsweise definieren können müsste, dass dies jedoch (noch) nicht erfolgt sei und sich in absehbarer Zukunft noch keine eigentliche Weltgesellschaft bilde.

Zum Einlesen
Wobbe, T. (2000): Weltgesellschaft. Transcript, Bielefeld.
In diesem dünnen Band fasst die Autorin das Konzept der Weltgesellschaft auf konzise Weise zusammen.

7.3 Globalisierung als Konsequenz der Moderne

Insbesondere Anthony Giddens (1996) betrachtet Globalisierung als Konsequenz der Moderne, die durch verschiedene Entwicklungsstadien (Vormoderne, einfache Moderne, Spät- oder reflexive Moderne) gegangen ist. Er betont dabei stark die Rolle des handelnden Individuums und seiner beabsichtigten sowie unbeabsichtigten Handlungsfolgen, die räumlich und zeitlich über das Lokale hinausgreifen und eine asymmetrische Entwicklung der Globalisierung zur Folge haben. Deutlich wird dies in der veränderten Bedeutung von Zeit und Raum.

7.3.1 Veränderung von Zeit und Raum
In vormodernen Gesellschaften waren Zeit und Raum stark miteinander verbunden. Vor der Verbreitung der mechanischen Uhr war es unmöglich, die Zeit anzugeben, ohne sich auf den Kontext einer Lokalität zu beziehen. Zeitangaben wie Sonnenaufgang oder Abenddämmerung machten nur Sinn für bestimmte Orte. Und meist waren Zeitangaben mit Aktivitäten und Orten verbunden (z. B.: „nach der Arbeit auf dem Feld gehen wir ins Dorf"). Erst der verbreitete Gebrauch von mechanischen Uhren befreite Zeitan-

7.3 Globalisierung als Konsequenz der Moderne

gaben vom Ort. Dies ging einher mit der Industrialisierung und machte Kommodifizierung von Zeit möglich. Arbeit konnte nun in Personenstunden angegeben werden. Früher hat man es umgekehrt ausgedrückt und zum Beispiel vom Tagwerk gesprochen, das eine Person zu erledigen hat[6]. Durch die „Entleerung" der Zeitmessung ist auch Kontextwissen verloren gegangen. Bauern in traditionellen Gesellschaften wussten, was ein Tagwerk auf unterschiedlichem Land beinhaltete. In einer mechanisierten Landwirtschaft ist dieses Wissen weniger wichtig. Die Einführung von Uhren führte auch zu einer Disziplinierung der Arbeit, in der Bildung und im Verkehr. Die gegen Ende des 19. Jh. bald allgegenwärtigen Uhren brachten vor allem Eu-ropa in einen Takt, der die Koordination von Tätigkeiten über weite Distanzen ermöglichte (TOMLINSON, J. 2000, 49).

Bereits 1884 wurde an einer Konferenz die „Greenwich Mean Time" als Standardzeit (GMT) festgelegt, an der sich Ortszeiten ausrichten. Und obwohl global immer noch verschiedene Kalendersysteme genutzt werden, hat sich der gregorianische europäische Kalender weltweit durchgesetzt. Das gregorianische Jahr 2008 wird im persischen Kalender mit 1387, im islamischen mit 1429, im hindu-balinesischen mit 1930, im buddhistischen mit 2551 (vgl. Abb. 7.3.1/1), im chinesischen mit 4706 und im jüdischen mit 5769 bezeichnet. Diese Kalender bestehen zwar immer noch fort, doch „ticken die Uhren im Takt" des gregorianischen Kalenders, sobald es um internationale Bezüge geht (Beispiele sind Flugpläne, Geschäftsverbindungen, Verträge oder die Satellitennavigation).

In traditionellen Gesellschaften sind Ort und Zeit weitgehend kongruent. Dies ist so, weil soziale Interaktion an die Gegenwart von Personen gebunden ist. Die Kopräsenz von Akteuren an Orten – gedacht als physische Schauplätze von Interaktionen – ist also wichtig. In mittelalterlichen Siedlungen wurde das Haus oder der Hof mit der Familie, die dort wohnte, gleichgesetzt. Das Haus war die Familie.

Die Moderne verändert jedoch die Bedeutung von Orten. Diese werden von vielseitigen entfernten Einflüssen mitgeformt. Ein modernes Haus verfügt über einen Briefkasten, Fernseh- und Internetanschluss, und meist ist es über eine Hypothek an das internationale Finanzsystem angebunden und diesem ausgesetzt. Über Stromleitungen ist es mit der entfernten Produktion von Energie verbunden, und seine Inneneinrichtung ist von verschiedensten Herstellern auf der ganzen Welt produziert worden.

Der Mechanismus, durch welchen Zeit und Ort voneinander getrennt werden, wird mit Entankerung (WERLEN, B. 1995) oder Entbettung (ALTVATER, E. & B. MAHNKOPF 2007) umschrieben. A. GIDDENS (1996) nennt dies „disembedding". Diese Entankerung erfolgt über „symbolische Pfänder" (englisch: „Symbolic Tokens") und über Expertensysteme.

- Geld ist ein „symbolisches Pfand", das als Prototyp der Verlängerung von Interaktionsketten gilt. Über Geld ist es möglich, (ökonomische) Austauschbeziehungen über das Lokale hinaus zu pflegen. Es ist ein abstraktes System, mit dem ein Käufer den Gegenwert zu einer Ware oder Dienstleistung erbrin-

Abb. 7.3.1/1 *Schüler in Nordthailand unter der Datumstafel vom 31. Juli des buddhistischen Jahres 2551*

gen kann. Außerdem überbrückt Geld in der Form von Kredit auch die Zeit. Indem ein Gläubiger einem Schuldner Kredit gewährt, erhält er Zugriff auf eine Gegenleistung in der Zukunft. Heute hat Geld einen Abstraktionsgrad erreicht, Zahlungen auch ohne die Verwendung von Banknoten oder Münzen zu tätigen.
- Viele der alltäglichen Handlungen des modernen Lebens hängen von Expertensystemen ab. Beim Fahren mit einem Auto oder dem Kuchenbacken mit einem Elektroofen verlässt man sich auf Experten, welche diese Geräte erdacht und gebaut haben. Expertensysteme durchdringen fast jeden Aspekt des Handelns. Niemand hat ausreichendes Wissen, um all die uns umgebenden technischen Systeme zu verstehen. Im besten Fall ist man Experte in einem beschränkten Gebiet. Die Spezialisierung in einem Gebiet bringt es mit sich, dass man in anderen Gebieten kein oder wenig Wissen erwirbt. Im Vergleich mit vormodernen Gesellschaften schränkt sich die Breite der Fertigkeiten einer Person ein.

7.3.2 Modernisierung und Globalisierung im Plural

Von Modernisierung wird in der Regel in der Einzahl gesprochen. Sie begreift sich als überkulturell und allgemeingültig. Wenn man nun Globalisierung als eine Konsequenz der Modernisierung betrachtet, macht es Sinn, auch von Globalisierung in der Einzahl zu sprechen. Kritiker (z. B. NEDERVEEN PIETERSE, J. 1998) argumentieren jedoch, dass sowohl die Modernisierung als auch die Globalisierung in verschiedenen Feldern und in verschiedenen Kulturen unterschiedlich verläuft und man deshalb konsequenterweise von Modernisierungen und Globalisierungen sprechen müsste.

In der Ökonomie bezieht man sich auf ökonomische Internationalisierungen und die Verbreitung kapitalistischer Marktbeziehungen. Man untersucht das am stärksten globalisierte Finanzsystem. In der Politologie liegt der Fokus auf der Verdichtung von zwischenstaatlichen Beziehungen, die Soziologie diskutiert die Entwicklung oder Existenz einer Weltgesellschaft. Die Ethnologie befasst sich mit globaler Kommunikation und der Frage, ob eine weltweite kulturelle Standardisierung stattfindet, und die Geschichte konzeptualisiert schließlich eine globale Geschichte oder Weltgeschichte. Demgemäß kann Globalisierung als offene Synthese aus Ansätzen verschiedener Disziplinen gesehen werden, welche die Verwendung des Plurals rechtfertigt. Ein anderer Weg, um Globalisierung als Plural zu begreifen, ist die Sichtweise, dass es so viele Arten von Globalisierungen gibt wie Akteure, Dynamiken oder Impulse, die in die relevanten Prozessen involviert sind (NEDERVEEN PIETERSE, J. 1995, 46).

Historisch gesehen gingen diese multidimensionalen Prozesse von den Ursprüngen weltweiter Handelstätigkeiten und später von religiösen Organisationen und Wissensnetzwerken aus. Heute werden sie von multinationalen Korporationen, transnationalen Konzernen, internationalen Institutionen, technologischem Austausch und Netzwerken sozialer Bewegungen verbreitet.

Je nach Akteur und Hintergrund wird dabei eine bestimmte Art von Globalisierung vorangetrieben. Beispiele sind die ökonomische Internationalisierung, die Funktionsweise transnationaler Konzerne oder die globale amerikanische Post-Cold-War-Politik. Aber auch Organisationen wie Amnesty International sind bemüht, einen internationalen Standard der Menschenrechte durchzusetzen.

All diese Dimensionen weisen in eine Richtung inhärenten Fließens, der Unbestimmtheit und Unbegrenztheit von Globalisierung oder besser Globalisierungsströmen. Wenn man dies als Ausgangspunkt nimmt, so wird immer klarer, dass mit Globalisierung nicht nur Standardisierung einhergeht, und es ist unwahrscheinlich, dass es ein eindimensionaler Prozess ist, weder in struktureller noch kultureller Hinsicht. Allerdings ist bei der Verwendung des Plurals Vorsicht geboten, da gerade die Bündelung von Prozessen durch den Begriff Globalisierung es möglich macht, diese in einem neuen Licht zu sehen. Betrachtet man sie als einzelne und unabhängige Globalisierungen, ist dies nicht mehr möglich. Dies ist mit ein Grund, weswegen sich der Plural nicht durchgesetzt hat. Dennoch ist der Ansatz nützlich, um die verschiedenen Strömungen innerhalb der Globalisierung aufzuzeigen.

7.3.3 Globalisierung aus anderer Perspektive

Es kann an dieser Stelle nicht auf den gesamten Globalisierungsdiskurs wie er in Ländern des Südens geführt wird, eingegangen werden, einige Beispiele sollen genügen.

In Indien kam der Begriff 1991 auf, als dort die zuvor geschützte Ökonomie teilweise liberalisiert wurde und Importe nicht mit (oder mit geringeren) Zöllen belegt wurden. Befürworter dieser Öffnung argumentierten, dass die Globalisierung den „eingesperrten Tiger" Indien befreien und sein volles Potenzial ausleben ließe. Globalisierung wird zwar als „etwas" westlichen Ursprungs angesehen, doch gehen ihre indischen Befürworter weiter und beschuldigen den Westen, die Globalisierung (vor allem die damit verbundene „weltweite" Liberalisierung) zu verhindern (BACKHAUS, N. 2003a).

Kritiker fürchten den Bedeutungsverlust, den der (indische) Staat erleidet (z. B. MITRA, A. 1998, zitiert in OMVEDT, G. 2000, 180). Auflagen der WTO führen zur Senkung von landwirtschaftlichen Unterstützungsbeiträgen, weswegen vor allem Kleinbauern Probleme bekommen. Hindu-nationalistische Kreise fürchten eine kulturelle Verwestlichung durch amerikanische Filme und Musik. Sie fordern eine interne Liberalisierung (Beseitigung von bürokratischen Hindernissen) und eine Besinnung auf traditionelle hinduistische Werte. Nach außen soll lediglich eine selektive Liberalisierung erfolgen, welche internen Entwicklungen nicht zum Nachteil gereicht. Die Dalit-Bewegung (Bewegung der Unberührbaren) fordert eine weitere Öffnung nach außen. Sie argumentiert, dass dadurch diejenigen profitieren, die arbeiten (wie z. B. die Dalits), während die Brahmanen, die durch das Kastensystem privilegiert werden, bestraft würden (OMVEDT, G. 2000).

In China wurde die Debatte um die Globalisierung von der Regierung vor allem seit den 1990er-Jahren sehr sorgfältig beobachtet. Man fragte sich, ob die Globalisierung China Vor- oder Nachteile bringt und wie sie die chinesische Kultur beeinflusst. Drei Definitionen haben sich unter chinesischen Intellektuellen herauskristallisiert:

- Globalisierung wird als generelle Integration des menschlichen Lebens gesehen, was eine Folge der historischen Entwicklung ist. Durch enger werdende Bindungen entwickelt sich ein globaler Konsens, der mit einer Demokratisierung einhergeht und der Angleichung des Rechts. Sie wird als von außen kommende Universalisierung verstanden.
- Eine andere Sicht sieht Globalisierung als Synonym für Kapitalismus, gleichsam als Begriff für das (bislang) letzte Stadium des entwickelten Kapitalismus.
- Vertreter des dritten Zugangs setzen sie mit Verwestlichung gleich. Durch sie ergebe sich ein Welttrend, der universelle Werte mit sich bringe.

Die chinesische Regierung entschloss sich in der Folge für eine Öffnung gegenüber den Entwicklungen der Globalisierung. Sie hat dem wirtschaftlichen Aspekt die Priorität gegeben und versucht, bei politischen, sozialen und kulturellen Herausforderungen gegenzusteuern. Die Auseinandersetzung mit westlichen Werten wird mit dem Ausspruch „Zhong Ti Xi Yong" umschrieben, was für „chinesischer Körper mit westlichen Funktionen" steht: China nutzt westliche Technologie und Wissenschaft lediglich als Mittel; es kann aber niemals von westlichen kulturellen, politischen und sozialen Systemen lernen (YU KEPING 2000).

In Afrika hat man sich weniger mit dem Begriff auseinandergesetzt. Für viele, die sich mit existenziellen Problemen befassen, ist Globalisierung etwas, mit dem man sich in der Zukunft auseinanderzusetzen habe. Für die ältere Generation wird Globalisierung mit wirtschaftlicher Liberalisierung (und vor allem mit den Forderungen der WTO, die afrikanischen Märkte zu öffnen) gleichgesetzt und mit „Neo-Imperialismus" übersetzt. Die Jüngeren sehen eher die Chancen, welche die Öffnung gegenüber dem Weltmarkt bringt (ADERINWALE, A. 2000, 239). Sie werfen den Älteren vor, in Dimensionen einer „Kultur der Abhängigkeit vom Westen" zu denken und damit den Anschluss verpasst zu haben. A. MOHIDDIN (1997, zitiert in ADERINWALE, A. 2000, 240) drückt das Dilemma, in welchem Afrika sich befindet, so aus: „Wir haben den Zug verpasst, aber wir können uns den Preis für ein Flugticket nicht leisten."

In Lateinamerika hat man Globalisierung vor allem im Zusammenhang mit Schuldenkrisen wahrgenommen, welche die großen Ökonomien Mexiko, Brasilien und Argentinien belastet haben. Gleichzeitig hat die Region mit den Zapatisten die ersten Cyber-Guerillas hervorgebracht (vgl. HUFFSCHMID, A. 2003). Ihre Stärke bezogen sie weniger aus ihrer militärischen Potenz als aus ihrer globalen Medienpräsenz. Die Zapatisten verstehen sich als Kritiker der Globalisierung, der sie die Schuld an der Entrechtung von Minderheiten und vergrößerten sozialen Disparitäten geben. Die lateinamerikanischen Staaten haben mit einer Regionalisierung reagiert, indem sie den supranationalen Zusammenschluss MERCOSUR schufen. Dieser stellt eine Öffnung nach innen und einen Schutz nach außen dar.

Aus den auf verschiedene Regionen im Süden geworfenen Schlaglichtern wird deutlich, dass Globalisierung dort vor allem als eine von außen kommende Entwicklung wahrgenommen wird. Die Reaktionen sind jedoch sehr unterschiedlich und in die jeweiligen Kontexte eingebettet.

Zusammenfassung

Fazit
- Das Konzept von ANTHONY GIDDENS betont die Rolle des eigenständig handelnden Individuums und umschreibt Globalisierung als Handlung mit räumlich und zeitlich distanzierten Folgen.
- Durch die Einführung der mechanischen Uhr wurde die Zeit unabhängig vom Ort gemacht. Die Zeit konnte erst so zum (knappen) Gut werden.
- Während in traditionellen Gesellschaften Zeit und Ort von Handlungen kongruent waren, ist dies in modernen Gesellschaften nicht mehr der Fall. So

- sind heute beispielsweise Häuser keine lokal abgegrenzten Einheiten mehr, sondern global vernetzte Gebilde.
- Über symbolische Pfänder, zum Beispiel Geld, wird es möglich, ökonomische Austauschbeziehungen über Distanzen hinweg zu haben.
- Alltagshandlungen in modernen Kontexten hängen von Expertensystemen ab, auf die man sich verlassen können muss. Aufgrund der Spezialisierungen ist es für eine Einzelperson nicht mehr möglich, alle Abläufe zu kontrollieren oder zu verstehen.
- Verschiedene Wissenschaftszweige befassen sich mit verschiedenen Aspekten der Globalisierung, die sich auf unterschiedliche Weise entwickeln. Es wäre deshalb konsequenter, von Globalisierungen im Plural zu sprechen, da diese Entwicklungen nicht kongruent verlaufen.
- In Ländern des Südens wird Globalisierung meist als etwas vom Westen Kommendes gesehen. Die Beurteilungen und Wertungen sind jedoch sehr unterschiedlich.
- Viele durch das Kastensystem Privilegierte in Indien (z. B. die Brahmanen) stehen der mit Globalisierung verbundenen Öffnung ihres Landes skeptisch gegenüber, währenddessen zum Beispiel viele „Unberührbare" genau dies begrüßen.
- Die chinesische Regierung beobachtet die Entwicklung der Globalisierung sorgfältig. Je nach Interpretation wird sie als Näherrücken der Menschheit, als Synonym für Kapitalismus oder als Verwestlichung gesehen. Daraus entwickelt sich ein pragmatischer Umgang mit Globalisierung. Die Regierung versucht, die von ihr als nützlich empfundenen Dinge und Prozesse zu übernehmen und weniger nützliche zu vermeiden.
- In Afrika wird der Begriff weniger diskutiert. Ältere Generationen setzen ihn eher mit Liberalisierung und westlichen Forderungen gleich, während jüngere in ihm vor allem die Chance sehen, den Anschluss an die übrige Welt zu finden.
- Die großen Ökonomien Lateinamerikas waren wiederholt in Schuldenkrisen geraten, weswegen Globalisierung vor allem in diesem Kontext gesehen wird. Die Schaffung des MERCOSUR ist eine Reaktion darauf, um die lateinamerikanischen Länder nach innen zu verbinden und nach außen abzugrenzen. Mit den Zapatisten hat sich in der Region eine der ersten globalisierungskritischen Bewegungen herausgebildet – solch eine Regionalisierung kann als Antwort auf Globalisierung verstanden werden.

Zum Einlesen

GIDDENS, A. (1996): Konsequenzen der Moderne. – Suhrkamp, Frankfurt am Main.
<small>Dies ist eines der bedeutendsten Bücher von A. GIDDENS, in dem er die Entwicklung und Auswirkung der Moderne beschreibt.</small>

7.4 Homogenisierung versus Fragmentierung

Diese beiden Gegensätze oder Strömungen der Globalisierung wurden bereits erwähnt. Oftmals wird Homogenisierung (oder Universalisierung) als mit Globalisierung gleichbedeutend gesehen und Fragmentierung, bei der sich soziale, ökonomische und kulturelle Scheren öffnen, als ihr Gegenteil. So argumentiert beispielsweise U. Menzel (1998), der homogenisierende Trends mit Globalisierung gleichsetzt und Fragmentierung als einen Gegenprozess zur Globalisierung versteht. Diese Konzeption mag auf den ersten Blick einleuchten, doch bedingen sich Homogenisierung und Fragmentierung gegenseitig. Beide sind Konsequenzen des gleichen Entwicklungsprozesses und nicht verschiedene Prozesse, sie sind zwei Seiten der gleichen Medaille. R. Robertson (1992, 97) spricht von der Gleichzeitigkeit der „Universalisierung des Partikularen" und der „Partikularisierung des Universalen". Mit dem ersten ist unter anderem die (postmoderne) Vielfalt von verschiedenen Lebensstilen und -möglichkeiten gemeint, die sich global ausdehnen. Mit dem Zweiten ist der Widerstand gegen Ausprägungen gegenwärtiger Globalisierungsprozesse gemeint. Im Folgenden wird auf Konzepte eingegangen, welche diese Gegensätze als Teil der Globalisierung erfassen und erklären.

7.4.1 Fraktionierung, Fraktalisierung und Fragmentierung

Die drei Begriffe im Titel klingen sehr ähnlich, haben jedoch ganz unterschiedliche Bedeutungen, wenn sie – wie E. Altvater und B. Mahnkopf (2007, 147) dies tun – im Globalisierungsdiskurs verwendet werden.

Mit Fraktionierung ist der Prozess der Zerteilung oder Unterteilung einer größeren Einheit gemeint. Die Weltgesellschaft

---

Die „Slow-Food"-Bewegung

Die 1986 gegründete Slow Food-Bewegung kann als eine Partikularisierung des Universalen gesehen werden. Sie versteht sich als Gegenbewegung zur Ausbreitung des Fast Food, der schnellen und rationalisierten Zubereitung von Speisen. Sie ist bestrebt, dem Verlust lokaler Esskulturen und Geschmacksvielfalt etwas entgegenzusetzen. Dazu fördert sie traditionelle Herstellungsmethoden von Nahrungsmitteln und setzt sich ein für die biologische Vielfalt der Arten. Aus dem Engagement hat sich die Universität der gastronomischen Wissenschaften im italienischen Piemont gebildet, an der man zum Beispiel einen Master of Food Culture and Communications erwerben kann. Interessant ist an dieser Bewegung, die in ihrem Logo eine Schnecke führt, dass sie sich nicht von der Globalisierung abkoppelt. Vielmehr hat sie von ihrem italienischen Ursprung her ein globales Netzwerk aufgebaut, dem sich mehrere Zehntausend Mitglieder angeschlossen haben. (Slow Food 2009)

kann als einheitliches Gebilde betrachtet werden, das sich in verschiedene, voneinander abhängige Teile gliedert. Die einzelnen Nationalstaaten mit ihren Ökonomien können als Fraktionen der Weltökonomie gesehen werden. Fraktionen verfügen über Abgrenzungen von anderen Fraktionen, sie konkurrieren mit diesen, aber sie haben auch Verbindungen zum Ganzen.

Der Begriff Fraktalisierung stammt aus der Chaostheorie (vgl. z. B. ECKHARDT, B. 2004; WEHR, M. 2002). Fraktalisierte Muster sind das Ergebnis zahlloser Iterationen gleicher Bewegungen. In Bezug auf die Globalisierung bedeutet die Fraktalisierung die Reproduktion von Institutionen und Funktionsabläufen auf verschiedenen Ebenen des globalen Systems. Dazu gehören politische Dezentralisierungsbestrebungen, durch welche untergeordnete politische Einheiten Entscheidungsmacht erhalten. Aber auch durch die Migration und die Bildung von transnationalen Netzwerken bilden sich kulturelle Einheiten in einem anderen Kontext. Diese Fraktale sind nicht identisch miteinander, aber ähnlich. Das ist ihr Wesen.

Während Fraktionierung und Fraktalisierung als Prozesse der Vereinheitlichung betrachtet werden können (ALTVATER E. & B. MAHNKOPF 2007, 155), umschreibt die Fragmentierung eine Aus- und Abgrenzung vom und gegenüber dem bestehenden System. Bestimmte afrikanische Ökonomien, die für die Reproduktion des globalen Wirtschaftssystems eine geringe Rolle spielen, können als vom System ausgegrenzt betrachtet werden. Auch der soziale Ausschluss und die Diskriminierung von Minderheiten ist demnach eine Fragmentierung.

Chinesische Diaspora

Als Beispiel für die Fraktalisierung kann die chinesische Migration nach Ungarn Ende der 1980er-Jahre genannt werden. Damals – noch vor der Öffnung zum Westen – schaffte Ungarn für wenige Jahre den Visumszwang für Chinesen ab. In Budapest etablierten sich daraufhin in kürzester Zeit über 40 000 Chinesen, die mit chinesischen Waren handelten. Sie unterhielten rege Beziehungen zu den Behörden und Produzenten (vor allem im Bereich der Textilien) in China. In Ungarn organisierten sie sich, wie sie es von China her gewohnt waren. Sie banden ungarische Mittlerpersonen (z. B. Zwischenhändler, Anwälte) ein, die als „Scharnier" zwischen ihnen und der ungarischen Bevölkerung fungierten. Sie bildeten gleichsam eine chinesische Wirtschaftsenklave in Budapest, die ähnlich (aber nicht gleich) funktionierte wie in China. In der Folge führte Ungarn die Visumpflicht für Chinesen wieder ein, sodass die Einwanderung teilweise verlangsamt wurde. Interessant ist, dass sich diese Chinesen nicht als Minderheit in Ungarn verstehen, sondern als Teil einer global aktiven chinesischen Gemeinschaft.

(Nyiri, P. 1999)

F. Scholz (2006) formuliert eine Theorie der fragmentierenden Entwicklung auf der Grundlage von O. Sunkel. Darin erklärt und beschreibt er die Realität der Entwicklung in der Ära der Globalisierung. Sie drückt sich in einem räumlichen und zeitlichen Nebeneinander von extremen Gegensätzen aus: Inseln großen Reichtums stehen flächenweiser Armut gegenüber. Treibende Kraft dieser fragmentierenden Entwicklung ist das auf (Standort-)Konkurrenz und Wettbewerb beruhende ökonomische Regime. Globale Orte sind dabei Schaltstellen ökonomischer Entscheidungen, die globale Reichweite haben. Diesen „Kommandozentralen" sind globalisierte Orte nachgelagert, welche unter anderem geforderte Güter produzieren und Dienstleistungen erbringen. Davon gesondert (eben fragmentiert) befindet sich die neue Peripherie. Diese kann ganze Nationalstaaten umfassen, doch meist erfolgt die Fragmentierung auf substaatlicher Ebene und lokal nah bei den globalen oder globalisierten Orten. Damit geht F. Scholz einen Schritt weiter als die Weltsystemtheorie, welche Kernregion, Semiperipherie und Peripherie auf staatlicher und regionaler Ebene konzipiert. Abb. 7.4.1/1 zeigt eine Fragmentierung aus der Vogelperspektive in der Metropole Bangkok. Deutlich heben sich die Hochhäuser im Hintergrund von Parkanlagen, mehrgeschossigen und einstöckigen Wohnhäusern ab. Dass sich die jeweiligen Stadtviertel unterschiedlich entwickelt haben, ist augenfällig. Allerdings darf man daraus ohne genaueres Kontextwissen nicht den Schluss ziehen, dass die Hochhausregion zu den globalen oder globalisierten Orten gehört und der Bereich der einfacheren Wohnhäuser zur Peripherie. In diesem Fall ist es beinahe umgekehrt. Das eingerüstete Haus am rechten Bildrand ist eine Bauruine. Den Bauherren ging bei der asiatischen Währungskrise das Geld aus, und das unfertige Haus steht seit zehn Jahren unverändert dort. Der Grund für die niedergeschossige Bauweise im Bildvordergrund ist nicht Armut, sondern das Vorherrschen anderer Besitzstrukturen. Nach der Stadtgründung Bangkoks im 18. Jh. wurden den Adelshäusern Gebiete nahe beim Stadtkern zugewiesen (Pronk, M. 2005). Die Grundstücke waren groß und blieben es auch über die weitere Entwicklung der Stadt, auch wenn sie durch Erbteilungen kleiner wurden. Investoren, die Ende des 20. Jh. ein Hochhaus bauen wollten, mussten hier mit vergleichsweise wenigen Besitzern verhandeln, um genügend Bauland zu erwerben. Das Gebiet im Bildvordergrund gehörte nicht zu den vom Adel beanspruchten Gebieten, weswegen es sehr viel feiner parzelliert ist. Potenzielle Bauherren eines Hochhauses müssten hier mit ungleich viel mehr Partien (erfolgreich) verhandeln, um das nötige Land kaufen zu können. Das Beispiel widerlegt die Theorie der fragmentierenden Entwicklung nicht. Vielmehr zeigt es gerade, wie vielschichtig diese Entwicklung ist und, dass man genau hinschauen und zusätzliche Informationen einholen muss, bevor eine abschließende Beurteilung abgegeben werden kann. Dies gilt letztlich auch für die Entwicklungspolitik, welche versucht, die negativen Konsequenzen einer fragmentierenden Entwicklung zu beheben oder zu mildern (vgl. Rauch, T. 2009).

Abb. 7.4.1/1 Ist die optische Fragmentierung der Stadt Bangkok auch eine ökonomische?

7.4.2 Jihad versus McWorld

Der gleichnamige Titel des von BENJAMIN BARBER (1995) veröffentlichten Bestsellers hat durch die Terroranschläge des 11. September eine besondere Aufmerksamkeit erlangt. Der Begriff „Jihad" (vgl. HALM, H. 2002) war zwar zuvor auch im westlichen Sprachgebrauch präsent, doch wird er seither oft mit islamistischem Terror gleichgesetzt (vgl. SAGEMAN, M. 2008). Dieser ist zwar in B. BARBERS Konzept von „Jihad" enthalten, es ist jedoch breiter gefasst. Eine weitere Assoziation, die einem bei diesem Titel in den Sinn kommen kann, ist der „Kampf der Kulturen"(gemäß S. HUNTINGTON, 1996): islamische gegen westliche Kultur.

Mit dieser Verkürzung würde man dem differenzierten Konzept B. BARBERS, das im Folgenden beschrieben wird, jedoch nicht gerecht werden.

Den Trend zur Homogenisierung und Universalisierung und schließlich Konvergenz der globalen Kultur bezeichnet B. BARBER mit dem Schlagwort McWorld, den zur Heterogenisierung beziehungsweise Fragmentierung Jihad.

In der McWorld wird die Zukunft in rosigsten Farben ausgemalt. Ökonomische, technologische und ökologische Kräfte fordern Integration und Gleichförmigkeit und ziehen die Menschen mit schneller Musik (MTV), schnellen Computern (Macintosh) und Fast Food

(McDonald's) in ihren Bann und pressen Nationen in die Form von homogenen, globalen und austauschbaren Vergnügungsparks (Barber, B. 1995).

Unter „Jihad" versteht B. Barber nicht in erster Linie islamischen Fundamentalismus, sondern jede Art von Ausgrenzung aufgrund von Rasse, Kultur oder einem eng verstandenen Glauben. „Jihad" wendet sich gegen wechselseitige Abhängigkeiten und soziale Kooperation sowie Gemeinsamkeit und damit gegen Technologie, Pop-Kultur und integrierte Märkte.

Der Planet ist gleichsam gefangen zwischen dem universalen Disneyland und dem fragmentierten Babylon (Barber, B. 2004). Dabei sind diese beiden Pole lediglich die Extremformen, der Alltag spielt sich in Zeiten der Globalisierung dazwischen ab. So hat zum Beispiel die russisch-orthodoxe Kirche, ansonsten darum bemüht, den alten Glauben wieder im Volk zu erwecken, mit einer kalifornischen Getränkefirma einen Vertrag abgeschlossen, um heiliges Wasser zu vermarkten. Bilder von Mudschaheddin mit Marlboro-Zigaretten zwischen den Lippen oder T-Shirts, die für westliche Produkte werben, sind bekannt. Schließlich werden (virtuelle) Verschwörungen von Fundamentalisten, die auf Abgrenzung abzielen, oft über das Internet geplant (vgl. Exkurs „Fragmentierung mithilfe globalisierter Prozesse").

Für viele Gesellschaften erscheint die mit globaler Amerikanisierung verbundene McWorld weit weniger bedrohlich als regionale Vereinnahmungen oder Kolonisierungen. Beispiele für letztere sind die Indonesianisierung von Irian Jaya, Osttimor oder Aceh, die Vietnamisierung von Kambodscha, die Russifizierung von Tschetschenien oder früher die Japanisierung von Korea (Appadurai, A. & B. Lee 1996, 32). Durch McWorld werden lokale Bindungen gelöst oder delokalisiert. Es wird versucht, die Individuen zu vereinheitlichen, um sie zu transparenten und berechenbaren Marktteilnehmern zu machen. Der Markt wird zur von außen auf die Demokratie wirkenden, destabilisierenden Kraft. Jihad arbeitet von innen her gegen die Demokratie, indem Gleichdenkende eingeschlossen und Andersdenkende ausgegrenzt werden. Damit werden demokratische Entscheidungsprozesse verhindert. Die Gemeinsamkeit der beiden Antithesen McWorld und Jihad besteht darin, dass sie den Nationalstaat und seine demokratischen Institutionen unterminieren, womit sie letztlich destabilisierend wirken. Beide sind Konsequenzen der Globalisierung. Auch fundamentalistischste Bewegungen können sich nicht aus dem Prozess der Globalisierung ausklinken. Sie benötigen universalisierende und homogenisierende Prozesse, um sich positionieren zu können und um sich mit deren Ablehnung gegenüber ihrer Anhängerschaft zu legitimieren. Heutige fundamentalistische Bewegungen beziehen sich zwar auf ähnliche Prinzipien wie frühere, doch müssen sie diese nun an veränderten Verhältnissen spiegeln. Sie bedienen sich nicht selten Ressourcen, die ihnen nur durch Prozesse der Globalisierung zur Verfügung stehen.

Durch die Globalisierung wurden Traditionen delokalisiert beziehungsweise entankert. Heutige fundamentalistische

> **Fragmentierung mithilfe globalisierter Prozesse**
> Die Attentate von Mumbai im Herbst 2008 zeigen in besonderem Maße, dass fundamentalistische Fragmentierung ein Teil der Globalisierung ist und nicht ihr Gegenteil. Die Terroristen haben nicht nur die Anschläge über das Internet geplant, sondern sie blieben, auch während der dreitägigen Belagerung durch indische Sicherheitskräfte, über das Internet in Verbindung miteinander. Sie nutzten globale Positionssysteme (GPS) und Google Earth, um ihre Zielobjekte zu lokalisieren. Dabei spielt die Internettelefonie eine besondere Rolle. Sie ist schwieriger abzuhören als die Kommunikation über die Mobiltelefonie. Die Attentäter erhielten von den Drahtziehern laufend Informationen über die Bewegungen der Polizei. Diese erhielten sie bequem über das Fernsehen, da indische Fernsehteams live über die Attentate berichteten und dabei zum Teil auch die Sicherheitskräfte behinderten. Damit waren die Attentäter besser informiert als es die Polizei selbst war.
> (Spalinger, A. 2008)

Bewegungen möchten diese Traditionen wieder relokalisieren und verankern. Das Rad der Zeit lässt sich jedoch nicht zurückdrehen, und Traditionen müssen im Kontext der Globalisierung gesehen und gelebt werden. Dies ist nicht gleichbedeutend mit der Aufgabe von Traditionen. Ihr Wert kann im Gegenteil durch homogenisierende Prozesse der Globalisierung besser geschätzt werden. Diese Wertschätzung muss keine fundamentalistische Abkehr und Abgrenzung zur Folge haben.

Der von B. BARBER für sein Buch gewählte Titel ist zwar prägnant und weckt die Aufmerksamkeit, doch ist er auch irreführend und die außerordentliche Polarisierung der Begriffe lenkt von B. BARBERS eigentlichem Anliegen ab. Denn Barber möchte sowohl Universalisierung als auch Fragmentierung als zur Globalisierung gehörende Teile verstehen. Und er plädiert für einen Ausgleich beider Tendenzen.

7.4.3 Fragmentierung durch Fundamentalismus

Jihad steht bei BENJAMIN BARBER für fundamentalistische Abgrenzungstendenzen von der Globalisierung. Zwar wurde der Ausdruck nicht von ungefähr gewählt, denn es sind islamistische, fundamentalistische Bewegungen, welche sich mit besonderer Vehemenz gegen die als westlich verstandene Globalisierung wenden. Dennoch gibt es auch im Westen Strömungen, die unter Barbers Kategorie Jihad fallen. Im Folgenden werden zwei Beispiele für fundamentalistische Abgrenzungsbewegungen genannt: die neue christliche Rechte in den USA und die iranische Revolution.

Die neue christliche Rechte in den USA
Die „New Christian Right" (NCR) schickte sich in den 1970er- und 1980er- Jahren an, eine dominierende Kraft in der sozialen, kulturellen und politischen Sphäre der USA zu werden. Dies in einem Staat,

7.4 Homogenisierung versus Fragmentierung

in welchem Kirche und Staat stärker getrennt sind als in vielen europäischen Staaten, wo beispielsweise die Kirchensteuer vom Staat erhoben wird. Die Subsysteme Kirche, Politik und Bildung sind hier also stärker differenziert.

Wo sich frühere fundamentalistische religiöse Bewegungen vor allem auf Religion beriefen und nur die religiöse Sphäre (beziehungsweise das religiöse Subsystem) ansprachen, hat die NCR politische und moralische Ziele im Auge. Sie wendet sich gegen Bestrebungen seitens des Staates, soziale Missstände zu definieren und diese mit politischen Mitteln zu beseitigen. Denn sie sieht nur in moralischer Regenerierung auf biblischer Grundlage und einem disziplinierten persönlichen Lebensstil die Lösungen zu Drogenmissbrauch, Verbrechen und moralischem Verfall (BEYER, P. 1994). Die NCR steht vor der Aufgabe, diese neuen Probleme mit traditionellen religiösen Konzepten zu lösen. Prozesse der Globalisierung – gegen die hauptsächlich mobil gemacht wird – stellen dabei neben Einschränkungen auch Möglichkeiten dar. So kann eine große Anzahl von eher konservativen Christen durch ein Netzwerk von Kirchen mobilisiert werden. Des weiteren kann die NCR über moderne urbane Errungenschaften wie Fernsehen, E-Mail und Live-Übertragungen ihre Vorstellungen verbreiten. Das Fernsehen hat sich zu einer wichtigen Plattform für Fernsehprediger entwickelt, die damit zu (inter-)nationaler Bekanntheit gelangen wie Pat Robertson oder Rick Warren. Letzterer bewies die Bedeutung der NCR eindrücklich, als er die Kandidaten für die amerikanische Präsidentschaft

Obama und McCain 2008 in seine Kirche zum Streitgespräch einlud. Damit wird auch die politische Bedeutung der NCR und deren Macht in diesem Subsystem offensichtlich. Sie macht ihren Einfluss auch auf das Bildungssystem geltend, indem sie die Absetzung der Evolutionstheorie vom Curriculum des Biologieunterrichts fordert. In über zwanzig US-Bundesstaaten wird über die Einführung der Schöpfungslehre anstelle der Evolutionstheorie gefochten[6] (BERBNER, T. 2005).

Die islamische Revolution im Iran
Die islamische Revolution durch Ayatollah Khomeini im Iran kann als fundamentalistische Bewegung angesehen werden (z. B. gemäß ENDE, W. 2002, 245). Sie gilt als die Verkörperung der Ablehnung westlicher Werte und der fortschreitenden Globalisierung. Doch muss gerade auch diese so fragmentierend und partikularistisch wirkende Revolution im Zusammenhang mit der Globalisierung gesehen werden. Auch sie konnte sich den Prozessen nicht verschließen, die sie zum Teil vehement ablehnte (BEYER, P. 1994, 161). Noch mehr als der „New Christian Right" gelang es der religiösen Bewegung im Iran, auch in politische und ökonomische Sphären vorzudringen und diese Subsysteme mitzubestimmen.
So partikularistisch die Revolution auf den ersten Blick auch erscheinen mag, so sehr ist auch sie in das von R. ROBERTSON beschriebene Universalismus-Partikularismus-Schema einbezogen. Zwar wurde die schiitische Glaubensrichtung als partikularistisches Element gegenüber westlichen Vorstellungen propagiert.

Doch es ging auch um Fortschritt und Egalität (GRONKE, M. 2006, 108), also um universalistische Ziele, allerdings nicht unter westlichen, sondern unter islamischen Vorzeichen. Mit anderen Worten ausgedrückt, konnte die islamische Revolution den Islam im Iran zwar obligatorisch machen, doch die islamischen Lösungen zu Problemen mussten die Kriterien der dominanten Systeme (Politik, Wirtschaft, Nationalstaat) erfüllen. Sie musste sich also zu Strukturen konform zeigen, die von vielen gläubigen Revolutionären als problematisch, weil westlich, angesehen wurden (GRONKE, M. 2006, 106). Trotz ihres großen Erfolges zeigt die iranische Revolution die Limiten religiöser Systeme in einer globalen Gesellschaft (GRONKE, M. 2006, 113). Allerdings hat sich gerade der Islam von Anbeginn mit Fragen zur Politik und zur Regierung beschäftigt, was ein Grund sein mag, warum sich überhaupt so starke und politisch erfolgreiche islamistische Bewegungen etablieren konnten (BEYER, P. 1994, 160; FULLER, G. 1999, 12).

Der Einbezug des Irans in das von Europa dominierte globale System begann bereits im 19. Jh., als Landbesitzer immer mehr Cash Crops (z. B. Baumwolle, Tabak, Opium und Maulbeerbäume für die Seidenproduktion) für den Weltmarkt produzierten. Es waren vor allem britische Konzessionäre, welche Produktion und Handel kontrollierten, was häufig Anlass zu Protesten gab (GRONKE, M. 2006, 92). Billige Importe unterminierten lokale Produktionen, die in der Folge einen Wandel (z. B. in Richtung verstärkter Teppichproduktion) erfuhr. Doch mit dem Blick aufs Ganze war der Einbezug ins globale Marktgeschehen von eher untergeordneter Bedeutung. Der Monarchie standen nur wenig Mittel zur Verfügung, um den Iran beziehungsweise Persien zu modernisieren, da einerseits ihre Kontrolle über das infrastrukturell schlecht erschlossene Land gering war und anderseits die ihr zukommenden Tribute für den eigenen Luxuskonsum verwendet wurden. Die zögerliche Integration in den Weltmarkt blieb vor allem Nicht-Iranern und Nicht-Muslimen vorbehalten. Der schiitische Klerus hielt sich aus politischen Dingen heraus, diese waren an die Schahs delegiert, welche sich jedoch wiederum gänzlich aus religiösen Dingen herauszuhalten hatten (GRONKE, M. 2006, 100).

Aufgrund des Fehlens einer klar definierten religiösen Zentralmacht, wie sie beispielsweise die katholische Kirche kennt, entwickelte die Oberschicht des Klerus eine eigene hierarchische Struktur (ENDE, W. 2002, 243). Diese nahm immer mehr die Rolle der Vermittlerin zwischen Staat und Bevölkerung ein, ohne jedoch Teil der staatlichen Bürokratie oder des Machtapparates selbst zu sein. Dies hat unter anderem dazu geführt, dass die führenden Kleriker Protestbewegungen, die sich gegen die Politik der Schahs richteten, auch zu religiösen Bewegungen machten. So führten auch 1921 und 1923 mithilfe von kosakischen Truppen von Reza Khan durchgeführten und vom Klerus unterstützten Putschs gegen die Qajar Schahs nicht zu erhofften Verbesserungen. Im Gegenteil, der neue Schah Reza Pahlavi baute einen Staat nach westlichem Muster auf, der religiösen Führern nur wenig Spielraum übrigließ. Einige seiner Neuerungen, wie zum Beispiel die Aufhebung des Gebots des Schleiertragens für Frauen, waren gezielt gegen religiöse Eliten gerichtet (BEYER, P. 1994, 160; GRONKE, M. 2006, 98).

Reza Pahlavi – wie auch seinem Sohn und Nachfolger Muhammed Reza Schah – gelang es allerdings nicht, den Modernisierungsprozess effektiv auf eine Mehrheit der Bevölkerung zu übertragen. Nur eine kleine Oberschicht hat davon profitiert, während die Landbevölkerung sowie die Händler und Handwerker in den Bazaren außen vor blieben (EHLERS, E. 2005, 24). Doch gerade auf diese Schichten hatte der Klerus großen Einfluss. Bis in die 1970er-Jahre konnte aufgrund großer Repression durch den Geheimdienst und das Militär keine (religiöse) Opposition aufkommen. Bald jedoch zeigten sich, gemäß M. GRONKE (2006, 112), Fehler in der Wirtschaftspolitik sehr deutlich. Aufgrund einseitiger Abstützung auf Einkommen aus Erdölverkäufen und fehlendem Humankapital mussten für viele Tätigkeiten westliche Experten angeworben werden, die mit ihrem Lebensstil das Missfallen vieler Iraner erregten. Außerdem wurden durch die Politik der fortschreitenden Verwestlichung viele gläubige Iraner brüskiert (GRONKE, M. 2006, 102).

Auf Druck des amerikanischen Präsidenten Jimmy Carter, der in den USA zugewandten Staaten die Achtung der Menschenrechte verbessern wollte, musste der Schah, laut M. GRONKE (2006), seinen Repressionsapparat ein wenig zurücknehmen. Dies bot dem Klerus die Möglichkeit, der Unzufriedenheit weiter Bevölkerungskreise durch Streiks Gehör zu verschaffen. Die aus dem Mittelstand kommende Bewegung gewann rapide an Schwungkraft und führte – nach Protesten aufgrund von diffamierenden Äußerungen über Ayatollah Khomeini in der staatlich kontrollierten Presse – zur Flucht des Schahs. Der Klerus hatte sich nun als vom Volk legitimierte Führungsmacht etabliert (GRONKE, M. 2006, 109). Allerdings stellte sich nun die Frage, welche religiöse Fraktion effektiv die politische Macht übernehmen würde. Sollten es die Anhänger des 1977 verstorbenen Shariati sein (der für Fortschritt mit liberalen islamischen Vorzeichen einstand) oder Mehdi Bazargans Befreiungsbewegung (die einen Mittelweg zwischen dem laizistischen Kurs Shariatis und dem Fundamentalismus von Ayatollah Khomeini suchte)? Oder sollte es Letzterer sein, der sämtliche staatlichen Angelegenheiten der Religion unterstellen wollte? Khomeini setzte sich durch und hob den führenden Klerus in politische Ämter. Er konnte – ähnlich wie die NCR in den USA – auf ein riesiges Netzwerk von Moscheen zurückgreifen, als er aus dem irakischen und später französischen Exil die Revolution vorzubereiten begann. Außerdem konnte er nicht-religiöse Kreise mit der Reklamierung eigentlich globaler und moderner Werte wie Demokratie und Gleichberechtigung für sich gewinnen. Außerdem baute er nach der Flucht des Schahs sehr schnell eine revolutionäre Garde auf, die ihm in der Folge seine Widersacher aus dem Weg räumen konnte (GRONKE, M. 2006, 111). Durch die Übernahme existierender staatlicher Positionen und Ämter nutzte er globale Strukturen (BEYER, P. 1994, 174).

Während Religion ein zentraler Faktor für Identitätsstiftung und Mobilisierung der Bevölkerung sein kann, hat die iranische Revolution auch gezeigt, dass damit einige Schwierigkeiten verbunden sein könnte. Die größte ist dabei wohl die Unvereinbarkeit eines holistischen, allumfassenden Systems wie dem religiösen mit der funktionalen Differenzierung spezialisierter Systeme in einem Nationalstaat (BEYER, P. 1994, 181). Obwohl die islamischen Gesellschaften in einem starken Umbruch sind, was bei der Bevölkerung zu Verunsicherungen führt, haben diese Gesellschaften ein großes Potenzial, sich mit einer spezifischen Art der (islamischen) Modernisierung in die Globalisierung einzubringen (vgl. AKASHE-BÖHME, F. 2003). Die angesprochene Unsicherheit hat Nagib Machfus (zitiert in JALAL-AL-AZM, S. 1999, 13) eindrücklich anhand eines typischen Einwohners von Kairo geschildert: „Er führt ein modernes Leben. Das Zivil- und Strafrecht, das er zu beachten hat, kommt aus dem Westen; zugleich nimmt er teil an einem undurchschaubaren Gemenge von Handlungen des sozialen und wirtschaftlichen Austauschs, von denen er nie weiß, in welchem Ausmaß sie mit seinem Glauben, dem Islam, im Einklang stehen. Das Leben geht seinen Gang, er lässt sich treiben und vergisst sein Unbehagen für eine Weile, aber dann, eines Freitags, hört er die Predigt des Imam oder schlägt die Religionsseite in der Zeitung auf – und plötzlich wird sein Unbehagen zu einer Art von Angst. Er begreift, dass ihm diese neue Gesellschaft eine Persönlichkeitsspaltung eingetragen hat. Eine Hälfte seines Wesens ist gläubig, betet, fastet und geht auf Pilgerschaft. Die andere Hälfte macht diese Werte zunichte, ob in der Bank, vor Gericht oder auf der Straße, im Kino und im Theater – oder sogar zu Hause in der Familie, vor dem Fernsehapparat."

Zusammenfassung

Fazit

- Homogenisierung und Fragmentierung sind zwar gegensätzliche Prozesse, doch beziehen sie sich auch aufeinander. Deswegen ist es angebracht, auch Fragmentierung als Teil der Globalisierung zu verstehen. Verwandte Begriffe zur Fragmentierung sind Fraktionierung und Fraktalisierung.
- Unter Fraktionierung wird eine Unter- oder Zerteilung eines größeren Gebildes verstanden. Nationalstaaten können als Fraktionen des Weltsystems verstanden werden.
- Fraktalisierungen entstehen als Ergebnis zahlloser Iterationen gleicher Bewegungen (mit kleinsten Abweichungen). Dies bedeutet die Reproduktion von Institutionen und Funktionsabläufen auf verschiedenen Ebenen des globalen Systems.
- Fraktionierung und Fraktalisierung stehen mehr für Vereinheitlichung als Fragmentierung, bei der es zu Aus- und Abgrenzungsprozessen kommt.
- Aus empirischen Befunden fragmentierender Prozesse entwickelt FRED SCHOLZ (2006) auf der Grundlage von O. SUNKEL eine Theorie der fragmentierenden Entwicklung. Sie beschreibt und analysiert ein räumliches Nebeneinander von extremen Gegensätzen wie Armut und Reichtum.

- Im Konzept Jihad versus McWorld bringt BENJAMIN BARBER (2001) zwei gegensätzliche Entwicklungen der Globalisierung auf den Punkt, stellt sie aber auch in einen größeren Zusammenhang. Mit Jihad werden Ab- und Ausgrenzungstendenzen beschrieben, die aufgrund von Rasse, Kultur oder eng verstandenem Glauben erfolgen. Mit der McWorld wird eine Vereinheitlichung und Delokalisierung erzielt. Beide Entwicklungen werden von ihm als problematisch eingestuft.
- Fundamentalismus wird heute meist mit islamistischen Bewegungen verbunden, doch ist religiöser Fundamentalismus auch in westlichen Industrienationen verbreitet.
- In den USA gewinnt zum Beispiel die fundamentalistische „New Christian Right" (NCR) an Bedeutung. In einigen Staaten wurde sie zu einer ernst zu nehmenden politischen Kraft. Ein wichtiges Ziel der NCR ist es, die Evolutionstheorie im Biologieunterricht durch die christliche Schöpfungslehre zu ersetzen.
- Die islamische Revolution im Iran ist eine der ersten islamischen Bewegungen, die sich auf der Ebene des Nationalstaats durchsetzen konnte.
- Der Iran war schon im 19. Jh. ökonomisch stark in das globale Marktgeschehen eingebunden. Unter dem Schah-Regime waren die politische und religiöse Sphäre voneinander getrennt. Der Klerus hatte jedoch eine Mittlerrolle zwischen dem Staat und der Bevölkerung inne. Das Schah-Regime orientierte sich seit den 1950er-Jahren am Westen und versuchte, die Macht des Klerus auch durch Repression zu beschneiden.
- Eine von den USA geforderte Lockerung der Repression ermöglichte es unzufriedenen Bevölkerungsschichten, die nicht an der ökonomischen Entwicklung teilhaben konnten, sich Gehör zu verschaffen. Dadurch konnte sich eine vom Klerus beeinflusste Bewegung entwickeln, die sich gegen das immer noch repressive Regime wandte. Dies führte zur Flucht des Schahs ins Exil. Ayatollah Khomeini konnte die Macht übernehmen und einen islamischen Staat ausrufen.
- Auch die als sehr fragmentierend wahrgenommene iranische Revolution bediente sich globaler Strukturen und Systeme (BEYER, P. 1994). Obwohl neue Gesetze eingeführt wurden, ist das iranische Modell kein (islamischer) Gegenentwurf zum global etablierten (modernen) Nationalstaat (HALM, H. 2002).

Zum Einlesen

BARBER, B. (2001): Coca Cola und Heiliger Krieg (Jihad versus McWorld). – Scherz, Frankfurt am Main.

In Jihad versus McWorld gibt BENJAMIN BARBER viele Beispiele, um sein Konzept zu erläutern.

SCHOLZ, F. (2006): Entwicklungsländer – Entwicklungspolitische Grundlagen und regionale Beispiele. – Westermann, Braunschweig.

Die Tatsache, dass es so genannte Entwicklungsländer gibt, kann als Zeichen für eine Fragmentierung gesehen werden. FRED SCHOLZ geht in diesem Lehrbuch auf diese Problematik mit vielen Beispielen ein.

RAUCH, T. (2009): Entwicklungspolitik. Theorien, Strategien, Instrumente. – Westermann, Braunschweig,.

THEO RAUCH widmet sich in diesem Band dem Mehr-Ebenen-Ansatz zur Überwindung von Armut und zur Entwicklung Unterprivilegierter.

7.5 Landschaften globaler Kulturökonomie

ARJUN APPADURAI (APPADURAI, A. & B. LEE 1996), SCOTT LASH (LASH, S. et al., 1996) und JOHN URRY (zitiert in DÜRRSCHMIDT, J. 2002, 62) lehnen die Einteilung der Welt in Zentrum und Peripherie durch die Weltsystemtheorie als zu vereinfachend ab. Vor dem Hintergrund der von R. ROBERTSON und vor allem A. GIDDENS postulierten Entankerungsmechanismen der Globalisierung entwerfen sie ein Konzept globaler Flüsse, aus denen sich Landschaften der Kulturökonomie herausbilden (DÜRRSCHMIDT, J. 2002, 62). In diesen Landschaften bewegen sich Gemeinschaften ohne Ortsbezug (vgl. Exkurs zu philippinischen Rockmusikern). APPADURAI (APPADURAI, A. 1998; APPADURAI, A. & B. LEE 1996) entwirft fünf Landschaften oder Sphären, durch die sich globale Flüsse winden. Sie sind nicht homogen und entspringen so genannten Imaginationen, also Vorstellungen von Personen und Gruppen. Sie sind nicht mehr an Grenzen gebunden und auch nicht mehr an die Zeit. Die Imagination oder Vorstellungskraft gewinnt dadurch im Alltagsleben der Menschen an Bedeutung. Durch den Zugang zu Bildern oder das Wissen um andere Lebensformen ergibt sich für viele eine größere Spannweite möglicher Lebensentwürfe. Dadurch können aber auch Hoffnungen geweckt werden, die nie in Erfüllung gehen werden. Lokale Lebensformen können so überprägt oder gar in Frage gestellt werden (APPADURAI, A. 1990; 1998; APPADURAI, A. & B. LEE 1996; BECK 1997; DÜRRSCHMIDT, J. 2002):

- Mit Ethnoscapes sind nach A. APPADURAI Felder von Personen gemeint, die einen kulturell-ethnischen Umbruch prägen und ihn symbolisieren: Touristen, Migranten, Flüchtlinge, Exilanten, Gastarbeiter, Pendler. Sie bewegen sich über Grenzen von Nationalstaaten und relativ stabilen Gemeinschaften und Netzwerken von Verwandtschaft, Freundschaft, Arbeit und Freizeit hinweg und durchbrechen oder überwinden sie. Sie stellen sie teilweise in Frage, was als Gegenbewegung auch die Reaktion des Einschlusses, der „Einigelung" (beziehungsweise Fragmentierung) betrachtet werden kann.
- Technoscapes: auch Technologien sind nach A. APPADURAI grenzüberschreitend und dies mit hoher und zunehmender Geschwindigkeit. Noch in den 1950er- und 1960er-Jahren wurden Autos aus spezifisch für ein Modell beziehungsweise für eine Marke hergestellten Teilen im Wesentlichen an einem Ort gefertigt. Heute sind die Teile und vor allem die Herstellungsprozesse derart standardisiert, dass Fahrzeuge aus Teilen unterschiedlichster Herkunft hergestellt werden können. Ähnliches gilt heute auch – vielleicht noch in stärkerem Maße – für die Computerindustrie. Mit der Fertigung hängt auch die Migration von Arbeitskräften aller Schichten (z. B. nepalesischen Bauarbeitern in Dubai und indischen Softwareingenieuren in Seattle) zusammen. Zur Besonderheit der Technoscapes gehört auch die ungleiche Verteilung von Technologie, die weniger aufgrund von komparativen Vorteilen, Skaleneffekten, Marktrationalität oder politischer

> **Philippinische Rockmusiker**
> In seinem Buch „Video Nights in Kathmandu" beschreibt Pico Iyer (1988) ein Beispiel für einen fehlenden Orts- (und Zeit-) Bezug in einem kulturellökonomischen Setting. Auf den Philippinen werden amerikanische Rocksongs so originalgetreu nachgespielt und nachgesungen, wie es die Künstler, die den Song kreierten, live kaum mehr selber könnten. Man kann dies als Beispiel von McWorld und Amerikanisierung betrachten. Doch fehlen den Philipinos die Rahmenbedingungen des Alltagslebens, unter welchen die Songs in Amerika kreiert und gehört wurden. B. Jameson (zitiert in Appadurai, A. & B. Lee 1996, 30) nannte dies auch „Nostalgie für die Gegenwart" (Übersetzung des Verfassers). Denn wenn Philipinos einen alten Kenny Rogers Song anstimmen, schauen sie auf eine Vergangenheit, die sie oder die Generation ihrer Eltern gar nicht kannten. Der Bezug zu einem Ort, einem Platz, einem Kontext, den der Song ursprünglich hatte, wenn auch nur diffus in Amerika, ist für die nachspielenden und -singenden Philipinos so nicht nachvollziehbar. Der Song wird nun in zweifacher Weise glokalisiert. Einmal dadurch, dass er in einem anderen räumlichen und zeitlichen Kontext gehört wird (dies wäre auch durch das Abspielen einer Originalaufnahme gegeben), aber auch durch die stilechte Adaption philippinischer Musiker.

Kontrolle entstanden ist. Vielmehr führen komplexe Beziehungen zwischen Geldflüssen, politischen Möglichkeiten und dem Vorhandensein von niedrig- sowie hochqualifizierten Arbeitskräften zu Technologie-Landschaften mit unterschiedlicher Topographie.

- Financescapes: vor allem die Devisenmärkte sind praktisch grenzenlos geworden, und Finanztransaktionen bewegen sich fast mit Lichtgeschwindigkeit über den Erdball hinweg. Sie sind zwar auf Nationalstaaten angewiesen, da Währungen letztlich von Nationalstaaten ausgegeben und kontrolliert werden. Doch mit der Einführung des Euro in Teilen der Europäischen Union werden diese nationalstaatlichen Währungsgrenzen ausgedehnt und teilweise aufgelöst. Damit folgt die Ausgabe von Devisen den Märkten, nimmt ihnen jedoch gleichzeitig auch etwas von ihrem Spielraum. Der Handel und Spekulationsgewinne aus Kursschwankungen für bedeutende Währungen wie die Deutsche Mark oder den Französischen Franc entfallen. Dass es sich bei diesen Finanzlandschaften gemäß A. APPADURAI um eine eigene Sphäre handelt, machen zum Beispiel Diskussionen über als zu hoch empfundene Gehälter für Bankmanager deutlich.
- Die Medien, welche die Mediascapes konstituieren, sind nach A. APPADURAI (1996, 1998) „Global Player" geworden, da nun weltweit die gleichen Inhalte auf die gleiche Weise verbreitet und vor allem auch von (fast) allen verstanden

werden können. So versteht sich beispielsweise CNN als globaler Sender, dessen Bilder weltweit ausgestrahlt und von Millionen von Menschen gesehen werden. Bei der Trauerfeier für Prinzessin Diana, bei der schätzungsweise 2,5 Milliarden Menschen vor den Bildschirmen saßen, wurde das globale Dorf heraufbeschworen, das nun zum ersten Mal für einen Moment wirklich existierte. Durch die Medien werden Bilder der Welt heraufbeschworen, die von ihrem Modus (Dokumentation oder Unterhaltung), ihrer Hardware (elektronisch oder vor-elektronisch), ihrem Publikum (lokal, national oder transnational) und den Interessen derer, die sie kontrollieren, abhängen. Wichtig ist dabei, dass vor allem beim Film komplexe Repertoires von Bildern, Erzählungen, Images und Ethnoscapes mit der Welt der Waren und Güter sowie der Welt der Nachrichten und Politik vermischt werden. Die Linien zwischen „realistischen" und fiktiven Landschaften verschwimmen für die Betrachter immer stärker. Mehr noch als über das Fernsehen verschwimmen Realität und Imagination im Internet, wo es kaum mehr Kontrollen über den Wahrheitsgehalt von Meldungen gibt.

- In den Ideoscapes schließlich werden nach A. APPADURAI Bilder zu Ideologielandschaften zusammengehängt, die das Material für die Herausbildung von Ideologien darstellen. Sie sind zwar oft national verwurzelt, doch in ihrer Konzeption globaler Herkunft. Ein Großteil dieser Ideoscapes setzt sich aus Elementen aufklärerischen Gedankenguts zusammen: Freiheit, Wohlfahrt, Rechte, Souveränität, Repräsentierung und Demokratie. Diese euro-amerikanische „Master-Erzählung" trat im 19. Jh. ihren Siegeszug um die Welt an. Dabei büßte sie an Klarheit und Eindeutigkeit ein. Gleichwohl ist sie zum Modus der internationalen Kommunikation geworden, obwohl Schlüsselbegriffe mitunter ganz unterschiedlich aufgefasst werden. Dies verursacht ein „terminologisches Kaleidoskop", dem oft zu wenig Rechnung getragen wird. Ideologien dürften vermehrt auch über das Internet Verbreitung finden. Zum Beispiel können mithilfe von georeferenzier- und auf einer Karte darstellbaren Bildern einseitige Abbildungen von Orten geschaffen werden. Durch die (vermeintliche) Realitätsnähe von Fotografien wird es möglich, einen Ort in einer bestimmten, gewünschten Art und Weise darzustellen.

Im Zentrum des Modells dieser Landschaften steht die disjunktive[7] Verknüpfung der Felder, welche den globalen Fluss des Lebens bestimmen. Dabei werden Technologien, Kapital und Menschen vermehrt entankert oder delokalisiert. Verschiedene Felder werden auch genutzt, um Relokalisierungen vorzunehmen, wie es beispielsweise durch separatistische Bewegungen geschieht. Bei all dem geht es immer um die Kreation, das Heraufbeschwören von Bildern und Images. So wurde die weltweite Popularität asiatischer Kampfsportarten beispielsweise nachhaltig begünstigt durch Filme aus Hollywood und Hongkong, aber auch die weltweite Verbreitung von Kalaschnikows und Uzi-Maschinenpistolen (APPADURAI, A. 1990, 302). Das Modell ergänzt die zuvor erläuterten Ansätze mit seiner Betonung des Fließens und der Herausbildung von Landschaften. Es zeigt den Facettenreichtum der Globalisierung, aber auch, dass diese mitunter schwierig zu fassen ist.

Zusammenfassung

Fazit
- Appadurai, Lash und Urry ist die Vorstellung einer Aufteilung der Welt in Zentrum und Peripherie zu kurz gegriffen. Sie präsentieren ein Konzept einer globalen Kulturökonomie, bei der Sphären oder Felder gesellschaftlicher Subsysteme bedeutend sind. Diese haben keinen konkreten Ortsbezug und bleiben zum Teil auch diffus. Im Englischen werden sie „Scapes" genannt. Sie sind eng miteinander verknüpft und durchdringen einander.
- Ethnoscapes sind nach diesem Konzept Felder, in denen ethnische Bezüge eine Rolle spielen. Sei es durch eine Verbindung und Zugehörigkeit wie bei der indischen Diaspora in Europa, Nordamerika und Afrika oder bei Veränderungsprozessen, wie sie durch den Tourismus entstehen.
- Technoscapes sind Technologiefelder, in welchen sich beispielsweise die Produktion von Fahrzeugen, Computern oder die Organisation von Logistikunternehmen abspielt. Teilbereiche der Technoscapes sind sehr stark vernetzt; ohne sie würde die globale Wirtschaft ihr Rückgrat verlieren.
- Die Financescapes sind abhängig von den Technoscapes. In ihnen werden jegliche Finanztransaktionen abgewickelt.

Die globalen Währungs- und Finanzkrisen haben (auf negative Weise) die immer stärker werdende Verflechtung von Märkten deutlich gemacht.
- Medien haben seit dem Aufkommen von Zeitungen eine wichtige Rolle in der Gesellschaft inne. In den Mediascapes werden Nachrichten verbreitet und „Wahrheiten" produziert, die eine wichtige Rolle für den Alltag und die Politik spielen können.
- Ins Feld der Ideoscapes gehören Ideologien im weitesten Sinne. Die Erklärung der Menschenrechte gehört ebenso dazu wie deren Gegendiskurse, in denen kulturspezifische Auslegungen derselben gefordert werden.

Zum Einlesen

Iyer, P. (2002): Sushi in Bombay, Jetlag in L. A.
– Unterwegs in einer Welt ohne Grenzen.
– Fischer Verlag, Frankfurt am Main.
In Anknüpfung an seinen Bestseller „Video Nights in Kathmandu" (Iyer, P. 1998) erzählt Iyer hier von globalen Nomaden, die damit gut in das Konzept der Landschaften globaler Kulturökonomie passen.

Appadurai, A. (1996): Modernity at large: Cultural dimensions of globalization. – University of Minnesota Press, Minneapolis.
In diesem Band formulierte der Anthropologe seine Theorie zu den Feldern der Globalisierung.

Appadurai, A (2009): Die Geographie des Zorns.
– Suhrkamp, Frankfurt am Main, 2009.
Aufgrund von Kritiken an seinem Konzept der Imaginationen – es wurde ihm vorgeworfen, ein zu rosiges Bild der Globalisierung zu zeichnen – wandte sich A. Appadurai dem Thema Gewalt zu.

7.6 Globalität und Globalismus

Mit dem Begriff Globalisierung eng verwandt sind Globalität und Globalismus. Mit dem ersten Begriff wird ein Zustand beschrieben, während der zweite globales Handeln und Denken umschreibt.

7.6.1 Globalität als Ziel?

Wenn Globalisierung als Prozess verstanden wird, stellt sich die Frage, ob dieser ein Ziel und einen Endpunkt hat. Globalität wäre – zumindest vom Wort her – ein solches Ziel oder zumindest eine Vision. Globalität ist ein sozialer Zustand, der durch globale ökonomische, politische, kulturelle und ökologische Verbindungen und Flüsse gekennzeichnet ist, der Grenzen und Abgrenzungen überflüssig macht (STEGER, M. 2003, 7).

In einigen Bereichen wie zum Beispiel dem Finanzsystem ist man einer (sektoralen) Globalität näher als in anderen. Wenn die Menschheit je so etwas wie Globalität erreicht, bedeutet dies jedoch noch nicht das Ende von Entwicklungen. Denn Globalität sagt noch nichts über die Art und Qualität globaler Vernetzungen aus. Demnach sind auch verschiedene Globalitäten vorstellbar. Folgende bereits in anderem Zusammenhang erwähnte Entwicklungen stehen gegenwärtig dem Erreichen einer Globalität im Wege:
- Die Homogenisierung der Arbeitswelt (vgl. Abb. 7.6.1/1) und der Lebensbedingungen in der Arbeitsgesellschaft erfolgt vor allem über die Angleichung von Produktionsbedingungen von Waren, also über die Löhne, die Lohnnebenkosten und die Arbeitsbedingungen. Moderne Gesellschaften sind

Abb. 7.6.1/1 Die Organisation der Arbeitsabläufe im VW-Werk Emden und in Uitenhage (Südarifka)

Geldgesellschaften und Arbeitsgesellschaften zugleich. Wenn nun Arbeitsverhältnisse umgestülpt werden, wird auch der implizite Gesellschaftsvertrag – dessen wichtigstes Element die soziale Absicherung ist – aufgekündigt und müsste auf eine neue Basis gestellt werden. Dies ist jedoch bislang nicht einmal ansatzweise geschehen. Versuche, Vorstöße in diese Richtung zu unternehmen, scheitern oft an Partikulärinteressen oder an der Unfähigkeit, über den Schatten des Denkens in nationalstaatlichen Kategorien zu springen.
- Der zweite Punkt betrifft die begrenzten globalen Ressourcen, die – auch mit technologischer Innovation – bei der gegenwärtigen monetär gesteuerten Akkumulationsdynamik einmal erschöpft sein werden. Soziale und ökologische Hindernisse stellen sich somit der Verwirklichung einer Globalität in den Weg.
- Im Zustand einer vollkommenen Globalität müsste es eine einzige homogene Weltgesellschaft geben, wie sie wohl I. WALLERSTEIN nach der Auflösung beziehungsweise dem Zusammenbruch des alten Weltsystems von Kernregionen und Peripherie vorschwebte. Ist es aber überhaupt realistisch, anzunehmen, dass eine Weltgesellschaft entstehen kann? Gesellschaft setzt ein minimales Maß an Konsens voraus und ist das Resultat eines expliziten oder impliziten Gesellschaftsvertrages, aus dem den Zugehörigen Verpflichtungen und Ansprüche erwachsen. Zudem werden solche vertraglichen Vereinbarungen bislang vor allem über Nationalstaaten garantiert. Die Frage ist, ob es möglich ist, bindende Gesellschaftsverträge auf transnationaler Basis zu organisieren.
- Schließlich sind es die Prozesse selbst, welche einen Teil der Globalisierung ausmachen, die einer Globalität im Wege stehen. Von Anfang an beruhen sie auf einem Machtgefälle, sind also asymmetrisch. Ungleich verteilt war und ist das Insigne (Symbol bzw. Zeichen) der Globalisierung: das Geld. Da der wesentliche Motor der Globalisierung der „erwerbswirtschaftliche Geist" ist – um es mit MAX WEBERS Worten auszudrücken –, und dieser bei einer Gleichverteilung des Kapitals erlahmen würde, können die Prozesse der Globalisierung gar nicht anders als ungleiche Chancen reproduzieren. Dies ist dem Kapitalismus inhärent und ein großes Hindernis für die Entwicklung einer Weltgesellschaft und somit für das Erreichen einer Globalität (ALTVATER, E. & B. MAHNKOPF 1996, 49). Das Postulat des westlichen Entwicklungswegs, der lange als einzig möglicher und einzig richtiger Weg gesehen wurde, ruft mehr und mehr Widerstand in anderen Gesellschaften hervor. Zwar wird heute dieser Entwicklungsweg nicht mehr normativ als der einzige angesehen, doch de facto finden viele Entwicklungsstränge daran Orientierung.

7.6.2 Globalismus als Programm

Von Globalismus kann gesprochen werden, wenn der Globus der Rahmen und Bezugshorizont für Handlungen wird, und wenn Verpflichtungen gegenüber der Welt als Ganzem eingegangen werden. Auf der institutionellen Ebene geschah dies erstmals durch die Einrichtung der Organisationen der Vereinten Nationen. Auf der zivilgesellschaftlichen Ebene ist dies zunächst durch die Frauenbewegung und später die Umwelt-Menschenrechts-Bewegung erfolgt. Die sozialistische Internationale kann als Vorläuferin des Globalismus betrachtet werden. M. ALBROW (1998, 142) identifiziert in diesem Zusammenhang einen neuen kategorischen Imperativ: „Was auch immer Du tust, tue es unter Berücksichtigung der Bedürfnisse der gesamten Welt." Die wohl berechtigte Forderung kann jedoch ungemein anstrengend sein, wenn man sich zum Beispiel bei jedem Einkauf dessen globale Konsequenzen vor Augen führen soll. Das Leben wird durch die Globalisierung komplizierter und kann zur Belastung werden (BACKHAUS, N. 1999, 238; BAUMANN, Z. 1997b). Dies auch deswegen, weil es verschiedene Meinungen zu den „Bedürfnissen der ganzen Welt" gibt. Nichts ist mehr beständig vorgegeben, über alles muss man selbst reflektieren. Es gibt keine Autoritäten mehr, denen man einfach vertrauen und glauben kann. Vielmehr muss man sich mit konkurrierenden Experten auseinandersetzen und eine Wahl treffen (BECK, U., GIDDENS, A. & S. LASH 1994). Ein Beispiel dafür sind Labels (z. B. für ökologische oder faire Produktion), die bestimmten Standards verpflichtet sind, und die versuchen, der Käuferschaft die Wahrnehmung einer globalen Verantwortung zu erleichtern. Die wachsende Zahl ähnlicher und zum Teil konkurrierender Gütesiegel erschwert die Entscheidung für die Konsumenten jedoch wieder.

Auch bezüglich der Kultur und Identität muss die Frage nach der globalen Wünschbarkeit gestellt werden. Angebote werden zur Genüge gemacht und die Vielfalt der möglichen Lebensgestaltung ist so groß wie nie zuvor. Immer schwieriger wird die Entscheidung, was das „Richtige" ist. Es geht dabei weniger um die auf den ersten Blick vielleicht harmlosen Modetrends als vielmehr um Fragen der Zugehörigkeit, der Selbstfindung. Man ist konstant gezwungen, das im Moment für richtig Empfundene zu hinterfragen (BACKHAUS, N. 1999, 238). Um auch hier eine Ordnung herstellen zu können, an die man sich halten kann und will, ist Information wichtig. In modernen Gesellschaften kann nicht mehr davon ausgegangen werden, dass generell ein Mangel an Information herrscht. Das Gegenteil ist der Fall, eine Flut von Informationen unterschiedlichster Qualität ist für immer größere Bevölkerungskreise zugänglich (SHENK, D. 1998). Das Problem dabei ist, wie man diese Information filtert, sodass man das Relevante für sich erfährt und sich nicht mit dem Unwichtigen belastet. Früher musste man sehr viel Zeit dafür verwenden, Informationen zu erhalten. Heute benötigt man ebenso viel Zeit, um die reichlich vorhandenen Informationen zu filtern. Zeit ist Geld, Zeit ist Luxus, Zeit ist ein knappes Gut. Seitdem beispielsweise Börsengeschäfte online getätigt werden können, entscheiden Sekunden über Gewinn oder Verlust. Bei der „Lean Production" wird „Just in Time" produziert und nicht mehr auf Halde, sodass flexibel und schnell auf Veränderungen reagiert werden kann. Das „Verfalldatum des Wissens" wird immer kürzer. Veränderungen geschehen immer schneller und die Menschen müssen immer flexibler werden, um damit umgehen zu können (SENNETT, R. 1998). Das an sich begrüßenswerte Konzept des lebenslangen Lernens ist einerseits eine Anpassung an diese Veränderungen, andererseits wirkt es beschleunigend auf den Innovationsdruck. Der verkürzte Zeithorizont macht es schwierig, über Dinge nachzudenken, die räumlich und zeitlich entfernt liegen.

Die Ungewissheit wird zum „Modus Vivendi", die Suche nach Gewissheit und Orientierung zur Sisyphusarbeit (vgl. TZSCHEETZSCH, W. 2001). Globalismus nach dem Motto „global denken, lokal handeln" kann zwar als Programm verstanden werden, doch führt dies nicht automatisch zu einer Homogenisierung oder zur Globalität. Denn zu unterschiedlich sind die Vorstellungen darüber, was für „die Welt" richtig ist.

Zusammenfassung

Fazit

- Globalismus und Globalität sind eng mit dem Begriff der Globalisierung verbunden. Globalität stellt dabei einen möglichen Endzustand, das Ende der Globalisierung als Prozess dar. Globalismus ist eine Grundhaltung, mit der man seine eigenen Handlungen auf das Globale bezieht.
- Mit Globalität wird ein Zustand beschrieben, bei dem gefragt werden muss, ob dieser je erreichbar ist. In einzelnen Feldern wie den „Financescapes" ist man schon recht nahe an Globalität, in anderen wie den Ethnoscapes weniger. Verschiedene Prozesse stehen dem Endpunkt Globalität entgegen:
- Gesellschaftsverträge, die zum Beispiel Mindestlöhne oder soziale Absicherungsmechanismen beinhalten, werden heute meist national (und branchenspezifisch) festgelegt und zwischen den Vertragspartnern ausgehandelt. Um eine Globalität eines Gesellschaftsvertrags zu etablieren, müsste dieser auf globaler Ebene implementiert werden.
- Die Konkurrenz um Ressourcen steht einer Globalität ebenso im Wege wie die Etablierung einer Weltgesellschaft, die sich auf gemeinsame geteilte Werte stützt.
- Dem Kapitalismus liegt der Wettbewerb zugrunde, und dieser schafft Ungleichheit, woraus wiederum ungleiche Chancen erwachsen.

- Globalisten (z. B. Klimaforscher, welche Maßnahmen zur Verringerung des CO_2-Ausstoßes auf globaler Ebene fordern) haben bei ihren Entscheidungen und Handlungen den gesamten Globus im Auge, nicht die Nation oder eine Region. Damit berücksichtigen sie die Bedürfnisse der gesamten Welt. Diese zu erkennen ist jedoch nicht einfach.
- Internationale Organisationen wie die UNO und viele NGOs versuchen, global zu denken und in einem globalen Handlungsrahmen zu agieren.
- Alternative „Labels", die einem beim Konsum helfen sollen, dieses globalistische Gedankengut zu fördern, sind in den letzten Jahrzehnten sehr zahlreich geworden. Gleichwohl wird die Entscheidung, das (global) Richtige zu tun, immer schwieriger.

Zum Einlesen

SENNETT, R. (1998): Der flexible Mensch – Die Kultur des neuen Kapitalismus. – Berlin Verlag, Berlin.

R. SENNETT schildert in diesem gut lesbaren Buch eindrücklich, welche Herausforderungen an das Leben Einzelner durch die Globalisierung gestellt werden.

BEMERBURG, I & A. NIEDERBACHER (Hrsg.) (2007): Die Globalisierung und ihre Kritik(er): Zum Stand der aktuellen Globalisierungsdebatte. – VS Verlag, Wiesbaden.

Im Sammelband werden die Begriffe Globalismus und Globalität aufgegriffen und vor dem Hintergrund der Weltgesellschaft diskutiert.

Abb. 8/1 *Städte sind in der Gegenwart Kristallisationspunkt der Globalisierungsdynamik*

8 Vor welche Herausforderungen stellt uns die Globalisierung?

Die widersprüchlichen Prozesse der Globalisierung stellen Staaten, Firmen und vor allem Individuen vor große Herausforderungen. In diesem Kapitel sollen einige der wichtigsten thematisiert werden.

8.1 Risikogesellschaft

Der von Ulrich Beck (1986) geprägte Begriff Risikogesellschaft greift vor allem die negativen Konsequenzen der Globalisierung auf. Steigende Risiken führen in verschiedenen Bereichen zu Verunsicherungen. Die Globalisierung hat einerseits die Produktion von Risiken zur Folge. Anderseits wird man sich der Risiken durch den verbesserten Zugang zu Informationen auch bewusster: „In der fortgeschrittenen Moderne geht die gesellschaftliche Produktion von Reichtum einher mit der gesellschaftlichen Produktion von Risiken" (Beck, U. 1986, 25).

Der Umgang mit Risiken erfordert ein Abwägen beziehungsweise eine Reflexion über die eigenen Handlungen und Einstellungen. Denn die Globalisierung hat zur Folge, dass die Wahl- und Entscheidungsmöglichkeiten größer werden, aber auch, dass Entscheidungen getroffen werden müssen. Die dabei geforderte Reflexivität kann als Mitgestaltungsmöglichkeit oder als Bürde angesehen werden.

8.1.1 Entwicklung zur Risikogesellschaft

Risiken gab es schon immer, sie sind ein Teil des Lebens. Doch waren Risiken früher vor allem persönliche Risiken. Als Kolumbus aufbrach, nahm er in diesem Moment ein großes Risiko für sich selbst, seine Besatzung und seine Geldgeber auf sich. Doch hatte dies kaum Konsequenzen für weitere Menschen. Auch waren die meisten Risiken früher sinnlich wahrnehmbar. In mittelalterlichen Städten muss es stark gestunken haben und man sagt, dass, wer im London des 19. Jh. in die Themse fiel, nicht ertrank, sondern an den giftigen Ausdünstungen der Kloake starb (auch wenn dies wahrscheinlich übertrieben war). Früher konnten Risiken zum Beispiel auf eine Unterversorgung an Hygienetechnologie zurückgeführt werden. Heute verbergen sich die Zivilisationsrisiken hinter chemischen Formeln oder Begriffen wie Becquerel, Curie oder ppm (englisch: „Parts per Million"). Sie sind Nebenfolgen der Industrialisierung.

Ein Wechsel hat stattgefunden von einer Logik der Reichtumsverteilung in einer Mangelgesellschaft zur Logik der Risikoverteilung in einer entwickelten Moderne. Gleichzeitig mit den Beseitigungsversuchen des Mangels wurden im Zuge der exponenziell wachsenden Produktivkräfte Risiken und Selbstbedrohungspotenziale in einem bis dahin unbekannten Ausmaß freigesetzt. Es geht also nicht mehr ausschließlich um die Nutzbarmachung der Natur, um die Herauslösung der Menschen aus traditionellen Zwängen, sondern immer mehr um Folgeprobleme der technisch-ökonomischen Entwicklung (BECK, U. 1986, 26). Der Fortschritt, mit welchem Mangelerscheinungen wie Hunger und Armut beseitigt werden sollten, produziert selbst neue Risiken. Sie sind (meist unbeabsichtigte) Konsequenzen von Entscheidungen. Dies ist ein grundsätzlicher Unterschied zu früheren Risiken. Diese waren im Kern „Schicksalsschläge", die von außen auf die Menschen hereinbrachen (BECK, U. 2007, 25).

Damit wird nach BECK dem Modernisierungsprozess jedoch die bisherige Legitimationsgrundlage entzogen: die Bekämpfung des evidenten Mangels, für die man auch (unerkannte) Nebenfolgen in Kauf zu nehmen bereit war. Je nach Standpunkt rücken dabei folgende Fragen in den Vordergrund: Wie können die im fortgeschrittenen Modernisierungsprozess systematisch mitproduzierten Risiken und Gefährdungen verhindert, verharmlost, dramatisiert, kanalisiert, eingegrenzt oder umverteilt werden, sodass sie weder den Modernisierungsprozess behindern noch die Grenzen des (ökologisch, medizinisch, psychologisch oder sozial) Zumutbaren überschreiten? Die Bedrohungen und Schädigungen werden jedoch erst im Wissen über sie manifestiert. Sie sind darum in besonderem Maße offen für soziale Definitionsprozesse. Medien und Akteure in so genannten Definitionspositionen haben dabei eine Schlüsselstellung.

8.1.2 Neue Risiken sind globale Risiken

Die heutigen Risiken unterscheiden sich von den äußerlich zum Teil ähnlichen mittelalterlichen Risiken vor allem durch die Globalität ihrer Bedrohung. Dadurch sind sie in der Betroffenheit, die sie produzieren, nicht mehr an den Ort ihrer Entstehung gebunden. Die Gefahren der chemisch und atomar hochentwickelten Produktivkräfte heben die Grundlagen und Kategorien auf, in denen bisher über Risiken gedacht wurde: Raum und Zeit, Arbeit und Freizeit, Betrieb und Nationalstaat.

Die sozialen Gefährdungslagen folgen zwar in einigen Dimensionen der Ungleichheit von Schicht und Klasse, bringen jedoch eine wesentlich andere Verteilungslogik hervor. Modernisierungsrisiken betreffen letztlich auch die, die sie produzieren, sie enthalten einen „Bumerang-Effekt" (Beck, U. 1986, 30).

Neben den Ursachen von (neuen) Risiken haben sich deren Auswirkungen verändert. Viele der Folgen moderner Technologie und modernen Wirtschaftens haben globale Auswirkungen. Der Klimawandel ist nur die gegenwärtig prominenteste, die Verschmutzung der Meere, das Risiko einer atomaren Verseuchung durch einen Kraftwerksunfall wie Tschernobyl, ein Nuklearkrieg oder die Degradierung von Böden sind weitere. Die Globalisierung von Risiken führt zu Verunsicherungen und Ängsten (vgl. Abb. 8.1.2/1). Die neuen Gefahren sind nicht mehr die inneren Angelegenheiten eines Landes: einerseits aufgrund ihrer überregionalen Auswirkungen, andererseits weil die Gefahren nicht mehr im

Abb. 8.1.2/1 Titelblatt des Magazins „Der Spiegel" nach der Katastrophe von Tschernobyl

Alleingang bekämpft werden können. Dies trägt ebenso zur Verunsicherung der Bürger bei wie die Tatsache, dass Risiken lediglich die Antizipation von Katastrophen sind und nicht die Katastrophen selbst, die jeweils an einem bestimmten Ort und zu einer bestimmten Zeit stattfinden (Beck, U. 2007, 29). Die Berichterstattung der Medien ermöglicht es zudem, über Katastrophen, die sich irgendwo ereignen, in kürzester Zeit informiert zu werden.

Die heutigen Risiken können in drei Typen aufgeteilt werden (Beck, U. 2007, 37):

- Ökologische Krisen sind einerseits Konsequenzen von Naturkatastrophen wie Dürren, Vulkanausbrüchen oder Überschwemmungen. Anderseits sind sie auch Folgen der modernen industriellen Produktion von Gütern und somit menschlichen Ursprungs. U. Beck (1997, 76) bezeichnet sie als „Bads", die als Kehrseite von „Goods" oder Gütern produziert werden. Sie sind reichtumsbedingte ökologische Zerstörungen und technisch-industrielle Gefahren wie zum Beispiel das Ozonloch, der Treibhauseffekt, der Rinderwahnsinn (BSE), aber auch die unvorhersehbaren und unkontrollierbaren Folgen der Gentechnik. Sie können auch als – unerwünschte oder unbeabsichtigte – Nebeneffekte des Wirtschaftswachstums bezeichnet werden. Unerwünscht sind sie jedoch nicht in jedem Fall, da mit ihrer Beseitigung wiederum Geld verdient wird beziehungsweise das Bruttosozialprodukt erhöht werden kann. Während die reichtumsbedingten ökologischen Gefährdungen aus der Externalisierung von Produktionskosten resultieren, handelt es sich bei der armutsbedingten ökologischen Zerstörung um eine Selbstzerstörung der Armen mit Nebenwirkungen auf die Reichen. Reichtumsbedingte Umweltzerstörungen verteilen sich tendenziell eher gleichmäßig auf dem Globus, während armutsbedingte Zerstörungen vorrangig an Ort und Stelle anfallen und vor allem die Armen selbst am stärksten betreffen. Sie globalisieren sich erst in Form von mittelfristig auftretenden Nebeneffekten, wie zum Beispiel bei der Abholzung oder dem Abbrennen (vgl. Exkurs zum „Haze") tropischer Regenwälder durch Kleinbauernfamilien oder Plantagenbesitzern.

„Haze"

Der in Südostasien als „Haze" bezeichnete Dunst aus Rußpartikeln, der besonders 1997/98 in in der Region den Himmel verdunkelte (vgl. Abb. 8.1.2/2), ist eine Kombination von armuts- und reichtumsbedingter Umweltzerstörung. Große Gebiete auf Borneo und Sumatra brannten und konnten lange Zeit nicht gelöscht werden. Der Rauch breitete sich in der ganzen Region aus und beeinträchtigte die Sicht und das Atmen bis nach Singapur, Jakarta und Kuala Lumpur. Indonesien geriet in die internationale Kritik, weil es zu spät reagierte und der Vorbeugung zu wenig Beachtung geschenkt hatte (Sidler, P. 1997). Zwar waren es auch Kleinbauern, die durch Brandrodung Feuer entfacht haben. Doch erst durch die Rodungen von Regenwald für große Plantagen (vor allem Ölpalmen) wurden die für die Verbreitung des Feuers wichtigen Schneisen geschlagen (Rist, M. 2005). In diesen wuchs Sekundärwald mit brennbarem Unterholz nach. Außerdem lieferten die Plantagen selbst Brennmaterial. Wohl brennen auch intakte, ältere Primärwälder mitunter, doch da sie wenig Unterholz aufweisen, verbreitet sich in ihnen Feuer weit langsamer.

Abb. 8.1.2/2 *Auswirkungen des „Haze" in Kuala Lumpur, der Hauptstadt Malaysias*

- Globale Finanzkrisen erfolgen aufgrund der hochgradigen Vernetzung finanzieller Institutionen und den vielfältigen Möglichkeiten, finanzielle Mittel schnell verschieben und anlegen zu können. Nationale Ökonomien haben immer weniger die Möglichkeit, sich gegen Finanzkrisen zu schützen. Trotzdem gibt es bislang nur wenige Versuche, auf übernationaler Ebene auf solche Krisen zu reagieren.
- Terroristische Gefahren sind eine relativ neue Kategorie globaler Risiken. Die Geschichte terroristischer Anschläge ist wohl nicht viel jünger als die Menschheitsgeschichte selbst. Doch sie waren früher lokalisiert und bezogen sich auf lokale oder regionale Strukturen wie zum Beispiel bei Unabhängigkeitsbewegungen. Seit 9/11 hat sich dies – vor allem im Bewusstsein der Öffentlichkeit – geändert. Im Gegensatz zu ökologischen und finanziellen Krisen, die in der Regel als unbeabsichtigte Folgen von menschlichen Aktivitäten gewertet werden können, sind Terroranschläge beabsichtigt und haben das Ziel, Menschen direkt oder indirekt zu schaden.

8.1.3 Versicherbarkeit von Risiken

Die Modernisierung hat zu einer Risikogesellschaft geführt, in der Risiken bis zu einem gewissen Grad kalkuliert werden können. Es sind die Instrumente der Moderne, welche es ermöglichen, Risiken durch Eintretenswahrscheinlichkeiten zu berechnen. Deren Genauigkeit variiert zwar, doch lassen sich die Wahrscheinlichkeiten für Tsunamis und Vulkanausbrüche ebenso berechnen wie das Risiko, dass eine Staumauer bricht, ein Atomkraftwerk leckt oder man als Raucher an Krebs erkrankt. Die Möglichkeit der Versicherung entbindet teilweise davon, Verantwortung zu übernehmen, denn Versicherung bedeutet auch Sicherheit (LASH, S. 1994, 201). Dazu muss natürlich angemerkt werden, dass nicht alle Menschen die Möglichkeit haben, sich zu versichern.

Die Kalkulierbarkeit von Risiken ist eine Voraussetzung für ihre Versicherbarkeit. Ein Hersteller von Fahrzeugen kann sich gegen die Konsequenzen möglicher Defekte versichern, Ärzte können für die Folgen von Kunstfehlern Policen abschließen, und Bauern können ihre Ernte gegen Schäden versichern. Globale Risiken sind in der Regel nicht versicherbar. Einerseits, weil die Wahrscheinlichkeit ihres lokalen Eintretens schlecht berechnet werden kann (wie z. B. bei den Auswirkungen von gentechnisch verändertem Saatgut oder der Nanotechnologie); anderseits, weil ihre Auswirkungen im Eintretensfall derart katastrophal sein können, dass keine Versicherung den Schaden übernehmen kann (wie z. B. bei einem Reaktor-GAU). Auch gegen die Auswirkungen des Klimawandels können direkt keine Versicherungen abgeschlossen werden. Dies setzt jedoch voraus, dass Versicherungen das Risiko einschätzen und eine Entscheidung über dessen Versicherbarkeit treffen können. Bei unbekannten Risiken ist dies jedoch nur bedingt der Fall. Vor 9/11 war ein solcher potenzieller Versicherungsfall nicht voraussehbar. Gleichwohl haben die Versicherungen den Fall wie einen „großen Einbruch" behandelt und sind ihren Verpflichtungen nachgekommen (BECK, U. 2007, 239). Es ist für sie schwieriger geworden, Grenzen der Versicherbarkeit zu ziehen.

Aufgrund der verbesserten Antizipierbarkeit von Katastrophen kann über deren Folgen besser diskutiert und debattiert werden. Dies hat auch zur Folge, dass die Bemühungen zur Verhinderung von Katastrophen und zur Vorbeugung gegen Gefahren verstärkt werden könn(t)en, beziehungsweise verstärkt werden müss(t)en. Vor allem die Staaten sind hier herausgefordert, da sie für die Sicherheit ihrer Bürger verantwortlich sind. Vermehrte Information, gekoppelt mit Vorsorgebestrebungen, führt zu einem verstärkten Diskurs über Risiken. U. BECK (2007, 31) spricht von einer Realitätsinszenierung des Weltrisikos.

8.1.4 Reflexiver Umgang mit Risiken

Mit der Risikogesellschaft ist die Moderne in eine neue Phase getreten, da sie ihr Ziel, die Beseitigung des Mangels, in den industrialisierten Ländern in den 1960er-Jahren erreicht hat. ULRICH BECK, ANTHONY GIDDENS und SCOTT LASH (1994) nennen sie in ihrem gleichnamigen Buch reflexive Moderne, da sie Selbstkritik beziehungsweise Reflexion in allen Formen und auf allen Ebenen fordert. Mit dem Wandel zur Risikogesellschaft verbreitet sich auch das Wissen, dass die Quellen des Reichtums verunreinigt sind durch wachsende Nebenfolgengefährdungen. Die Verbreitung und Vermarktung von

Risiken geht mit der kapitalistischen Entwicklungslogik einher, ja sie hebt sie sogar auf eine neue Stufe, denn Modernisierungsrisiken sind „Big Business". Zivilisationsrisiken sind ein Bedürfnisfass ohne Boden, denn mit Risiken wird die Wirtschaft selbstreferentiell wie es U. Beck (1986, 30) mit Bezugnahme auf N. Luhmanns Systemtheorie (vgl. Berghaus M. 2003) ausdrückt. Ein gutes Beispiel hierfür ist der so genannte „Millenium-Bug"[1] (oder „Y2K-Bug"), der von der Computerbranche verursacht und von denselben Firmen für teures Geld wieder behoben wurde. Werden Risiken sozial anerkannt, wie dies zum Beispiel beim Waldsterben der Fall ist, so erhalten sie politischen Zündstoff. Denn plötzlich gehen Öffentlichkeit und die Politik in die intimen Bereiche des betrieblichen Managements hinein, zum Beispiel in die Produktplanung oder die technische Ausstattung, die nach potenziellen Gefahrenherden durchleuchtet und gegebenenfalls mit Sanktionen belegt werden (Beck, U. 1986, 31).

Globale Risiken beziehungsweise ökologische Schocks lassen die Bevölkerung die Erfahrung der Zerbrechlichkeit von Zivilisation machen, die Erfahrung eines gemeinsamen Schicksals. Der Ausdruck Schicksal ist richtig, weil alle nun mit Folgen wissenschaftlich-industrieller Entscheidungen konfrontiert sein können. Falsch ist er, weil die drohenden Gefahren Resultat menschlicher Entscheidungen sind und nicht etwas Äußerliches oder Gottgegebenes. Damit werden durch ökologische Schocks Erfahrungen gemacht, die früher als Gewalterfahrung nur in Kriegen gemacht wurden und so (meist) national begrenzt waren. Diese Erfahrungen sprengen den nationalen Rahmen. Die Grenzenlosigkeit der hergestellten Bedrohung weckt ein kosmopolitisches Alltagsbewusstsein der Weltrisikogesellschaft. Da Nebenfolgen von Gefahren nicht mehr externalisierbar sind, stellen Risikokonflikte das institutionelle Gefüge in Frage (Beck, U. 1997, 74).

Die Wahrnehmung der globalen ökologischen Gefahren treibt viele in den Fatalismus (vgl. Hofer, T. 2003). Doch dieser ist fehl am Platz, denn das herausragende Merkmal von Konflikten im Gefolge von Risiken liegt darin, dass zuvor depolitisierte Bereiche der Entscheidungsfindung durch die öffentliche Wahrnehmung von Risiken politisiert werden. So werden Themen öffentlich, die zuvor hinter verschlossenen Türen blieben: zum Beispiel Investitionsentscheidungen wie die Beteiligung von Firmen am Bau von großen Staudammprojekten, die chemische Zusammensetzung von Produkten (z. B. Antibiotika in der Rohmilch, Dioxin im Fleisch) oder die Freisetzung von genveränderten Pflanzen in wissenschaftlichen Forschungsprogrammen.

Durch die wichtige Rolle der Entscheidungen, die mit dem Kauf von Produkten getroffen werden, erfährt die Demokratie gemäß U. Beck (1997) eine Erweiterung. Ein Problem dieser Erweiterung in die gemeinhin als apolitisch bezeichneten Bereiche von Wirtschaft und Wissenschaft ist, dass sie gemäß U. Beck durch „antiquierte" Definitionsverhältnisse blockiert werden. Die Beweislast wird nicht denjenigen zugemutet, die von einem Risiko profitieren, sondern denjenigen, die davon betroffen sind. Um zu einer ökologischen Demokratie zu gelangen, in der zuerst über technologische und ökonomische Entwicklungen debattiert wird, bevor Schlüsselentscheidungen gefällt werden, müsste die Beweislast umgedreht werden. Allerdings müsste dafür auch ein neues Regelsystem gefunden oder erfunden werden, das die Fragen regelt, was als Beweis und was als angemessen gilt, was Wahrheit ist und wie Gerechtigkeit ausgeübt werden soll. U. Beck (1997, 171) stellt aber sarkastisch fest, dass nur wenige das Ruder wirklich herumreißen wollten.

Um auf demokratische und mündige Weise mit Risiken umgehen zu können, ist die Reflexion über Risiken und deren Ursachen wichtig. Dies schließt die Möglichkeit der Beurteilung aufgrund von Expertenmeinungen ein, bedeutet jedoch nicht einfach das Vertrauen auf jegliche Expertise, sondern die wohl überlegte Entscheidung, welchem Experten man sein Vertrauen schenken will. Da auch wissenschaftliche Untersuchungen zu verschiedenen Resultaten führen können und diese unterschiedlich interpretiert werden, ist dies nicht immer leicht.

Zusammenfassung

Fazit
- Durch den mit der Entwicklung der Globalisierung erreichten Fortschritt entstehen Risiken. Der Umgang mit einer zunehmenden Zahl an Risiken ist zu einem gesellschaftlichen Thema geworden. U. Beck (1986, 2007) folgert daraus, dass die Menschheit in einer (Welt-)Risikogesellschaft lebt.
- Früher betrafen Risiken lokal begrenzte Regionen und Einzelpersonen, heute sind sie weniger gut lokalisierbar und auch weniger gut fassbar.
- Risiken sind immer mehr Folgeprobleme der technisch-ökonomischen Entwicklung, die viele oder alle betreffen. Auch die Verursachung dieser Nebenfolgen ist auf die Summe vieler Einzelhandlungen zurückzuführen (wie durch das Autofahren oder Fliegen). Die Verantwortung ist (fast) ebenso diffus wie die Betroffenheit.
- Wichtig werden nach U. Beck Definitionsprozesse, durch welche Risiken erst zu einem Thema werden. Medien und Experten, die Risiken benennen können, haben eine große Definitionsmacht.
- Das, was an Risiken ängstigt, ist vor allem die Erwartung von Katastrophen. Diese Furcht ist global, während aktuell eintretende Katastrophen lokal sind und lokal begrenzte Betroffenheiten zur Folge haben (auch wenn diese für die Einzelnen schwerwiegend sein können).
- Heutige Risiken können nach U. Beck in drei Typen eingeteilt werden: ökologische Krisen, globale Finanzkrisen und terroristische Gefahren. Die ersten beiden Kategorien sind vor allem unbeabsichtigte Folgen menschlicher Handlungen, mit denen die Handelnden etwas anderes bezwecken.
- Risiken haben eine bestimmte Eintrittswahrscheinlichkeit, die mehr oder weniger gut berechnet werden kann. Durch diese Kalkulierbarkeit werden Risiken auch versicherbar. Bei globa-

len Risiken ist dies jedoch nicht mehr der Fall, da die Wahrscheinlichkeit des Eintretens an einem bestimmten Ort schwer zu berechnen ist, und weil die potenziellen Kosten den Rahmen der Versicherbarkeit sprengen.
- Da Risiken vermehrt selbstverursacht sind, ist ein reflexiver Umgang mit ihnen gefordert. Die Reflexion, das Nachdenken, über Risiken findet zunehmend in der Öffentlichkeit statt, in der Risiken zum Politikum werden. Dies kann auch zu einer Demokratisierung bei der Vermeidung von Risiken führen, wenn zum Beispiel Kaufentscheidungen aufgrund von befürchteten Katastrophen getätigt oder nicht getätigt werden.

Zum Einlesen
Beck, U. (2007): Weltrisikogesellschaft. – Suhrkamp, Frankfurt am Main.
Gut zwanzig Jahre nach dem Erscheinen seines wichtigen Werks zur „Risikogesellschaft" bringt der Autor mit „Weltrisikogesellschaft" eine aufdatierte und den Prozessen der Globalisierung Rechnung tragende Neueinschätzung.
Müller-Mahn, D. (2007): Umgang mit Risiken – Themenheft. In: Geographische Rundschau, 59 (10).
In diesem Themenheft der Geographischen Rundschau wird der Umgang mit Risiken an verschiedenen Beispielen aufgezeigt.

8.2 Verstädterung

Bevölkerungswachstum und veränderte Produktionsregimes führen unter anderem zu einer weltweiten Verstädterung, die vor allem in Ländern des Südens enorm voranschreitet. Städte bilden damit für immer mehr Menschen den Lebensmittelpunkt (vgl. Abb. 8.2.1/1). 2008 lebten erstmals mehr Menschen in Städten als auf dem Lande (Bevölkerungsfonds der Vereinten Nationen 2008), und für 2050 rechnet man mit einem Anteil von knapp 70 Prozent urbaner Bevölkerung (World Urbanization Prospects 2008). Parallel dazu bildet sich ein globales Netzwerk von „Global Cities" heraus, bei dem die Städte bestimmte Funktionen (v.a. Kontroll- und Steuerungsfunktionen) erfüllen. Es entstehen immer mehr Städte, aber auch immer größere Städte. Die Größe und Zahl von Megacities mit Einwohnerzahlen von über 5–10 Millionen ist ebenso am wachsen.

8.2.1 Städte – Orte des Marktgeschehens

Städte unterliegen als Zentren des Handels und als Marktstandorte ebenfalls einem grundlegenden Wandel. Ihre frühen Wurzeln haben Städte vor allem dort, wo in der Steinzeit erstmals ein handelbarer Überschuss an Waren produziert wurde. Dieser wurde an bestimmten Knotenpunkten gehandelt, woraus sich schließlich Märkte und Städte entwickelten. Doch Städte sind nicht nur Manifestationen der Marktmechanismen, sie sind zugleich Orte intensivierter sozialer und politischer Verbindungen.
Durch die Globalisierung ändert sich jedoch die Rolle der Städte weiter. Globale Märkte sind nicht mehr an bestimmte Lokalitäten gebunden. Dies hat auch Folgen für die Ästhetik von Handelszentren, den Stätten des Marktgeschehens. Während sich ein Fischmarkt offen, riechend und allgemein zugänglich präsentiert,

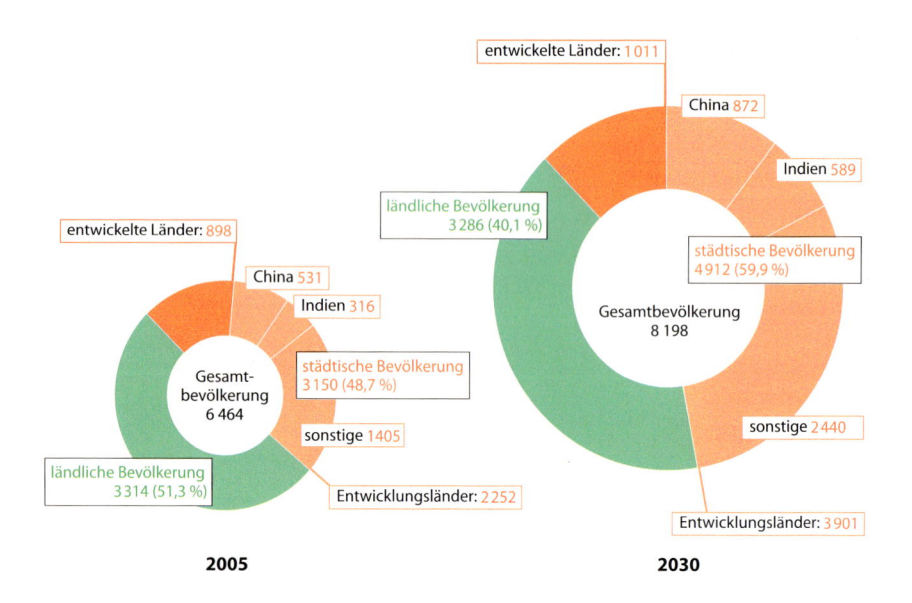

Abb. 8.2.1/1 *Prognostizierte Veränderung der städtischen Bevölkerung nach entwickelten und weniger entwickelten Ländern von 2005 bis 2030. Die städtische Bevölkerung wächst überproportional zur globalen Bevölkerung.*

hat die Fassade eines Bankzentrums – je nach Epoche, in der sie erbaut wurde – etwas Abweisendes und Ausschließendes (ALTVATER, E. & B. MAHNKOPF 1996, 125). Weder ein lokaler Baustil noch distinkte städtische Lebensformen haben im Wirtschaftsprozess mehr große Bedeutung. Konkurrenz läuft vor allem über Quantität ab: Steht das größte Hochhaus in Chicago, Kuala Lumpur, Taipeh oder bald in Dubai? Wichtige Städte befinden sich an den Knotenpunkten globaler Marktbeziehungen. Es handelt sich dabei um (virtuelle) Umschlagplätze für Geld, für Transportdienstleistungen, um Terminals für Welthandelswaren, um Drogenumschlagplätze, um Tourismusdestinationen. Mehr und mehr müssen Finanzplätze auch keine (Groß-)Städte mehr sein, wie die Beispiele der „Offshore-Zentren" Luxemburg, Bermudas oder Cayman Islands zeigen (DICKEN, P. 1998, 417). Die Bedeutung dieser Städte hängt stark von der Funktion ab, die sie im globalisierten Netzwerk wahrnehmen, und davon, wie lange sie diese Funktion ausüben können. Die übrigen Charakteristika einer Stadt, zum Beispiel die Lebensweise der Bewohner, die Kultur, Bausubstanz tendieren dazu, lediglich zur Fassade für die Funktionalität des Knotens zu werden.

8.2.2 Das System der „Global Cities"

Obwohl Märkte nicht mehr an lokale Standorte gebunden sind, und es die Kommunikationstechnologien nicht mehr erforderlich machen, dass Besprechungen und Verhandlungen in Gegenwart der Beteiligten geführt werden müssen, haben Städte nicht an Bedeutung verloren. Vor allem die Herausbildung globaler Finanz- und Dienstleistungsunternehmen – die so genannten „FIRE-Sektoren": "Finance", „Insurance", „Real Estate" – hat einen Bedarf an Steuerungsfunktionen hervorgerufen (vgl. Fassmann, H. 2009, 212). Diese ließen sich zwar ebenfalls dezentral organisieren, doch ist dies nicht der Fall. Vielmehr konzentrieren sich diese Steuerungs- und Kontrollfunktionen in wenigen Großstädten, den „Global Cities"[2], in denen sich auch das Kapital akkumuliert (Sassen, S. 1994). Eine Folge der Globalisierung ist ein verschärfter Wettbewerb zwischen Städten. Dieser macht einerseits Potenziale frei für die Neuausrichtung auf konkurrenzfähige Wirtschaftszweige. Anderseits führen diese Prozesse auch zu Fragmentierungen und zunehmender Differenzierung innerhalb der Städte (vgl. Schneider-Sliwa, R. 2002, 1).

Der Einschluss oder die Inklusion in den „erlauchten Kreis" der „Global Cities" hat auch eine Kehrseite: den Ausschluss oder die Exklusion des anderen. Im Kleinen wird dies in den „Gated Communities" sichtbar, die durch eine Mauer oder einen Zaun von ihrer Umgebung abgetrennt sind, nur durch ein (bewachtes) Tor betreten werden können, und die mitunter außerhalb der Stadtzentren errichtet werden (vgl. Abb. 8.2.2/1).

Zwar hatten die Reichen immer schon die Tendenz, sich von den Armen abzuschotten, doch kommt in den „Global Cities" die Komponente der Entankerung hinzu (vgl. Krätke, S. 2008, 141). Die Bewohner der „Gated Communities" haben sich aufgrund der Funktionalität solcher Einrichtungen niedergelassen und nicht wegen sozialer, kultureller oder gar territorialer Bindungen. Sie sind im höchsten Grade mobil und daher zunehmend indifferent gegenüber dem Gegensatz „Arm und Reich" (vgl. Low, S. 2001). Eine Folge davon kann eine Verschuldung der Städte sein, da Steuern lokal in Bezug auf ein Territorium erhoben werden und viele „Gated Communities" außerhalb von Städten gebaut werden (vgl. Strahilevitz, L. 2006). Die Verschuldung der Städte aber ist globalisiert gegenüber Anleihegebern auf globalen Finanzmärkten. Oftmals bevorzugen höheren Einkommensschichten steuergünstige Wohn- und Lebensbedingungen. Die Gemeinsamkeit der Lebenserfahrung zwischen Gläubigern und Schuldnern wird so zerrissen, genauso wie die Gemeinsamkeit der Interessen an einer bestimmten Stadt. Als Fazit kann man sagen, dass es in erster Linie nicht (mehr) um den Ort mit seinen physischen und kulturellen Attributen geht, sondern um den Standort oder die Standortfaktoren (Albrow, M. 1998). Die Nähe zu anderen Firmen ermöglicht auch den informellen Austausch zwischen Entscheidungsträgern, der neben formellen Treffen ebenfalls wichtig ist (vgl. Fassmann, H. 2009, 212). Außerdem kann in „Global Cities" wichtige Infrastruktur zentral angeboten werden,

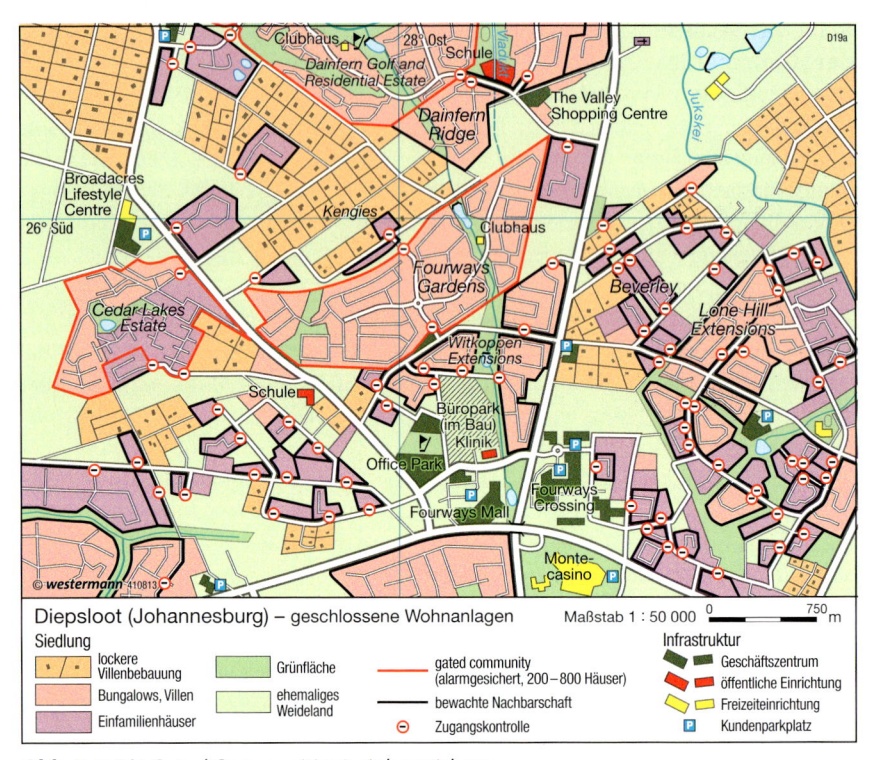

8 Vor welche Herausforderungen stellt uns die Globalisierung?

Abb. 8.2.2/1 *Gated Communities in Johannisburg*

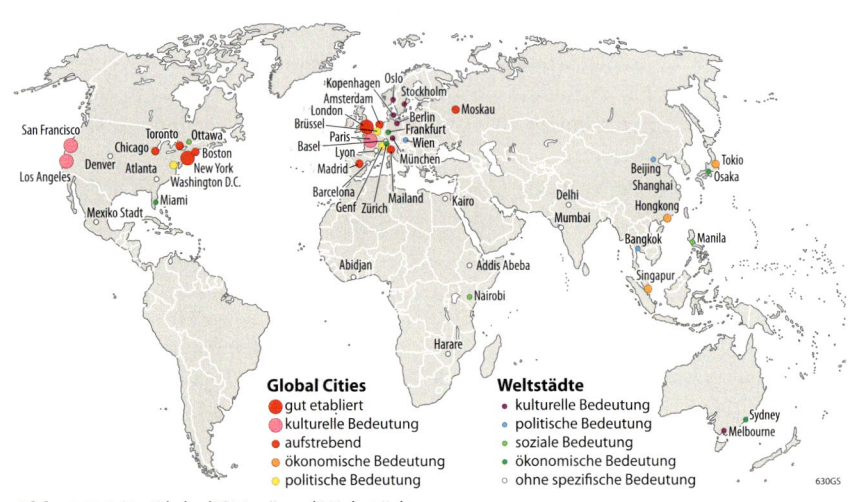

Abb. 8.2.2/2 *„Global Cities" und Weltstädte*

was Kosten senkt und die Flexibilität erhöht. Und schließlich bieten Großstädte dem (gehobenen) Management urbanes Wohnen und Kultur, was ein nicht zu unterschätzender Standortfaktor ist.
„Global Cities" können in Hierarchien untergliedert werden, die ihre Bedeutung widerspiegeln. Da für die Berechnung dieser Hierarchien unterschiedliche Ansätze, Werte und Indikatoren verwendet werden, resultieren daraus auch verschiedene Rangordnungen. P. J. Taylor hat sich bereits in den 1990er-Jahren, kurz nachdem der Begriff der „Global City" von S. Sassen populär gemacht wurde (Fassmann, H. 2009, 214), mit diesen Berechnungen befasst und hat diese immer wieder aktualisiert (Taylor, P. J. 2005):

- Zu den gut etablierten „Global Cities" gehören London und New York, die in allen Bereichen die größten Kontroll- und Steuerungsfunktionen einnehmen. Mit kleinen Abstrichen und einer Betonung der Kultur gehören auch Paris, Los Angeles und San Francisco in diese Gruppe. Amsterdam, Boston, Chicago, Madrid, Mailand, Moskau und Toronto sind aufstrebende „Global Cities". Zu den auf einen bestimmten Aspekt spezialisierten „Global Cities" gehören im ökonomischen Bereich Hongkong, Singapur und Tokio, im politischen Bereich: Brüssel, Genf und Washington.
- Als Weltstädte, die hinsichtlich eines bestimmten Aspektes globale Bedeutung haben, gelten mit kultureller Bedeutung: Berlin, Kopenhagen, Melbourne, München, Oslo, Rom und Stockholm; mit politischer Bedeutung: Bangkok, Beijing und Wien; mit sozialer Bedeutung: Manila, Nairobi und Ottawa; mit ökonomischer Bedeutung: Frankfurt, Miami, München, Osaka, Singapur, Sydney und Zürich. Weitere Weltstädte mit nicht genauer spezifizierter Bedeutung sind: Abidjan, Addis Abeba, Atlanta, Basel, Barcelona, Kairo, Denver, Harare, Lyon, Manila, Mexico City, Mumbai, Neu Delhi und Shanghai.

Bei der Betrachtung von Abb. 8.2.2/2 wird deutlich, dass sich die „Global Cities" nicht gleichmäßig über den Globus verteilen. Sie sind vor allem in den dicht besiedelten Gebieten der Triade zu finden. Zwar sind die wichtigsten „Global Cities" auch Millionenstädte, doch sieht man am Beispiel Zürich, das mit seinen knapp 400 000 Einwohnern eine Weltstadt ist, dass Größe allein kein Kriterium für die globale Bedeutung einer Stadt ist. Das Konzept der „Global Cities" ist kritisierbar, da ein starker Fokus auf den Dienstleistungssektor gelegt wird. Dieser ist zwar der dynamischste Wirtschaftssektor, doch kommt der Industrie immer noch eine große Bedeutung zu. Die damit verbundene einseitige Wahl von Kategorien, die zur Berechnung der Bedeutung herangezogen wird, führt denn auch dazu, dass südamerikanische Städte fehlen und dass die Bedeutung gewisser afrikanischer Städte (wie zum Beispiel Harare) wohl überschätzt wird. Nichtsdestotrotz zeigt die Übersicht deutlich, wo global relevante Entscheidungen getroffen werden. Weitere Klassifizierungsmöglichkeiten und Erläuterungen zur Hierarchie und zur Entwicklung von Ballungsräumen wie den „Global Cities" finden sich unter anderem bei U. Gerhard (2004), H. Fassmann (2009) oder J. Bähr & U. Jürgens (2009).

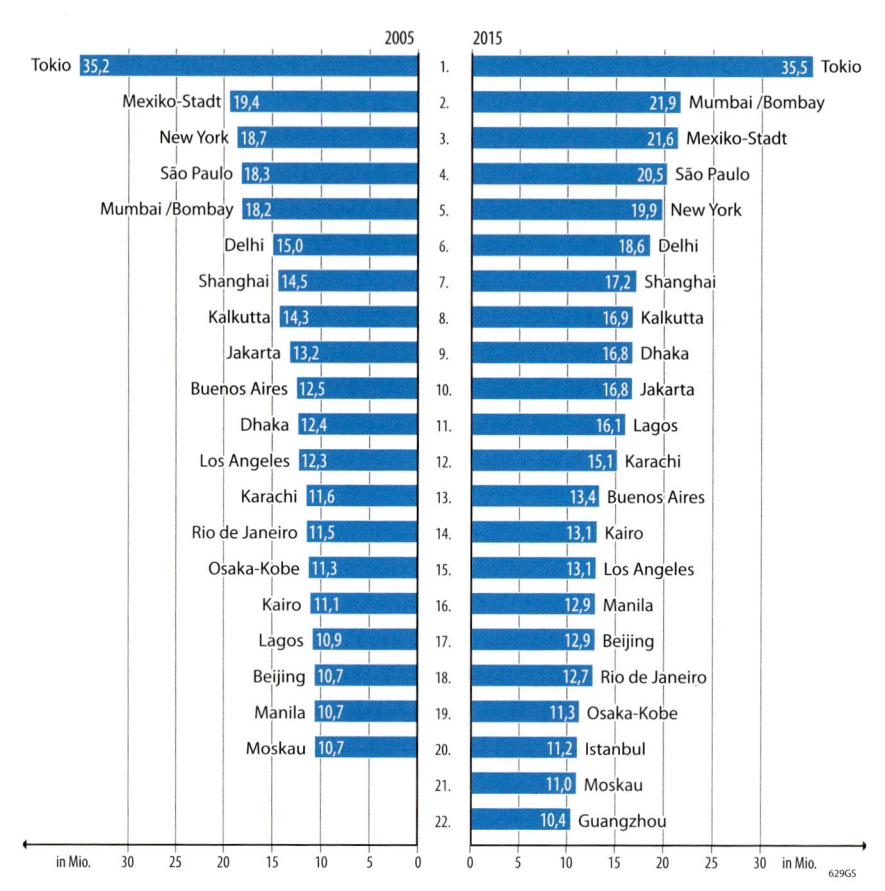

Abb. 8.2.3/1 *Megastädte mit über zehn Millionen Einwohnern 2005 und 2015*

2005
1. Tokio 35,2
2. Mexiko-Stadt 19,4
3. New York 18,7
4. São Paulo 18,3
5. Mumbai/Bombay 18,2
6. Delhi 15,0
7. Shanghai 14,5
8. Kalkutta 14,3
9. Jakarta 13,2
10. Buenos Aires 12,5
11. Dhaka 12,4
12. Los Angeles 12,3
13. Karachi 11,6
14. Rio de Janeiro 11,5
15. Osaka-Kobe 11,3
16. Kairo 11,1
17. Lagos 10,9
18. Beijing 10,7
19. Manila 10,7
20. Moskau 10,7

2015
1. Tokio 35,5
2. Mumbai/Bombay 21,9
3. Mexiko-Stadt 21,6
4. São Paulo 20,5
5. New York 19,9
6. Delhi 18,6
7. Shanghai 17,2
8. Kalkutta 16,9
9. Dhaka 16,8
10. Jakarta 16,8
11. Lagos 16,1
12. Karachi 15,1
13. Buenos Aires 13,4
14. Kairo 13,1
15. Los Angeles 13,1
16. Manila 12,9
17. Beijing 12,9
18. Rio de Janeiro 12,7
19. Osaka-Kobe 11,3
20. Istanbul 11,2
21. Moskau 11,0
22. Guangzhou 10,4

8.2.3 Megastädte

Im Gegensatz zu „Global Cities" werden Megastädte über ihre Größe definiert. Je nach Definition umfasst eine Megastadt fünf, acht oder zehn Millionen Einwohner (KRAAS, F. & P. MERTINS 2008; vgl. Abb. 8.2.3/1). Die größten Wachstumsraten haben Megastädte in den Entwicklungsländern. Dies hat mit der demographischen Entwicklung (vor allem mit hohen Geburtenraten) zu tun, aber auch mit Migration der Landbevölkerung in die Großstädte. Für viele Familien im ländlichen Raum ist die Migration eines Haushaltsmitgliedes in die Großstadt zu einem wichtigen Element der Lebensunterhaltsstrategie geworden (THIEME, S. & P. HERZIG 2007). Auch wenn die Hoffnungen auf Arbeit oft nicht erfüllt werden, sind die Chancen, eine Nische zu finden, um den Lebensunterhalt zu bestreiten, in Städten größer als auf dem Land. In den letzten Jahren wuchsen die Städte in China und Indien besonders stark. Dies hat nicht nur mit

8.2 Verstädterung

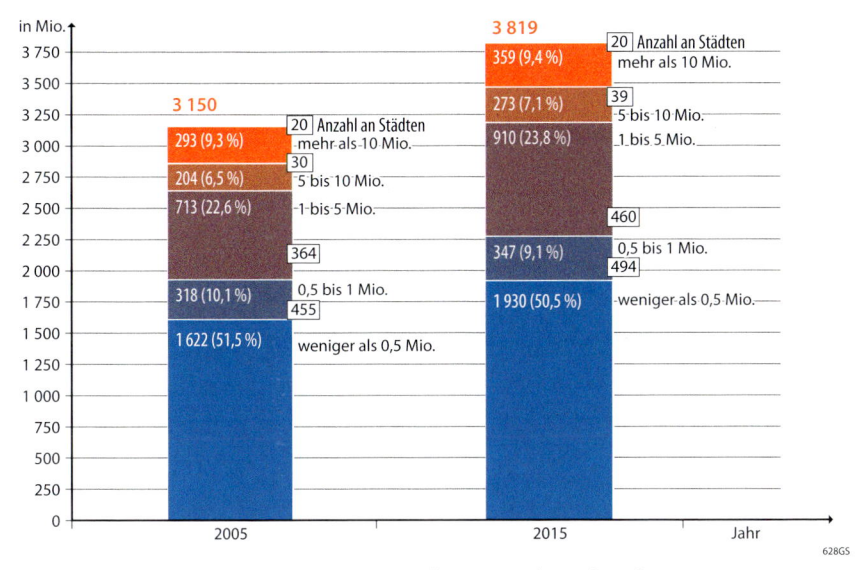

Abb. 8.2.3/2 Verteilung der städtischen Bevölkerung nach Stadtgrößen

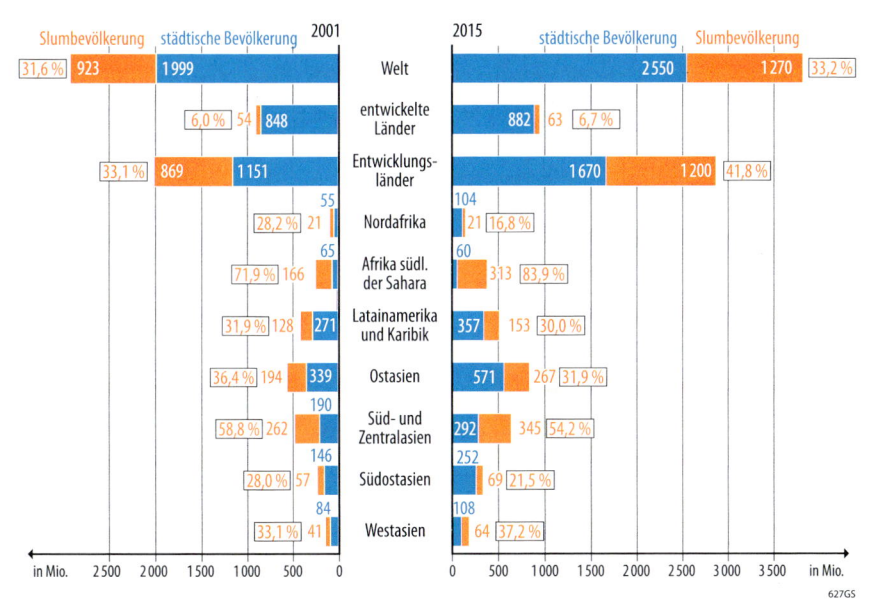

Abb. 8.2.3/3 Anteil der Slumbevölkerung an der städtischen Bevölkerung in verschiedenen Regionen

der oft prekären Situation auf dem Land zu tun, sondern auch mit einer Politik der Öffnung. In China wurden die Bestimmungen, welche die Wanderungsmöglichkeiten regelten, gelockert, und Indien öffnete seine Märkte gegen außen, sodass in Städten die Nachfrage nach Arbeitskräften stieg. Abb. 8.2.3/2 zeigt die Verteilung der städtischen Bevölkerung auf Städte unterschiedlicher Größe. In den rund zwanzig Megastädten leben knapp zehn Prozent der weltweiten städtischen Bevölkerung.

Die starke Zuwanderung in bereits sehr große Agglomerationen stellt diese vor große Herausforderungen. Fehlender Wohnraum, unzureichende Infrastruktur und ein Angebot an formeller Arbeit, das weit geringer ist als die Nachfrage, begünstigen die Entwicklung von Slums und führen zu einem Anwachsen des informellen Sektors. Viele der Zugewanderten müssen in prekären Verhältnissen leben, ihre Verwundbarkeit ist groß. Sie sind stärker von Naturkatastrophen (Überschwemmungen, Stürme, Erdbeben) bedroht (vgl. BOHLE, H.-G. & P. SAKDAPOLRAK 2008) da sie an ungünstigen Orten siedeln müssen. Außerdem geraten sie schnell in Mitleidenschaft von Bandenkriegen oder in Auseinandersetzungen von Banden mit den Behörden (KRAAS, F. & G. MERTINS 2008, 6). Durch den fehlenden Zugang zu Basisinfrastruktur wie Wasser oder Elektrizität verteuert sich für die ohnehin schon Armen die Bestreitung des Lebensunterhaltes, da zum Beispiel Wasser von weit herbeigeschafft oder teuer gekauft werden muss. Hinzu kommt, dass diese Bevölkerungsschicht oft nur geringe Möglichkeiten hat, sich zu artikulieren, um Verbesserungen zu erwirken. Ihr fehlt vielfach die Zeit, sich zu organisieren, erschwerend kommt ihr illegaler Status hinzu (KRAAS, F. & G. MERTINS 2008).

Die Zahl der in Slums lebenden Menschen ist während der letzten Jahrzehnte stark gestiegen. Sie liegt heute bei rund einer Milliarde, einem Drittel der globalen Stadtbevölkerung, und dürfte weiter steigen (vgl. Abb. 8.2.3/3). Die Verhältnisse in Slums zeichnen sich aus durch schlechte Bausubstanz, hohe Belegungsdichte, fehlenden Zugang zu Trinkwasser und sanitären Einrichtungen und Rechtsunsicherheit (RIBBECK, E. 2008).

Die Steuerbarkeit der Entwicklung von Megastädten ist ein großes Problem. Vielfach hindern Verwaltungsgrenzen und eine sektorale Planungsstruktur die effektive Planung und Steuerung städtischer Entwicklung. Dies bedeutet jedoch nicht, dass Megastädte im Chaos versinken, auch wenn dies außenstehenden Beobachtern so vorkommen mag. Vielmehr ist eine Vielzahl von NGOs, Einwohnergruppen und Firmen an der Verwaltung solcher Städte beteiligt. Die Koordination dieser Aktivitäten mit denen der Regierung ist jedoch notwendig und würde die Steuerung von Megastädten erleichtern.

Neben den geschilderten Problemen haben Megastädte auch Vorteile aufzuweisen, weswegen eine Abschottung gegenüber Zuwanderungswilligen nicht die Lösung für die Probleme der armen Bevölkerungsschichten auf dem Land und in Städten ist. Aufgrund der größeren Bevölkerungsdichte in Städten wird der Flächenverbrauch pro Kopf eines

Landes oder einer Region gesenkt, was bei einer zunehmenden Bevölkerung ein wichtiger Faktor ist. Durch diese Dichte ist eine effizientere Ressourcennutzung und Organisation von Infrastruktur-, Gesundheits- und Bildungseinrichtungen möglich. Deswegen sollten Megastädte in diesen Belangen Unterstützung erhalten, wenn es um die Bekämpfung der Armut geht.

Es wäre aber verfehlt, sich lediglich auf die Entwicklung von Megastädten zu konzentrieren. Denn kleinere Städte sind ebenfalls im Wachsen begriffen und kämpfen ebenso mit Problemen, die nicht zu unterschätzen sind. Problematisch wird es, wenn eine Größe erreicht wird, für die die bestehenden Verwaltungsstrukturen nicht mehr genügen.

Zusammenfassung

Fazit
- Die Verstädterung schreitet mit der Dritten Globalisierung stark voran, und erstmals lebt über die Hälfte der Menschheit in einem städtischen Kontext.
- Städte wachsen einerseits, andererseits hat ihre Bedeutung als Orte der Güterproduktion und des Handels abgenommen. Märkte sind nicht mehr an einen konkreten Ort gebunden, sondern können überall stattfinden.
- Trotz der Entankerung der Märkte sind Städte wichtig geblieben. Wo sie an Bedeutung für die Produktion eingebüßt haben, werden ihre Steuer- und Kontrollfunktionen im Dienstleistungsbereich wichtiger. Städte, die viele dieser Funktionen auf sich vereinen, nennt man „Global Cities".
- „Global Cities" folgen einer Hierarchie. Gut etablierten „Global Cities" mit umfassenden Kontrollfunktionen (wie London und New York) folgen Weltstädte, deren Spektrum etwas eingeschränkter oder spezialisierter ist. Die meisten „Global Cities" befinden sich in der Triade.
- Megastädte werden über ihre Größe definiert, die fünf, acht oder zehn Millionen Einwohner übersteigt. Größe und Zahl der Megastädte nehmen zu, am stärksten in so genannten Entwicklungsländern. Dafür ist neben der demographischen Entwicklung die Zuwanderung verantwortlich.
- Die Verwaltungen der Megastädte sind oft überfordert durch den Strom der Migranten. Die Folge ist, dass sich vor allem die ärmeren Zuwanderer in prekären Wohn- und Lebenssituationen wiederfinden und die Bildung von Slums voranschreitet.
- Obgleich die Steuerbarkeit von Megastädten schwierig ist, haben sie ein Potenzial für eine nachhaltige Entwicklung. Durch den geringeren Flächenverbrauch der Personen, die dicht aufeinander leben, können Infrastruktur-, Bildungs- und Gesundheitseinrichtungen effizienter garantiert werden, vorausgesetzt, die dafür benötigten Ressourcen können mobilisiert werden.

Zum Einlesen
SCHNEIDER-SLIWA, R. (Hrsg.) (2002): Städte im Umbruch: Die Neustrukturierung von Berlin, Brüssel, Hanoi, Ho Chi Minh Stadt, Hongkong, Jerusalem, Johannesburg, Moskau, St. Petersburg, Sarajewo und Wien. – Reimer, Berlin.
In diesem Sammelband werden Veränderungsprozesse von Städten verschiedener Größe und Ausgangslage analysiert.

8.3 Veränderungen von Familie und Beziehungen

Die Globalisierung beeinflusst nach A. GIDDENS (2001) auch das Privatleben: Sexualität, Beziehungen, Ehe und die Familie. Dies sind zentrale Aspekte des sozialen Zusammenlebens und des Alltags, dessen Einbettung in die Globalisierung im ersten Kapitel thematisiert wurde und mit dem das Buch abgeschlossen wird. In allen Kulturen wird über diese Veränderungen debattiert. In einigen wird versucht, Wandel durch Restriktionen oder gar Repression zu verhindern, in anderen werden Veränderungen rasch angenommen und umgesetzt. Im Gegensatz zu globalen Problemen wie der Umweltverschmutzung oder anderen Risiken, die ausgeblendet oder verdrängt werden können, kann man sich den Veränderungen, die das soziale Umfeld und das Gefühlsleben betreffen, kaum verschließen. Um das Konzept der Familie, und wie diese Lebensform gelebt werden soll, wird heftig debattiert. Die Familie ist eine Metapher für die Auseinandersetzung zwischen Tradition und Moderne geworden (GIDDENS, A. 2001, 71).

8.3.1 Die traditionelle Familie

Ein einheitliches, kulturübergreifendes Modell der traditionellen Familie gab und gibt es nicht, zu unterschiedlich waren und sind die Familienformen in verschiedenen Kulturen (GIDDENS, A. 2001, 71; 2006, 208). Dennoch haben sie einige Gemeinsamkeiten. In erster Linie ist die Ehe in traditionellen Gesellschaften eine ökonomische Kategorie. Ehen wurden geschlossen, um die landwirtschaftliche Produktion bewältigen zu können oder um Eigentum übertragen zu können. Dem Adel diente sie zur Stabilisierung politischer Beziehungen. Mit Liebe oder Leidenschaft hatte dies wenig zu tun. Sexualität war vor allem mit Reproduktion verbunden, zumal kaum Verhütungsmittel zur Verfügung standen. Außerdem basierte die Ehe auf der Ungleichheit von Mann und Frau. Diese Ungleichheit führte in der Regel zur Diskriminierung der Frauen. Ihre Rechte waren gegenüber denen der Männer eingeschränkt. Sexuelles Abenteurertum galt zum Beispiel in vielen Kulturen als Kennzeichen der Männlichkeit, während das gleiche Verhalten bei Frauen nicht toleriert wurde. Homosexualität (vor allem die männliche) galt in einigen Kulturen als eine mögliche Form, Sexualität auszuleben, in anderen – vor allem westlichen – wurde sie vehement abgelehnt und geächtet. Sie wurde als unnatürlich, weil nicht der Reproduktion dienend, betrachtet (GIDDENS A. 2006, 205).

Die so genannte Kernfamilie, bestehend aus den beiden Eltern mit ihren Kindern, stand und steht bei den meisten Familienmodellen im Zentrum. Sie unterscheiden sich jedoch durch die Beziehungen zur erweiterten Familie, zu der die Großeltern und weitere Verwandte gehören sowie durch die Beziehungen innerhalb der Kernfamilie. Im Laufe der Industrialisierung haben sich die Beziehungen zur erweiterten Familie (und zum Clan) gelockert. Gleichzeitig wandelte sich die Kernfamilie von einer Einheit, die gemeinsam produzierte, zu einer, die vor allem gemeinsam konsumiert (GIDDENS A. 2006, 209). Mit anderen Worten ausgedrückt, bearbeiteten die Mitglieder einer Kernfamilie früher gemeinsam ein Feld oder führten einen Handwerksbetrieb. Interaktionen innerhalb der Familie, die über das für die Produktion Notwendige hinausgingen, waren oftmals beschränkt, die Kinder verbrachten die (wenige) freie Zeit oft bei ihren Verwandten. Mit der Industrialisierung begannen die Mitglieder der Kernfamilie, in verschiedenen Betrieben zu arbeiten, sie führten aber einen gemeinsamen Haushalt, aßen zusammen und verbrachten mehr freie Zeit miteinander. Die Integrität der Kernfamilie wurde so vor allem in westlichen Kulturen reproduziert.

8.3.2 Veränderungen durch die Globalisierung

Die bürgerliche Kleinfamilie (vgl. MAIHOFER A. et al. 2001), die im Westen oft als traditionelles Familienmodell bezeichnet wird, stammt eigentlich aus den 1950er-Jahren und hat ihre Wurzeln in der bürgerlichen Familie des 19. Jh. Vergleichsweise wenige Frauen verließen seinerzeit das Haus, um einer Arbeit nachzugehen, der Mann erwirtschaftete den substanziellen Teil des Haushaltseinkommens. Die Frauen kümmerten sich um den Haushalt und die Erziehung der zwei bis drei Kinder. Juristisch waren die Geschlechter relativ gleichberechtigt (jedoch nicht im gelebten Alltag), doch war es für Frauen schwierig, sich scheiden zu lassen. Ehen wurden nicht mehr arrangiert, sondern aus Liebe eingegangen (GIDDENS, A. 2001, 75; 2006, 211). Von diesem Modell, das vor allem konservativen Kreisen als Ideal gilt, haben sich die Familienkonstellationen vor allem in Industrieländern emanzipiert. Denn nur noch eine Minderheit lebt in den beschriebenen Strukturen. Viele Kinder werden unehelich geboren, und, vor allem in Skandinavien, bleiben viele Paare unverheiratet, selbst wenn sie Kinder haben. Die Familie hat sich in Richtung einer Zweierbeziehung eines Liebespaars entwickelt. Daneben hat sich ebenso die Einstellung zu Kindern gewandelt. Für traditionelle Familien waren Kinder ein ökonomischer Gewinn, in modernen westlichen Gesellschaften verursachen sie Kosten. Dennoch werden sie – unter anderem, da weniger Kinder geboren werden – sozio-kulturell und emotional viel höher geschätzt als früher. Die Globalisierung hat eine Individualisierung in vielen Bereichen gefördert. Vor allem durch Demokratisierungs- und Modernisierungsprozesse können individuelle Lebensstile geformt und gelebt werden.

Die Beschriebenen Veränderungen treffen vor allem auf westliche Kulturen und verstärkt auch auf Angehörige des Mittelstandes in so genannten Entwicklungs- und Schwellenländern zu. Die Globalisierung geht jedoch nicht spurlos an Familien der Unterschichten vorüber. Hier ist es insbesondere die Arbeitsmigration eines oder mehrerer Familienmitglieder, die zu großen Veränderungen führt. Begibt sich ein Elternteil ins Ausland, um mit dem dort verdienten Geld die Familie zu unterstützen, so müssen die zurückbleibenden Familienmitglieder die Kinder betreuen (vgl. KASPAR, H. 2006, THIEME, S. 2006). Gehen beide Elternteile ins Ausland, so übernehmen häufig die Großeltern die Erziehung der Kinder (vgl. MÜLLER-BÖKER, U. & S. THIEME, 2007). Oft zieht es aber auch die Jungen ins Ausland, sei es, um zu arbeiten oder um eine bessere Ausbildung zu bekommen. Oft leben sie in der Fremde unter schlechten Bedingungen und nicht immer kehren sie zurück, um bspw. den elterlichen Hof oder ein Geschäft zu übernehmen (vgl. THIEME, S. 2009).

A. Giddens (2001) zieht bei der Beschreibung einer idealen Beziehung oder Partnerschaft eine Parallele zu den Werten einer idealen Demokratie. Im Grundsatz sind in beiden Konzepten alle gleich und mit gleichen Rechten und Pflichten versehen. Der offene und machtfreie Dialog ist die Basis des Austauschs. Auf die Beziehung bezogen nennt er dies „Demokratie der Gefühle", welche auch keinen Unterschied bei der sexuellen Orientierung macht. Die Ehe ist dabei nur eine mögliche Bindungsform von vielen.

Die in vorangegangenen Kapiteln beschriebene fundamentalistische und religiös begründete Fragmentierung versucht in fast allen Fällen, Familienformen, die in Richtung einer geschilderten Demokratie der Gefühle geht, zu verhindern und ein überkommenes Modell zu bewahren. Anhand der Entwicklungen und Diskussionen um die Rolle und Bedeutung von Familie und Beziehungen wird die Ambivalenz der Globalisierung sichtbar. Gleichzeitig wird daran auch deutlich, dass Globalisierung kein abstraktes Äußeres ist, sondern bis in die intimsten Sphären des menschlichen Lebens reicht und diese verändert.

Zusammenfassung

Fazit
- Globalisierung dringt auch in die intimsten Sphären menschlichen Lebens ein und verändert Struktur und Bedeutung von Familie, Sexualität und Beziehung.
- Die traditionelle Familie war zunächst eine ökonomische Einheit, die gemeinsam den Lebensunterhalt bestritt. Kinder waren – auch wenn sie geliebt wurden – ein ökonomischer Faktor.
- Die Geschlechterunterschiede waren in traditionellen Familienkonstellationen wichtig. Meist gingen Unterschiede bezüglich der Rechte und Pflichten von Frauen und Männern zulasten der Frauen.
- Durch Demokratisierung und Individualisierung hat sich das Familienmodell, vor allem in westlichen Gesellschaften, verändert. Nur noch eine Minderheit lebt in Ehebeziehungen, bei denen die Frau zu Hause bleibt und die Kinder betreut, und der Mann das Einkommen erwirtschaftet.
- Mit „Demokratie der Gefühle" umschreibt A. Giddens das Ideal von Beziehungen (Liebesbeziehungen und Freundschaften). Bei diesem (meist unerreichten) Ideal haben beide Partner die gleichen Rechte und Pflichten, egal welches Geschlecht oder welche sexuelle Ausrichtung sie haben.
- Die Familie ist ein äußerst wichtiger Faktor des sozialen Lebens. Sie ist der Rahmen, in welchem (die meisten) Kinder aufwachsen und sozialisiert werden. Wenngleich es seit jeher viele verschiedene Formen der Familie in unterschiedlichen Kulturen gegeben hat, sind doch die Veränderungen, welchen die Familie durch Prozesse der Globalisierung ausgesetzt ist – zum Beispiel Demokratisierung, Bestrebungen zur Gleichstellung der Geschlechter, Migration und Individualisierung –, weitreichend.

Zum Einlesen
Giddens, A. (2001): Entfesselte Welt – Wie die Globalisierung unser Leben verändert. – Suhrkamp, Frankfurt am Main.
  A. Giddens geht in diesem Buch auf verschiedene Aspekte der Globalisierung ein, die konkret das Leben von Individuen, Familien und Gesellschaften verändert.

Literaturverzeichnis

Akronyme
BIP, Bruttoinlandsprodukt
BRIC-Länder, Brasilien, Russland, Indien, China
CD, Compact Disc
CSR, Corporate Social Responsibility
DIN, Deutsches Institut für Normung
DVD, Digital Versatile Disc, Digital Video Disc
DXS, Spade Defense Index
EU, Europäische Union
FEU, Forty Foot Equivalent (Mass für Container)
GATT, General Agreemen on Tariffs and Trade
ISO, International Organization for Standardization
MAI, Multilateral Agreement on Investment
NGO, Non-governmental Organisation (Nichtregierungsorganisation)
NAFTA, North American Free Trade Agreement
NATO, North Atlantic Treaty Organisation
ODBC, Open Database Connectivity
OECD, Organisation for Economic Co-Operation and Development
TEU, Twenty Foot Equivalent (Mass für Container)
TNU, Transnationales Unternehmen
UNO, United Nations Organisation
WTO, World Trade Organisation

ABOUTDARWIN: DARWIN'S TIMELINE. www.aboutdarwin.com (Stand.: 23.4.2008)
ADERINWALE, A.: Afrika und der Globalisierungsprozess. – IN: TETZLAFF, R. (Hrsg.): Weltkulturen unter Globalisierungsdruck: Erfahrungen und Antworten aus den Kontinenten, Dietz, Bonn 2000, 232-258.
AHRENS, D.: Grenzen der Enträumlichung – Weltstädte, Cyberspace und transnationale Räume in der globalisierten Moderne. Leske + Budrich, Opladen 2001.

AKASHE-BÖHME, F.: Das Projekt der Moderne im Islam: Ausweg aus der Krise des Westens – oder Sackgasse? – In: Neue Zürcher Zeitung, 11.10.2003, 69.
ALBROW, M.: Auf Reisen jenseits der Heimat – Soziale Landschaften in einer globalen Stadt. – In: BECK, U. (Hrsg.): Kinder der Freiheit, Suhrkamp, Frankfurt am Main 1997, 288–314.
ALBROW, M.: Abschied vom Nationalstaat. Suhrkamp, Frankfurt am Main 1998.
ALBROW, M.: Das globale Zeitalter. Suhrkamp, Frankfurt am Main 2007.
ALTVATER, E. & B. MAHNKOPF: Grenzen der Globalisierung – Ökonomie, Ökologie und Politik in der Weltgesellschaft. Westfälisches Dampfboot, Münster 1996.
ALTVATER, E. & B. MAHNKOPF: Grenzen der Globalisierung – Ökonomie, Ökologie und Politik in der Weltgesellschaft. Westfälisches Dampfboot, Münster 2007.
AMNESTY INTERNATIONAL: Eingeschränkte Freiheit – Das Recht auf freie Meinungsäusserung in der Russischen Föderation. – www.amnesty.ch/de/aktuell/news/.kreml.ngos/./Russland_Meinungs-_und_Versammlunsfreiheit_Zusammenfassung_26_Feb_08.pdf (Stand 26.02.2008).
ANDERSON, B.: Die Erfindung der Nation – Zur Karriere eines erfolgreichen Konzepts. Campus, Frankfurt am Main/New York 1993.
ANG, I.: Watching Dallas: Soap opera and the melodramatic imagination. Routledge, London 1996.
APPADURAI, A.: Disjuncture and difference in the global cultural economy. – In: FEATHERSTONE, M. (Hrsg.): Global culture nationalism, globalization and modernity, Sage, London, Thousand Oaks, New Delhi 1990, 295–310.

APPADURAI, A.: Modernity at large: Cultural dimensions of globalization. University of Minnesota Press, Minneapolis 1996.
APPADURAI, A.: Globale ethnische Räume. – In: BECK, U. (Hrsg.): Perspektiven der Weltgesellschaft. Suhrkamp, Frankfurt am Main 1998, 11–40.
APPADURAI, A. & B. LEE: Modernity at large – Cultural dimensions of globalization. University of Minnesota Press, Minneapolis/London 1996.
ARNASON, J.P.: Nationalism, globalization and modernity. – In: FEATHERSTONE, M. (Hrsg.): Global culture – Nationalism, globalization and modernity, Sage, London, Thousand Oaks, New Delhi 1990, 207–236.
AUGÉ, M.: Non-places – Introduction to an anthropology of supermodernity. Stanford University Press, Stanford 1995.
AUGÉ, M.: An Anthropology for contemporaneous worlds – Mestizo spaces (Espaces métissés). Stanford University Press, Stanford 1999.
AUST, S., C. RICHTER, & M. ZIEMANN: Wettlauf um die Welt – Die Globalisierung und wir. ZDF Enterprises, München, Zürich 2007.
BACKHAUS, N.: Zugänge zur Globalisierung – Konzepte, Prozesse, Visionen. Geographisches Institut der Universität Zürich, Zürich 1999.
BACKHAUS, N.: The globalization discourse. NCCR – IP 6 Institutional change and livelihood strategies; NCCR North-South working paper, Bern 2003a.
BACKHAUS, N.: „Non-place Jungle" – The construction of authenticity in national parks of Malaysian Borneo. – In: Indonesia and the Malay World, 31 (89) (2003b), 151–160.
BACKHAUS, N.: Tourism and nature conservation in Malaysian national parks. Lit, Münster 2005.
BACKHAUS, N.: Diercke Geographie: Kapitel 4 Globalisierung – Neugestaltung der Weltwirtschaft. – In: LATZ, W. (Hrsg.): Diercke Geographie, Westermann, Braunschweig 2007, 234–257.
BACKHAUS, N. & M. HOFFMANN: Globalisierung und translokales Kulturverständnis. – In: Geographica Helvetica, 54(3) (1999), 164–171.
BACKHAUS, N. & M. HOFFMANN: Konsequenzen des Konsums. – In: Magazin Universität Zürich/Bulletin ETH Zürich, (2001), 44–46.
BACKHAUS, N. & A. S. KELLER, S.: Streetfood und Stadtkultur: Hawker in Telok Bahang/Malaysia. – In: Asiatische Studien/Etudes Asiatiques 55 (2001), 577-610.
BACKHAUS, N. & R. TUOR: Leitfaden für wissenschaftliches Arbeiten. Geographisches Institut der Universität Zürich, Zürich 2008.
BÄHR, J. & U. JÜRGENS: Stadtgeographie II. Regionale Staddtgeographie. Westermann, Braunschweig 2009.
BAIROCH, P.: Economics & World History – Myths and Paradoxes. University of Chicago Press, Chicago 1993.
BARBER, B.: Jihad vs. McWorld. Ballantine Books, New York 1995.
BARBER, B.: Coca Cola und Heiliger Krieg [orig. Jihad vs. McWorld]. Scherz, Frankfurt am Main 2001.
BARNEY, G. O., COUNCIL ON ENVIRONMENTAL QUALITY & US-AUSSENMINISTERIUM (Hrsg.): Global 2000: der Bericht an den Präsidenten. Zweitausendeins, Frankfurt am Main 1980.
BAUMAN, Z.: Schwache Staaten. Globalisierung und die Spaltung der Weltgesellschaft. – In: BECK, U. (Hrsg.): Kinder der Freiheit. Suhrkamp, Frankfurt am Main (1997a), 315–332.
BAUMAN, Z.: Postmodernity and its discontents. New York University Press, New York 1997b.
BAUMAN, Z.: Culture as praxis. Sage, London, Thousand Oaks, New Delhi 1999.
BECK, U.: Wir haben einen Staatssozialismus für Reiche. Tages Anzeiger der Stadt Zürich 11.11.2008.
BECK, U.: Risikogesellschaft – Auf dem Weg in eine andere Moderne. Suhrkamp, Frankfurt am Main 1986.

BECK, U.: Was ist Globalisierung? Suhrkamp, Frankfurt am Main 1997.
BECK, U. (Hrsg.) Perspektiven der Weltgesellschaft. Suhrkamp, Frankfurt am Main 1998.
BECK, U.: Macht und Gegenmacht im globalen Zeitalter – Neue weltpolitische Ökonomie. Suhrkamp, Frankfurt am Main 2002.
BECK, U.: Weltrisikogesellschaft. Suhrkamp, Frankfurt am Main 2007.
BECK, U., A.GIDDENS & S. LASH: Reflexive modernization– Politics, tradition and aesthetics in the modern social order. Polity Press, Cambridge 1994.
BERBNER, T.: USA – Schulverbot für Darwin. Der Weltspiegel, ARD, 2005, www.ndrtv.de/weltspiegel/20050717/usa.html archiviert in www.webcitation.org/5cmpNF8sg (Stand 3.12.2008).
BERGESEN, A.: Turning world system theory on its head. – In: FEATHERSTONE, M. & S. LASH (Hrsg.): Global culture – Nationalism, globalization and modernity, Sage, London, Thousand Oaks, New Delhi (1990), 67–82.
BERGHAUS, M.: Luhmann leicht gemacht. Böhlau, Köln, Weimar, Wien 2003.
BEVÖLKERUNGSFONDS DER VEREINTEN NATIONEN (UNFPA): Urbanisierung als Chance: Das Potenzial wachsender Städte nutzen – Zusammenfassung des Weltbevölkerungsberichts 2007 (bearbeitet von Ludger Jürgens). – In: Geographische Rundschau, 60 (11) (2008), 62–65.
BEYER, P.: Religion and globalization. Sage, London, Thousand Oaks, New Delhi 1994.
BEYME, K. V.: Theorie der Politik im 20. Jahrhundert – Von der Moderne zur Postmoderne. Suhrkamp, Frankfurt am Main 1996.
BIANCO, L. (Hrsg.): Fischer Weltgeschichte: Das moderne Asien. Fischer Taschenbuch Verlag, Frankfurt am Main 1969.
BIERI, P.: Geographie im virtuellen Raum – Beobachtungen in Internet-Chaträumen. Diplomarbeit am Geographischen Institut der Universität Zürich 1999.

BINDER, K.: Chicken Tikka Masala, www.londonleben.co.uk/london_leben/2004/04/chicken_tikka_m.html, archiviert unter www.webcitation.org/5YJzb0myM (Stand: 04.06.2008).
BINGEMER, A.: Vergebliche Suche nach Iraks Waffen. Rezension zu Hans Blix: Mission Irak. Wahrheit und Lügen, München 2004, Droemer – In: NZZ am Sonntag, (06.06.2004), 79.
BOHLE, H.-G. & P. SAKDAPOLRAK: Leben mit der Krise: Vertreibung von Slumbewohnern in der Megastadt Chennai. – In: Geographische Rundschau, 60(4) (2008), 12–21.
BOURDIEU, P.: Gegenfeuer – Wortmeldungen im Dienste des Widerstands gegen die neoliberale Invasion. édition discours, Konstanz 1998.
BOVÉ, J. & F. DUFOUR: Die Welt ist keine Ware – Bauern gegen Agromultis. Rotpunktverlag, Zürich 1999.
BOYER, R. & D. DRACHE (Hrsg.): states against markets – the limits of globalization, Routledge, London 1996.
BOYER, R. & D. DRACHE: Introduction. – In: BOYER, R. & D. DRACHE (Hrsg.): States against markets – The limits of globalization. Routledge, London (1996), 1–32.
BOYLE, T. C.: Tortilla curtain. Bloomsbury Publishing, London 1996.
BRAUN, B. & C. DIETSCHE: Indisches Leder für den Weltmarkt. – In: Geographische Rundschau, 60(9) (2008), 12–19.
BROCKHAUS: Die Enzyklopädie. Brockhaus, Leipzig/Mannheim 2005–2007.
BRUCKMÜLLER, E. & C. HARTMANN: Putzger – Historischer Weltatlas. Cornelsen, Berlin 2001.
BRUNOTTE, E., H. GEBHARDT, M. MEURER, P. MEUSBURGER & J. NIPPER (Hrsg.): Lexikon der Geographie. Spektrum, Heidelberg/Berlin 2002.
BUBLITZ, H.: Diskurs. Transcript Verlag, Bielefeld 2003.
BUNDESZENTRALE FÜR POLITISCHE BILDUNG: Zahlen und Fakten: Globalisierung, www.bpb.de/wissen (Stand: 13.12.2008).

BUREAU OF LABOR STATISTICS: May 2007 – National occupational employment and wage estimates. United States Department of Labor, www.bls.gov/oes/1999/oes_37Bu.htm (Stand: 15.04.2009).

BURKART, G.: Hobsbawm, Eric (*9.6.1917 Alexandria) – Das imperiale Zeitalter 1875–1911. – In: OESTERDIEKHOFF, G. W. (Hrsg.): Lexikon der soziologischen Werke, Westdeutscher Verlag, Wiesbaden 2001, 297.

BÜRKNER, H.-J.: Prozesse der Arbeitsmigration zwischen Mexiko und den USA. – In: SCHAMP, E. W. (Hrsg.): Handbuch des Geographie-Unterrichts: Band 9: Globale Verflechtungen, Aulis Verlag Deubner, Köln 2008, 154–164.

CASSEN, B.: Ausstieg aus der Lohngesellschaft – André Gorz will das Kapital überlisten. – In: Le Monde diplomatique, Dezember (1997), 23.

CASSEN, B.: Nationismus gegen Nationalismus – Der Nationalstaat als Hort der Solidarität. – In: Le Monde diplomatique, März (1998a), 7.

CASSEN, B.: Die zehn Gebote der Welt-Bürgerschaft – Nachdenken über eine andere Welt. – In: Le Monde diplomatique, Mai (1998b), 4–5.

CASTELLS, M.: Das Informationszeitalter – In: Die Netzwerkgesellschaft. Leske + Budrich, Opladen 2001.

CERNY, P. G.: Globalisierung und die neue Logik kollektiven Handelns. – In: BECK, U. (Hrsg.): Politik der Globalisierung, Suhrkamp, Frankfurt am Main 1998, 263–296.

CHESNAIS, F.: Die Dämme der Weltwirtschaft geraten unter Druck – Die Folgen von asiatischer Grippe und russischer Krise. – In: Le Monde diplomatique, September (1998), 12–13.

CHOMSKY, N. & H. DIETERICH: Globalisierung im Cyberspace – Globale Gesellschaft, Märkte, Demokratie und Erziehung. Horlemann, Bad Honnef 1995.

COHEN, R. & S. M. RAI (Hrsg.): global social movements, Athlone, London 2000.

COLOMBIJN, F.: A Dutch polder in the sumatran mountains – Nineteenth-century colonial ideals of the West Sumatran peasant and landscape. – In: KING, V. T. (Hrsg.): Environmental challenges in South-East Asia. Curzon, Surrey 1998, 53–68.

COMMISSION ON GLOBAL GOVERNANCE: Global governance: Our global neighborhood, the report of the Commission on Global Governance, Chapter 7: A call to action. www.gdrc.org/u-gov/global-neighbourhood/chap7.htm (1995, Stand: 27.04.2009).

DANIELLI, G., N. BACKHAUS & P. LAUBE: Wirtschaftsgeografie und globalisierter Lebensraum – Lerntext, Aufgaben mit Lösungen und Kurztheorie. Compendio, Zürich 2002.

DANIELLI, G., N. BACKHAUS & P. LAUBE: Geografie kompakt: Wirtschaftsgeographie – Kurztheorie mit Aufgaben und Glossar. Zürich 2005.

DANIELLI, G., N. BACKHAUS & P. LAUBE: Wirtschaftsgeografie und globalisierter Lebensraum – Lerntext, Aufgaben mit Lösungen und Kurztheorie. – 3. überarbeitete Auflage, Compendio, Zürich 2009.

DE BRIE, C.: Wie das MAI zu Fall gebracht wurde – Die Globalisierung des Widerstands. – In: Le Monde diplomatique, Dezember (1998), 7.

DE BRIE, C.: Das neue MAI ist angekommen – Freie Bahn dem Markt. – In: Le Monde diplomatique, Mai (1999), 1; 6.

DE SOUSA SANTOS, B.: Towards a multicultural conception of human rights. – In: FEATHERSTONE, M. & S. LASH (Hrsg.): Spaces of culture, Sage, London, Thousand Oaks, New Delhi (1999), 214–229.

DE DEDIAL, J.: Trittbrettfahren beim Kampf gegen den Terror. – In: Neue Zürcher Zeitung, 5.10.2001, 3.

DEUTSCHE DEPESCHENAGENTUR: Lafontaine-Rücktritt löste Hausse aus. – In: Rhein Zeitung, http://rhein-zeitung.de/on/99/03/12/topnews/lafodax.html, (Stand: 12.03.1999).

DEUTSCHES MUSEUM: Die Spinning Jenny von James Hagreaves. Deutsches Museum, München, www.deutsches-museum.de/sammlungen/ausgewaehlte-objekte/meisterwerke-iv/spinning-jenny/ (Stand: 15.11.2007).
DI MARTINO, V.: The high road to teleworking. International Labour Organization (ILO), Geneva 2001.
DICKEN, P.: Global shift – Transforming the world economy. Paul Chapman, London 1998.
DICKEN, P.: Global Shift – Mapping the changing contours of the world economy. – 5th edition, Sage, London, Thousand Oaks, New Delhi 2007.
DODGE, M. & R. KITCHIN: Atlas of cyberspace. Pearson Education Limited, London 2008, www.kitchin.org/atlas/index.html (Stand: 22.05.2009).
DRACHE, D.: New work and employment relations: lean production in Japanese auto transplants in Canada. – In: BOYER, R. & D. DRACHE (Hrsg.): States against markets – The limits of globalization, Routledge, London 1996, 227–249.
DUCLOS, D.: Die Internationale der Hyperbourgoisie – Eine neue Klasse löst die alten Führungsschichten ab. – In: Le Monde diplomatique, August (1998), 10–11.
DUNN, M.: Globalisierung: Wachstumsmotor oder Wachstumshemmnis? Die Globalisierungsdiskussion im Spiegel der reinen und der monetären Außenwirtschaftstheorie. – In: SCHAMP, E.W. (Hrsg.): Handbuch des Geographie-Unterrichts: Band 9: Globale Verflechtungen, Aulis Verlag Deubner, Köln 2008, 116–124.
DÜRRSCHMIDT, J.: Globalisierung. Transcript, Bielefeld 2002.
ECKHARDT, B.: Chaos. Fischer Taschenbuch, Frankfurt am Main 2004.
EHLERS, E.: Die islamische Republik Iran: Geopolitik zwischen Erdöl und Atomwirtschaft. – In: Geographische Rundschau. 2005, 57(11) 22–31.

EHLERS, E.: Kulturkreise – Kulturerdteile – Clash of civilizations: Plädoyer für eine gegenwartsbezogene Kulturgeographie. – In: Geographische Rundschau, 48(6) (1996), 338–344.
EHLERS, K.: Wachstum wäre für die Macht eine Katastrophe – Zehn Jahre Perestroika, fünf Jahre Jelzin: Russland und die kapitalistische Welt. – In: Die Wochenzeitung, (27.11.1997), 22–23.
ENCYCLOPEDIA BRITANNICA ONLINE: Jihad, www.britannica.com (Stand: 13.12.2008)
ENCYCLOPEDIA BRITANNICA ONLINE: Treaty on the non-proliferation of nuclear weapons, www.britannica.com/EBchecked/topic/417496/Treaty-on-the-Non-proliferation-of-Nuclear-Weapons (Stand: 22.10.2008).
ENDE, W.: Die „Herrschaft des Gottesgelehrten" – Khumainis Staatsdoktrin. – In: HAARMANN, M. (Hrsg.): Der Islam: Ein Lesebuch, 3. überarbeitete Auflage, Beck, München (2002), 243–246.
ENGDAHL, W. F.: Oil and the origins of the „War to make the world safe for democracy", www.ENGDAHL.oilgeopolitics.net/History/Oil_and_the_Origins_of_World_W/oil_and_the_origins_of_world_w.HTM, (Stand: 22.06.2007).
ETZONI, A.: The third way to a good society. – In: Sociale wetenschappen, 44(3) (2001), 5–40.
ETZONI, A.: Communitarism. – In: CHRISTENSEN, K. & D. LEVINSON (Hrsg.): Encyclopedia of community: From the village to the virtual world. Vol. 1, Sage, London, Thousand Oaks, New Delhi 2003, 224–228.
EUROPÄISCHE UNION: Europa in 12 Lektionen, http://europa.eu/abc/12lessons/lesson_2/index_de.htm (Stand: 23.10.2008).

EUROSTAT: Employment growth by gender, http://epp.eurostat.ec.europa.eu/portal/page?_pageid=1996,45323734&_dad=portal&_schema=PORTAL&screen=welcomeref&open=/t_labour/t_employ/t_lfsi/t_lfsi_emp&language=en&product=REF_TB_labour_market&root=REF_TB_labour_market&scrollto=100 (Stand: 2.04.2009).

EVERS, H.-D.: Subsistenzproduktion, Markt und Staat: Der sog. Bielefelder Verflechtungsansatz. – In: Geographische Rundschau 39(3) (1987), 136-140.

FASSMANN, H.: Stadtgeographie. Allgemeine Stadtgeographie. – Westermann, Braunschweig 2009.

FAIRTRADE LABELLING ORGANIZATIONS INTERNATIONAL: Generic fairtrad standards for small farmers' organizations. Fairtrade Labelling Organizations International, Bonn 2007.

FEATHERSTONE, M.: Undoing culture – Globalization, postmodernism, and identity. Sage, London, Thousand Oaks, New Delhi 1995.

FEATHERSTONE, M. & S. LASH: Globalization, modernity and the spatialization of social theory: an introduction. – In: FEATHERSTONE, M. & S. LASH (Hrsg.): Global modernities. Sage, London, Thousand Oaks, New Delhi 1995, 1-24.

FEATHERSTONE, M., LASH, S. & R. ROBERTSON (Hrsg.): Global modernities. Sage, London, Thousand Oaks, New Delhi 1995.

FEDERLI, T.: Die globalisierungskritische Bewegung – eine diskursanalytische Untersuchung. Diplomarbeit am Geographischen Institut der Universität Zürich, Zürich 2004.

FISCHER, K.: Die andere Globalisierung: Möglichkeiten und Grenzen einer transnationalen Zivilgesellschaft. – In: PARNREITER, C., A. NOVY & K. FISCHER (Hrsg.): Globalisierung und Peripherie – Umstrukturierung in Lateinamerika, Afrika und Asien, Brandes & Apsel/Südwind, Frankfurt am Main 1999, 113-128.

FOCUS ONLINE: Gott und Darwin auf Augenhöhe, www.focus.de/schule/schule/unterricht/biologieunterricht_aid_64917.html (Stand: 29.06.2007).

FOOD AND AGRICULTURE ORGANIZATION OF THE UNITED NATIONS (FAO): Biotechnology: meeting the needs of the poor? FAO, www.fao.org/newsroom/EN/focus/2004/41655/index.html, archiviert in www.webcitation.org/5frBTo7g1 (2004, Stand: 7.04.2009).

FREMEREY, M.: Indonesien. – In: NOHLEN, D. & F. NUSCHELER (Hrsg.): Handbuch der Dritten Welt: Südasien und Südostasien. Bd.7, Dietz, Bonn 1994, 384-415.

FRIEDMAN, J.: Being in the world: Globalization and localization. – In: FEATHERSTONE, M. (Hrsg.): Global culture – nationalism, globalization and modernity. Sage, London, Thousand Oaks, New Delhi 1990, 311-328.

FRIEDMAN, J.: Global system, globalization and the parameters of modernity. – In: FEATHERSTONE, M., S. LASH & R. ROBERTSON (Hrsg.): Global modernities. Sage, London, Thousand Oaks, New Delhi (1995), 69-90.

FRIENDS OF THE EARTH: Who benefits from gm crops. – In: agriculture & food, 122 (2008), o. S.

FUCHS-HEINRITZ, W. et al.: Lexikon zur Soziologie. Westdeutscher Verlag, Opladen 1995.

FULLER, G.: Ein islamischer Weg in die Moderne? – In: Le Monde diplomatique, September (1999), 12-13.

FÄSSLER, P. E.: Globalisierung. Böhlau UTB, Köln 2007.

GAEBE, W.: Internationaler Handel mit Waren und Dienstleistungen. – In: SCHAMP, E. W. (Hrsg.): Handbuch des Geographie-Unterrichts: Band 9: Globale Verflechtungen. Aulis Verlag Deubner, Köln 2008, 95-105.

GEBHARDT, H. & H. BATHELT (Hrsg.): Kulturgeographie – Aktuelle Ansätze und Entwicklungen. Spektrum, Heidelberg 2003.

GEBHARDT, H., R. GLASER, U. RADTKE, & P. REUBER: Geographie – Physische und Humangeographie. Spektrum, München 2006.

GEERTZ, C.: Thick description: Toward an interpretive theory of culture. – In: OAKES, T. S. & P. L. PRICE. (Hrsg.): The cultural geography reader. Routledge, London 2008, 29–39.

GEISEL, S.: McDonald's village. Vontobel-Stiftung, Zürich 2002.

GEISER, U., O. EJDERYAN, R. TUOR, & N. BACKHAUS: Livelihoods perspective A: theorising inequality and change. In Globalisation and livelihood options of people living in poverty (GLOPP), e-learning course. Development Study Group, University of Zurich, Zürich, www.glopp.ch (Stand: 1.4.2009).

GERHARD, U.: Global Cities – Anmerkungen zu einem aktuellen Forschungsfeld. – In: Geographische Rundschau, 56(4) (2004), 4–10.

GIDDENS, A.: Konsequenzen der Moderne. Suhrkamp, Frankfurt am Main 1996.

GIDDENS, A.: Der dritte Weg – Die Erneuerung der sozialen Demokratie. Suhrkamp, Frankfurt am Main 1999.

GIDDENS, A.: Entfesselte Welt – Wie die Globalisierung unser Leben verändert. Suhrkamp, Frankfurt am Main 2001.

GIDDENS, A.: Sociology. – 5th edition, Sage, London, Thousand Oaks, New Delhi 2006.

GISCHER, H., B. HERZ & L. MENKHOFF: Geldwertstabilität als Ziel der Geldpolitik. Springer, Berlin, Heidelberg 2005.

GLASZE, G.: Bewachte Wohnkomplexe und „die europäische Stadt" – eine Einführung. – In: Geographica Helvetica 58(4) (2003), 286–292.

GOLUB, P.: Schwellenländer an der Schwelle zum Absturz – Die Asienkrise und ihre globalen Implikationen. – In: Le Monde diplomatique, Juli (1998), 7.

GOODMAN, J.: Die Europäische Union: Neue Demokratieformen jenseits des Nationalstaats. – In: BECK, U. (Hrsg.): Politik der Globalisierung. Suhrkamp, Frankfurt am Main 1998, 331–373.

GREEN, R.: A two-front strategy. – In: The National Guard Association of the United States, www.ngaus.org/NGAUS/files/ccLibraryFiles/Filename/000000001283/washup%200306.pdf (Stand: 23.04.2009).

GREFE, C.: Die Ernte eines Versäumnisses. Die Zeit (www.zeit.de/online/2008/23/nahrungsmittelkrise-quittung archiviert in www.webcitation.org/5ZCuohXa1 (Stand: 03.06.2008).

GREIDER, W.: Endstation Globalisierung – Der Kapitalismus frisst seine Kinder. Heyne, München 1998.

GRONKE, M.: Geschichte Irans: Von der Islamisierung bis zur Gegenwart. C. H. Beck, München 2006.

GRUPPE VON LISSABON: Grenzen des Wettbewerbs – Die Globalisierung der Wirtschaft und die Zukunft der Menschheit. Luchterhand, München 1997.

GRÜBER-COLON, V. & K. (2001): Die Gruppe von Lissabon – Grenzen des Wettbewerbs – die Globalisierung der Wirtschaft und die Zukunft der Menschheit. – Luchterhand, München.

GUGGENHEIM, D.: An inconvenient truth – a global warning (Film). Paramount, 2006.

GYGI, B.: Kleines Einmaleins der Marktwirtschaft. – In: du – die Zeitschrift der Kultur, (1997), Heft 5, 36–38.

HABERMAS, J.: Jenseits des Nationalstaats? Bemerkungen zu Folgeproblemen der wirtschaftlichen Globalisierung. – In: BECK, U. (Hrsg.): Politik der Globalisierung. Suhrkamp, Frankfurt am Main (1998a), 67–84.

HABERMAS, J.: Die postnationale Konstellation – Politische Essays. Suhrkamp, Frankfurt am Main 1998b.

HALM, H.: Gihad. – In: HAARMANN, M. (Hrsg.): Der Islam: Ein Lesebuch. 3. überarbeitete Auflage, Beck, München (2002), 248–250.

HALIMI, S.: Wal-Mart ist billiger, aber um welchen Preis? – In: LE MONDE DIPLOMATIQUE: Die Globalisierungsmacher: Konzerne, Netzwerker, Abgehängte, Taz Verlag, Berlin 2007.

HALL, W. J.: Das japanische Kaiserreich. Fischer, Frankfurt am Main 1994.

HARD, G.: „Bewusstseinsräume". Interpretationen zu geographischen Versuchen, regionales Bewusstsein zu erforschen. – In: Geographische Zeitschrift, 75(3) (1987), 127–148.

HASSLER, M.: Die exportorientierte Bekleidungsindustrie Indonesiens in globalen Produktionsnetzwerken. – In: SCHAMP, E. W. (Hrsg.): Handbuch des Geographie-Unterrichts: Band 9: Globale Verflechtungen. Aulis Verlag Deubner, Köln 2008, 197–209.

HAUSTEIN, H.-D.: Weltchronik des Messens – Universalgeschichte von Mass und Zahl, Geld und Gewicht. Walter de Gruyter, Berlin 2001.

HENTSCHEL, A.: Transaktionen – früher Tage, heute Zehntelsekunden. – In: FOCUS ONLINE, www.focus.de/digital/computer/chip-exklusiv/tid-9787/online-boersenhandel-transaktionen-frueher-tage-heute-zehntelsekunden_aid_298338.html (Stand: 02.05.2008).

HIRST, P. & G. THOMPSON: Internationale Wirtschaftsbeziehungen, Nationalökonomien und die Formierung von Handelsblöcken. – In: BECK, U. (Hrsg.): Politik der Globalisierung. Suhrkamp, Frankfurt am Main 1998, 85–133.

HÖPFL, K., NELKE, S. & W. SCHIERL: Um Welten besser: Fachübergreifende Unterrichtsmappe zum Thema „Umwelt" für die Sekundarstufe 1. CARE-LINE-Verlag, Neuried.

HÖRNIG, K. H., D. AHRENS, & A. GERHARD: Eigensinn der Zeit in der hochtechnisierten Gesellschaft. – In: KEMPER, P. & U. SONNENSCHEIN (Hrsg.): Globalisierung im Alltag. Suhrkamp, Frankfurt am Main 2002, 58–62.

HOFER, T.: Furchtappelle in der Klima-Kommunikation. Diplomarbeit am Geographischen Institut der Universität Zürich, Zürich 2003.

HOFFMANN, M.: Globalisierung im öffentlichen Diskurs. Diplomarbeit, Geographisches Institut, Universität Zürich, Zürich 1999.

HOLT-JENSEN, A.: Geography: history and concepts – a student guide. Sage, London, Thousand Oaks, New Delhi 1999.

HOMER-DIXON, T.: The ingenuity gap, New York/Toronto 2000, Alfred A. Knopf.

HOSTETTLER, S.: Spekulatives Geld ist ein unglaubliches Systemrisiko. Tages Anzeiger 13.05.2008.

HUBER, A.: Heimat in der Postmoderne. Seismo, Zürich 1999a.

HUBER, A.: Ferne Heimat – Zweites Glück: Sechs Porträts von Schweizer Rentnerinnen und Rentnern an der Costa Blanca. Seismo, Zürich 1999b.

HUNTINGTON, S. P.: The clash of civilizations and the remaking of world order. Simon & Schuster, New York 1996.

HUNTINGTON, S. P.: The clash of civilizations? – In: LECHNER, F. J. & J. BOLI (Hrsg.): The globalization reader, Blackwell, Oxford 2004, 36–43.

HURTADO, A. G.: The social dimension of globalization in Latin America: Lessons from Bolivia and Chile. International Labour Organization (ILO), Working Paper No. 23, Geneva 2004.

INTERNATIONAL LABOUR ORGANIZATION (ILO): Multi-bilateral programme of technical cooperation – informal economy, poverty and employment: an integrated approach, www.unescap.org/STAT/isie/Analysis/Informal-Economy-Poverty-Employment-Cambodia-Mongolia-Thailand-Final.pdf (2006, Stand: 10.12.2008)

INTERNATIONAL LABOUR ORGANIZATION (ILO): Key indicators of the labour market (fifth edition). International Labour Organization, Geneva 2007.

Literaturverzeichnis

INTERNATIONAL TRADE CENTRE: Trade competitiveness map, www.intracen.org/appli1/TradeCom/TP_EP_CI.aspx?RP=504&YR=2006, archiviert in http://www.webcitation.org/5fiETSvYL (Stand 1.04.2009).

IYER, P.: Video night in Kathmandu – and other reports from the not-so-far east. Vintage, New York 1988.

IYER, P.: Sushi in Bombay, Jetlag in L.A. – Unterwegs in einer Welt ohne Grenzen. S. Fischer Verlag, Frankfurt am Main 2002.

JALAL-AL-AZM, S.: Der Islam, der Laizismus und das westliche Zerrbild – Der Schwierige Dialog der Zivilisationen. – In: Le Monde diplomatique, September (1999), 12–13.

JAMES, P.: Nation Formation – Towards a theory of abstract community. Sage, London, Thousand Oaks, New Delhi 1996.

JANDT, F. E.: Intercultural communication – An introduction. Sage, London, Thousand Oaks, New Delhi 1998.

JOHNSTON, R. J., D. GREGORY & D. SMITH (Hrsg.): The dictionary of human geography. – In: 3rd Edition), Blackwell, Oxford 1994.

KAPSTEIN, E. B.: Arbeiter und die Weltwirtschaft. – In: BECK, U. (Hrsg.): Politik der Globalisierung. Suhrkamp, Frankfurt am Main 1998, 203–227.

KASPAR, H.: „I am the head of the household now": The impacts of outmigration for labour on gender hierachies in Nepal. – In: PREMCHANDER, S. (Hrsg.): Gender and sustainable development: case studies from NCCR North-South, NCCR North-South, Bern 2006, 285–303.

KATIMS, R.: The 40-foot container – Industry standard faces challenges and change. – In: TR News (Transportation Research Board of the National Academies), September/October (2006), 13–17.

KERSHAW, B.: Ecoactivist performance: The environment as partner in protest? – In: The Drama Review (TDR), 46(1) (2002), 118–130.

KLEIN, M.: The stock market crash of 1929: A review article. – In: The Business History Review, 75(2) (2001), 325–351.

KLEIN, N.: No logo – taking aim at the brand bullies. Picador, New York 1999.

KLEIN, N.: Die Tyrannei der Marken. – In: KEMPER, P. & U. SONNENSCHEIN (Hrsg.): Globalisierung im Alltag, Suhrkamp, Frankfurt am Main 2002, 253–263.

KNOX, P. L. & S. A. MARSTON: Humangeographie. Spektrum, Heidelberg/Berlin 2001.

KÖCHLER, H.: Neue Wege der Demokratie: Demokratie im globalen Spannungsfeld von Machtpolitik und Rechtsstaatlichkeit. Springer, Berlin 1998.

KRAAS, F. & G. MERTINS: Megastädte in Entwicklungsländern. – In: Geographische Rundschau, 60(11) (2008), 4–10.

KRUGMAN, P.: The accidental theorist – and other dispatches from the dismal science. W.W. Norton & Co, New York/London 1999.

KRÄTKE, S.: Global city und globalizing cities. – In: SCHAMP, E.W. (Hrsg.): Handbuch des Geographie-Unterrichts: Band 9: Globale Verflechtungen. Aulis Verlag Deubner, Köln 2008, 141–153.

KRÜGER, A.: Fragen und Antworten zur Immobilienkrise. – In: Tagesschau.de – Die Nachrichten der ARD, www.tagesschau.de/wirtschaft/immobilienkrise16.html archiviert in www.webcitation.org/5bHraWjmt (Stand: 03.10.2008).

LANG, S.: Zivilgesellschaft und bürgerschaftliches Engagement in Russland. – In: Europäische Politik: Politikinformation Osteuropa, 4, 1–16. http://library.fes.de/pdf-files/id/01930.pdf (2004, Stand: 13.04.2009).

LASH, S., B. SZERSZYNSKI & B. WYNNE: Risk, environment & modernity. Sage, London, Thousand Oaks, New Delhi 1996.

LE MONDE DIPLOMATIQUE: Atlas der Globalisierung. taz Verlags- und Betriebs GmbH, Berlin 2003.

LE MONDE DIPLOMATIQUE: Atlas der Globalisierung – Die neuen Daten und Fakten zur Lage der Welt. Le Monde diplomatique, Berlin 2007.

LECHNER, F. J.: Global fundamentalism.
 – In: LECHNER, F. J. & J. BOLI (Hrsg.):
 The globalization reader. Blackwell,
 Oxford 2004, 326–329.
LECHNER, F. J. & J. BOLI (Hrsg.): The globalization reader. Blackwell, Oxford 2004.
LEIPZIGER, D. & M. ALLEN: Heavily indepted poor countries (HIPC), Initiative and multilateral debt relief initiative (MDRI), status of implementation. International Development Association (IDA), International Monetary Fund (IMF), Washington, http://siteresources.worldbank.org/INTDEBTDEPT/ProgressReports/21899739/HIPCProgressReport20080912.pdf (2008, Stand: 5.11.2008).
LOTH, W.: Die Teilung der Welt 1941–1955. dtv, München 1987.
LOW, S. M.:The edge and the center: Gated communities and the discourse of urban fear. – In: American Anthropologist, 103(1) (2001), 45–58.
LUHMANN, N.: The self-description of society – Crisis fashion and sociological theory. – In: International Journal of Comparative Sociology, 25 (1984), 59–72.
LUHMANN, N.: Essays on self-reference. Columbia University Press, New York 1990.
LUHMANN, N.: Aufsätze zur Theorie der Gesellschaft. Westdeutscher Verlag, Opladen 1991.
LUTZ, C.: Arbeitswelt 2020 – Gesellschaft der Lebensunternehmer. – In: du – die Zeitschrift der Kultur, Mai (1997), 74–76.
MAD DOGGS ATHELSTICS SWITZERLAND GMBH: Spinning, www.spinning.ch/spinning/index.html, (Stand: 16.07.2009).
MAIHOFER, A., T. BÖHNISCH & A. WOLF: Wandel der Familie, Arbeitspapier Zukunft der Gesellschaft 48. Hans Böckler Stiftung, Düsseldorf 2001.
MALKKI, L.: National Geographic: The rooting of peoplesand the territorialization of national identity among scholars and refugees. – In: Cultural Anthropology, 7(1) (1992), 24–44.

MARCONI, J.: The brand marketing book: Creating, managing, and extending the value of your brand. McGraw Hill Professional, New York 1999.
MARTI, U.: Das Elend der Utopie – Verbirgt P.M.s planetare Alternative ein konservatives Weltverständnis? Die Wochenzeitung (09.04.1998).
MCDONALD'S: Ray Kroc. www.mcdonalds.de/unternehmen/ueber_mcdonalds/ray_kroc.html, archiviert in www.webcitation.org/5h23QqLQD (Stand: 2505.2009).
MCGREW, A.: Demokratie ohne Grenzen? – In: BECK, U. (Hrsg.): Politik der Globalisierung, Suhrkamp, Frankfurt am Main 1998, 374–422.
MEADOWS, D. L. et al.: Die Grenzen des Wachstums – Bericht des Club of Rome zur Lage der Menschheit. Deutsche Verlags-Anstalt, Stuttgart 1972.
MEIER KRUKER, V. & J. RAUH: Arbeitsmethoden der Humangeographie. Wissenschaftliche Buchgesellschaft, Darmstadt 2005.
MENTZER, A.: Die Qual der Wahl – Vom Leben und Leiden in der Multioptionsgesellschaft. – In: KEMPER, P. & U. SONNENSCHEIN (Hrsg.): Glück und Globalisierung – Alltag in Zeiten der Weltgesellschaft. Suhrkamp, Frankfurt am Main 2003, 295–306.
MENZEL, U.: Globalisierung versus Fragmentierung. Suhrkamp, Frankfurt am Main 1998.
MERTINS, G.: Megastädte in Entwicklungsländern – Themenheft. – In: Geographische Rundschau, 60(11) (2008).
METZ, R.: Konjunkturen im 19. und 20. Jahrhundert. – In: SCHULZ, G., C. BUCHHEIM, F.-W. HENNING, K. H. KAUFHOLD, & H. POHL (Hrsg.): Sozial- und Wirtschaftsgeschichte: Arbeitsgebiete – Probleme – Perspektiven, 100 Jahre Vierteljahrsschrift für Sozial- und Wirtschaftsgeschichte. Franz Steiner Verlag, Stuttgart 2004, 217–248.
MICHELIN: The world tire market – key figures. Michelin Corporation, 2008.

MITCHELL, D.: The end of public space? People's park, definitions of the public, and democracy. – In: Annals of the Association of American Geographers, 85(1) (1995), 108–133.
MITRAŠINOVIC, M.: Total landscape, theme parks, public space. Ashgate, Aldershot 2006.
MOHANTY, C. T.: Arbeiterinnen und die globale Ordnung des Kapitalismus: Herrschaftsideologien, gemeinsame Interessen und Strategien der Solidarität. – In: KLINGEBIEL, R. & S. RANDERIA (Hrsg.): Globalisierung aus Frauensicht – Bilanzen und Visionen, Dietz, Bonn 1998, 320–345.
MÄDER, U.: Für eine solidarische Gesellschaft – Was tun gegen Armut, Arbeitslosigkeit, Ausgrenzung? Rotpunktverlag, Zürich 1999.
MÜLLER, K. P.: Moderne. – In: NÜNNING, A. (Hrsg.): Metzler Lexikon Literatur- und Kulturtheorie. J. B. Metzler, Stuttgart/Weimar 1998, 378–381.
MÜLLER-BÖKER, U. & S. THIEME: Arbeiten beim grossen Nachbarn: Arbeitsmigration von Far West Nepal nach Delhi. – In: Nepal Information, 99(2) (2007), 70–73.
MÜLLER-MAHN, D.: Umgang mit Risiken – Themenheft. – In: Geographische Rundschau, 59(10) (2007).
MÜNCH, R.: Soziologische Theorie – Band 3: Gesellschaftstheorie. Campus, Frankfurt am Main 2004.
MUSCH-BOROWSKA, B.: Regierung entschuldigt sich bei Aborigines. – In: Tagesschau.de, www.tagesschau.de/ausland/aborigines12.html, (Stand: 13.02.2008).
NACE, T.: Gangs of America: The rise of corporate power and the disabling of democracy. Berrett-Köhler, San Francisco 2003.
NAJMAN, M.: Dr. Seltsam plant für das nächste Jahrhundert – Blick in das Waffenarsenal der Zukunft. – In: Le Monde diplomatique, Februar (1998), 10.
NATIONMASTER.COM: Russian crime stats, www.nationmaster.com/red/country/rs-russia/cri-crime&b_cite=1 (Stand: 27.04.2009).

NEDERVEEN PIETERSE, J.: Globalization as hybridization. – In: FEATHERSTONE, M., S. LASH & R. ROBERTSON (Hrsg.): Global modernities, Sage, London, Thousand Oaks, New Delhi 1995, 45–68.
NEDERVEEN PIETERSE, J.: Der Melange-Effekt – Globalisierung im Plural. – In: BECK, U. (Hrsg.): Perspektiven der Weltgesellschaft, Suhrkamp, Frankfurt am Main 1998, 87–124.
NEGOTIATING GROUP ON THE MULTILATERAL AGREEMENT ON INVESTMENT (MAI): The multilateral agreement on investment (Report by the chairman to the negotiating group). Organisation for Economic Development and Cooperation (OECD), 1998.
NEUE ZÜRCHER ZEITUNG: Die OECD passt ihre Steuerliste an, (4.04.2009), 23.
NEUHAUS, G. & A. SCUDELETTI: Container auf Weltreise (DVD). NZZ Format, Zürich 2006.
NUHN, H.: Globalisierung des Verkehrs und weltweite Vernetzung. – In: SCHAMP, E.W. (Hrsg.): Handbuch des Geographie-Unterrichts: Band 9: Globale Verflechtungen, Aulis Verlag Deubner, Köln 2008, 48–62.
NUÑEZ, H. J.: Global production and worker response: The struggle at Volkswagen of Mexico. – In: The Journal of Labour and Society, 9 (2006), 7–28.
NYIRI, P.: Transnationale Gemeinschaften – Die neue chinesische Emigration nach Ungarn. – In: Transit – Europäische Revue, 17 (1999), 124–135.
OAKES, T. S. & P. L. PRICE (Hrsg.): The cultural geography geader. Routledge, London, New York 2008.
OHLIN, B.: Interregional and international trade. Harvard University Press, Cambridge (Mass.) 1933.
OHMAE, K.: The end of the nation state. – In: LECHNER, F. J. & J. BOLI (Hrsg.): The globalization reader. Blackwell, Oxford 2004, 214–218.

Omvedt, G.: Die Globalisierungsdebatte in Indien. – In: Tetzlaff, R. (Hrsg.): Weltkulturen unter Globalisierungsdruck – Erfahrungen und Antworten aus den Kontinenten. Dietz, Bonn (2000), 174–199.

Organisation for Economic Development and Cooperation (OECD): Multilateral agreement on investment. www.oecd.org archiviert in www.webcitation.org/5clOoLilW (Stand: 13.11.2008).

Organisation for Economic Development and Cooperation (OECD): Country statistical profiles. OECD, http://stats.oecd.org/WBOS/Index.aspx?DataSetCode=CSP2009 (Stand: 27.04.2009).

Osterhammel, J.: Kolonialismus – Geschichte, Formen, Folgen. C.H.Beck, München 2006.

Osterhammel, J. & N. P. Petersson: Geschichte der Globalisierung – Dimensionen, Prozesse, Epochen. C. H. Beck, München 2006.

Overå, R.: When men do women's work: structural adjustment, unemployment and changing gender relations in the informal economy of Accra, Ghana. – In: Journal of Modern African Studies, 45(4) (2007), 539–563.

Ossenbrügge, J.: Entgrenzung, Regionalisierung und Raumentwicklung im Diskurs der Moderne. – In: Schamp, E.W. (Hrsg.): Handbuch des Geographie-Unterrichts: Band 9: Globale Verflechtungen. Aulis Verlag Deubner, Köln (2008), 19–36.

P. M.: Arbeitswelt 2020 – Wie die Möglichkeit aussehen wird. – In: du – die Zeitschrift der Kultur, Mai (1997), 77–79.

P. M.: bolo'bolo: Transkription eines Videos von O. Ressler. – In: Alternative Ökonomien, alternative Gesellschaften (Themenheft), Kurswechsel 1, 2005.

Parnreiter, C.: Zuwanderungskontrolle oder Illegalisierung? – Acht Thesen zur Migration zwischen Mexiko und den USA. – In: Widerspruch – Beiträge zur sozialistischen Politik. 19(37) (1999), 51–58.

Parnreiter, C., A. Novy & K. Fischer (Hrsg.): Globalisierung und Peripherie. Brandes & Apsel/Südwind, Frankfurt am Main 1999.

Patalong, F.: Saddam, wir kommen – Der Live-Krieg. – In: Spiegel Online, www.spiegel.de/netzwelt/tech/0,1518,241432,00.html (Stand: 21.03.2003).

Perraton, J., D. Goldblatt, D. Held, & A. McGrew: Die Globalisierung der Wirtschaft. – In: Beck, U. (Hrsg.): Politik der Globalisierung. Suhrkamp, Frankfurt am Main 1998, 134–168.

Petrella, R.: Globalization and internationalization – The dynamics of the emerging world order. – In: Boyer, R. & D. Drache (Hrsg.): States against markets – The limits of globalization. Routledge, London 1996, 62–83.

Porter, R.: The Enlightenment. Palgrave Macmillan, New York 2001.

Poulin, R.: Die „Nataschas" der Weltwirtschaft. – In: SoZ – Sozialistische Zeitung, Mai (2005), 15.

Preuss, O.: Eine Kiste erobert die Welt: Der Siegeszug einer einfachen Erfindung. Murmann, Hamburg 2007.

Pries, L.: Transnationale Soziale Räume – Theoretisch-empirische Skizze am Beispiel der Arbeitswanderungen Mexiko-USA. – In: Beck, U. (Hrsg.): Perspektiven der Weltgesellschaft. Suhrkamp, Frankfurt am Main 1998, 55–86.

Pronk, M.: Making sense of the world in reach – a study on everyday geography-making in transcontextual lifeworlds. With empirical inquiries into consumption and communication in contemporary Bangkok. Ph.D. thesis, Friedrich-Schiller-Universität, Jena 2005.

Randeria, S.: Globalisierung und Geschlechterfrage: Zur Einführung. – In: Klingebiel, R. & S. Randeria (Hrsg.): Globalisierung aus Frauensicht – Bilanzen und Visionen. Dietz, Bonn 1998, 16–33.

Rasonyi, P.: Noch mehr Subventionen für Biodiesel? – In: Neue Zürcher Zeitung, (4.10.2007), 25.

Ratha, D. & Zhimei Xu: Migration and remittances factbook: Morocco, siteresources.worldbank.org/INTPROSPECTS/Resources/334934-1199807908806/Morocco.pdf (Stand: 10.10.2008).

Rehbein, B. & H. Schwengel: Theorien der Globalisierung. UVK/UTB, Stuttgart 2008.
Reuber, P. & C. Pfaffenbach: Methoden der Humangeographie. Westermann, Braunschweig 2005.
Reuter, M. & T. Blees: Automobilbranche geht pessimistisch ins neue Jahr – KPMG: Überkapazitäten nach wie vor ein großes Problem. – In: KPMG Pressemitteilungen, www.kpmg.de/Presse/3246.htm archiviert in http://www.webcitation.org/5bXGs0B9n (2005, Stand: 13.10.2008).
Reuters: Optimismus in Asien. – In: Neue Zürcher Zeitung, (15.07.1998), 30.
Ribbeck, E.: Slums. Bundeszentrale für politische Bildung, www.bpb.de/themen/11375H,0,0,Slums.html archiviert in http://www.webcitation.org/5d9cdVkGP (Stand: 18.12.2008).
Ricardo, D.: The principles of political evonomy & taxation. J. M. Dent, London 1917.
Robertson, R.: Globalization – social theory and global culture. Sage, London, Thousand Oaks, New Delhi 1992.
Robertson, R.: Glocalization: time-space and homogeneity-heterogeneity. – In: Featherstone, M., Lash, S. & R. Robertson (Hrsg.): Global Modernities, Sage, London, Thousand Oaks, New Delhi (1995), 25–44.
Rodrigue, J.-P.: The geography of transport systems (TGTS): Transportation, globalization and international trade. http://people.hofstra.edu/geotrans/eng/ch5en/conc5en/ch5c2en.html, archiviert in www.webcitation.org/5h22cuJhe (Stand: 25.05.2009).
Said, E.: Orientalism, 25th Anniversary Edition with a new preface by the author. Vintage Books, New York 1994.
Sassen, S.: Metropolen des Weltmarkts – Die neue Rolle der Global Cities. Campus, Frankfurt am Main 1994.
Sassen, S.: Globalization and Its discontents – Essays on the new mobility of people and Money. The New Press, New York 1998a.

Sassen, S.: The city: strategic site / New Frontier. – In: Schneider, A., C. Schmid, P. Klaus, A. Hofer & H. Hitz (Hrsg.): Possible urban worlds – Urban strategies at the end of the 20th century. Birkhäuser, Basel/Boston/Berlin 1998b, 192–199.
Schamp, E.W. (Hrsg.): Handbuch des Geographie-Unterrichts: Band 9: Globale Verflechtungen, Aulis Verlag Deubner, Köln 2008a.
Schamp, E. W.: Globale Finanzmärkte. – In: Schamp, E.W. (Hrsg.): Handbuch des Geographie-Unterrichts: Band 9: Globale Verflechtungen. Aulis Verlag Deubner, Köln 2008b, 72–83.
Schamp, E. W.: Globale Wertschöpfungsketten – Umbau von Nord-Süd-Beziehungen in der Weltwirtschaft. – In: Geographische Rundschau, 60(9) (2008c), 4–11.
Schirato, T. & J. Webb: Understanding globalization. Sage, London, Thousand Oaks, New Delhi 2003.
Schmidt, H.: Globalisierung – Politische, ökonomische und kulturelle Herausforderungen. Deutsche Verlags-Anstalt, Stuttgart 1998.
Schneider, A. C., Schmid, P. Klaus, A. Hofer & H. Hitz: Possible urban worlds – Urban strategies at the end of the 20th century. INURA, Birkhäuser, Basel/Boston/Berlin 1998.
Schneider-Sliwa, R. (Hrsg.): Städte im Umbruch: Die Neustrukturierung von Berlin, Brüssel, Hanoi, Ho Chi Minh Stadt, Hongkong, Jerusalem, Johannesburg, Moskau, St. Petersburg, Sarajewo und Wien. Reimer, Berlin 2002.
Schneider-Sliwa, R.,H. Elsasser, J.-B.Racine, & T. Mosimann (Hrsg.): Themenheft: Bewachte Wohnkomplexe in Europa, Geographica Helvetica, 58(4), 2003.
Schnitzler, L., H. Hielscher, R. Kianie-Kress, & H. Schumacher: Wie die Finanzkrise auf die Realwirtschaft durchschlägt. – In: Wirtschaftswoche Online, www.wiwo.de/politik/wie-die-finanzkrise-auf-die-realwirtschaft-durchschlaegt-373935/, (Stand: 15.10.2008).

SCHOLZ, F.: Entwicklungsländer – Entwicklungspolitische Grundlagen und regionale Beispiele. Westermann, Braunschweig 2006.
SCHUCHARDT, A.: Rousseaus Contrat social in Kurzform, http://kaltric.wordpress.com/mat/matphil/gv/ archiviert in http://www.webcitation.org/5cluZB2kC (Stand: 13.11.2008).
SCHWEIZER GESCHICHTE ONLINE:Industrialisierung: Mechanische Spinnereien und Webmaschinen (19. Jh.), http://technik.geschichte-schweiz.ch/industrialisierungschweiz.html (Stand: 15.04.2009).
SCHWEIZERISCHE EIDGENOSSENSCHAFT: Kommanditgesellschaft, www.kmu.admin.ch/themen/00614/00656/00668/index.html?lang=de archiviert in http://www.webcitation.org/5cOs6ZUYY (Stand: 17.11.2008).
SEN, A.: Lebensstandard und Lebenserwartung. – In: Spektrum der Wissenschaft, 11 (1993), 74–81.
SEN, A.: Ökonomie für den Menschen – Wege zur Gerechtigkeit und Solidarität in der Marktwirtschaft. dtv, München 2002.
SEN, A.: Die Identitätsfalle – Warum es keinen Krieg der Kulturen gibt. C.H. Beck, München 2006.
SENNETT, R.: Der flexible Mensch – Die Kultur des neuen Kapitalismus. Berlin Verlag, Berlin 1998.
SHENK, D.: Data smog. Surviving the information glut. Harper San Francisco, New York, 1998.
SHLEIFER, A. & D. TREISMANN: A normal country: Russia after communism. – In: Journal of Economic Perspectives, 19(1) (2005), 151–174.
SIEGERT, J.: Die Zivilgesellschaft in Putins Russland. – In: Forschungsjournal Neue Soziale Bewegungen, 20(3) (2007), 12–17.
SIMON, J.: The state of humanity. Blackwell, Oxford 1995.
SPADE INDEX: The spade defense index, www.spadeindex.com/performance.html, archiviert in http://www.webcitation.org/5YUxP6mDN (Stand: 11.06.2008).

SPALINGER, A.: Mit Google Earth und Internettelefon zum Attentat. NZZ am Sonntag, Zürich (14.12.2008).
STAHMER, C.: Halbtagsgesellschaft – Anregungen für ein sozial nachhaltiges Deutschland. Zentrum für interdisziplinäre Forschung, Universität Bielefeld, Bielefeld 2006, www.uni-bielefeld.de/ZIF/KG/2004Modellierung/ Halbtagsgesellschaft_Stahmer.pdf. (Stand: 25.05.2009).
STAUB-BERNASCONI, S.: Nach dem MAI kommt der Juni: Eine Information und ein Aufruf. Mitteilung der Deutschen Gesellschaft für Sozialarbeit e. V. 18, Berlin, www.deutsche-gesellschaft-fuer-sozialarbeit.de/mit18.shtml, archiviert in www.webcitation.org/5h1uEEkfW (Stand: 25.05.2009).
STEGER, M. B.: Globalization – A very short introduction. Oxford University Press, Oxford 2003.
STEINMEIER, F.-W.: Rede Frank-Walter Steinmeier auf dem a.o. SPD-Bundesparteitag. www.spd.de/de/aktuell/pressemitteilungen/2008/10/Rede-Frank-Walter-Steinmeier-auf-dem-ao-SPD-Bundesparteitag.html, archiviert in http://www.webcitation.org/5h3O3Xstn (18.10.2008).
STIFTUNG ENTWICKLUNG UND FRIEDEN: Globale Trends: Daten zur Weltentwicklung. Düsseldorf 1991.
STIFTUNG ENTWICKLUNG UND FRIEDEN, D. MESSNER & F. NUSCHELER: Globale Trends 2000 – Fakten, Analysen, Prognosen. Fischer Taschenbuch Verlag, Frankfurt am Main 1999.
STIGLITZ, J.: Make globalisation work – the next steps to global justice. Penguin/ Allen Lane, London 2006.
STREHLE, R.: Wenn die Netze reissen. Rotpunktverlag, Zürich 1994.
STRUCK, E.: Die Türkei – geopolitische Kontroversen um die Mitgliedschaft in der EU. – In: Geographische Rundschau, 59(3) (2007), 52–59.

STUTZ, H. & T. BAUER: Modelle zu einem garantierten Mindesteinkommen: Sozialpolitische und ökonomische Auswirkungen. – In: Beiträge zur sozialen Sicherheit, Forschungsbericht 15/03, Bundesamt für Sozialversicherung, Bern, 2003.

SUBRAMANIAN, G.: The disappearing Delaware effect. – In: The Journal of Law, Economics and Organization, 20(1) (2004), 32–59.

SUTER, P.: Moderne Piraterie in Südostasien – Die Entwicklung der Piraterie in der Strasse von Malakka von 1990–2007. Bachelorarbeit am Geographischen Institut der Universität Zürich, Zürich 2008.

TAYLOR, P. J.: Leading world cities: empirical evaluations of urban nodes in multiple networks. – In: Urban Studies, 42(9) (2005), 1593–1608.

TETZLAFF, R. (Hrsg.): Weltkulturen unter Globalisierungsdruck – Erfahrungen und Antworten aus den Kontinenten. J. H. W. Dietz Nachfolger, Bonn 2000.

THE PUBLIC CITIZEN & GLOBAL TRADE WATCH: The MAI alive and well at the WTO. 2003. www.citizen.org/trade/wto/investment/articles.cfm?ID=10076 archiviert in www.webcitation.org/5clPe7yqQ (Stand: 13.11.2008).

THERBORN, G.: The routes to/through Modernity. – In: FEATHERSTONE, M., S. LASH & ROBERTSON, R. (Hrsg.): Global Modernities, Sage, London, Thousand Oaks, New Delhi 1995, 124–139.

THIEME, S.: Social networks and migration: Far West Nepalese labour migrants in Delhi. Lit, Münster 2006.

THIEME, S.: Where to return to? Rural-urban interlinkages in times of internal and international labour migration. – In: ASIA, S.R.C.A.U.C. (Ed.) Kyrgyzstan today: Policy briefs on civil society, migration,Islam, and corruption. Bishkek, American University Central Asia, 2009.

THIEME, S. & P. HERZIG: How geography matters: Neglected dimensions in contemporary migration research. – In: Asiatische Studien/Etudes asiatiques, LXI(4) (2007), 1077–1112.

THINKQUEST: Millenium Bug: Was ist Y2K?, http://library.THINKQUEST.org/26663/6_1.html, (Stand: 16.07.2009).

TOMLINSON, J.: Globalization and culture. Polity, London 2000.

TOMLINSON, J.: Cultural imperialism. – In: LECHNER, F. J. & J. BOLI (Hrsg.): The globalization reader, Blackwell, Oxford 2004, 303–311.

TROJANOW, I. & R. HOSKOTÉ: Kampfabsage: Kulturen bekämpfen sich nicht – sie fließen zusammen. Blessing, München 2007.

TYRELL, H.: Bollywood versus Hollywood: Battle of the dream factories. – In: LECHNER, F. J. & J. BOLI (Hrsg.): The globalization reader, Blackwell, Oxford (2004), 312–319.

TZSCHEETZSCH, W.: Orientierung durch Kommunikation. – In: TEUFEL, E. (Hrsg.): Von der Risikogesellschaft zur Chancengesellschaft, Suhrkamp, Frankfurt am Main (2001), 34–42.

UNCTAD FOREIGN DIRECT INVESTMENT STATISTICS: http://stats.unctad.org/FDI/TableViewer/tableView.aspx (Stand: 08.07.2008).

UNITED NATIONS: World investment report 2006. New York 2006.

UNITED NATIONS: Trends in total migrant stock: The 2005 revision. United Nations, Department of Economic and Social Affairs, New York 2006.

UNITED NATIONS: Global compact – Corporate citizenship in the world economy. United Nations Global Compact Office, New York 2008.

UNITED NATIONS: United Nations Peace Keeping Operations, www.un.org/Depts/dpko/dpko/bnote.htm (Stand: 27.07.2007).

UNITED NATIONS: UN Security Council, www.un.org/Docs/sc/ (Stand: 08.07.2008).

UNITED NATIONS: Das System der Vereinten Nationen. www.un.org/Depts/german/orgastruktur/vn-organigramm-dez2007.pdf (Stand: 09.07.2008).

United Nations: The global compact, www.unglobalcompact.org archiviert in http://www.webcitation.org/5clWxviUl (Stand: 13.11.2008).

United Nations: World economic situation and prospects 2009. United Nations, Doha. www.un.org/esa/policy/wess/wesp2009files/pr_en09.pdf (Stand: 25.05.2009).

Vensky, H.: Braune zerfleischen sich im Machtkampf. – In: Zeit Online, www.zeit.de/online/2009/09/npd, (Stand: 24.02.2009).

Virilio, P.: Die Auflösung der Stadt als Zentrum. Tagesanzeiger der Stadt Zürich, 77, (11.03.1997).

Vogel, D.: Trading up and governing across: transnational governance and environmental protection. – In: Journal of European Public Policy, 4(4) (1997), 556–571.

Vorlaufer, K.: Tourismus und globale Verflechtungen: Determinanten, Entwicklungs- und Raummuster. – In: Schamp, E.W. (Hrsg.): Handbuch des Geographie-Unterrichts: Band 9: Globale Verflechtungen. Aulis Verlag Deubner, Köln 2008, 105–116.

Wacquant, L. J. D.: Elend hinter Gittern. UVK Universitätsverlag, Konstanz 2000.

Wallerstein, I.: The Modern World System. Academic Press, San Diego 1974.

Wallerstein, I.: Culture as the ideological battleground of the modern world system. – In: Featherstone, M. (Hrsg.): Global culture – nationalism, globalization and modernity. Sage, London, Thousand Oaks, New Delhi (1990), 31–56.

Watson, J. L.: McDonald's in Hong Kong. – In: Lechner, F. J. & J. Boli (Hrsg.): The Globalization reader, Blackwell, Oxford 2004, 125–132.

Wehr, M.: Der Schmetterlingseffekt: Turbulenzen in der Chaostheorie. Klett-Cotta, Stuttgart 2002.

Weizsäcker, E. U. von, A. B. Lovins & H. L. Lovins: Faktor Vier: Doppelter Wohlstand – halbierter Naturverbrauch. Knaur, München 1997.

Weizsäcker, E. U. von & W. Thierse: Conclusion: A memorandum on globalization. – In: Dettke, D. (Hrsg.): The challenge of globalization for Germany's social democracy – A policy agenda for the twenty-first century, Berghahn Books, New York 1998, 233–245.

Welzk, S. Visionen des MAI – A brave new corporatist world? – In: Blätter für deutsche und internationale Politik, 44(1) (1999), 40–50.

Werlen, B.: Sozialgeographie alltäglicher Regionalisierungen 1: Zur Ontologie von Gesellschaft und Raum. Franz Steiner Verlag, Stuttgart 1995.

Werlen, B.: Sozialgeographie alltäglicher Regionalisierungen 2: Globalisierung, Region, und Regionalisierung. Franz Steiner, Stuttgart 1997.

Werlen, B. & R. Lippuner: Regionale Kulturen und globalisierte Lebensstile. – In: Geographische Rundschau, 59(7/8) (2007), 22–27.

Wieser, B. U.: Indonesien entwindet sich dem Chaos. – In: Neue Zürcher Zeitung, 84 (11.04.2009), 3.

Willke, G.: Neoliberalismus. Campus, Frankfurt am Main, 2003.

Wobbe, T.: Weltgesellschaft. Transcript, Bielefeld 2000.

Wolter, S. C. & B. Weber: Bildungsrendite – ein zentraler ökonomischer Indikator des Bildungswesens. – In: Schweizer Volkswirtschaft: Das Magazin für Wirtschaftspolitik, 10 (2005), 38–42.

World Semiconductor Trade Statistics (WSTS): WSTS Projects 2.5 percent global semiconductor growth in 2008. WSTS, www.wsts.org/plain/content/view/full/3932 (Stand: 13.12.2008).

World Urbanization Prospects: The 2007 revision population database, http://esa.un.org/unup (Stand: 17.12.2008).

Worldbank: United States data profile, http://web.worldbank.orgWBSITE/EXTERNAL/DATASTATISTICS0,contentMDK:20535285~pagePK:64133150~piPK:64133175~theSitePK:239419,00.html (Stand: 27.07.2007).

WORLDBANK DATA & STATISTICS: Poverty, Russian Federation, http://web.worldbank.org/WBSITE/EXTERNAL/DATASTATIST ICS0,contentMDK:20394878~menuP K:1192714~pagePK:64133150~piPK: 64133175~theSitePK:239419,00.html (Stand: 23.04.2009).
WUPPERTAL INSTITUT FÜR KLIMA, UMWELT, ENERGIE: Zukunftsfähiges Deutschland in einer globalisierten Welt – Ein Anstoß zur gesellschaftlichen Debatte. Fischer Taschenbuch Verlag, Frankfurt am Main 2008.
YAMASHITA, M.: Die Drachenflotte des Admirals Zheng He. Ferderking & Thaler, München 2006.
YEARLEY, S.: Sociology, environmentalism, globalization. Sage, London, Thousand Oaks, New Delhi 1996.
YOUNG, B.: Die Herrin und die Magd – Globalisierung und die Re-Konstruktion von ‚class, gender and race'. – In: Widerspruch – Beiträge zur sozialistischen Politik, 19(38) (1999), 47–60.

YU KEPING: Chinesische Sichtweisen auf Globalisierung: Vom „sino-westlichen" zum „Globalisierungs"-Diskurs. – In: TETZLAFF, R. (Hrsg.): Weltkulturen unter Globalisierungsdruck: Erfahrungen und Antworten aus den Kontinenten. Dietz, Bonn 2000, 151–173.
ZÜRN, M.: Schwarz-Rot-Grün-Braun: Reaktionsweisen auf Denationalisierung. – In: BECK, U. (Hrsg.): Politik der Globalisierung. Suhrkamp, Frankfurt am Main (1998), 297–330.

Register

Agrarrevolution 94
Alltagsdiskurs 24, 50
Amerikanisierung 14, 42, 219, 220, 251, 259,
Arbeitskraft 116, 123, 135, 143, 145, 154, 168, 172, 230
Arbeitsmarkt 43, 116, 122, 125, 127, 138, 139, 140, 143, 145, 148, 149, 150, 152, 154
Arbeitsteilung 25, 34, 36, 43, 62, 67, 77, 116, 171, 175, 228, 229, 230, 232, 233, 234, 239
Armut 10, 16, 17, 107, 114, 116, 117, 128, 131, 135, 136, 137, 143, 147, 148, 165, 249, 256, 257, 268
Atommächte 200
Atomprogramm 112
Atomsperrvertrag 200, 201
Aufklärung 16, 81, 82, 88, 91, 92, 93, 95, 101, 213, 235, 236
Ausbildung 136, 138, 140, 154, 157, 168, 285,
Außenhandel 119, 138
Autonomie 16, 156, 207, 209, 211, 214, 218,
Bankenkrise 131, 132, 133
Bevölkerungswachstum 16, 86, 275
Bildungspolitik 43
Bildungsprogramm 140
Bildungsrendite 138, 302
Bollywood 215, 223
Börse 40, 85, 99,
Brasilianisierung 219, 220
Bretton-Woods 105, 106, 108, 118, 142,
Bruttoinlandprodukt 36, 139, 158
Bruttonationaleinkommen 44, 157
California-Effekt 199
Cash Crop 254
Chancengleichheit 136, 161
Container 36, 72, 75, 80, 194, 209, 227
Containment 38, 40
Crossover 218

Dekolonisierung 34, 191, 192
Delaware-Effekt 198
Demarchie 205, 206, 207
Demarkation 96
Demokratie 16, 92, 97, 158, 194, 196, 199, 201, 202, 205, 206, 207, 208, 209, 210, 212, 213, 214, 251, 255, 260, 273, 274, 286
Denationalisierung 193, 196, 197, 199, 201, 203
Dependenztheorie 239
Depression 58, 59, 60, 63, 96, 99, 100, 133, 318
Deregulierung 110, 121, 122, 129, 130, 133, 161
Dezentralisierungsbestrebungen 248
Dienstleistungssektor 119, 135, 149, 154, 182, 279
Direktinvestitionen 26, 104, 105, 109, 120, 123, 125, 127
Diskurs 10, 14, 15, 17, 19, 20, 21, 23, 24, 25, 37, 112, 117, 210, 228, 233, 272,
Disparitäten 40, 110, 143, 212, 245
Dominoeffekt 38, 127
Dreieckshandel 89, 90, 101, 318
Dreißigjähriger Krieg 91, 187
Einheitswährung 97
Einkommenssteuer 161, 165
Einwanderung 138, 139, 142, 148, 248
Energieverbrauch 11, 94
Entankerung 123, 241, 277, 283
Entscheidungsfindung 206, 273
Entwicklungsländer 40, 119, 125, 146, 147, 151, 152, 159, 160, 171, 172, 195, 239, 257
Erwartungen 238, 240
Ethnie 51, 52, 192, 232, 233
Ethnizität 203, 218
Ethnoscape 258, 260
Ethnozentrismus 232

Register

Europäische Union 48, 107, 160, 210, 211
Evolutionstheorie 95, 223, 253, 257
Face-to-Face Kontakt 23, 125, 135
Fair Trade 183, 186
Faktor 4 156
Familienkapitalismus 28
Faschismus 99
Fastfood 42, 77, 80, 202
Feminisierung 149, 154
Feuerwaffen 86
Financescape 259
Finanzkrise 10, 32, 37, 63, 112, 114, 115, 122, 126, 130, 132, 133
Fordismus 61, 166, 167, 170
Fortschritt 45, 58, 59, 61, 63, 91, 92, 94, 98, 117, 232, 234, 235, 254, 255, 268, 274
fragmentierende Entwicklung 249
Fragmentierung 215, 217, 247, 248, 249, 250, 251, 252, 253, 255, 256, 257, 258, 286
Fraktalisierung 247, 248, 256
Fraktionierung 247, 248, 256
Frauenbewegung 23, 148, 207, 264
Frauenerwerbstätigkeit 148, 149, 155
Freihandel 21, 96, 98, 101, 195
Fundamentalismus 251, 252, 255, 257
Gated Community
Gegendiskurs 19
Gemeinwohl 37, 207, 209
Gender 295
Genossenschaft 162
Genrevolution 180, 181
Geographie 42, 49, 53, 54, 55, 56, 95, 261
Geopolitik 42, 291
Geschlechterrollen 154
Gesellschaftsvertrag 137, 263
Gewaltmonopol 36, 43, 207, 234
Gewerkschaft 75
Global City 279
Globalisierungsgegner 108
Globalismus 262, 263, 264, 265, 266
Globalität 18, 227, 262, 263, 265, 266

Glokalisierung 49, 50, 51, 52, 169
Goldstandard 97, 98
Golfkrieg 40
Grüne Revolution 151, 155, 180, 181, 185
Gruppe von Lissabon 15, 24, 44, 45, 48, 49
Güterströme 86
Halbtagsgesellschaft 163, 164
Handelsbeziehungen 83, 84, 123, 124, 229
Hanse 84, 87
Haushaltseinkommen 153
Heimarbeiter 86, 175, 185
Heimat 11, 204, 227
Herdentrieb 129
Hochkonjunktur 58
Hollywood 52, 215, 223, 260
Homogenisierung 51, 215, 219, 247, 249, 250, 251, 253, 255, 256, 257, 262, 265
Humankapital 36, 43, 45, 255
Hybridisierung 218, 222, 224
Hybridität 54, 56
Hyperbourgeoisie 29, 227
Hyperinflation 202
Identität 11, 43, 51, 69, 92, 156, 164, 176, 188, 195, 213, 218, 220, 226, 227, 239, 264
Ideoscape
Imagination 258, 260
Immobilienmarkt 131, 133
Imperialismus 96, 99, 100, 101, 235, 245
Individualverkehr 66
Industrialisierung 17, 60, 64, 82, 86, 88, 90, 92, 94, 101, 113, 123, 230, 241, 268
Industrieländer 34, 118, 137, 138, 139, 147, 148, 159, 171, 172, 239
Industriesektor 119
Informationskrieg 41
Informationstechnologie 53, 63
informellen Sektor 144, 145, 146, 148, 151, 155, 162, 165
Infrastruktur 43, 50, 63, 68, 71, 135, 136, 137, 157, 196, 205, 277
institutionellen Kapitalismus 29

305

Internationale Gerichtshof 201
Internationale Währungsfonds 105, 108, 129, 137
Internationalisierung 27, 45, 96, 117, 118, 243
Internet 22, 32, 42, 67, 68, 69, 71, 72, 75, 80, 82, 110, 117, 159, 163, 204, 251, 252, 260
Investition 126
Islamisten 21
Isomorphien 233
Japanisierung 219, 220, 251
Jihad 52, 250, 251, 252, 257
Kalter Krieg 38, 39, 40, 43, 82, 100, 102, 103, 104, 108, 109, 199
Kampf der Kulturen 13, 112, 216, 217, 218, 250
Kapitalismus 27, 29, 104, 109, 113, 120, 123, 127, 132, 137, 147, 165, 194, 202, 230, 232, 244, 246, 263, 265, 266
Kapitalmärkte
Kapitalmobilität 44, 48
Kernfamilie 284
Kernregion 230, 232, 234, 239, 249
Klassenkonflikt
Kleinfamilie 285
Klimawandel 9, 10, 19, 20, 110, 112, 114, 187, 269
Kolonialismus 82, 93, 96, 101
Kommodifizierung 80, 123, 234, 241
Kommunikation 12, 18, 38, 53, 54, 55, 63, 64, 65, 67, 68, 69, 71, 72, 82, 123, 124, 168, 169, 177, 192, 235, 236, 238, 240, 243, 252, 260
Kommunismus 38, 99, 202
Kommunitarismus 205, 206, 207, 214
Kondratiew 129
Kongruenzbedingung 196
Konjunktur 10, 96
Kontextualität 55
Koreakrieg 75
Kosmopolitanismus 208
Kosovo-Krise 41
Kosten-Nutzen-Kalkül 116
Kostenwahrheit 161

Krankheitserreger 86, 87
Kreolisierung 218, 222, 223, 224
Kreuzzug 20, 112
Kriegsprofiteur
Kronkapitalismus 90
Kubakrise 103
Kulturerdteile 54, 291
Kulturnation 190
Kulturökonomie 258, 259, 261
Kyoto-Protokoll 110
Label 48, 177
Landbevölkerung 255, 280
Lean Production 167, 168, 169, 170, 171, 185, 265
Lebensformen 11, 17, 46, 47, 48, 54, 204, 258, 276
Lebensstil 29, 48, 114, 176, 177, 178, 183, 186, 253, 255
Lebensunternehmer 160, 161, 162, 165
Leistungsbilanz 137
Liberalisierung 26, 96, 110, 116, 133, 198, 244, 245, 246
Liberalismus 96, 97, 101
Logistik 65
Logo 178, 186, 247
Makroebene 49, 50, 52, 147, 228
Malakkastrasse
Managerkapitalismus 28
Markt 21, 27, 33, 47, 50, 60, 108, 111, 121, 122, 123, 151, 171, 186, 201, 223, 251
Marktwirtschaft 114, 116, 117, 119, 121, 123, 125, 194, 200
Marshall-Plan 200
Massenkonsum 61, 166
Massenproduktion 61, 63, 64, 166, 167, 185
McDonaldisierung 75
McWorld 52, 250, 251, 257, 259, 288
Mechanisierung 58, 64, 93, 152, 180, 182
Mediascape 259, 261
Megastädte 279, 280, 282, 283
Meiji 97

Meistbegünstigungsklausel 96, 97
Mekka-Effekt 52
Melange 218, 222
Merkantilismus 230
Migration 11, 13, 14, 42, 148, 188, 204, 218, 248, 258, 280, 286
Mikroebene 49
Mindestlohn 151
Ming Dynastie 83
Minisysteme 228, 229
Moderne 16, 17, 44, 69, 91, 92, 95, 101, 156, 188, 190, 215, 232, 235, 236, 240, 241, 243, 245, 246, 262, 267, 268, 271, 272, 284
Modetrend 172, 173, 174, 175, 183, 185
Montanunion 211
Mudschaheddin 104, 251
Multikulturalisierung 11
Multioptionsgesellschaft 11, 14
Nachbarschaftsdemokratie 206
Nachfrage 12, 22, 26, 33, 42, 57, 59, 84, 111, 113, 121, 125, 127, 130, 131, 134, 139, 140, 141, 149, 152, 154, 167, 169, 173, 174, 177
Nahrungsmittel 42, 78, 85, 111, 122, 178, 179
Nahrungsmittelkrise 16
Nahrungsmittelproduktion 160, 179
Nationalismus 188, 190, 192, 232
Nationalökonomie 194
Nationalstaat 30, 36, 37, 43, 45, 51, 91, 92, 96, 101, 187, 188, 189, 190, 192, 193, 194, 195, 196, 197, 198, 199, 201, 203, 204, 205, 207, 209, 210, 211, 212, 213, 226, 227, 228, 232, 251, 254, 256, 257, 269
Neoliberalismus 21, 37, 104
Netzwerkgesellschaft 18
Neutralität 38
Nicht-Ort 51, 79
Nobelpreis 98
Nord-Süd-Konflikt 38
Normen 42, 43, 72, 192, 216, 221, 224, 234, 238, 240
Ökonomisierung 123

Oligopol 61
Olympische Spiele
Ortspolygamie 204
Ost-West-Konflikt 102, 104
Ostblock 38, 40, 82, 109, 201
Outsourcing 151
Paradigmenwechsel 58, 159, 170
Partikularisierung 247
Pearl Harbour 21, 42
Pentagon 20, 42, 114
Peripherie 230, 231, 232, 233, 234, 239, 249, 258, 261, 263
Petition 206, 214
Pigmentokratie 90
Piraterie 74
Planwirtschaft 201
Polarisierung 134, 147, 152, 154, 252
Portfolioinvestition 125
Prekarisierung 140
Privatisierung 31, 80
Privatleben 284
Protektionismus 96, 99, 141, 197, 203
Rassismus 232
Rationalisierung 159, 166, 167, 185
Raum-Zeit-Kompression 53
Realpolitik 227
Realwirtschaft 48, 115
Reflexion 272, 274, 275
reflexive Moderne 240, 272
Reformländer 120
Regime 112, 249, 257
Regionalisierung 54, 117, 118, 245, 246, 298, 302
Reichtum 84, 134, 135, 229, 236, 256, 267
Relativismus 221, 222, 223, 224
Renaissance 26, 81, 84, 87, 91
Rentenversicherung 40, 160
Reproduktion 248, 256, 284
Ressourcen 11, 23, 57, 63, 65, 96, 100, 101, 107, 108, 146, 190, 251, 263, 265, 283
Rimessen 145

Risikogesellschaft 114, 267, 268, 269, 271, 272, 273, 274, 275, 288
Rohstoffe 22, 34, 88, 175, 230, 239
Römisches Reich 87
Saragossalinie 88, 96
Schwarzmarkt 121
Schwellenland 134, 171, 179, 285
Schwerindustrie 60, 64
Seeherrschaft 92
Segmentierte Gemeinschaften 236
Selbsthilfe 155, 156, 157, 163, 164
Selbstidentität 227
Semiperipherie 230, 231, 234, 239, 249
Sexualität 284, 286
Sicherheitsrat 102, 106, 200, 201, 206, 214, 234
Siegermächte 100, 106, 200, 201
Silicon Valley 52, 153
Skaleneffekt 58, 62
Sklavenhandel 113
Slow Food 247
Slum 282, 283
Solidarität 114, 116, 123, 156, 164, 192, 204, 212, 226, 290, 296, 300
Souveränität 36, 43, 91, 126, 156, 164, 205, 206, 209, 260
Sozialisierung 43
Sozialismus 99, 109, 120
Sozialleistungen 132, 143, 161
Sozialzeit 157
Sparmaßnahme 141, 151, 153
Spätmoderne
Staatengemeinschaft 37
Staatsgrenzen 17, 91, 187, 193
Städte 84, 101, 103, 134, 267, 275, 276, 277, 279, 280, 282, 283
Standardisierung 26, 34, 64, 72, 73, 75, 76, 77, 79, 80, 161, 182, 243
Standortvorteil 203
Stellvertreterkrieg 38, 103, 108
Stratifizierung 236
Strukturanpassungsprogramm 106, 108, 151

Strukturwandel 148, 154
Subprimes 131
Subsystem 238, 253
Symbol 52, 115, 223, 263
Synkretismus 218, 222
Systemtheorie 273
Take-off 98
Taser 41
Technologie 27, 35, 45, 48, 64, 125, 135, 139, 171, 176, 185, 194, 230, 245, 251, 258, 259, 269
Technoscape 258, 261
Telefonie 67, 69, 71, 109
Telegraf 67, 71
Territorialstaat 92, 188, 193, 199, 209
Tertiärisierung 149, 155
Textilindustrie 58, 60, 93, 171, 175, 185
Themenpark 80
Tigerstaaten 119, 127, 130, 133, 135
Tobin-Tax 131, 159
Tordesillaslinie 96
Tourismus 11, 14, 38, 42, 50, 261, 301
Transitionsländer 138
transnationale soziale Räume 187
Transnationalstaat 204, 205, 207, 209, 210, 211, 213
Triade 118, 119, 126, 127, 134, 239, 279, 283
Tsunami 272
Umma 84
Umweltverschmutzung 16, 107, 284
Unabhängigkeit 22, 51, 92, 93, 100, 101, 159, 191, 192, 218
Universalisierung 221, 244, 247, 250, 252
Universalismus 221, 223, 224, 253
Unterbeschäftigung 141, 144, 158, 195
Unterprivilegierte 29
Vereinheitlichung 17, 46, 50, 92, 97, 164, 166, 187, 189, 191, 215, 217, 248, 256, 257
Vereinte Nationen (UNO) 46, 102, 106, 107, 109, 117, 118, 126, 200, 201, 206, 208, 210, 214, 266

Verkehrsmittel 65
Versicherbarkeit 271, 272, 275
Verstädterung 275, 277, 279, 281, 283
Verwestlichung 52, 218, 219, 221, 244, 246, 255
Vetorecht 200
Vietnamkrieg 103, 105
Völkerbund 99
Vollbeschäftigung 149, 155, 159, 164
Vormoderne 240
Wachstum 17, 26, 28, 59, 96, 104, 118, 120, 126, 137, 140, 141, 143, 149, 152, 153, 172, 173, 234
Währungskrise 127, 128, 133, 249
Warschauer Pakt 38
Wechsel 26, 171, 236, 238, 268
Wechselkurs 98, 102, 105, 109, 118, 126
Weltbank 106, 107, 108, 110, 151, 155, 200
Weltgesellschaft 107, 117, 127, 158, 164, 186, 209, 214, 227, 228, 233, 234, 236, 239, 240, 243, 247, 263, 265, 266
Weltimperien 229
Weltkultur 235
Weltmarktintegration 25
Weltökonomien 228, 229, 239
Weltordnung 25, 38, 42, 43, 102, 107, 210
Weltstädte 278, 279, 283
Weltsystem 15, 226, 227, 239
Weltsystemtheorie 228, 233, 234, 239, 249, 258
Weltzeit 98
Werte 42, 43, 54, 93, 192, 199, 203, 216, 227, 244, 253, 255, 256, 265, 279
Wertschöpfung 160
Westfälischer Friede 91, 194
Wettbewerbsfähigkeit 45, 192, 195, 197
Willensnation 190
Wirtschaftskrise 131, 133
Wohlfahrtsstaat 136, 198
Wohlstand 102, 116, 132, 136, 137, 147, 198, 203

Working Poor 135, 147
Zapatisten 245, 246
Zivilisationsrisiken 268, 273
Zugehörigkeit 190
Zweiklassengesellschaft 194
Zweiten Weltkrieg 38, 82, 100, 103, 107, 111, 112
Zwischenkriegszeit 98, 99

Fussnoten

Kapitel 1

1) Zum Beispiel förderte die Suche nach dem Begriff „globalization" 1999 bei amazon.com 415 Zugriffe zutage, während es 2007 schon 6 600 waren.

2) Francis Fukuyama (1992, zitiert in: Albrow, M. 2007, 128) sah dieses Ziel mit dem Zusammenbruch der Ostblockstaaten erreicht und verkündete etwas voreilig das „Ende der Geschichte".

3) In früheren Publikationen (Backhaus, N. 1999; Danielli, D. et al. 2006) wurde diese fünfte Dimension mit „Kultur" umschrieben, es scheint aber, dass sie mit der Umschreibung „kultureller Austausch" besser fokussiert wird. A. Giddens negiert diesen Aspekt nicht, er sieht Kultur als in jeder Dimension präsent, reduziert sie aber etwas stark auf Kommunikation (Tomlinson, M. 2000, 21). Die Darstellung als eigene Dimension ist darum angesichts ihrer (zunehmenden) Bedeutung angebracht.

4) Transnationale Unternehmen werden auch als **MNU** (multinationale Unternehmen) oder englisch **TNC** (Transnational Corporation) bezeichnet.

5) Ein Oligopol liegt dann vor, wenn es nur wenige Anbieter oder Nachfrager für ein Gut gibt.

6) Dies geschah mit selten gesehener Deutlichkeit. Am 11. März 1998 empfahlen 437 Abgeordnete des Europaparlamentes den nationalen Parlamenten die Ablehnung des Vertragswerkes. Die Vorlage erhielt 8 Gegenstimmen und 62 Enthaltungen (Nace, T. 2003, 195).

7) R. Ruggiero hat sich danach von dieser Aussage distanziert (Welzk, S. 1999, 41).

8) Fannie Mae wurde 1938 als staatliche Institution gegründet. 1968 wurde sie privatisiert.

9) Erklärung, die von 450 Vorstandsvorsitzenden und Managern multinationaler Konzerne im September 1998 anlässlich des „Geneva Business Dialogue" in Genf angenommen wurde (Staub-Bernasconi, S., Stand: 25.05.2009).

10) Kostspielig wurde in den Kolonien dann aber die Administration, welche eine regelmäßige und gesicherte Rohstoffproduktion gewährleisten musste.

Fussnoten

11) Erst an der im April 2009 in London stattfindenden G-20-Konferenz wurde von den Teilnehmern eine gemeinsame Strategie zur Bewältigung der Krise vorgestellt.

12) Die Bewegung der Blockfreien versuchte, einen „dritten" Weg zu gehen und bekräftigte dies auf einer Konferenz in Bandung 1955 und in der Deklaration von Brioni 1956. Der Ausdruck „Dritte Welt" stammt von dieser Bewegung und bekam erst in den 1970er-Jahren die Konnotation „unterentwickelt" oder „Entwicklungsländer".

Kapitel 3
1) Zu Kommanditgesellschaften schließen sich Einzelpersonen zusammen. Eine dieser Personen, der Komplementär, haftet unbeschränkt mit seinem Privatvermögen für die Verbindlichkeiten des Unternehmens. Die anderen Mitglieder, die Kommanditäre, haften nur bis zu einer bestimmten Einlage (SCHWEIZERISCHE EIDGENOSSENSCHAFT 2008).

2) So entschuldigte sich die australische Regierung erst 2008 für die Benachteiligungen, welche diese Politik für die Aborigines zur Folge hatte (MUSCH-BOROWSKA, B., Stand 13.02.2008).

3) Heute hat sich das metrische System mit Ausnahme einiger angelsächsischer Staaten global durchgesetzt. Die Anwendung unterschiedlicher Systeme führte jedoch dazu, dass die **NASA** (National Aeronautical and Space Administration) eine Marssonde verlor aufgrund der Verwechslung von Meilen und Kilometern bei der Eingabe von Steuerungswerten (HAUSTEIN, H.-D. 2001, 336).

4) Dies führte unter anderem dazu, dass Mitte 2008 für eine Feinunze 1 000 US$ bezahlt werden mussten.

Kapitel 4
1) Für das Jahr 2009 rechnet die UNO wegen der Auswirkungen der jüngsten Finanzkrise zwar mit einer Abschwächung des globalen Wachstums, aber immer noch mit einem Wachstum von etwa 1 Prozent (UNITED NATIONS, Stand 25.05.2009).

2) Viele Dienstleistungen werden in so genannten Drittweltländern durch den informellen Sektor erbracht. Dieser kann jedoch nur schwer statistisch erfasst werden.

3) Mit Kommunitarismus wird eine aus den USA stammende sozial-philosophische Lehre bezeichnet, die seit den 1980er-Jahren einen gesellschaftlichen Gegenentwurf zum Individualismus vorstellt. Dem Gemeinsamen soll (wieder) höhere Priorität als dem Individuellen zugemessen werden (vgl. ETZONI, A. 2003).

4) Die jüngste Finanzkrise zeigt jedoch eine Koppelung in die andere Richtung: die Probleme des Finanzsektors griffen auf die Realwirtschaft über und verursachten dort einen Nachfrageeinbruch.

5) Unter einem „faulen" Kredit versteht man die Geldvergabe für ein Objekt, das weit weniger wert ist als für die Deckung des Kredites nötig wäre.

6) Im Visier Mahatirs stand vor allem der Investor George Soros, der – auch gemäß eigenen Angaben – 1992 durch eine von ihm prophezeite Abwertung des britischen Pfundes mit einem Schlag um ca. eine Milliarde US$ reicher wurde, und dem Mahatir (fälschlicherweise) unterstellte, das Gleiche mit dem malaysischen Ringgit vorzuhaben (Krugman, P. 1999, 147).

7) A. Greenspan (1998 zitiert in Golub, P. 1998, 7) meint dazu, dass die Entwicklung hin zum freien Marktkapitalismus „in der Natur des Menschen" liege.

8) Eindrücklich schildert beispielsweise T. C. Boyle (1996) in „Tortilla Curtain" (deutsche Ausgabe „América") die Entstehung einer solchen „Gated Community". Im Film „Lawn Dogs" von John Duigan wird die Atmosphäre, die in solchen Siedlungen herrscht, deutlich gemacht.

9) Zwischen 1973 und 1993 fiel der reale Stundenlohn für ungelernte Arbeiter in den USA von 11,85 US$ auf 8,64 US$, bis 2007 stieg er nominal wieder um etwa 10 Prozent an (Bureau of Labour Statistics, Stand. 15.04.2009). In den frühen 1970er-Jahren verdienten Haushalte der oberen 5 Prozent der Einkommenspyramide zehnmal mehr als die untersten 5 Prozent. 1998 erreichten sie beinahe fünfzehn Mal soviel (Kapstein, E. 1998, 209).

10) Arbeiter, die ihre Anstellung verlieren, finden – wenn überhaupt – gewöhnlich nur eine neue Arbeit zu einem deutlich geringeren Lohn. So berichtete die New York Times 1996, dass 65 Prozent der entlassenen Arbeiterschaft sich mit niedrigeren Löhnen zufrieden geben müssen und auch nach fünf Jahren nicht mehr auf das Niveau vor der Entlassung kommen (Kapstein, E. 1998, 214).

11) Als gutes Beispiel hierfür kann der plötzliche Rücktritt des deutschen Finanzministers Oskar Lafontaine im März 1999 genannt werden. Lafontaine setzte sich für eine höhere Besteuerung der höheren Einkommen sowie industrieller Betriebe ein. Sein Rücktritt führte zu einem markanten Anstieg deutscher Wertpapiere an den internationalen Börsen (Deutsche Depeschenagentur, Stand: 12.03.1999).

12) Der Ausdruck „Blue Collar" (deutsch: blauer Kragen) bezieht sich auf die Farbe der typischen Arbeiterkleidung, dem „Blaumann". Mit „White Collar" werden Büroangestellte bezeichnet und mit „Pink Collar" Angestellte im Gesundheitssektor.

13) Als „typische Beschäftigungsverhältnisse" versteht man üblicherweise feste Vollzeitanstellungen mit gesicherten Sozialleistungen und geregelten Kündigungsfristen. Die angeführten „atypischen Beschäftigungsverhältnisse" sind nun aber keineswegs quantitativ untypisch, sie tendieren eher dazu, zur Regel zu werden (ALVATER, E. & B. MAHNKOPF 2007, 333).

14) So wurde beispielsweise in Petaling Jaya, nahe der malaysischen Hauptstadt Kuala Lumpur, mit folgenden Plakatwerbungen um Arbeiterinnen geworben: „Arbeitnehmerinnen für die Produktion, Alter 16 bis 30 Jahre, nicht verheiratet, sollten lesen und schreiben können" (GREIDER, W. 1998, 138).

15) Mit „Faktor 4" meinen die Autoren eine Reduktion des Energieverbrauchs um diesen Faktor. Im gleichnamigen Buch (VON WEIZSÄCKERet al. 1997) wird beschrieben, wie dies erreicht werden kann (vgl. auch WUPPERTAL INSTITUT FÜR KLIMA, UMWELT, ENERGIE 2008).

16) Dies beruht (gemäß MÄDER, U. 1999) auf der Annahme, dass die Gesamtkaufkraft steigt, wenn mehr Personen in den Arbeitsprozess integriert sind. Dadurch sollen auch die Steuereinnahmen tendenziell steigen, wobei dieser Punkt umstritten ist (STUTZ, H. & T. BAUER 2003). Die staatlichen Ausgaben für Sozialleistungen sinken, weil diese durch das Grundeinkommen gedeckt werden.

17) Es gibt allerdings einige Indikatorensysteme, die zum Monitoring der nachhaltigen Entwicklung eingerichtet wurden. Eine ansprechende visuelle Umsetzung bietet zum Beispiel das „Cockpit der nachhaltigen Entwicklung" des Schweizerischen Bundesamtes für Statistik (www.bfs.admin.ch).

18) Das Konzept der LMO beruht auf einem früheren Vorschlag P. M.s, den er ‚bolo'bolo' nannte, eine Eigenkreation, die zeigen soll, dass es sich um etwas Neues handelt (P. M. 2004). Zwar wurden seine Vorschläge nicht umfänglich umgesetzt, doch gibt es Versuche in diese Richtung (zum Beispiel „Karthago", „Brahmshof" (vgl. STERN, S. 1998) oder „Kraftwerk 1" (vgl. P.M. 1998) in Zürich).

19) Der Sieg der Entente im Ersten Weltkrieg wird auch darauf zurückgeführt, dass WINSTON CHURCHILL, der damalige britische Kriegsminister, die Flotte von Kohle auf Erdöl umstellen ließ, das effizienter zu transportieren war (ENGDAHL, W. F., Stand: 22.06.2007).

20) Es bleibt anzumerken, dass Nike so erfolgreich war, dass das Markenzeichen praktisch überall auftrat, so auch auf der Mütze von O. J. Simpson, auf T-Shirts von Gefängnismeuterern und anderen Personen mit eher negativem Image (vgl. Marconi, J. 1999). Dies muss sich zwar nicht unbedingt negativ auf die Verkaufszahlen auswirken, doch ist es wichtig, ein „verkaufsfähiges" Image aufrechtzuerhalten.

21) Beim Spinning wird auf einem in einem Fitnessraum fest installierten Fahrrad mit Starrlauf die Kondition trainiert. Dies kann einzeln oder in Gruppen geschehen. Spinning gilt als eines der erfolgreichsten Gruppentrainings der Welt und Musik spielt eine wichtige Rolle dabei (Mad Dogg Athletics Switzerland GmbH, Stand: 16.07.2009).

22) Selbst diese Attribute sind Moden unterworfen und sind mehr oder weniger „angesagt".

Kapitel 5

1) So wurde beispielsweise die EU auch zu einem Mittel, um die nach dem Zweiten Weltkrieg isolierte Bundesrepublik Deutschland besser in das europäische Staatengefüge einzubinden.

2) Ende der 1980er- und während der 1990er-Jahre sind die Steuern auf Spitzeneinkommen, Kapital und Gewerbe in den OECD-Staaten soweit gesenkt worden, dass der Staat diese Aufgaben nur mehr ungenügend wahrnehmen kann. „Die Parole vom schlanken Staat' bezieht sich weniger auf die berechtigte Kritik an einer unbeweglichen Verwaltung, die neue Managementkompetenzen erwerben soll, als vielmehr auf den fiskalischen Druck, den die wirtschaftliche Globalisierung auf die besteuerungsfähigen Ressourcen des Staates ausübt" (Habermas J. 1998b, 106).

Kapitel 7

1) Der Begriff des Gesellschaftsvertrages geht auf Jean-Jacques Rousseau (1672–1747) zurück, der ihn als Gegenentwurf zur Monarchie formulierte: „Jeder von uns stellt gemeinschaftlich seine Person und seine ganze Kraft unter die oberste Leitung des Allgemeinwillens, und wir nehmen jedes Mitglied als untrennbaren Teil des Ganzen auf" (Rousseau, J.-J. 1762 zitiert in Schuchardt, A. 2008).

2) Zum Heimatbegriff ausführlicher in A. Huber (1999a, b).

3) Die Dependenztheorie sieht die Hauptursache für die Unterentwicklung in der Abhängigkeit der so genannten Entwicklungsländer von den Industrieländern. Unterentwicklung ist demnach nicht ein Zurückbleiben im Verhältnis zu den Industrienationen, sondern eine Konsequenz der Einbindung in den kapitalistischen Weltmarkt (Brunotte, E. et al. 2002, 244).

Fussnoten

4) Bei den Kernregionen spricht I. WALLERSTEIN von „Core States", bei der Peripherie von „Areas". In der Peripherie sind eigenständige Staaten – aufgrund von Kolonialismus und Neo-Kolonialismus – so schwach, dass der Ausdruck „Staat" – gemäß WALLERSTEIN – verfehlt wäre (WALLERSTEIN, I. 1974, 349).

5) Die Einführung des „Bologna-Systems" an europäischen Universitäten kann als Beispiel dafür angesehen werden.

6) Diese Diskussion ist nicht nur auf die USA beschränkt. 2007 hat sich die hessische Kultusministerin Karin Wolff dafür ausgesprochen, die Schöpfungslehre auch im Biologieunterricht zu behandeln (FOCUS ONLINE 2007).

7) Disjunktiv bedeutet „trennend, sich ausschließend". In diesem Zusammenhang ist eine lose Verbindung von getrennten Dingen gemeint.

Kapitel 8

1) Viele Computerprogramme früherer Generationen operierten aus Kapazitätsmangel nur mit zweistelligen Jahreszahlen. Beim Jahrhundertwechsel wurde so von 99 auf 00 umgestellt, was Berechnungen von Zeitdauern verfälscht hat. Die Umstellung auf vierstellige Jahreszahlfelder verursachte große Kosten (THINKQUEST, Stand: 16.07.2009).

2) „Global Cities" werden auch „World Cities", „International Cities" oder „Cosmopolis" genannt (GERHARD, U. 2004).

Foto Norman BACKHAUS Ilona Imoberdorf, 2; Titel NASA/GSFC (Foto, Image by Reto Stockli and Alan Nelson 1997); Abb. 1/1Kinder, gekleidet in ihrer Schuluniform, beim Fußballspielen 9; (Foto, Corbis Düsseldorf – Christophe Boisvieux); Abb. E 1.1/1 Tikka Masala, die Sauce zum Chicken Tikka Masala 12; (Foto, Michelle's Specialities, Lübbecke); Abb. 1.2.3/1 Einige Stränge des Globalisierungsdiskurses 18; (eigne Darstellung); Abb. E 1.2.3/2 Poster zu Al Gore's Dokumentarfilm 19; (Foto, CINETEXT, Frankfurt/M); Abb. 1.3/1 Dimensionen der Globalisierung 24; (eigene Darstellung nach DANIELLI, G. 2006, 206); Abb. 1.3.1/1 Der Welthandel verteilt sich nicht gleichmäßig über den Globus 25; (UNCTAD, WTO in BUNDESZENTRALE FÜR POLITISCHE BILDUNG 2006); Abb. 1.3.2/1 Exporte von Rohstoffen und Fertigwaren (Index 1950 = 1), in konstanten Preisen, weltweit 1950 bis 2004 36; (BUNDESZENTRALE FÜR POLITISCHE BILDUNG 2006); Abb. 1.3.2/2 Sinkende Rohstoffpreise sind v.a. für die Rohstoffexporteure problematisch, wie der Index der Rohstoffpreise (1985 = 100) zeigt 36, (LE MONDE DIPLOMATIQUE 2007, 33); Abb. 1.3.4/1 Veränderung der militärischen Allianzen seit dem Kalten Krieg 39; (eigener Entwurf nach LE MONDE DIPLOMATIQUE 2003, 40); Abb. 1.4.5/1 Friedenseinsätze der UNO-Truppen im Kongo 45; (Foto, Corbis Düsseldorf, Reuters/Njunguna); Abb. 1.4/1 „Earthrise" 47; (Foto, USIS, Bonn); Abb. 1.5.1/1 Die thailändische Kühlbox kann von weitem unmissverständlich als Coca-Cola-Box identifiziert werden 50; (Foto, Norman BACKHAUS); Abb. 1.6.1/1 Zeit-Raum-Kompression 54; (eigene Darstellung nach MCHALE 1969 in DICKEN, P. 1998, 152); Abb. 2/1 Der Austausch von Informationen als eines der Werkzeuge der Globalisierung 57; (Foto, vario images, Bonn); Abb. 2.1/1 Die Kondratiew-Zyklen haben eine Wellenlänge von ungefähr fünfzig Jahren, in denen sie sich von einer Hochkonjunktur über eine Depression zur nächsten Hochkonjunktur bewegen 58; (eigene Darstellung nach DICKEN, P. 2007, 76); Abb. 2.1.1/1 Frühe Textilfabrik 59; (Foto, Preußischer Kulturbesitz, Berlin); Abb. E 2.1.1/1 Die „Spinning Jenny" revolutionierte das Textilgewerbe (Foto, ANTISELL, T.: Hand-book of The Useful Arts 1852); Abb. 2.1.2/1 Funktionsprinzip der Dampfmaschine 60; (Westermann Graphik nach BROCKHAUS 2005); Abb. 2.1.3/1 Fabrikationshalle von Kanonen bei Krupp 61; (Foto, Collier's Photographic History of the European War/New York, 1916); Abb. 2.1.4/1 Charlie Chaplin im Räderwerk der Industrieproduktion 62; (Foto, akg-images, Berlin – Chaplin/United Artists/Album); Abb. 2.1.4/2 Ford Model T von 1908 63; (Foto, o.N.); Abb. 2.2.1/1 Die Cutty Sark, der schnellste Tee-Clipper, mit dem frisch verarbeiteter Tee von China nach England transportiert wurde 65; (Foto, SAIL: The Romance of the Clipper Shios, Gemälde von Jack Spurling); Abb. 2.2.1/2 Nachbildung des amerikanischen Doppeldeckers Sopwith F1-Camel 2, der ab 1916 zum Einsatz kam 66; (Foto, USAF Museum/USA)); Abb. 2.2.1/3 Die Concorde, das schnellste Passagierflugzeug 66; (Foto, Bodenburg, Carsten, Harbsin); Abb. 2.2.2/1 Festnetzverbindungen/Mobilfunknutzer, PCs, Internetnutzer je 100 Einwohner, 1998 und 2008, 70; (INTERNATIONAL TELECOMMUNICATION UNION 2009); Abb. 2.2.2/2 Der digitale Graben 70; (Weltbank in DICKEN, P. 2007, 92); Abb. 2.3/1 Index der Transport- und Kommunikationskosten 73; (BUSSE 2002 in BUNDESZENTRALE FÜR POLITISCHE BILDUNG 2006); Abb. 2.3.1/1 Containerschiff im Hamburger Hafen beim Löschen der Ladung 74; (Foto, Norman BACKHAUS); Abb. 2.3.2/1 McDonalds-Filiale in Beijing 76; (Foto, picture-alliance/dpa, Frankfurt/M; AFP); Abb. 2.3.2/2 Anzahl und Eröffnungszeitraum von McDonalds-Filialen 78; (Westermann Graphik); Abb. 2.3.3/1 Nicht-Ort Einkaufszentrum: Piktogramme weisen den Weg auch in Kuala Lumpur 79, (Foto, Norman BACKHAUS); Abb. 3/1 Märkte sind seit jeher Treffpunkte für Menschen unterschiedlicher Herkunft, seien es Händler, Konsumenten oder neuerdings Touristen wie hier auf dem Talad Thai. 81; (Foto, Norman BACKHAUS); Abb. 3.1.1/1 Kolumbus betritt die neue Welt 83; (Foto, Jürgens, Berlin); Abb. 3.2.1/1 Die Tordesillas- und Saragossa-Linie 88; (eigene Darstellung nach BRUCKMÜLLER, E. 2001, 104; ENCYCLOPEDIA BRITANNICA 2009); Abb. 3.2.1/2 Der koloniale Dreieckshandel 89, (eigene Darstellung nach BRUNOTTE, E. 2002, 275); Abb. 3.2.4/1 Toussaint l'Ouverture, der haitianische Revolutionsführer 94; (Foto, Kaar, Macus, Wien/portrait.kaar.at); Abb. 3.2.4/2 Alexander von Humboldt 95; (Foto, ullstein bild, Berlin; Gemälde von Joseph Stieler, 1843); Abb. 3.2.4/3 Carl Ritter 95, (Foto, Bildarchiv Preußischer Kulturbesitz, Berlin; Volker-H. Schneider); Abb. 3.2.4/4 Charles Darwin 96; (Foto, Deutsches Museum München); Abb. 3.2.6/1 Das Bild „Migrantin auf der Suche nach Arbeit" wurde zur Ikone für die Situation vieler Amerikaner während der Depression in den 1930er-Jahren 99; (Foto, The Library of Congress/U.S. Farm Security Adminstration (Dorothea Lange); Abb. 3.2.6/2 Arbeitslose Industriearbeiter ausgewählter Länder 100; (eigene Darstellung nach BAIROCH, P. 1993, 11); Abb. 3.2.7/1 Hissen der amerikanischen Flagge auf Iwo Jima 23. Februar 1945 101; (Foto, Bildarchiv Preußischer Kulturbesitz, Berlin; Joe Rosenthal); Abb. 3.3.1/1 Das Luftbrückendenkmal in Berlin wird im Volksmund „Hungerharke" genannt 103; (Foto, Thomas Eck, Berlin); Abb. 3.3.1/2 Zeitgenössische Karikatur zur Kubakrise von 1962 103; (Foto, o.N.); Abb. 3.3.2/1 Entwicklung des globalen

Warenhandels nach Warenwert 104; (eigene Darstellung nach WTO 2008); Abb. 3.3.2/2 Direktinvestitionen in Industrie- und Entwicklungsländern 105; (eigene Darstellung nach UNCTAD 2008); Abb. 3.3.3/1 Das System der Vereinten Nationen 106; (Westermann Graphik); Abb. 3.4.1/1 Im Ausland hoch verschuldete Länder, die 2008 gemäß Weltbank für ein multilaterales Entschuldungsprogramm in Frage kommen 110; (LEIPZIGER, D. & M. ALLEN 2008); Abb. E 3.4.2/1 Proteste aufgrund der Lebensmittelknappheit 2008 in Haiti 111; (Foto, picture-alliance, Frankfurt/M.; Kena Betancur EFE); Abb. 4/1 Die weltweite Vernetzung wirtschaftlicher Aktivitäten wird vor allem in Krisenzeiten sichtbar, wie zur Finanzkrise 2008/2009 115; (Foto, picture-alliance/dpa, Frankfurt/M.; Gino Domenico/landov); Abb. 4.1.2/1 Struktur des Warenexport 118; (WTO 2006 in BUNDESZENTRALE FÜR POLITISCHE BILDUNG 2006); Abb. 4.1.2/2 Anteile am Warenexport 119; (WTO 2006 in BUNDESZENTRALE FÜR POLITISCHE BILDUNG 2006); Abb. 4.2.1/1 Verlauf der asiatischen Währungskrise 128; (HUSA, K. 1999 in DANIELLI, G. ET AL. 2006); Abb. E 4.3.6/1 Beschäftigte im informellen Sektor Bangkoks: eine Hawkerin (Straßenhändlerin), die Früchte verkauft 144; (Foto, Norman BACKHAUS); Abb. 4.3.6/2 Ein mittels Rimessen erbautes neues Haus neben einem traditionellen Haus in Chitwan/Nepal 145; (Foto, Norman BACKHAUS); Abb. E 4.4.2/1 Spitzenklöpplerin in Narsapur 150; (Foto, Corbis, Düsseldorf; Ric Ergenbright); Abb. 4.6.2/1 Arbeitsteilung am Beispiel einer Steppjacke 170; (SCHOLZ, F. 2006; Westermann); Abb. 4.6.2/2 Textilfabrik in Vietnam 173; (Foto, picture-alliance/dpa, Frankfurt/M.; Peter Kneffel); Abb. 4.6.2/3 Kosten pro Arbeitsstunde in der Textilbranche 175; (eigene Darstellung nach DICKEN, P. 2007, 257); Abb. E 4.6.3/1 Levi's, eine Marke mit Geschichte, die durch neue Modetrends Absatzschwierigkeiten bekommen hat 174; (Foto, Norman BACKHAUS); Abb. 4.6.4/1 Gemüseanbau im Norden Thailands. In diesem Gebiet wurde früher Opium angebaut. Im Zuge einer Präventionskampagne propagierte die Regierung den Gemüseanbau als Einkommensquelle 179; (Foto, Norman BACKHAUS); Abb. 4.6.4/2 Herkunft der Einfuhren der 30 wichtigsten Frucht- und Gemüseimporteure 180; (eigener Entwurf nach DICKEN, P. 2007, 355); Abb. 4.6.5/1 Auch fair gehandelte Schnittblumen unterliegen den schnell wechselnden Konsumtrends 184; (Foto, agenda PG, Hamburg; J. Boethling); Abb. 5/1 Das Überschreiten von politischen Grenzen wird von Visabestimmungen reglementiert 187; (Foto, Kurt Fuchs, Erlangen); Abb. E 5.1.1/1 Die postkolonialen Nationalstaaten Indonesien und Osttimor 191; (eigene Darstellung); Abb. 5.4.4/1 Europamodelle 212; (eigene Darstellung); Abb. 6/1 Das Nebeneinander von Tradition und (Post-)Moderne und deren Vermischung ist ein wichtiges Merkmal der Globalisierung 213; (Foto, Norman BACKHAUS); Abb. 6.1/2 Der Kampf der Kulturen nach S. HUNTINGTON 215; (Wikimedia, Clash of Civilizations world map.png am 15.07.2009); Abb. 6.3.1/1 Die Verbreitung des Sendeformats „Wer wird Millionär?" könnte als Argumentation für eine universalistische Kulturkonzeption herangezogen werden 220; (BUNDESZENTRALE FÜR POLITISCHE BILDUNG 2006); 7/1 Durch die Möglichkeit zu reisen, bekommen viele Menschen die Auswirkungen der Globalisierung zu spüren. 224, (Foto, mauritius images, Mittenwald; Alamy); Abb. 7.1/1 Globalisierung als Problem 224; (eigene Darstellung nach ROBERTSON, R. 1992, 27); Abb. 7.2.1/1 Die Entwicklung von Minisystemen zu Weltökonomien gemäß WALLERSTEIN 227; (eigene Darstellung); Abb. 7.2.1/2 Kernregionen, Semiperipherie und Peripherie im 15., im ausgehenden 19. und 20. Jh. nach I. WALLERSTEIN 229; (eigene Darstellung nach WALLERSTEIN, I. 1974; 1990; DANIELLI, G. et al. 2009); Abb. 7.2.3/1 Von der segmentierten Gemeinschaft zur funktional differenzierten Gesellschaft 235; (eigene Darstellung); Abb. 7.3.1/1 Schüler in Nordthailand unter dem Datumstafel vom 31. Juli des buddhistischen Jahres 2551 240; (Foto, Norman BACKHAUS); Abb. 7.4.1/1 Ist die optische Fragmentierung der Stadt Bangkok auch eine ökonomische? 248; (Foto, Norman BACKHAUS); Abb. 7.6.1/1 Die Organisation der Arbeitsabläufe im VW-Werk Emden und Uitenhage (Südafrika) 260; (Foto, beide Volkswagen AG, Media Services, Wolfburg); Abb. 8/1 Städte sind in der Gegenwart Kristallisationspunkt der Globalisierungsdynamik. 265; (Foto, Florian Kopp, Dorfen); Abb. 8.1.2/1 Titelblatt des Magazins „Der Spiegel" nach der Katastrophe von Tschernobyl 267; (Foto, SPIEGEL, Hamburg); Abb. 8.1.2/2 Auswirkungen des "Haze" in Kuala Lumpur, der Hauptstadt Malaysias 269, (Foto, picture-alliance/dpa, Frankfurt/M.; epa Yusni); Abb. 8.2.1/1 Prognostizierte Veränderung der städtischen Bevölkerung nach entwickelten und weniger entwickelten Ländern von 2005 bis 2030. Die städtische Bevölkerung wächst überproportional zur globalen Bevölkerung 274; (UN 2006 in BUNDESZENTRALE FÜR POLITISCHE BILDUNG 2008); Abb. 8.2.2/1 Global Cities und Weltstädte 276; (eigene Darstellung nach TAYLOR. P. J. 2005); Abb. 8.2.3/1 Megastädte mit über 10 Millionen Einwohnern 2005 und 2015 277, (UN DEPARTMENT OF ECONOMIC AND SOCIAL AFFAIRS 2006 in BUNDESZENTRALE FÜR POLITISCHE BILDUNG 2008); Abb. 8.2.3/2 Verteilung der städtischen Bevölkerung nach Stadtgrößen 278; (UN DEPARTMENT OF ECONOMIC AND SOCIAL AFFAIRS 2006 in BUNDESZENTRALE FÜR POLITISCHE BILDUNG 2008); Abb. 8.2.3/3

Anteil der Slumbevölkerung an der städtischen Bevölkerung in verschiedenen Regionen 279; (UN WORLD URBANIZATION PROSPECT 2001; GLOBAL URBAN OBSERVATORY 2005 in Bundeszentrale 2008)

Tabellenverzeichnis
Tab. 4.6.1/1 Energiekonsum pro Kopf in ausgewählten Ländern in Erdöläquivalenten für 2007 166; (INTERNATIONAL ENERGY AGENCY, STATISTICS DIVISION 2007; OECD 2008; http://earthtrends.wri.org/searchable_db/index.php?theme=6 am 15.07.2009); Tab. 4.6.1/2 „Lean Production" in Idealform 167; (eigene Darstellung nach DRACHE, D. 1996, 227); Tab. 4.6.1/3 Argumente für und gegen die „Lean Production" 171; (eigene Darstellung nach PECK, J. & Y. MIYAMACHI in DICKEN, P. 1998, 171; GREIDER, W. 1998); Tab. 4.6.2/1 Stufen der Textilproduktion und der Arbeitskosten 172; (eigene Darstellung nach Toyne, B. et al. 1984 in DICKEN, P. 1998, 285); Tab. 4.6.4/1 Vergleich zwischen „Grüner Revolution" und Genrevolution 181; (eigene Darstellung nach FAO, http://www.fao.org/newsroom/EN/focus/2004/41655/article_41667en.html am 15.07.2009); Tab. 4.6.4/2 Die dominierenden Agrar- und Lebensmittelfirmen sowie Verteiler 182; Tab. 5.4/1 Modell globaler Demokratien 203; (eigene Darstellung nach MCGREW, A. 1998, 407); Tab. 6.2/1 Territoriales und translokales Kulturverständnis 216; (eigene Darstellung nach NEDERVEEN PIERTERSE, J. 1995; FRIEDMANN, J. 1995)